编撰委员会名单

思法者说

厦门市思明区人民法院 编

厦门市思明区人民法院

厦门大学出版社
XIAMEN UNIVERSITY PRESS
国家一级出版社
全国百佳图书出版单位

图书在版编目(CIP)数据

思法者说/厦门市思明区人民法院编. —厦门:厦门大学出版社，2018.6
ISBN 978-7-5615-6870-5

Ⅰ. ①思…　Ⅱ. ①厦…　Ⅲ. ①法院-工作-厦门-文集　Ⅳ. ①D926.22-53

中国版本图书馆 CIP 数据核字(2018)第 000689 号

出 版 人　郑文礼
责任编辑　甘世恒
封面设计　李嘉彬
技术编辑　许克华

出版发行　厦门大学出版社
社　　址　厦门市软件园二期望海路 39 号
邮政编码　361008
总 编 办　0592-2182177　0592-2181406(传真)
营销中心　0592-2184458　0592-2181365
网　　址　http://www.xmupress.com
邮　　箱　xmup@xmupress.com
印　　刷　厦门集大印刷厂

开本　787 mm×1 092 mm　1/16
印张　22.75
插页　6
字数　554 千字
版次　2018 年 6 月第 1 版
印次　2018 年 6 月第 1 次印刷
定价　88.00 元

本书如有印装质量问题请直接寄承印厂调换

厦门大学出版社
微信二维码

厦门大学出版社
微博二维码

法院变迁

1972 年，鼓浪屿区法院恢复设置，位于安海路 55 号 3 楼

1989 年，鼓浪屿区法院迁入泉州路 31 号

成立于 1957 年的开元区法院于 1958 年、1986 年两度迁入故宫路 68 号旧址

1996 年，开元区法院迁至后江埭路 65 号

1992 年，思明区法院迁入霞溪路 45 号市检察院旧办公楼

1997 年，思明区法院迁至民族路 46 号

厦门市中级人民法院公告

根据厦门市部分行政区域调整计划，为合理调配我市法院系统现有审判资源，提高各区法院诉讼案件的办案效率，根据《中华人民共和国法院组织法》和刑事、民事、行政诉讼法有关案件管辖的原则规定，现就开元区区划调整之前开元辖区诉讼案件的管辖问题进行调整：

一、9 月 1 日起至区划调整工作结束，现开元辖区内向人民法院起诉的一审民事案件、民商事案件、行政案件由思明区人民法院管辖。其余各类案件仍由开元区人民法院管辖至开元区正式撤并止。

二、9 月 1 日起当事人根据指定管辖原则向思明区人民法院提起诉讼的案件，统一在思明区人民法院立案大厅办理立案手续（思明区人民法院地址：厦门市民族路 46 号）。

特此公告。

二00三年八月二十七日

2003 年，关于三区合并的法院公告

思明法院现位于湖滨南路 334 号的审判大楼

团结奋进的思法队伍

时光剪影

2005 年，时任最高人民法院院长肖扬莅临思明法院视察

2010 年，现任中央政治局委员、国务院副总理，时任福建省委书记孙春兰，时任最高人民法院院长王胜俊，现任福建省委书记、时任厦门市委书记于伟国莅临思明法院视察

2014 年，最高人民法院周强院长莅临思明法院调研时，称赞法庭义工“心怀大爱、回报社会”，“起到了法官起不到的作用”

穿着軍人的行軍外套，
好象在軍隊的前方，
他迈着奔放的步伐，
象从前去打仗一样。
軍帽上星徽發着紅光，
炯炯目光火样燃烧，
他憐爱列宁格勒人民，
以他們的英姿自豪。……

前线来信　A.И拉克奇奥諾夫

福建省廈門市中級人民法院通告

（57）廈中法办字第505号

奉福建省司法廳轉福建省人民委員會（57）省編字第2479号批复，着筹設福建省廈門市中級人民法院及廈門市思明、开元两个区人民法院（思明区人民法院依法受理思明区、鼓浪嶼区的一審刑、民事案件；开元区人民法院依法受理开元区及郊区的一審刑、民事案件）。以上三法院兹經筹备就緒，自1957年11月1日起宣布成立。同时，原廈門市人民法院及思明、开元两人民法庭宣布撤銷。特此通告。

院長　張漸摩

一九五七年十一月一日

电·影

思明　一2:15　二6:15　三8:00　晚9:45　白菜主任

中華　一2:00　加4:15　二6:00　三8:00

1957 年时筹建厦门中院、思明法院、开元法院的通告

改革开放初期，思明法院组织参加 3·15 国际消费者权益日普法宣传活动

20 世纪 80 年代的法官风采

法官在简易办公桌上开庭审理案件

法官评议疑难案件

法院干警走进学校开展普法宣传教育

2001 年 9 月 14 日，时任思明法院院长陈国猛在法庭庭审中首次启用“法槌”，开创了新中国成立以来全国各级人民法院审判法庭庭审规则之先例

2016 年 12 月，举行首批员额法官宣誓仪式

序　言

六十载风雨兼程，一甲子峥嵘岁月。六十个春华秋实，思明法院栉风沐雨、开拓进取、筚路蓝缕、矢志不渝。一代代思法人薪火相传，以公正之心和为民之情，守护着鹭岛一方水土的安宁和谐。庄严的法徽，正义的天平，承载着思法人的激情与梦想，书写着思法人的责任与担当。

不忘本来，面向未来。回望历史，自丁酉建院，创业艰辛。鼓浪惊涛，披荆斩棘。六迁其址，几经沉浮。癸卯年间，三区整合，思法建院，定兹莲坂。一代代思法人，始终坚持以服务大局为念，以司法为民为旨，上下求索，扎实工作，积极进取，终于打造出今天一个又一个响亮的思法品牌。

万丈高楼平地起，回首六十年风雨砥砺，思法人始终坚持守土有责、守土尽责，坚定完成审判执行工作任务，维护好社会公平正义。立足主业，做好本职，一代代思法人努力拼搏，甘于奉献，为辖区经济发展、社会和谐、人民幸福构筑起了一道坚强有力的司法防线。

回顾一甲子奋进足迹，思法人始终秉承锐意进取、敢为人先、孜孜不倦的精神，不断为司法事业的发展和社会管理水平的提升提供“思法方案”和“思法建议”。中国大陆法院第一槌、诉讼与公证协同创新、法庭义工等全国首创的司法品牌中，凝聚了一代代思法人的智慧与勇气。

“实践是理论之源。”思明法院始终保持浓厚的学习和研究氛围，鼓励广大干警勇于探索，从丰富的审判执行实践中汲取、升华，提炼理论成果，指导司法实践。近年来，思明法院在理论研究和案例工作上取得了丰硕成果。本文集收录了近几年思明法院干警的小部分调研成果和审判案例。法海拾贝，文林摘技，虽有挂一漏万之虞，但管中窥豹，既能够让我们领略思法人的思辨求索，也必将激励后来者奋勇前行，让常思常新、追问思辨的不懈求索精神在思法人中薪火相传。

功崇惟志，业广惟勤。值此思明法院建院六十周年之际，又欣逢中国共产党第十九次全国代表大会胜利召开，中国特色社会主义即将迈入新时代。躬逢盛世，恰逢其时，站在时代的风口，思法人必将不忘初心，牢记使命，紧紧围绕“努力让人民群众在每一个司法案件中感受到公平正义”的奋斗目标，精诚团结，全力以赴，为决胜全面建成小康社会做出应有贡献，在夺取新时代中国特色社会主义伟大胜利、实现中华民族伟大复兴中国梦的新征程中谱写维护社会公平正义的时代华章！

思明区人民法院院长　傅远平

目　录

三、论文

四、信息

五、简报

第一编

砥砺六十年：

思明法院大事记与光荣榜

一、思明法院六十年大事记

1953 年

6 月，厦门市人民法院在本市思明、开元、禾山等区设立分庭，庭长由上述各区区长兼任。原各区调解助理撤销，原街、乡调解员业务改由分庭指导。

同月，厦门市人民法院鼓浪屿分庭成立。

1955 年

上半年，厦门市人民法院思明、开元、禾山等分庭同时更名为人民法庭。

12 月，厦门市思明、开元、鼓浪屿街道办事处均设立调处委员会。各所在区人民法庭派员指导。

1957 年

4 月 2 日，福建省司法厅转省人民委员会批复，同意将厦门市人民法院改建为厦门市中级人民法院，下辖思明、开元两个行政区人民法庭，并着手筹建。

11 月 1 日，原思明、开元两区人民法庭改建为人民法院，伯金安、贾文贵分任厦门市思明、开元两区人民法院首任院长。厦门市鼓浪屿人民法庭划归思明区人民法院管辖，厦门市禾山、灌口两人民法庭划归开元法院管辖。

同月，开元区法院设址于本市厦禾路 300-302 号，思明区法院设址于本市南大沟乾 8 号。

1959 年

1 月，开元区法院迁址于本市故宫路 68 号。

1960 年

8 月，思明区法院迁址于本市晨光路 75 号。

同月，鼓浪屿区法院成立，区人民委员会（政府）委员林仁祥兼任区人民法院副院长。

1961 年

11 月，鼓浪屿区法院正式成立，江永龄任副院长，主持该院工作。

1963 年

是年夏，鼓浪屿区法院撤销，案件归思明区法院受理。

1964 年

1 月，伯金安当选开元区法院院长。

1966 年

8 月，开元、思明区更名为东风、向阳区（1979 年 10 月复原名）。厦门市开元区、思明区人民法院更名为厦门市东风区、向阳区人民法院。

1967 年

是年，厦门市两级人民法院遭遇夺权，审判工作无法正常开展，刑事案件、涉外婚姻案件审判权被市、区两级“革命委员会政治部人民保卫组”下设的“处案组”接管，司法活动遭遇极大冲击。

1968 年

3 月，两级法院干警参加思想学习班，部分干警到闽西农村参加劳动锻炼。

1969 年至 1972 年上半年厦门市两级人民法院尚未恢复设置。

1972 年

11 月，厦门市的东风区（即原开元区）、向阳区（即原思明区）、鼓浪屿等区人民法院相继恢复设置并行使职能（依次设址于厦门市故宫路 68 号、定安路 81 号 3 楼、鼓浪屿安海路 55 号 3 楼）。上述各院负责人依次为林钧章、吴兹寿、江永龄。

1973 年

4 月，厦门市东风、向阳两区人民法院重新启用人民法院印章。

5 月 1 日，鼓浪屿区法院重新启用该院印章。

12 月 14 日，林钧章任东风区法院院长。

1974 年

1 月，陈连和任鼓浪屿区法院院长。

1978 年

12 月，江永龄当选向阳区法院院长。

同月，陈连和再次当选鼓浪屿区法院院长。

1979 年

3 月 29 日，中共鼓浪屿区法院党组成立。

10 月 1 日，厦门市东风区、向阳区分别恢复开元区、思明区原行政区之称谓，两区人民法院亦同时恢复原称。

同月，思明区法院择址于本市定安路 81 号办公。

1980 年

1 月，厦门市开元、思明两区人民法院审判委员会相继成立。

同月，开元区法院刑事、民事两审判庭成立。

2 月，思明区法院正式设立刑事、民事两审判庭。

4 月 11 日，林钧章当选开元区法院院长。

同日，鼓浪屿区法院办公室及刑事、民事两审判庭同时设立。

1981 年

2 月初，思明区法院设立经济审判庭。

4 月，开元区法院增设经济审判庭。

6 月，开元区第八届人民代表大会第二次会议选举张美瑄为开元区法院院长。

1983 年

3 月，开元区法院迁至本市菜妈街 4 号二楼办公。

1984 年

5 月 1 日，根据最高人民法院的有关规定，厦门市两级人民法院干警即日起统一着装。

6 月，陈连和当选鼓浪屿区法院院长。

11 月，张美璋、林必璋分别当选开元区、思明区法院院长。原思明区法院院长江永龄调任厦门市中级人民法院经济审判庭庭长。

1985 年

3 月 18 日，思明区法院设立信访科。

4 月初，开元区法院增设审判监督庭。

6 月，思明区法院厦港人民法庭成立。

8 月，开元区法院增设湖里人民法庭。

9 月 12 日，思明区法院告诉申诉审判庭成立。

12 月 27 日，肖木生当选思明区法院院长。

1986 年

7 月，开元区法院从菜妈街 4 号二楼回迁故宫路 68 号。

同月，开元区法院增设执行庭。

1987 年

2 月 14 日，思明区法院增设行政审判庭。

9 月，开元区第十届人民代表大会第一次会议选举张美璋为开元区法院院长。

11 月 22 日，湖里人民法庭撤销。

12 月，开元区法院增设告诉申诉庭(原审判监督庭同时撤销)、行政庭。

1988 年

4 月，鼓浪屿区法院增设经济审判庭。

12 月，开元区法院增设莲前法庭。

1989 年

9 月 2 日，鼓浪屿区法院迁入位于鼓浪屿泉州路 31 号的法院办公楼。

1990 年

2 月，张美璋当选为开元区法院院长。

5 月，鼓浪屿区法院增设行政审判庭。

1991 年

1 月，陈连和再次当选鼓浪屿区法院院长。

11 月，思明区法院增设执行庭。

1992 年

5 月 28 日，开元区法院增设鹭江、公园两个人民法庭。

7 月，开元区法院增设政工科。

9 月 8 日，开元区法院成立全市首个“经济纠纷调解中心”。

10 月，鼓浪屿区法院干警食堂、集体宿舍建成并投入使用。

12 月，思明区法院迁至本市霞溪路 45 号。

1993 年

2 月 8 日起，开元区法院实行统一立案制度。

同月，思明区法院增设政工科。

4 月 30 日，鼓浪屿区法院增设经济审判分庭、房地产审判庭和法律咨询服务中心。

6 月，开元区法院徐美玲法官的一篇关于未成年人犯罪的调研报告引起市委市政府重视，时任市委书记洪永世作出批示，有关部门据此建立我市首个工读学校。

7 月 20 日，思明区法院增设曾厝垵人民法庭。

1994 年

1 月，袁国良当选思明区法院院长。

同月，开元区第十二届人民代表大会第一次会议选举杨春粟为开元区法院院长。鼓浪屿区第十三届人民代表大会第一次会议选举林孝玉为鼓浪屿区法院院长。

同月，鼓浪屿区法院进行内部机构调整，民事、经济两审判庭合署办公；刑事、行政两审判庭合署办公；撤销房地产审判庭和经济审判分庭。

1995 年

3 月 17 日,开元区法院增设少年刑事审判庭和房地产审判庭。

10 月,开元区法院迁入本市后江埭路 65 号新落成的法院综合办公楼。时任中央政法委书记、最高人民法院院长任建新为开元区法院新办公楼题词:“执法如山。”

1997 年

3 月 19 日,思明区法院迁入本市民族路 46 号法院综合办公楼。该院举行庄重而简朴的迁址仪式受到中纪委的充分肯定。《人民法院报》对此做了专题报道。

8 月 13 日,时任最高人民法院副院长李国光在时任福建省高级人民法院院长陈旭等领导同志的陪同下,视察思明区法院。

8 月 17 日,最高人民法院纪检组领导视察思明区法院。

9 月,思明区法院在执法大检查中受到最高人民法院和福建省高级人民法院的表扬。

1998 年

2 月,告诉申诉庭庭长林颖被评为全省法院“十佳法官”,荣立二等功。

12 月,思明区人民法院投资 10 万元建立电脑局域网。

1999 年

1 月,开元区第十三届人民代表大会第一次会议选举韩静江为开元区法院院长。鼓浪屿区第十四届人民代表大会第一次会议选举黄小民为鼓浪屿区法院院长。

同月,陈国猛当选思明区法院院长。

1 月 23 日,时任最高人民法院副院长刘家琛视察鼓浪屿区法院。

4 月 23 日,开元区法院成立本市首个“维护军人军属合法权益合议庭”。

9 月 18 日,厦门市两级人民法院计算机局域网联通并开始运行。

2000 年

5 月 1 日,人民法院审判人员即日起正式换着 2000 式审判服,佩戴由金色齿轮、麦穗和红旗构成的人民法院小徽章。

6 月 15—16 日,福建省法院系统法律调研工作会议在思明区法院召开。

8 月,厦门市各区人民法院试行审判长、独任审判员选任制度。

9 月 4 日,时任福建省高级人民法院院长陈旭到思明区法院开展调研并看望该院全体干警。

9 月 25 日，人民法院司法警察即日起统一着“99”式警服。

11 月 28 日，思明区法院“电子法庭”建成。

2001 年

2 月 14 日，张嵘法官被福建省人民政府授予福建省先进工作者、被厦门市人民政府授予厦门市劳动模范光荣称号后，市中级人民法院党组向全市法院系统全体干警发出向张嵘同志学习的号召。

5 月 19 日，时任最高人民法院政治部副主任王秀红视察思明区法院。

6 月，开元区法院徐美玲法官的一篇刑事判决书被评为全国法院优秀刑事裁判文书。

9 月 14 日，时任思明区法院院长陈国猛在法庭庭审中首次启用法槌，开创了新中国成立以来全国各级人民法院审判法庭庭审规则之先例。

12 月 4 日，思明区法院在一起民事纠纷庭审当中，要求出庭证人手按宪法宣读誓词，在全国首创证人宣誓制度。

同月，鼓浪屿区法院审判法庭改造工程竣工并正式投入使用。

12 月 24 日，最高人民法院审判委员会第 1201 次会议通过《人民法院法槌使用规定（试行）》，推广思明区法院经验，明确法槌使用规范。

2002 年

2002 年 1 月，最高人民法院印发《人民法院法槌使用规定（试行）》的通知，自 2002 年 6 月 1 日起正式在全国法院系统施行法槌制度。

2003 年

是年，思明区、开元区、鼓浪屿区三区合并为思明区，三区法院合并为思明区人民法院（以下全书简称为“思明法院”），并设立莲前、鼓浪屿、滨海三个人民法庭。

是年 10 月，丁丽贞任思明法院院长。

2005 年

4 月，时任最高人民法院院长肖扬莅临思明法院考察。

2006 年

思明法院被福建省高级人民法院评为全省首批省级“优秀人民法院”，莲前人民法庭被评为全省首批省级“优秀人民法庭”。

2007 年

5 月,思明法院民二庭被最高人民法院评为“全国法院民商审判工作先进集体”。

7 月,时任福建省高级人民法院常务副院长马新岚到思明法院视察调研。

7 月,思明法院与中国人民解放军 73322 部队签订共建协议书。

2008 年

6 月 30 日,思明区第十五届人大常委会第十二次会议任命洪志坚为思明法院副院长、思明法院代理院长。

11 月,思明法院被最高人民法院民一庭确定为调研指导工作联络点。

2009 年

2 月 20 日, 思明区第十五届人民代表大会第三次会议选举洪志坚为思明法院院长。

4 月,思明法院与厦门大学法理学博士点合作组建的“思法论坛”正式成立。同月,第一期“思法论坛”:“年龄·身高——‘1 米 1’案件引发的法律思考”举办。

5 月,全国刑事审判工作座谈会在厦门市召开,思明法院作为量刑规范化工作试点单位之一,全国各地会议代表到思明法院旁听示范庭庭审。

6 月,思明法院在民二庭成立全国第一个“审理金融危机引发案件专门合议庭”,集中审理由金融危机引发的各类设计金融的纠纷案件。

11 月,思明法院正式启动民事纠纷诉调对接机制。

11 月,思明法院在民二庭成立全省第一个基层法院知识产权审判合议庭,并受理了第一起知识产权民事纠纷案。

12 月,思明法院在全省率先实现基层法院知识产权案件裁判文书公开上网。

2010 年

1 月,“审理金融危机引发案件专门合议庭”建议区政府在法院设置“维稳专项基金”应对破产企业讨薪纠纷的工作机制在全国推广。

3 月 8 日,思明法院被全国妇联授予“全国维护妇女权益先进集体”荣誉称号。

3 月 29 日,时任福建省委书记,现任中央政治局委员、中央统战部部长孙春兰,时任最高人民法院院长、现任全国人大常委会副委员长王胜俊,时任厦门市委书记、现任福建省委书记于伟国一行莅临思明法院视察指导工作。

6 月,“审理金融危机引发案件专门合议庭”更名为全省法院首个金融案件审判专门合议庭——金融合议庭。

8 月,最高人民法院批准思明法院开展知识产权案件“三审合一”试点工作。

9月，思明法院成立全省首个基层法院知识产权审判庭。

11月13日，思明法院滨海法庭与厦门大学、滨海街道白城社区、演武社区居委会共建厦门大学“无讼校区”。

2011年

4月，思明法院被福建省高级人民法院确定为行政诉讼简易程序试点法院。

5月，思明法院“@思鸣法槌”官方微博上线。

6月，思明法院举办金融审判主题公众开放日活动并发布全省法院系统首本金融审判白皮书——思明法院金融商事审判白皮书。

7月，思明法院开通全国首个法院与部队共建的法律维军网“思明法院法律维军网”。

8月，思明法院知识产权审判庭与厦门大学知识产权研究院共建的国家级创新基地“国家知识产权培训(福建)基地思明法院实践中心暨厦门大学知识产权研究院理论与实践创新基地”成立。

12月，在思明区第十六届人民代表大会第一次会议上，洪志坚再次当选思明法院院长。

2012年

3月，思明法院确定“思法崇德，明理笃行”作为院训。

5月，《中国审判》以封面报道形式介绍思明法院工作。

6月，思明法院与厦门大学签订协议共建“思法论坛”。

6月，时任省委常委、政法委书记苏增添到思明法院调研“无讼社区”创建工作，实地考察示范点莲前街道前埔南社区。

7月，思明法院与《中国审判》杂志社在厦门国际会议中心举办“司法的社会责任——以打造‘无讼社区’为研究视角理论研讨会”，全国各地法院代表共同研讨“无讼社区”机制。

7月，思明法院与厦门大学法律事务办、法学院、公共事务学院合作举办第五期思法论坛：“理想照进现实——‘无讼社区’探索与实践”。人民法院出版社党委书记、社长，《中国审判》杂志社社长杨亚平，省法院副院长周瑞春等领导出席。

9月，思明法院获评《人民法院案例选》2011年度先进组织单位。

2013年

1月，思明法院“思法广场”揭幕。

6月，思明法院与西藏米林县人民法院签订“结对子”共建协议。

7月，思明法院鼓浪屿公民司法体验基地成立。

7月，思明法院“诉调对接中心”成立揭牌。

2014 年

2 月，思明法院连续三年以全市法院责任状考评第一名的成绩获得“年度厦门市基层法院院长抓队伍建设优胜单位”荣誉称号，厦门市中级人民法院陈国猛院长获得“尚法杯”流动奖杯，并永久留存。

3 月，思明法院发布全省法院首部金融刑事审判白皮书。

4 月，中央编译局俞可平副局长到思明法院调研指导“法庭义工”工作。

5 月，思明法院官方微信公众平台正式上线。

5 月 21 日，最高人民法院批准思明法院成为全国司法公开改革试点法院。

7 月 23 日，最高人民法院党组书记、院长周强一行到思明法院调研指导工作，时任省委常委、政法委书记苏增添，省法院党组书记、院长马新岚陪同。

2015 年

1 月，全国首个劳动法庭在思明法院成立揭牌。

2 月，全国政协原副主席、最高人民法院原副院长、中国和平统一促进会会长罗豪才一行到思明法院鼓浪屿公民司法体验基地调研视察工作。

5 月，思明法院“家事法庭”成立揭牌。

6 月 12 日，时任福建省委常委、省政法委书记陈冬带队莅临思明法院调研工作。

7 月，思明法院“交通法庭”成立揭牌。

2016 年

3 月，思明法院被福建省高级人民法院确定为“2016—2018 年度全省多元化纠纷解决机制改革示范法院”。

4 月，思明法院在全国法院第二十七届学术讨论会上荣获组织工作先进奖。此次是思明法院连续第三年荣获该奖项。

4 月 29 日，思明法院微信公众号荣登中央政法委《法制日报》舆情中心“全国法院系统微信影响力日排行榜”全国首位。

7 月 21 日，思明区第十六届人大常委会第四十四次会议任命傅远平为思明法院代理院长。

9 月 2 日，福建省高级人民法院党组书记、院长马新岚一行到思明法院劳动法庭调研指导工作。

11 月，思明法院课题“涉众型经济犯罪问题研究——以厦门市非法集资刑事案件为视角”入选 2016 年省社科规划项目目录，并获福建省社会科学规划领导小组办公室正式立项。

12 月 1 日，思明法院与鹭江公证处合作建立的“诉讼与公证协同创新中心”正式揭牌，思明法院在全国创先推出公证机构承接人民法院司法辅助事务的全新模式。

12 月 4 日，思明法院举行法官宣誓暨首批员额法官宣誓仪式，首批 79 名员额法官在傅远平院长的带领下庄严宣誓。

12 月 22 日，时任中央政治局委员、中央政法委书记孟建柱到厦门市鹭江公证处调研思明法院与鹭江公证处共建的“诉讼与公证协同创新中心”，高度肯定诉讼与公证协同创新工作。

12 月 23 日，思明区第十七届人民代表大会第一次会议选举傅远平为思明法院院长。

2017 年

1 月，《最高人民法院简报》刊登工作简报——《福建省厦门市思明法院与公证机构探索共建协同合作新机制》。

2 月，思明法院傅远平院长作为特邀嘉宾，参加最高人民法院应用法学研究所第九期“中国应用法学大讲堂”，并做主题发言。

5 月，福建省高级人民法院、福建省司法厅联合印发《关于开展“诉讼与公证”协同创新的意见（试行）》，在全省范围内推广思明法院诉讼与公证协同创新模式。

5 月，思明法院组建刑事快审团队、简单案件执行团队，全面深化审判执行繁简分流机制改革。

6 月，最高人民法院、司法部联合发布《关于开展公证参与人民法院司法辅助事务试点工作的通知》，在全国范围内推广诉讼与公证协同创新模式。

6 月，思明法院启动“亮剑老赖——决战 180 天，基本解决执行难”执行会战，近 10 万网友观看会战启动仪式网络直播。

7 月，思明法院被最高人民法院确定为“案件繁简分流机制改革示范法院”。

8 月，思明法院聘请中国刑法学研究会副会长、华东政法大学刑事法学研究院院长刘宪权教授为思明法院“以审判为中心”刑事诉讼制度改革专家顾问。

8 月，思明法院举办与金融行业座谈会，并发布全省法院系统首部金融消费审判白皮书及十大金融消费者权益保护典型案例。

8 月 22 日，福建省高级人民法院党组书记、院长马新岚一行来到思明法院调研考察。

二、思明法院光荣榜

2006 年以前部分荣誉名单

1991 年全省少年法庭先进集体:开元法院刑事审判庭少年犯合议庭
1992 年厦门市“花园式单位”:鼓浪屿法院
1995 年全省打击、伪造、倒卖、盗窃发票犯罪中获嘉奖:徐美玲
1996 年福建省政法委授予贯彻执行“七条禁令先进集体”:鼓浪屿法院
1996 年省严打斗争领导小组、省政法委授予先进个人:刘丽碧
1997 年全省政法系统“敬业爱岗为民树形象”先进个人:林颖
1998 年省级党员电教播放先进单位:鼓浪屿法院党支部
1998 年全省法院十佳法官,二等功:林颖
1998 年全省少年法庭先进工作者:徐美玲
2000 年全国法院系统“人民满意的好法官”:张嵘
2000 年省级“优秀青少年维权岗”:开元法院
2001 年省级“十佳人民法院”,集体一等功:思明法院
2001 全省法院“十佳法官”,个人一等功:张嵘
2001 年国家级“优秀青少年维权岗”:开元法院
2002 年全国法院系统“人民满意的好法院”:思明法院
2002 年全国法院系统“人民满意的好法官”:张嵘
2003 年全省法院系统严打整治斗争先进工作者:徐美玲、郑志勇

2006 年

全省优秀法院:思明法院
全省维护国防利益和军人军属合法权益工作先进集体:思明法院
全省法院司法统计工作先进单位 :思明法院
2005 年度全省法院信息工作先进单位:思明法院
省级优秀人民法庭:莲前法庭
省级青年文明号:民一庭
全国老年维权示范岗:民一庭
全省法院司法警察先进集体:司法警察大队
全省法院司法警察专业技能训练先进集体:司法警察大队
全省法院系统先进工作者:骆小雄、陈泽昭、林伟斌、黄明辉、黄志雄
全国维护国防利益和军人军属合法权益工作先进个人:张卫华

2007年

全国法院人民陪审员工作先进单位:思明法院
全省人民陪审员工作先进集体:思明法院
全省法院信息化工作先进单位:思明法院
全省法院2006年度信息工作先进单位:思明法院
全国法院民商审判工作先进集体:思明法院民二庭
省级优秀人民法庭:思明法院鼓浪屿法庭
全省法院思想政治工作先进集体:思明法院政治处
省级青年文明号:思明法院民一庭
全省社会主义法治理念教育活动先进集体:思明法院立案庭
集体二等功:思明法院司法警察大队
全省法院民商事审判工作先进个人:刘丽碧
全省依法征收社会抚养费工作先进个人:林伟斌
全省法院涉诉信访工作先进个人:林清梅
全省法院2006年度信息工作先进个人:赖华平

2008年

全国法院刑事审判先进集体:刑二庭
2007年度全省法院信息工作先进单位:思明法院
全省法院系统先进集体:民一庭
2003—2007年度全省少年审判工作先进集体:少年审判庭(刑一庭)
福建省女职工标兵岗:立案庭
全国模范法官:张嵘
福建省优秀女法官:庄慧林
全省法院系统先进工作者:陈泽昭、林伟斌、黄素萍、郑文雅
全省法院涉诉信访工作先进个人:林清梅
全省法院刑事审判工作先进工作者:郑志勇、黄明辉
第七届全省法院优秀行政判决书评选二等奖:林伟斌
全省优秀民商事裁判文书评选三等奖:许晓琳
2007年度全省法院信息工作先进个人:赖华平

2009年

2009年度最高人民法院《人民司法》应用法学研究先进单位:思明区人民法院
2009年全国法院新闻宣传工作先进集体:思明区人民法院

第四届全国法院优秀调研成果评选三等奖:洪志坚、赖华平、陈永华、张嵘(合作课题)
全省法官协会优秀协会工作者:李榕榕
2008 年度最高人民法院《人民法院报》社“优秀通讯员”:李克梅
全省法院司法警察先进个人:吴竞
2009 年福建省国防知识电视演讲大赛一等奖:陈静颖
全国副省级城市法学第二十一次年会暨建设环境友好型社会法制论坛三等奖:赖华平
全省法院系统第二十一届学术讨论会二等奖:陈静颖
全省法院系统第二十一届学术讨论会三等奖:赖华平
全省法院驾驶员政治业务知识和技能竞赛驾驶技能三等奖:苏江海

2010 年

全国维护妇女权益先进集体:思明法院
2009—2011 年度全省文明行业创建工作示范点:立案庭
福建省“巾帼文明岗”:小额民事诉讼调裁庭
全省集中清理执行积案先进集体:执行庭
全国先进工作者:张嵘
福建省“十佳法官”并荣立个人二等功:庄慧林
福建省“巾帼建功标兵”:庄慧林
全省法院系统第九届优秀裁判文书二等奖:李辉东
全省法院调解工作先进个人:杨建伟
全省集中清理执行积案先进个人:黄明辉
全省法院新录司法警察培训班“优秀学员”:张赟、叶智淮
全省法院先进工作者:吕娜彬

2011 年

全国基层人民法院“立案信访窗口”建设先进集体:思明法院
全省法院党建工作先进集体:思明法院
第二十三届学术讨论会福建省组织工作先进单位:思明法院
第二批全省法院系统文化建设示范单位:思明法院
全省法院系统先进集体:研究室、立案庭
省级优秀人民法庭:滨海法庭
全国法院办案标兵:林晞昀
福建省巾帼建功标兵:李克梅
福建省优秀女法官:黄素萍
全省法院系统先进工作者:吕娜彬、彭朝辉、吴长城、王焕然
全省涉诉信访工作先进个人:林清梅

全省法院党建工作先进个人:谢露茵

全省法院"创先争优"活动先进个人:曾臻

2009—2010年度全省法院优秀商事裁判文书二等奖:王力

全省法院系统"我身边的优秀共产党员"主题演讲比赛一等奖:张希华

福建省法院第三届文艺(小品)会演作品二等奖、个人表演奖:张希华

2012年

2012年度在司法新闻宣传工作中做出突出成绩的人民法院:思明法院

2012年度在司法理论宣传工作中做出突出成绩的人民法院:思明法院

福建省青年"五四"奖章集体:思明法院

全省法院系统先进集体:思明法院

福建省第七届(2012—2014年度)文明行业创建工作示范点:莲前法庭、滨海法庭

全省法院后勤系统"服务质量年"活动"综合成绩优秀单位":思明法院

全省十佳法庭、集体二等功:莲前法庭

全省法院创先争优先进基层党组织:莲前法庭

全省首批"法院文化建设示范法庭":鼓浪屿法庭

全省法院优秀司法建议:《关于增强鼓浪屿家庭旅馆经营风险意识,规范经营活动,提升经营能力的司法建议》

全省法院优秀司法建议:《关于规范卡拉OK行业、防止侵犯著作权的司法建议》

最高人民检察院打击侵犯知识产权犯罪十大典型案例:刘德芬

中央"4·20"专案(中共中央纪委、最高人民法院、最高人民检察院、外交部、公安部、监察部、司法部和海关总署)的联合嘉奖:洪怡宁

福建省优秀法官:林芳

第三届福建省优秀女法官:黄素萍

全省基层法官办案标兵:王叶萍、林芳、黄志雄

全省法院系统先进工作者:龙辉、黄志雄、陈晓龙、郭国超

福建省基层法官办案标兵:庄慧林、吴长城

全省法院创先争优优秀共产党员:龙辉

全省法院涉诉信访工作先进个人:林清梅

全省法院优秀书记员:林晨

全省法院优秀服务保障工作者:张晴

福建省第二届维护妇女儿童合法权益工作先进个人:吕云平

全省优秀人民陪审员:陈禄兴、李爱萍

厦门特区方阵和全省女警方阵分列式检阅暨警务技能表演分获三等奖和巾帼风采奖警:思明法院14名司法警察

全省法院"学习实践政法干警核心价值观"主题演讲比赛二等奖:张希华

全省法院第一期新录司法警察警务技能培训班优秀学员:邱敏瑜

全省法院第二期新录司法警察警务技能培训班优秀学员:杨超

全省法院精品案例“原告王宝珍等与被告厦门公交集团开源公共交通有限公司城市公交运输合同纠纷案例”:戴建平

全省法院后勤系统“文化引领后勤服务保障”征文活动 二等奖:郭泽喆

2013 年

全国法院“两评查”活动先进单位:思明法院

2013 年度在司法新闻宣传工作中做出突出成绩的人民法院:思明法院

2013 年度在司法理论宣传工作中做出突出成绩的人民法院:思明法院

福建省青年文明号:民三庭

省级三八红旗集体:小额民事诉讼调裁法庭

“全省爱国拥军模范单位”:思明法院

福建省先进工作者 :林晞吟

全省法院优秀服务保障工作者:张晴

全省法院刑事审判工作先进个人:吴长城

全国法院优秀庭审:王叶萍

全国法院优秀裁判文书:戴卫真

“学习型组织在中国”全国演讲比赛特等奖:张希华

2014 年

2014 年度在司法新闻宣传工作中做出突出成绩的人民法院:思明法院

2014 年度在司法理论宣传工作中做出突出成绩的人民法院:思明法院

全国法院第二十五届学术讨论会“组织工作先进奖”(全国法院得分第一名):思明法院

未成年人健康成长法制保障制度创新事例的优秀事例称号:思明法院

调解高峰论坛“多元纠纷解决及诉调对接制度”最佳事例奖:调裁法庭

2014—2016 年省级青年文明号:思明法院民一庭

全省法院司法品牌:①中国法院“第一槌”;②知识产权审判“三合一”;③涉军审判工作机制;④执行微博曝光台;⑤公民司法体验基地;⑥小法官夏令营

全省法院系统学术讨论会“组织工作先进奖”:思明法院

福建省“为了明天——关爱青少年彩虹行动”微电影大赛获奖:思明法院微电影《灯塔》

全省法院系统先进基层党组织:第一党支部

全省法院人民法庭工作先进集体:莲前法庭

福建省优秀共产党员:林晞吟

全省法院系统文明行业创建活动先进个人:程健红

全省法院人民法庭工作先进个人:郭国超

全省法院执行工作先进个人:陈晓龙

全省法院系统先进工作者:吴彩凤

全省法院系统优秀共产党员:郭国超、赵国军、张锦前、江玉华

2015 年

2015 年度在司法新闻宣传工作中做出突出成绩的人民法院:思明法院

2015 年度在司法理论宣传工作中做出突出成绩的人民法院:思明法院

全省法院系统先进集体:思明法院

全国法院文化建设示范单位:思明法院

全国法院系统二十六届学术论文“组织工作先进奖”(连续三届):思明法院

全国法院系统第二届十佳微电影:思明法院微电影《灯塔》

福建省职业道德建设十佳单位:思明法院

福建省青年五四奖章:民三庭

全省第八届(2015—2017 年度)文明行业创建竞赛活动示范点:思明法院

全省第八届(2015—2017 年度)文明行业创建竞赛活动示范点:滨海法庭

全国法院办案标兵:庄慧林

2012—2014 年全国法院信息工作先进个人:林鸿

全省法院优秀法官、全省法院人民法庭工作先进个人:郭国超

全省法院先进工作者:吴彩凤、李克梅、吴长城、黄素萍

全省法院系统优秀共产党员:郭国超

全省法院青年干警“深入学习邹碧华”主题演讲比赛一等奖:张希华

全国法院青年干警学习邹碧华精神演讲比赛二等奖:张希华

2016 年

全国法院第二十七届学术讨论会“组织工作先进奖”:思明法院

2016 年度在司法新闻宣传工作中做出突出成绩的人民法院(连续第五年获评):思明法院

2016 年度在司法理论宣传工作中做出突出成绩的人民法院(连续第五年获评):思明法院

2011—2015 年全省法治宣传教育先进单位:思明法院

全省多元化纠纷解决机制改革示范法院:思明法院

全省政法系统“优秀基层单位”:民三庭

福建省青年文明号(2016—2018 年度):民三庭

全省法院民事商事审判工作先进集体:民二庭

全省法院党建工作先进集体:思明法院

全省法院第二十八届学术讨论会“组织工作先进奖”:思明法院

全省法院诉讼服务中心建设工作先进集体:立案庭

全省法院党建工作先进集体:滨海法庭
荣誉天平奖章:冯军、薛学佐
第二十八届全国副省级城市法治论坛征文一等奖:方晋晔
全省法院民事商事审判工作先进个人:戴卫真
全国法院党建工作先进个人:江玉华
全省法院党建工作先进个人:吴兆安、方晋晔 、杨建伟、柯祖锋
全省法院信息化建设先进个人:李晓攀

2017 年

最高人民法院“案件繁简分流机制改革示范法院”:思明法院
全省法院系统第八届(2015—2017 年度)文明行业创建竞赛活动先进集体:思明法院
全省优秀法院:思明法院
全省法院执行工作先进集体:执行局
全省法院刑事审判工作先进集体:刑二庭
福建十佳法官、二等功:黄素萍
全省最美劳动者:黄素萍
全省法院系统先进工作者:吴长城、林芳、林晞吟、李缘缘、刘建发
全省法院执行工作先进个人:柯祖锋
全省法院刑事审判工作先进个人:方晋晔
全省法院“五好文明家庭”:陈毅燕
全省法院信息化建设先进个人:李晓攀

第二编

开拓六十年：

思明法院重大改革创新

思明法院的六十年，既是脚踏实地、蹄疾步稳的六十年，也是仰望星空、锐意创新的六十年。如何更好地激发办案潜能，圆满完成审判任务，更好地造福民祉，始终是思明法院人孜孜不倦探索追问的永恒命题。唯改革者胜，唯创新者强，这是思法人的坚定答案。

翻开六十年的历史画卷，思明法院的每一次创新都浓墨重彩。为了树立司法权威，提高庭审的神圣感与仪式感，思明法院在中国大陆法院第一次使用法槌，第一次启用证人宣誓，在我国司法发展历史上留下了响亮回声。为了破解人案矛盾，攻克法官陷入事务性工作的难题，思明法院在全国率先与公证机构联手，创造"诉讼与公证协同创新"的"厦门经验"。为了践行司法为民，提升司法亲和力，让人民群众感受到司法的温度，思明法院在全国率先开展"法庭义工"试点工作，让无数群众在庄严的司法活动中感受到人文温暖。"繁简分流""专业审判""无讼社区""智慧法院""司法维军"，一项项创新突破凝聚了思明法院人的睿智博识。

与时俱进，创新为民。思明法院始终将创新的出发点和落脚点聚焦在提升审判质效、提升群众便利之上，通过不断的探索试错、推陈出新，在助力司法体制改革，全面落实司法责任制的同时，增强人民群众的获得感，打造出一个个掷地有声的司法品牌，形成了一张张思明法院的烫金名片。打造"品质思法"工程，全面建设公信典范法院，是思法人不懈努力与践行的目标。

一、法庭规则创新

（一）中国大陆法院第一槌

在当下的中国法院庭审当中，法槌已经是一项重要的司法元素。庭审的开启与终止，均以法槌的起落为标志。法槌在庭审当中也同时起到了维持法庭秩序、树立法庭威严的重要作用。2016 年 5 月 1 日起施行的《中华人民共和国人民法院法庭规则》明确规定，"审判长或独任审判员主持庭审活动时，依照规定使用法槌"。法槌在中国大陆法院的运用，要追溯到 2001 年 9 月 14 日。时任思明法院院长的陈国猛，在一次开庭审理当中，首次将法槌引入法庭，开创了新中国成立以来全国各级人民法院在开庭审理当中使用法槌的先例。不到一年，最高人民法院印发《人民法院法槌使用规定》，法槌在全国各级法院的各个审判法庭中全面启用。中国大陆法院第一槌的敲响，在中国司法发展历史上留下了响亮的回声。

当前使用的法槌，由最高人民法院统一监制。法槌的设计简洁明了，凝聚了司法活动的力度和维护公平正义的厚度。相较通行版法槌，思明法院自主设计的中国大陆法院第一槌，增加了更多法院文化的思考和元素。槌体上部，取自中国传统神话中的神兽獬豸。古代神话中，獬豸"见人斗，则触不直者。闻人论，则咋不正者"，是中国传统文化当中清平公正的象征。以獬豸之首做法槌头部，寓意对中华传统法律文化的传承。法槌的手柄，则是麦穗和齿轮，寓意司法权力来自人民，亦掌握于人民手中，彰显了社会主义法治的理念和精神。如今，这把精美的"中国大陆法院第一槌"虽已不再实际运用于法庭当中，但在思明法院的广场上的法槌园中,这把法槌依然熠熠生辉。中国大陆法院第一槌,已经成为思明法院的一张响亮名片,法槌起落,洪亮之声也催促着思明法院人继往开来,不断前行。

(二)证人当庭作证宣誓规则

2011 年 12 月 4 日是我国历史上第一个全国法制宣传日,在思明法院当天审理的一起民事纠纷当中,证人黄某站在宣誓台前,面对审判席,以左手按住宪法文本,认真宣读誓词:"我向法庭宣誓:以我的人格及良知担保,我将忠实履行法律规定的作证义务,保证如实陈述,毫无隐瞒。如违誓言,愿接受法律的处罚和道德的谴责。"这是中国大陆法院第一次采取证人宣誓制度,由此起,越来越多的法院要求证人在出庭作证时必须向法庭进行宣誓或者承诺。证人宣誓,是思明法院在法庭规则方面又一项全国性的创新,它进一步提升了法庭审理的仪式感和庄重感,使诉讼参与人感受到庄严肃穆的法庭文化,更加诚实开展诉讼行为。

二、诉讼与公证协同创新

经济社会发展新形势下,全国各地法院均普遍存在案件数量持续高位运行、人案矛盾长期尖锐突出的严峻形势。如何高效完成司法辅助性、事务性工作,减轻法官事务性工作负担,成为各地法院共同亟待解决突破的问题。对此问题,思明法院给出了一个"思法答案"——诉讼与公证协同创新。

2016 年 10 月,思明法院与鹭江公证处签订《战略合作协议》,共同决定设立"诉讼与公证协同创新中心"。引入公证机构力量,发挥公证人员的专业优势和职业属性,由公证机构全面承接调解、送达、调查、保全、执行等各项司法辅助业务,成为思明法院分流司法辅助业务的一种新方式。诉讼与公证,皆以公平正义为立足,皆以公示公信为标杆,皆以消除纷争为己任。二者之间核心价值的契合,奠定了协同的基础,提供了创新的可能。公证人员走入法院,帮助法官更加专注于审判执行工作主业,以司法、公证之协同,求公正司法之成效。

2016 年 12 月 22 日,时任中央政法委书记孟建柱到鹭江公证处调研,在听取了关于诉讼公证跨界合作的汇报后,高度肯定了诉讼与公证协同创新模式,指出:"要进行社会分工、专业化",肯定"诉讼+公证"跨界合作探索思路,称赞"走社会化、市场化的路"的"思路非常好,解决了案多人少的问题"。孟书记强调公证处作为司法助手"符合改革的方向",要求有关部门未来要支持"合格的、优秀的"公证机构发展。孟建柱书记的重要指示,指明了诉讼与公证协同创新的发展方向,振奋了改革的信心。诉讼与公证协同创新,由此换挡增速,进入了新的发展阶段。2017 年 5 月 16 日,福建省高级人民法院与福建省司法厅联合印发了《关于开展"诉讼与公证"协同创新的意见(试行)》,在福建省范围内进一步推广"诉讼与公证协同创新"的"厦门模式"。2017 年 6 月 29 日,最高人民法院、司法部联合发布《关于开展公证参与人民法院司法辅助事务试点工作的通知》,确定北京、上海、福建等 12 省(区、市)作为试点,全面开展公证机构参与法院司法辅助事务试点工作。

诉讼与公证协同创新,是思明法院在司法改革过程当中又一项全国性的新创造,为各地法院提供了新的经验和借鉴。思明法院也将继续完善创新举措、深挖创新潜力、巩固创新成果,推动诉讼与公证协同创新取得更好成绩。

三、法庭义工

2013年，思明法院创设了全国首个法庭公益志愿服务项目——法庭义工。思明法院与思明区城市义工协会联手，在思明区文明办的指导下，成立思明区法庭义工协会，实行社团自治、自我管理、无偿服务。法庭义工结合所在部门工作特点，因地制宜提供分流引导、端茶倒水、咨询答疑、开导安抚等服务，并免费向办事群众提供复印、上网、传真、手机充电等便民服务。义工队伍以热情周到的诉讼服务，赢得了人民群众和社会各界的广泛赞许。经调查，接受服务的群众中93.10%的人认为"法庭义工"有帮助，96.56%的人对"法庭义工"评价良好。最高人民法院周强院长在视察思明法院时，称赞法庭义工"心怀大爱，回报社会，境界很高"，"起到了法官起不到的作用"。

法庭义工工作模式运行以来，不仅得到了厦门全市法院、外地法院系统的借鉴，而且也得到了法院系统之外单位的复制推广。邀请义工团体来帮助国家工作人员服务人民群众的方式，成了提升人民群众满意度一种行之有效的新方式。

四、审判专业化改革

全国各地法院均普遍面临案件数量日益增加，人案矛盾日益增大，审理要求日益提升的共同难题。为提升审判效率，更好更快满足人民群众的司法需求，思明法院启动了审判专业化改革，以培养专家法官、建立专业团队、构建专门机制的方式，走出了一条审判效果和社会效果兼具的专业化审判道路。将主要案件类型进行再集约、再分配，交由专业审判团队加以审理，既提高了效率，又确保了裁判尺度和裁判标准的统一，提升了审判质量。

思明法院先后设立了"知识产权审判庭""劳动法庭""家事法庭""交通法庭""房地产审判庭"等专业化审判法庭及"金融合议庭"等专业化审判团队。各专业化审判部门根据主管案件特点，因地制宜创新完善审判工作机制，不断推进各类案件审判工作精准化、专业化：2010年，思明法院成立知识产权审判庭，在全省基层法院率先开展知识产权审判"三审合一"，并于2011年被评为全省知识产权审判示范法院；2015年成立全国首个"劳动法庭"，创立农民工讨薪快速反应机制、方言服务团、远程调解室等多项便民机制，为劳动者合法权益的保障提供强大司法助力。为此，《人民日报》还刊登专文对全国首个劳动法庭予以宣介；家事法庭围绕婚姻家庭案件特点，建立连贯审理机制、家事纠纷申报机制、家事案件调解程序前置机制等一系列特色审判工作机制，引入专业化心理团队，建立和合之家工作室，为当事人提供多样化心理服务，化解家庭危机；交通法庭联合交警部门、保险行业，创新打造"交通事故调处中心"，为当事人提供事故认定、诉前调解、法律咨询、案件立案、送达、调解、开庭、判决和保险理赔等"一站式"服务，有力践行司法便民的宗旨；房地产审判庭不断强化审判能力，建立群体性纠纷快速处理机制，在地铁一号线建设、鼓浪屿申遗、厦门会晤保障等重大任务中提供有力司法保障，制定发布《房地产审判规范指引与观点集成》《民事审判程序操作指引》，不断提升审判专业化水平；金融合议庭以集中优势资源审理金融案件，坚持"难案精审、简案快审、调解优先"原则，有效提升金融案件审理质量，为辖区金融经济市场稳定提供有力保障,并推出“商事讲堂”“司法暖企”“中小微企业法律服务月”等活动,推进司法为民、司法便民不遗余力。

五、繁简分流与调解速裁机制改革

案件繁简分流和调解速裁机制改革,是提升审判质效、满足群众多元需求的司法改革重要举措。近年来,思明法院依托全新的诉讼中心建设,以诉讼服务为端口、以案件分流化解和审执服务为输出,打造集“大服务、大分流、大调解”于一体的“超级中心”,持续推动分调裁机制改革走向深入。思明法院先后被评为“全省多元化纠纷解决机制改革示范法院”和“全国案件繁简分流机制改革示范法院”。

为进一步提升诉讼服务水平,思明法院于2017年整合优势资源,打造了升级版的诉讼中心,诉讼中心内设“诉讼服务”“多元化解繁简分流”和“审判执行服务”三大分中心,组建了多元化解、民事快审、刑事快审、执行快执和诉讼保全五大团队,形成了立案、审判、辅助事务和执行四维分流的诉讼体系,实现了审判执行繁简分流的全领域、全过程、全覆盖。思明法院以“供给侧”思维为导向,坚持多元共治,不断提升多元解纷工作成效,形成了法官调解、人民调解、公证调解、法律援助、律师调解的五元调解工作格局,打造了“杨建伟法官调解工作室”“物业纠纷诉调衔接机制”等广受社会认可的司法品牌。思明法院建立并不断完善小额案件审理程序、刑事速裁程序、行政速裁程序三大速裁程序,有效缩短简单案件审理时限,确保人民群众合法权益及时得到保障。

六、智慧法院建设

思明法院在发展前进的过程当中,始终高度重视科技对于司法工作的重要作用,坚持把智慧法院建设和法院信息化建设作为一项重要任务。借助科技力量,让审判工作更为高效,让群众办事更为便捷,让司法活动更加公开。思明法院始终紧跟科技潮流,不断将审判执行工作的实际需要转化为科技创新的强大动力,将科技运用到审判执行、服务群众的方方面面。思明法院自主开发了“跨执行查控系统自动查询软件”“智行”刑事审判办案系统、“法律文书智能集成系统”“交通事故智审系统”。针对不同案件的特点和难点设计系统功能,采用科技手段巧妙减少重复性、机械性工作,帮助法官专注于审判执行工作主业。同时,思明法院还启用了“远程视频调解室”“自助立案机器”等多项科技设备,为人民群众更好参与诉讼活动提供了便利。

科技思维贯穿于思明法院工作的各个方面,在审判执行、法院管理的各项细节中也同样充满了“科技元素”:为支持执行行为,大力打造科技化执行指挥中心,为执行行动提供线上指挥、决策分析、统一部署等多方面功能;为及时固定证据,引入电话录音软件实现实时记录并永久保存电话录音;为加强法院安保,引入人证核验闸机以及人脸识别系统,实现人证对比、以图搜人、风险预警等多项功能,有力提升了法院安保水平;为提高送达工作效率,开发电子送达平台,实现统筹排庭、信息共享、送达流程可视化,极大方便法官管理送达工作事务。

七、亮剑执行难

切实解决“执行难”，将判决书上的权利落到实处，是人民群众对于司法工作的迫切期待，也是思明法院人坚定不移的奋斗目标。忧民之忧，急民之急，为了破解执行难，思明法院人不懈努力，先后推出多项体制机制创新，有力实现执行工作质效提升。

一是创新推动执行警务化改革。采用“预约用警、集约用警、弹性用警”相结合的工作模式，增加执行行为威慑力。二是创新推出执行繁简分流改革。成立简执团队，分流办理大量简单案件和查控事务，减轻后端普执团队的工作量，实现简案快办、难案精办的效果。三是创新打造执行事务中心。建立法官轮值值班制度，集约化进行当事人接待，统一收转案件材料，实现“咨询有人答、诉求有人听、材料有人收、法官找得到、执行看得见”的效果，有力提升群众对执行工作的满意度。四是创新用好强制执行措施。组建法警特勤队，对拒执行为坚决采取拘留、移送公安机关等“硬手段”，形成打击老赖的高压态势。率先与电信运营公司合作，开通“老赖”专属彩铃，督促失信被执行人履行法律义务。五是加强执行信息化应用。深入分析执行工作实际需要，研发“跨执行查控系统自动查询软件”“一案一号执行款管理系统”，借助科技手段提升执行成效。六是创新做出社会承诺。在 2017 年 6 月启动的“决战180 天，基本解决执行难”执行会战中，思明法院向社会公众做出承诺，法院将在立案后 15 天内完成执行财产查控，30 天首次内将执行情况告知当事人。以承诺方式，自觉接受社会监督，推动执行公开。

八、无讼社区

“无讼社区”创建是思明法院在强化社区管理、促进社会和谐、提升人民幸福方面的有效创举。时任福建省委书记孙春兰高度肯定了无讼社区的创建工作，批示指出厦门法院“无讼社区”建设是社会管理创新的重要方面，要求在全省宣传推广。最高人民法院常务副院长沈德咏批示肯定无讼社区工作是在推进社会管理创新、构建社会主义和谐社会过程中的一种积极而有益的探索。2011 年 8 月，思明区综治委决定在全区范围内开展“无讼社区”创建活动。无讼社区创建中，思明法院发挥了创建主力军作用，选派了 65 名中青年法官进社区、访群众、听民声、接地气，广泛开展宣传、调查和社区纠纷化解工作，实现了全区 96 个社区全覆盖。院领导和庭室负责人也分别挂钩街道，实地指导社区创建工作。

思明法院以现代社区为载体，融合我国传统的“无讼”理念，精心培育了五大“无讼”品牌：一是培育鼓浪屿岛“无讼景区”品牌。2009 年 12 月，思明法院鼓浪屿法庭与鼓浪屿街道内厝社区率先启动首个无讼社区建设，将景区纠纷纳入诉调对接机制。共建“司法馆家”平台，引导旅馆业主诚信守法经营。二是培育厦门大学“无讼校区”品牌。发挥法院、厦门大学、白城及演武社区等各方优势，确保校园及周边社区和谐稳定。三是培育新兴城区“无讼商圈”品牌。妥善化解征地拆迁、店面承租、物业纠纷，共建和谐商圈，维护辖区良好营商环境。四是培育医患、婚姻家庭等“无讼行业”品牌。加强与市医患纠纷调解委员会、妇女儿童权益保障调解委员会等行业组织的联系合作，建立诉调对接机制，快速化解行业纠纷。五是培育“无讼交通”品牌。全国首创集行政调解与司法确认合二为一的《道路交通事故认定（司法确认）书》，交通法庭与交警大队等部门共建交通事故调处中心，一站式提供纠纷化解便民服务。

九、司法维军

多年来，思明法院着眼大局，不断探索、锐意创新，走出了一条以“维军合议庭”为基础、以全国法院首个“法律维军网”为平台、“五个一”为主要内容、具有思明法院特色的法院维军工作路子，为依法维护国防利益和军人军属合法权益、促进平安建设与和谐军营建设提供了有力的司法保障，受到了总政治部的高度评价。

(1)开通一条司法维军“绿色通道”，加强对涉军案件的排查调处力度。建立涉军案件的快速反应机制，加强调解介入力度、加快送达排庭速度、加大军地协同强度，从快维护好军人军属的合法权益。(2)开展一系列普法宣传教育，实现司法维军向前延伸。思明法院先后与91927部队勤务船中队、厦门警备区73322部队签订共建协议，坚持在每年新兵入伍、老兵退伍及建军节等时间点，选派业务骨干进军营，开展法律宣传、咨询活动。同时邀请驻地官兵旁听有指导意义的案件庭审，提高官兵学法的积极性，强化普法宣传的效果。(3)建立一套回访、帮扶制度，优化司法维军实际效果。涉军案件承办人负责对已结案件中的军人军属进行定期回访，了解并帮助他们解决生产、生活中遇到的新困难。同时，加强与共建单位的沟通联系，积极主动了解官兵涉法问题，提供全程法律帮扶。(4)打造一个网络维军平台，开拓司法维军新气象。2011年7月底，思明法院与厦门警备区73322部队在全国率先开通了首个法律维军网，利用部队计算机网络开展维军工作，进一步丰富了司法维军的内涵，提升了军地共建的水平。(5)成立一个法律实践基地，力促司法维军常态长效。2013年7月，思明法院成立“军人法律实践基地”，并在全国首次聘请3名现役军人担任法官助理。基地的成立为军人学法、用法、普法和纠纷化解打造了一个更加宽阔的平台，实现了维军工作常态化和长效化。

十、公民司法体验基地及小法官夏令营

思明法院发挥人民法院普法工作的主体作用，打造了鼓浪屿公民司法体验基地、小法官夏令营等一批具有较强社会影响力的普法宣传品牌，提升了人民群众对法院工作的认识，增进了全社会知法、守法氛围，不断推动法治社会建设走向深入。鼓浪屿公民司法体验基地，是思明法院2013年打造的全国首个集司法体验、法治宣传和廉政教育等功能为一体的“体验式”普法基地。基地将法院司法文化和鼓浪屿人文元素深度结合，运用立体化可感受高科技手段，设置丰富的司法体验项目，集司法体验、法制宣传和廉政教育等功能为一体，让民众通过体验、参观来增进对法院工作的了解。基地的建成，为群众打开了一道了解法院、感受司法的窗口，也为作为世界文化遗产的鼓浪屿增加了丰富的法律文化元素。

思明法院以公民司法体验基地为平台，推动“小法官夏令营”等普法品牌进一步提升社会影响力，发挥普法宣传的乘数叠加效应。“小法官夏令营”是思明法院自2003年起推出的

又一项普法品牌，至今已经成功举办了十五届。夏令营围绕法治教育主题，采取实地参观、知识竞赛、法庭课堂等丰富活动形式，组织学生参与模拟法庭表演，使营员们在亲身实践中培养起法律意识，深受师生家长、上级部门和社会公众的认可。

第三编

求索六十年：

思明法院理论成果摘录

一、课题

台湾地区法官薪酬制度的启示与借鉴

思明法院课题组[①]

引　言

法官是司法权的行使主体。2014年《中共中央关于全面推进依法治国若干重大问题的决定》提出建设中国特色社会主义法治体系、建设社会主义法治国家的总目标。法官薪酬机制是司法体系的组成环节，在中央司法改革全面铺开的大环境下，其意义突显。当前，法官薪酬完全参照公务员标准，由于行政级别晋升困难，造成虽然法官工作强度大、难度高、责任重，牵涉利益复杂、受到诱惑多，但是其薪酬水平实际上不及相同资历的其他公务员。法官难以从正当途径获得体面而有保障的生活，不但与国际潮流不符，而且增加法官贪污受贿的道德风险。近年来，法官职业的吸引力不断下降，许多社会精英不再加入，法院培养的既有人才流失比例逐年激增。据媒体报道，2015年中国大陆法院辞职的法官达一千余人，占比0.5%[②]。"法官流失"已成为不容忽视的社会问题，在2016年的全国两会上引起社会各界的高度关注[③]。

我国台湾地区的司法制度源于大陆，1946年日本投降后，国民党政府将之移植到了台湾地区。近年来，台湾地区推行了多轮较为深入的司法改革，初步建立起一套独立而多元的法官薪酬体制。海峡两岸司法改革的社会背景相似，又共享相同的文化基础，台湾地区的司法改革经验可以为大陆的司法体制改革提供借鉴。

一、台湾地区法官薪酬制度之微观考察

我国台湾地区的法律制度源于民国时期的"六法全书"。司法官[④]薪酬沿袭清末传统称

---

① 课题主持人：傅远平（思明法院院长），课题组成员：林鸿（思明法院法官）、陈石（厦门中级人民法院法官）、赵国军（思明法院法官）、龚扬帆（思明法院书记员）。报告执笔人：林鸿。本文为中国法学会2015年部级课题成果。

② 周群峰：《律师向左，法官向右》，载《中国新闻周刊》2016年第26期。

③ 王梦遥：《法官现离职潮 人大代表称要给待遇和尊严》，载《新京报》2016年3月11日第6版。

④ 台湾地区法官与检察官统称为司法官，传统意义上属于广义的"军公教人员"。

为"俸给",在"法官法"施行前并未区别于一般公务人员。2011年施行的"法官法"在"法官之给与"一章集中规定司法官薪酬制度。在历经多轮司法改革之后,台湾地区司法官薪酬大幅提升:完成训练的候补法官起薪约为10万元新台币(不含加班、出差费),而一般公务员根据其参加考试的级别不同,起薪范围在3万～4.3万元新台币之间[①],二者差距悬殊。此外,依据台湾地区"宪法"第81条的规定,法官为终身职,非依法律,不得减俸[②]。

(一)基础薪酬——俸给

"法官法"第71条、第89条明确规定,司法官不列官等、职等,其俸给包括本俸、专业加给、职务加给及地域加给,均按月发给,检察官参照执行。从绝对数方面观察,根据职等由低到高,法官的月薪从10万到18万新台币不等,折合为人民币2万到4万元不等,远高于社会平均薪资水平。离岛和艰苦地区的法官的待遇相比于生活便利的都会区更高。

1. 本俸

本俸类似于大陆所说的基本工资,是法官职务报酬的基础数额,仅依据各自的俸级确定薪酬,俸级根据在职年限及工作表现确定。司法官因不同的实任、试署及候补,有不同的本俸俸级,根据其职务情况,俸级起算情况也不同。概言之,"法官俸表"是法官俸给的主要依据。[③] 司法官的本俸额是依据公务人员俸表中相同俸点折算俸额标准来折算俸额,法官人事管理制度对试署法官、候补法官及不同等级的实任法官具体规定了不同的俸级及俸点[④],司法官根据个人具体情况,确定俸级及俸点后,参照公务人员标准来具体折算俸额标准及本俸金额。台湾地区现行规定明确法官的薪资"只增不减"。这种薪酬及晋升体系契合了法官专业化的诉求,从而在制度上确保了法官具有优渥的生活待遇,有利于建立法官的职业荣誉感和吸引力,便于吸纳各路英才,并在一定程度上实现了高薪养廉。

2. 各种加给

"加给"类似于大陆的津贴,"法官法"明确规定法官各种加给,加给的给与条件、适用对象及支给数额。专业加给与职务加给依据"行政院人事行政总处"订定的"法官专业加给表"及"法官职务加给表"等各种加给表核定给予,金额基本上每年都会根据经济和物价变动情况调涨,以保持大致相当的购买力。

(1)专业加给

司法官专业加给依照司法官的俸级及俸点分别以月为单位发给。"法官专业加给表"中已明确规定不同俸级可取得的专业加给数额,其金额和级差均远高于普通公务员的专业加给。其中,"最高法院"法官、"最高法院检察署"检察官、"最高行政法院"法官及"公务员惩戒委员会"委员除此外,按月再增加发给5000新台币元。法官专业加给如表1所示:

---

① 千龙网:《法官工资比公务员高43%多不多》,载 http://gov.163.com,下载日期:2016年5月30日。

② 台湾地区"大法官会议"释字第601号解释确认,除依据"宪法"第170条外,不得以任何其他理由、方式删减法官俸给。

③ 台湾地区"法官法"第71条第3项规定:"本俸按法官俸表俸点依公务人员俸表相同俸点折算俸额标准折算俸额。"

④ 台湾地区"法官法"第71条规定:"法官不列官等、职等。其俸给,分本俸、专业加给、职务加给及地域加给,均以月计之。前项本俸之级数及点数,依法官俸表之规定。本俸按法官俸表俸点依公务人员俸表相同俸点折算俸额标准折算俸额。"

表 1　台湾地区法官职务工资标准表　　单位：新台币元/月

俸级	俸点	月支数额	俸级	俸点	月支数额
1 级	800	91 665	13 级	550	75 400
2 级	790	91 565	14 级	535	75 300
3 级	780	91 465	15 级	520	75 200
4 级	750	91 365	16 级	505	75 100
5 级	730	91 170	17 级	490	75 000
6 级	710	91 070	18 级	475	74 900
7 级	690	90 845	19 级	460	74 680
8 级	670	90 745	20 级	445	74 580
9 级	650	90 020	21 级	430	70 715
10 级	630	89 920	22 级	415	70 615
11 级	610	89 415	23 级	400	70 430
12 级	590	89 315	24 级	385	70 330

(2)职务加给

职务加给是指主管职务加给[①]，主要针对的是院长、庭长等负有主管领导责任的人，而非所有司法官。“法官职务加给表”中已明确规定不同俸级可取得的专业加给数额，职务加给依照俸级及俸点分别以月为单位发给。与专业加给不同的是，职务加给不再对“最高法院”、“最高行政法院”及“公务员惩戒委员会”有特殊照顾。此外，职务加给比专业加给少很多，最高俸级的职务加给只约等于最低俸级专业加给的一半。法官的职务加给如表 2 所示：

表 2　台湾地区法官职务加给表　　单位：新台币元/月

俸级	俸点	月支数额	俸级	俸点	月支数额
1 级	800	36 260	10 级	630	17 160
2 级	790	35 860	11 级	610	11 850
3 级	780	35 460	12 级	590	11 750
4 级	750	35 060	13 级	550	9 200
5 级	730	29 470	14 级	535	9 100
6 级	710	29 370	15 级	520	9 000
7 级	690	26 580	16 级	505	8 900
8 级	670	26 480	17 级	490	8 800
9 级	650	17 260	18 级	475	8 700

① 台湾地区“法官法施行细则”第 28 条规定：“本法第 71 条第 1 项所称职务加给，指主管职务加给。”

续表

俸级	俸点	月支数额	俸级	俸点	月支数额
19 级	460	6 840	22 级	415	5 140
20 级	445	6 740	23 级	400	4 320
21 级	430	5 240	24 级	385	4 220

(3)地域加给

司法官的地域加给,是对服务边远地区或特殊地区,或境外者的加给。它按照“各机关学校公教人员地域加给表”给与,分为“偏远地区”“高山地区”和“离岛地区”三类。

(二)额外薪酬——其他给与

法官的生活津贴与年终工作奖金等其他给与,适用公务人员相关法令规定。[①] 依照“法官法”第 89 条第 1 项规定,检察官的其他给与准用法官的有关规定。

1. 生活津贴

生活津贴主要包括婚丧、生育补助以及子女教育,其中婚、丧、生育补助依照“台湾军公教员工待遇支给要点”所定的“公教人员婚丧生育补助表”规定支给。子女教育补助则依照同要点所定的“子女教育补助表”规定支给。

2. 年终奖金

司法官的年终工作奖金一般依据每年年终“行政院人事行政总处”函颁的当年年度军公教人员年终工作奖金发给注意事项办理。每年所依据的军公教人员年终工作奖金及慰问金发给都依据当年实际调整,而非固定不变。总体而言,年终奖金数额与司法官的月薪俸额、专业加给与职务加给有关,但当年在职期间不同,俸额稍有不同,以当年十二月份所支待遇标准为计算基准,实际在职时间越久的,年终工作奖金越高。如全年在职,那么可另外多获得一半的月薪俸额。[②] 此外,除顾及在职人员外,对退休人员也会适当发给年终奖金。

3. 抚恤

法官在职死亡的,按照公务员规定执行。“司法院”大法官及“最高法院”“最高行政法院”“公务员惩戒委员会”首长参照退职抚恤条例执行。[③]

(三)激励机制——奖金给与

为提高法官、检察官执行职务的质量与效率,法官、检察官每年年终办理职务评定以取代原先的公务员考绩,并按职务评定的结果晋叙及支给奖金。具言之,“司法院”及“法务部”分别依据“法官法”的授权,分别订定法官职务评定办法及检察官职务评定办法,作为法官、检察官办理职务评定的依据。

职务评定分为“年终评定”及“另予评定”,分别针对在同一评定年度内任职满 1 年及不

① 台湾地区“法官法”第 71 条第 7 项规定:“法官生活津贴及年终工作奖金等其他给与,准用公务人员相关法令规定。”

② 见 2011 年“军公教人员年终工作奖金发给注意事项 ”第 3 条第 3 项。

③ 台湾地区“法官法”第 80 条第 1 项规定:“法官之抚恤,适用公务人员抚恤法之规定。”

满1年而已达6个月的司法官[①]。职务评定以平时考评记录及全面评核结果为依据。考评项目包括学识能力、品德操守、敬业精神及办案质量，为避免职务评定主观，经评定未达良好，应将具体优劣事实记载于职务评定表备注及具体优劣事实栏内。法官任职每满一年，经职务评定良好的，晋一级，并给予一个月俸给总额的额外奖金。连续四年评定良好的，除额外奖金外，晋二级。此外，为体现男女平等，“法官法”明定不得以依法令规定给予的家庭照顾假、生理假、婚假、产前假、分娩假、流产假、陪产假、安胎假以及哺乳时间或因育婴等正当事由减少的工作时间作为职务评定考量因素。职务评定结果分良好、未达良好两种，根据不同评核结果，给与晋级和支给相应的奖金数额。

（四）离职保障——退养给与

“退养”即司法官退休或离职后的给与。符合一定条件的司法官退休或离职时，即给与退休金或资遣费、安养费，使其退离现职后能够维持生活。退养给与的内容，依退休、资遣或离职者所属的职业类别、服务年资、工作经历（如主管职或非主管职）、薪俸高低等因素而有不同。主要适用“公务人员退休法”“司法人员人事条例”及“司法官退养金给与办法”等特别法规的规定享受相应待遇。根据相关法令，离职法官还参照在职人员享受子女教育补助等福利，使其退离现职后能够维持先前生活水准不降低，工作无后顾之忧。

1. 退休金。台湾地区“宪法”对法官、检察官终身职的保障，体现在于其不适用有关“届龄”[②]及命令退休的规定，但高龄或资深司法官可以办理自愿退休。[③] 根据“公务人员退休法”，公务人员任职满5年且年满60岁的，或任职满25年的，应准其自愿退休，依照“公务人员退休法”规定给与一次退休金总额或月退休金，或按一定比例兼领二者。

2. 退养金。退养金是鼓励受终身职保障的法官、检察官自愿退休的给与，属于法官、检察官终身职优待的体现。法官自愿退休的，可以领取该项薪酬。设立司法官退养金制度，正是在法官终身任职的前提下，促进司法官人事的新陈代谢，使高龄或体力状况已不胜任侦审业务的司法官得以主动选择退离，实践中确有必要。退养金根据退休司法官任职年资确定，最少20%，最多140%[④]。为确保现职司法官与退休人员给与的公平性，“法官法”明确规定退休人员依法领取的月退养金与月退休金、公保养老给付的每月优惠存款利息合计，超过同俸级现职法官每月俸给98%的，减少其月退养金给与数额，使每月所得不超过同俸级现职法官每月俸给的98%。

二、大陆法官薪酬制度之深度检视

在改革开放初期，大陆并未对法官这一职业采取单独序列管理，更未形成一套独立的法

---

① 台湾地区“法官职务评定办法”第4条规定：“职务评定种类如下：一、年终评定：指对同一评定年度连续任职满1年者，评定其当年1至12月任职期间之表现。二、另予评定：指对同一评定年度连续任职不满1年已达6个月者，评定其任职期间之表现。但同一评定年度已办理另予评定者，不再办理另予评定。前项任职期间之计算，以月计之。”

② 意指公务人员年满法定退休年龄。

③ 台湾地区“法官法”第89条第1项规定。

④ “法官法”第89条第1项准用第78条第1项所定退养金给与的具体标准。

官薪酬体系。2006 年《公务员法》颁布,法官首次列入公务员编制统一管理,法官的基本工资由中央财政保障,但是其他津贴、福利仍然没有统一的标准。《法官法》专设一章对法官工资做了相对特殊的规定,在法律层面上基本确立了法官薪酬制度:(1)法官的工资制度和工资标准,根据审判工作特点,由国家规定。(2)法官实行定期增资制度。经考核确定为优秀、称职的,可以按照规定晋升工资;有特殊贡献的,可以按照规定提前晋升工资。(3)法官享受国家规定的审判津贴、地区津贴、其他津贴以及保险和福利待遇。但在实践中,法官工资一直参照公务员体系执行,《法官法》规定的审判工作特点并未得到体现,根据审判工作特点确定法官工资以及法官定期增资等规定并未得到落实。法官薪酬水平长期在低位徘徊,审判津贴或未曾兑现,或少之又少,《法官法》中有关法官待遇的条文事实上成了纸上权益和睡眠条款,一直无法得到落实。

大陆现行法官薪酬管理体系是根据《国务院关于改革公务员工资制度的通知》和人事部、财政部《关于印发〈公务员工资制度改革实施办法〉的通知》《关于印发〈关于公务员工资制度改革和事业单位收入分配制度改革实施中有关问题的意见〉的通知》,于 2006 年后统一参照公务员工资制度执行。

(一)法官职级工资制度的基本内容

法官职级工资实行国家统一的职务和级别相结合的公务员工资制度。2006 年《公务员法》实施前,法官基本工资由职务工资、级别工资、基础工资和工龄工资构成,实施后,调整为职务工资和级别工资两项,取消基础工资和工龄工资。

1. 基础薪酬——基本工资结构

(1)职务工资。主要体现法官在行政序列中的职务,行政职务与工资标准一一对应,领导职务和相当职务层次的非领导职务对应不同的工资标准。

(2)级别工资。主要体现法官所在法院的审级,以及行政资历和工作实绩。现行法官级别有 27 个,每一行政职务层级对应若干个级别,每一级别设若干个工资档次。法官根据所任职务、任职年限、德才表现、工作实绩和行政资历确定级别和级别工资档次,执行相应的工资标准。其中,现任职务,是指法官干部管理权限由任免机关正式任命的职务。任职年限指从正式任命现任职务当年起根据实际任职时间按年度累加计算至公务员法实施的 2006 年止的年限。在同一职务层次担任领导职务与非领导职务的时间合并计算为同一层次的任职年限。

2. 额外薪酬——津贴补贴制度

按照相关规定,目前公务员津贴补贴主要有两类:一是地区附加津贴,即国家基本工资以外,主要反映地区经济社会发展和物价水平的地方性津贴补贴。国家对地区附加津贴实行分级管理,对各地的地区附加津贴水平进行调控,例如经济特区公务员享有的"经济特区津贴"。二是岗位津贴,即对在苦、脏、累、险等特殊岗位工作的人员另加的额外补贴。法官作为"行政执法类"公务员,属于国家批准的机关工作人员享有岗位津贴的群体,因此,相比普通公务员,法官的工资多了一部分津贴即岗位津贴。

(二)激励机制——加薪提档

1. 年终一次性奖金

年度考核分不称职、基本称职、称职、优秀四档,称职及以上的法官,对年度考核称职(合格)及以上的法官,发放年终一次性奖金,在考核结果确定后兑现,奖金标准为该法官当年12月份的基本工资。而年度考核为基本称职、不称职(不合格)的人员,不发放年终一次性奖金。

2. 基本工资的正常增长机制

法官的基本工资的正常晋升机制与一般公务员相同,一方面,随行政职务晋升而相应提高;另一方面,法官可按工作年资晋升工资档次和工资级别,具体包括:

(1)晋升职务增加工资。法官的行政职务晋升后,从晋升职务的次月起执行新任职务的职务工资和相应的级别工资。原级别低于新任职务对应最低级别的,晋升到新任职务的最低级别;原级别在新任职务对应级别以内的,晋升一个级别。级别工资逐级就近就高套入晋升后级别对应的工资标准。

(2)晋升级别增加工资。法官年度考核累计五年称职及以上的,从次年1月1日起在所任职务对应级别内晋升一个级别,级别工资就近就高套入晋升后级别对应的工资标准。法官晋升行政职务相应晋升级别时,如晋升一个级别,按年度考核结果晋升级别的考核年限从上一次按考核结果晋升级别的当年起计算;如晋升两个级别以上,按年度考核结果晋升级别的考核年限从晋升职务变动级别的当年起重新计算。法官的级别达到所任职务最高级别后,年度考核累计五年称职及以上,不再晋升级别,在所任级别对应工资标准内晋升一个工资档次。

(3)工龄增长提升工资档次。2006年7月1日后,法官年度考核累计两年称职及以上的,从次年1月1日起在所任级别对应工资标准内晋升一个工资档次。下一次按年度考核结果晋升级别工资档次的考核年限,从工资档次晋升的当年起重新计算。

(三)离职保障——退休待遇

1. 离休法官。专指1949年前[①]参加工作并享受供给制待遇,后来在法官岗位上退休的干部。离休费按本人离休前职务工资和级别工资之和或岗位工资和薪级工资之和全额计发。

2. 退休法官。法官退休费按本人退休前职务工资和级别工资之和的一定比例计发。2014年10月1日起,大陆包括法官在内的公务员均需缴纳“社会保险费”,养老保险个人缴费部分的计算公式如下:(本人2014年度基本工资+国家统一的津贴+特区津贴+工作性津贴+生活性补贴+绩效考评奖+年终一次性奖金)×12%;退休法官的待遇也将逐步参照适用普通职工社会养老保险的待遇标准。

三、海峡两岸法官薪酬制度之比较分析

大陆与台湾地区在法官薪酬的规定细节上差异之处颇多,深入分析台湾地区经验,其不仅照顾了在职法官的生活要求,还兼顾了退休生活保障,真正让法官无后顾之忧,充分体现了法官职业的特殊性和尊荣感。概言之,台湾地区立法的价值追求和核心要义在于通过给

---

① 在福建指“5·12干部”,亦即1950年5月12日福建全省解放前参加革命工作并享受供给制待遇的退休干部。其他地区则以新中国成立时间为计算基点。

予法官足够的待遇促进法官廉洁奉公。

（一）薪酬结构

两地法官薪酬结构的主要差距集中在专业加给、额外的职务评定下的奖金以及自愿退休后给与的额外的退养金三部分。大陆法官薪酬结构设置不够科学，体现在以下五个方面：

1. 资金来源未与地方脱钩

两岸法官薪酬保障机制最大的差别在于，台湾地区各级法院的所有经费由“司法院”编列预算并全数由“中央”财政单列预算直接拨给[①]，与地方政府没有关系，以保证司法不受地方干扰。而大陆包括法官薪酬、法院办公经费在内的司法经费主要由法院同级别政府的地方财政供给，这一机制主要是基于我国宪法和《人民法院组织法》中有关地方“一府两院”的制度设计，虽然有利于促进府院协调提升效率，但也直接导致作为审判机关主体的地方各级法院与地方的政治、经济联系过于紧密。地方财政供给司法经费的模式，客观上为司法的地方化和行政化提供了土壤，不利于裁判尺度统一，同时也不利于及时、稳定保障司法经费[②]。

2. 薪酬构成未体现职业特殊性

是否独立于公务员体系是两岸法官薪酬制度的又一大差别。台湾地区司法官薪酬制度完全独立于普通公务员，法官的薪酬除了本俸、职务加给、地域加给、年终奖金等大陆也有的项目外，还包括专业加给在内的品目繁多的各类加给、额外的职务评定奖金以及自愿退休额外退养金。而大陆将法官纳入公务员编制管理，并将公务员行政职级套用于法官，法官薪酬结构与一般公务员无异，还需按普通职工标准缴纳住房公积金和参加医疗、养老保险。

3. 法官专业导向不够明显

大陆法官的薪酬主要取决于其套用的行政级别和所担任的职务，担任庭长或院长等行政职务的法官，因行政级别较高，其职务工资远高于普通法官，受专业级别影响的“法官津贴”不仅仍然与行政级别一一对应，而且法官津贴金额畸低，对法官薪酬影响可以说是微乎其微。此种设计易产生明显不合理之处：比如基层法院因为职级有限，不少资深法官长期只能享受科员级的工资，工资不如硕士毕业享受副科级工资的书记员，甚至不及参照警察待遇的法警。台湾地区明确规定法官不分官等与职等，台湾地区职务加给在法官薪酬的构成中占比极低，担任庭长或院长等特殊职务的法官俸级并不高于其他法官，司法官的俸给构成中拉开差距的部分主要是由法官个人的业务素养决定的“专业加给”，不同等级间差距较大，数额和级差均远高于普通公务员的专业加给，比如 24 级的职务加给月支金额仅新台币 4220 元，仅占相应级别专业加给 70330 元的 6%，明显低于大陆，充分体现了专业导向。此外，依据“法院组织法”，台湾地区法官的俸级及俸点与法院审级无关，一审法院的法官待遇并不会低于高审级法院的同行，从而很好地解决了基层人才不足的问题，保障了审级之间的平等。

---

① 具体而言，“司法院”负责各级法院的经费拨给，每年由“司法院”提出经费预算，“立法院”进行审议并最终拨给，根据台湾地区法律，“司法院”的经费预算虽然需经“立法院”审议，但“立法院”不得删减，只能加注意见。

② 在我国广大的中西部地区和老少边穷等欠发达地区，基层法院的院长在抓队伍和促审判的同时，经常还要为法院经费问题发愁，个别地区因为地方财政紧张，不仅法院办公条件恶劣，甚至存在拖欠、延误法官工资、奖金发放的情形。

4. 地域调节机制不够科学

台湾地区法官的地域加给相比于大陆的地区津贴，金额占比更高，明显体现了对偏远、山区和离岛等地区的照顾，且相关经费由“中央”财政保障，客观上实现了利用经济杠杆推动法官人才流动的再平衡，实现人才的合理地域分布，促进了审判人才和裁判品质再平衡。反观大陆，法官的薪水主要依靠地方财政支付，地区补贴发放面窄，金额少，地区差异大。受各地财政状况不同的影响大，广大内陆地区和老少边穷地区的根本无法落实，这些地区的法官不但不能像台湾地区同行那样享受高额的地区补贴，薪酬反而远低于沿海经济发达地区。部分基层地区，由于地方财政吃紧，实际待遇更是普遍偏低。法官在一些地区甚至无法达到当地公务员平均工资水平，成为“拖后腿”的职业。这在一定程度上加剧了人才向沿海和经济发达地区集中的状况。

5. 薪酬人性化细节体现不够充分

台湾地区除了向法官发放住房和医疗专门补贴、补助外，还根据中国传统文化发放婚丧嫁娶、生育住院以及子女教育、本人再教育等种类繁多的补助，确保了法官可以享有体面优渥的生活水准。而大陆法官参与的医保和公积金缴交比例仅仅参照普通职工的最低保障水平，难以跟上住房和医疗价格的正常增长，且各地法院基本上均已取消了法官在职学历教育的学费补助，法官的婚丧生育补助也仅有微不足道的象征性金额。

(二)调薪机制

相比台湾地区法官独立于公务员考绩机制，在尊重专业导向基础上开展法官职务评定，并调整与晋叙奖金的做法，大陆法官的调薪机制缺乏灵活性，主要体现在如下五个方面：

1. 职务晋升机制不符合法院的实际情况

大陆将法官纳入普通公务员一并管理，一名法官有两个不同的身份序列即审判职务序列和行政职务序列。法官薪酬水平主要对应行政序列，取决于其套用的行政级别和所担任的职务，与审判职务关联度低，行政色彩浓厚。事实上，受法院编制主要由“中央政法专项编制”构成的客观因素影响，各地法院从组织部门获取的行政职数极为有限，使得法官在行政级别上缺乏上升空间，法官行政职务相比党政机关相同资历人员畸低，这直接造成法官的待遇不如同等条件的公务员。因为无法解决行政职级，法官薪酬水平长期原地踏步，不能随工作表现提高和资历增长而同比增加，无法体现法官工作的高度专业性，基层法院因职级有限，此问题更为突出。

2. 审判业绩和工作量对法官薪酬的影响无从体现

同一个城市，主城区与郊区法院的案件量相距悬殊，但法官薪酬水平却大体相当。中心城区法官面对堆积如山的案件、终年加班加点，集中加班，在薪酬上却与郊区法院实行平均主义。台湾地区虽然对司法官的考核非常严格，但多劳多得的原则贯彻较好，经过职务评定，若司法官达到一定标准，根据不同情形可以获得不同数额的日常奖金和年终奖金。这对鼓舞司法官士气，满足其生活需要都不可或缺。

3. 法官薪酬调整不符合物价波动的实际

与台湾地区法官薪酬在普通公职人员基础上增加的做法不同，大陆法官薪酬仅参照公务员的物价补偿原则调整机制，国家根据物价指数的变动适时调整包括法官在内的公务员工资。由于物价是随着市场经济不断变化的，而公务员工资的调整需经过法定程序，造成补偿的滞后性,不能适时地调节法官的收入以应对近年来飞速增长的物价,更遑论暴涨的房价。实践中这种调整仅能满足法官基本的生活需求,不能完全起到补偿物价的作用。此外,国家参照的物价指数是一个平均值,鉴于各地的实际增长情况不尽相同,尽管部分财政有余力的地区法官能够随一般公务员不定期增补薪水,但薪水的增加额较低于物价上升程度,实际不足以弥补工资购买力的贬值。

4. 法官薪酬缺乏常态化的正常增长机制

法官群体行政职级晋升极为缓慢,虽然《法官法》第 37 条规定法官实行定期增资制度,但是"定期"为多长时间,每个级别增加多少工资,这些问题仍然取决于更加详细的实施细则,但这一细则至今仍付之阙如。薪酬调整事实上仅仅与行政职务晋升保持着单一对应关系。如果法官的职级不发生变化,就只能依赖《公务员法》关于公务员 2 年称职自然晋升一档或连续 5 年称职加一级来维持工资的增长。自 2015 年起,中央明确公务员基本工资的调整时限为 2 年,但因为社会各界对公务员调薪争议较大,其能否真正实现机制化和常态化还有待观察。反观台湾地区,司法官薪酬增加有赖于包括"平时评定"和"团体评定"在内的职务评定的结果。达到一定评定标准就可以晋级提叙并增加俸给,从而在司法官俸给与其工作表现之间建立起了正相关的良性机制。

5. 法官集体与个人意愿在调薪机制中缺位

我国劳动合同法建立起工资集体协商制度,从法律上赋予劳动者集体与用人单位协商确定薪酬水平的权利。法官作为以脑力劳动为主的创造性人才和高级劳动者,不能简单地采用单方制定工资水平的旧有方式,以司法改革为契机,大陆完全可以采用试点探索然后逐步扩大的方式,在法院内部推行法官工资集体协商机制,由法官协会这类法官集体组织与作为国家机关的法院,以集体协商的方式,综合法律职业特点、培养成本和法律人才劳动市场行情等各种因素,定期就法官的劳动报酬、工作时间、休息休假、劳动安全卫生、职业培训、保险福利等事项进行全面磋商,从而在达成一致后核定薪酬标准,签订集体的书面协议。这一机制既有利于凝聚法官法律职业共同体的意识,也能科学合理充分体现对法官劳动价值的衡量。

(三)退休保障机制

大陆法官退休保障机制不够健全,与台湾地区相比,目前大陆法官退休保障机制在逻辑上难以自洽。一是法官退休待遇等同普通公务员无法体现法官职务的特殊性。当前,大陆法官的退休待遇完全适用公务员的退休金制度,不同地区、级别法院的法官领取到的退休金亦有较大区别,但和同辖区、同级别的普通公务员并无差别。2014 年 10 月,国家推行养老金并轨改革,公务员需要和普通企业员工一样缴纳社会保险,并在退休后按缴交的社保金额及年限领取养老金。按照现行制度,法官最终退休后的养老金也将由各地社保基金统一结算和按月发放。而台湾地区如前所述,除了退休金、退养金、安养费外,还可以和在职法官一样享受一定标准的年终奖金,提前退休法官还能够享受退养金和高额的资遣费,使其退离现职后能够维持相当高的生活水准。二是强制退休制不利于保障法官尊荣,大陆与台湾地区不同,法官并非终身职务,大陆法官达到一定年龄或工作年限后,依据公务员法即需强制退休。

然而，法律的生命不在于逻辑，而在于经验[①]。法官是一份对工作经验要求极高的工作，只有经历长期的审判实务锻炼，才足以培养一名优秀的法官，一名参照普通公务员达到退休年龄的法官，正是其经验最丰富的时期，在某种意义上，强制退休制度是对社会资源和人才的极大浪费，在逻辑上难以自洽。为此，台湾地区效仿美国等发达国家，从“宪法”上明确司法官为终身职务，明确法官不适用有关届龄及命令退休的规定，保障法官在自身仍有工作意愿的时候，不被剥夺审判工作的权利。从而最大化发挥法官长期积累的知识和经验。为了平衡弊端，台湾地区对自愿退休的法官，除正常发给高额退休金外，还由财政另外发给丰厚的“法官退养金”，以保持法官队伍的活力。三是退休金领取制度不够人性化，大陆法官的退休金领取参照公务员，采取按月发给的方式，没能反映其社会地位及特殊性。而在台湾地区，退休金的发给方式可由退休法官灵活自由选择，既可以选择一次领取，也可逐月领取，还可采取发给一定比例的一次退休金外加按月发给退休金。这样灵活与人性化的规定，充分体现了对法官终身职务和崇高社会地位的保障。

四、台湾地区经验对大陆法官薪酬改革的启示

（一）明确法官薪酬高于一般公务员的原则

为使法官在司法过程中，能抵制干扰与诱惑，公正、独立司法，除了依靠自律及监督机制外，首先要为法官提供一套合法、独立、优厚的工资待遇，这才能使法官在遭受不公平待遇时，进行救济或抵制。[②] 但这并不意味着大陆法官薪酬制度的构建要完全脱离公务员薪酬体系。实际上，台湾地区法官的薪酬与公务员薪酬也有密切联系。大陆自 1949 年至今已进行了四次公务员工资改革，行政等级与工资的对应关系已相对较为科学合理。从目前司法现实看，法院内部享有行政职级的院长、庭长中许多都是资深优秀法官，工作能力也相对更强，如果采取“一刀切”的方式，完全抛弃行政职级在薪酬制度中的作用，对这部分法官来说亦不公平。为此，可以考虑在公务员薪酬结构的基础上，由最高人民法院与中组部、财政部合作，综合考虑司法权和法官职业的价值，最终落实《法官法》的相关规定，构建一套有别于普通公务员，又符合法官职业特点的，与工作职责、实绩和贡献紧密联系的法官薪酬体系。

（二）完善法官职务序列的设置

司法体制改革并不是一切推倒重来的革命。在大陆现实语境下，构建法官薪酬制度关键是要在法官等级和行政职级之间寻求最佳结合点。中央组织部和最高人民法院联合发布的《法官职务序列设置暂行规定》明确将法官按照法官职务序列管理。法官职务层次由高到低依次为：首席大法官、一级到二级大法官、一级到四级高级法官、一级到五级法官。法官职务序列套改的核心内容是将法官现任的行政职务与审判职务对应，重新核定新的职务序列。这一做法虽有其历史必要性，但与司法改革去“行政化”的导向仍有差距，下一步应增加套改

---

① ［美］霍姆斯：《法律的生命在于经验——霍姆斯法学文集》，明辉译，清华大学出版社 2007 年版，第 1 页。原文为 He life of law doesn't lie in logic, but in experience.

② 周剑浩、杜开林：《重构我国法官工资制度——由“谁到基层当法官”等社会现象谈起》，载《法律适用》2005 年第 7 期。

的灵活性，改变“一刀切”的思路，不仅考虑行政级别和所任职务，更要根据法官德才表现、工作实绩、资历及任职年限等体现法官专业水平的细化因素，建立法官职务序列的正常调整机制，合理确定法官职务设置规格和职数比例，学习台湾地区淡化行政职务对薪酬影响的经验。

（三）建立法官薪酬集中预算制度

就目前大陆的财政状况以及法治化程度而言，尚无法做到法官薪酬由中央集中预算，但是可以采取省级以下法院的法官薪酬由省级财政统一预算的制度，具体而言，可以在全国各省级行政区的人大编列统一的、独立于行政预算的司法预算，法官薪酬由省财政统一保障，并定期调整。困难地区由中央财政转移支付补助①。最终实现全国法院法官薪酬由中央财政集中预算。建立法院经费独立的司法预算制度是项十分复杂的工程，需要摸着石头过河，并进行长期的探索。但是将法官薪酬从法院其他经费中单列出来，在法官职务序列套改且法官员额确定的基础上实行省以下人、财、物统一管理的模式是切实可行的，也是实现独立审判和司法工作“去地方化”的最基础、最有力保障。

（四）成立法官薪酬核查委员会

构建法官薪酬制度的基础性工作是对法官的薪酬水平进行核定，这一基础性工作可以由人大聘请独立专家成立薪酬核查委员会，改变以社会平均工资为基准的法官工资制度，综合多方数据科学测算确定法官薪酬基准水平。薪酬核查委员会负责调查核定法官薪酬水平，其委员可由各省的省人大代表、法院代表、政府代表及社会选举代表组成，负责研究、确定法官薪酬水平，定期对法官的薪酬水平进行评估，并提出调整法官薪酬水平的相关意见，调研的因素包括：法官职位的激励作用、法官的人均年工作量、与其他岗位公务员薪酬的比较、各地区消费指数、货币购买力、经济发展指数等因素，并综合中央及地方财政的承受力，构建薪酬水平核定标准，最终提交全国人大常委会讨论、通过，从真正意义上落实《法官法》规定的法官定期增资制度，推进法官队伍正规化、专业化、职业化建设。借鉴台湾地区经验，明确法官薪酬原则上只增不减，还可以在公务员法连续2年和5年称职提档晋级的基础上大幅缩短期限，并定期开展薪酬核定工作，从而提升法官职业对优秀人才的吸引力并鼓励法官长期服务。

（五）增加法官薪酬设置的项目

除基本工资随同公务员同步增加外，建议以立法的形式明确设置各类法官专属补贴项目：第一是特殊专业补贴，从五级法官到首席大法官，依照不同的法官等级酌定不同等级的法官每月特殊专业补贴金额，分别按月发放。第二是职务补贴，主要针对的是负有领导责任的法官。从维护法官的职业尊荣感角度出发，法官的职务补贴应大大少于特殊专业补贴，从而体现法官职业的特殊性。第三是地域补贴，即反映地区经济社会发展水平和物价水平的地方性津贴，该种补贴与普通国家公务员的种类一致，对地区附加津贴实行分级管理，对各地的地区附加津贴水平进行调控。第四是岗位补贴，这项补贴系延续现有的津贴种类，对在苦、脏、累、险等特殊岗位工作的人员给予岗位补贴，同时也应对偏远地区、特殊危险地区从

---

① 罗洁琪：《司法改革：政法经费改革启动财政分级分类全额负担》，载《财经》2009年第1期。

事公务工作的人员给予较高数额的岗位补贴，体现国家的人性化关怀。第五是生活补贴，包括婚丧补贴、生育补贴及子女教育补贴。这类生活补贴应以婚丧、生育及子女就读等事项发生时该法官的基础工资数额作为标准予以发放。其金额可参考台湾地区的相关规定，结婚补贴和生育补贴为2个月的基本工资数额，因父母、配偶死亡而发放的丧葬补贴可参考当地实际经济、生活水平，给予一定数额的补贴。关于子女教育补贴，应于子女在入学注册之日起3个月内经本单位核实后，统一向公务员局等部门申请，具体金额可根据子女就学地区的实际教育支出水平酌定发放。

（六）完善法官绩效奖金发放机制

当前，大陆对年度考核称职（合格）及以上的法官统一发放年终一次性奖金，这一金额以当年12月份基本工资为准，除此之外，并无其他特殊的奖金激励制度，而奖金金额也与普通公务员无异。同时，现行的考核制度存在诸多不足，奖励标准过低，奖励面过宽，区分度差，激励作用弱化，考评结果与绩效薪酬不能公正对接，甚至沦为第二工资和大锅饭。对此，参考台湾地区经验，一是改革法官年终评定机制，结合法官职业特点重建科学的考核指标体系，对办案数量、案件质效、调研成果以及业内和社会风评等项目设置多级细分指标，采取以定量为主，定性与定量相结合的考核方法，客观公正地反映法官的工作实绩。二是要实现考核结果与绩效薪酬有效对接。可采用发放不同金额的年终奖金和建立独立的绩效工资薪点两种形式。根据当年的考核结果所对应的薪点确定法官绩效工资水平，为发挥奖优惩劣的政策导向，应加大奖金差异，并在法官薪酬预算中单独编列予以保障，确保法官薪酬水平能够客观公正地反映法官的工作实绩，促进问案品质的提升。

结　语

司法是人和制度的集合体，法官对于司法制度的重要性，无论如何强调也不为过，而一项科学合理的法官薪酬制度，正是法官安心工作，独立公正行使审判权的基础。台湾地区近20年的司法改革虽有失败和教训，但在法官薪酬制度方面受到了广泛的好评。这一点值得我们参考与借鉴。在司法改革风起云涌的今日，我们在关注法律条文与诉讼制度的同时，也应当清醒地认识到国家对于法官身份地位以及物质待遇的保障义务。值得欣慰的是，中央“深改组”已研究通过《法官、检察官工资制度改革试点方案》。我们有理由相信，在中央的重视和支持之下，法官薪酬管理制度必将更加完善。希冀通过本文粗浅的探索，为我国相关制度的完善提供一些启发和镜鉴。

购买社会化服务优化审判辅助事务改革路径研究

思明法院课题组[①]

引 言

近年来,受群众权利意识觉醒和社会转型期矛盾纠纷多发等因素的影响,全国法院都面临着"诉讼爆炸"的压力,"案多人少"已然成为我国法院面临的一大难题。2015 年最高人民法院发布的《关于全面深化人民法院改革的意见(2014—2018)》(以下简称"四五纲要"),提出"健全司法行政事务保障机制,推进法院内设机构改革","拓宽审判辅助人员的来源渠道,建立审判辅助人员的正常增补机制,减少法官事务性工作负担",探索"建立以服务审判工作为重心的机构设置模式和人员配置方式。完善人民法院购买社会服务的工作机制,凡属事务性管理服务,原则上都要引入竞争机制,通过合同、委托等方式向社会购买"。为地方法院广泛开展的购买社会化服务的探索和尝试做了明确的政策背书,厦门市思明区人民法院(以下简称思明法院)作为全国首个"司法公开改革试点法院"和福建省最大的基层法院,在审判辅助和社会治理领域积极尝试购买社会服务,有效缓解了法院人力资源不足的问题。

一、管中窥豹:法院诉讼服务中心部分职能的外包实践

法院业务外包实践,最为典型地体现在诉讼服务中心。作为窗口单位,诉讼服务中心既是当事人踏入法院的第一关,也是一切诉讼程序的起点,承担着审查立案、简易民事案件的速裁速判、接待处理信访、对外委托司法鉴定(评估、拍卖)、随机抽选人民陪审员、司法专邮、公示催告案件、诉前财产保全等繁杂工作,当前各地法院的外包实践主要体现在诉讼服务中心。课题组选取思明法院诉讼服务中心这一福建省年均消化案件数量最多、业务类型最全的单位作为样本,解剖麻雀,全面梳理法院业务外包的实践路径。

(一)诉讼服务中心职能外包基本情况

思明法院诉讼服务中心(诉调对接中心),承担宣传引导、立案审查、立案调解、救助服务、查询咨询、材料收转、释法答疑、信访接待、效能监督、调处衔接等十项职能,实现诉讼服务、诉调对接和矛盾化解一站式服务。多项职能已开展业务外包实践,涉及社会上多个专业服务机构(参见表 1)。

---

① 课题负责人:谢露茵(思明法院政治处主任)。课题组成员:林鸿(思明法院法官)、薛琳菁(思明法院办公室科员)、张希华(思明法院法官);课题执笔人:林鸿、薛琳菁、张希华。本文为福建省法学会 2015 年度课题成果,载《东南司法评论》2016 年卷。

表 1　思明法院诉讼服务中心职能外包对应表

序号	服务职能	服务外包形式	经费来源	计酬标准
1	立案审查	尚无		
2	信访接待	尚无		
3	预约立案	委托专业软件公司开发网络平台	政府采购	计件
4	诉前调解	聘请特邀调解员	财政专项拨款	计件
5	委托调解	与嘉莲街道彩红调解工作室等辖区内的专业人民调解组织合作;信用卡纠纷、物业服务合同等案件的调解由银行、物业协会协助	各自承担	
6	司法调解	本院设立杨建伟法官调解工作室,并与社区、行业组织合作,建立巡回调解办案工作点	各自承担	
7	诉调对接	各地司法局、思明区各街道司法所进行先行调解;思明区交警大队对交通事故案件先行调解,法院进行司法确认	各自承担	
8	速裁对接	与厦门市仲裁委、厦门市劳动争议仲裁院、思明区劳动争议仲裁院建立对接机制	各自承担	
9	小额速裁	聘请合同制速录员担任记录人员	财政拨款(劳务派遣)	工薪制
10	财产保全	委托异地法院协助保全和续冻;与银行合作建立点对点查控指挥中心	各自承担	
11	案件送达	聘请20名大学毕业生组成送达组;引入美亚柏科公司公证云系统;信用卡纠纷、物业服务合同等案件送达由银行、物业协会协助	财政专项拨款;政府采购;各自承担	计时计件
12	诉讼材料收转	聘请专人6名	财政拨款(劳务派遣)	工薪制
13	案件信息录入	聘请专人2名	财政拨款(劳务派遣)	工薪制
14	司法救助与法律援助	厦门市法律援助中心、思明区法律援助中心	公益服务	义务
15	诉讼引导	聘请当地法科大学生担任导诉员	财政专项拨款	计时
16	社工服务、文明宣导	"和合之家"、合携社工、信和调解室;面向社会招募法庭义工	妇联、文明办政府采购;公益服务	计件
17	普法宣传、释法答疑	部分与当地高校普法社团合作	各自承担	

续表

序号	服务职能	服务外包形式	经费来源	计酬标准
18	诉讼费收退	银行派驻人员	银行	工薪制
19	法制宣传材料	专业广告公司	财政经费	计件
20	服务窗口 升级改造	专业设计、建筑公司	财政 专项拨款	计件
21	司法评估鉴定	第三方鉴定机构	当事人付费	计件
22	司法拍卖	第三方拍卖机构	当事人付费	计件
23	人民陪审员抽选	专业软件公司开发系统	政府采购	计件
24	司法专邮	中国邮政公司	政府采购	计件
25	当事人短信通知	专业软件公司开发平台	政府采购	计件
26	效能监督	聘请特邀监督员	公益服务	义务

(二)诉讼服务中心职能外包成效

1. 诉前调解

该院制订专门的诉前调解工作制度,并将特邀调解组织、特邀调解员名册、岗位职责、工作流程上墙公示,该院现有在册特邀调解组织22个,特邀调解员12名,均为社会经验丰富的行家里手(参见表2、表3)。规定期限内调解不成的案件转由中心下设"调裁法庭"继续审理,即审即结,实现纠纷一站式解决,2014年至今,特邀调解员诉前成功调解纠纷762件。

表2 思明法院诉调对接中心特邀调解员情况

序号	姓　名	职业	来源	任职时间
1	特邀调解员1	退休法官	单位推荐	2013年7月
2	特邀调解员2	企业员工	单位推荐	2013年7月
3	特邀调解员3	企业员工	人社局推荐	2014年10月
4	特邀调解员4	自由职业	单位推荐	2015年9月
5	特邀调解员5	社区工作者	社区推荐	2015年9月
6	特邀调解员6	社区工作者	社区推荐	2015年10月
7	特邀调解员7	退休法官	单位推荐	2015年12月
8	特邀调解员8	律师	单位推荐	2014年9月
9	特邀调解员9	律师	单位推荐	2014年9月
10	特邀调解员10	律师	单位推荐	2014年9月
11	特邀调解员11	律师	单位推荐	2014年9月
12	特邀调解员12	律师	单位推荐	2014年9月

(上述调解员中,专职调解员7名,全天在岗4名,半天在岗3名)

表3 思明法院诉调对接中心特邀调解组织情况

序号	特邀调解组织名称	调解案件类型
1	厦门市思明区人民调解中心	民事纠纷
2	厦门市思明区道路交通事故纠纷人民调解委员会	机动车交通事故纠纷
3	厦门市思明区医患纠纷人民调解委员会	医患纠纷
4	厦门市思明区劳动争议人民调解委员会	劳动争议纠纷
5	厦门市思明区法律援助中心	民事纠纷
6	厦门市思明区中华街道人民调解委员会	民事纠纷
7	厦门市思明区鼓浪屿街道人民调解委员会	民事纠纷
8	厦门市思明区梧村街道人民调解委员会	民事纠纷
9	厦门市思明区滨海街道人民调解委员会	民事纠纷
10	厦门市思明区鹭江街道人民调解委员会	民事纠纷
11	厦门市思明区开元街道人民调解委员会	民事纠纷
12	厦门市思明区厦港街道人民调解委员会	民事纠纷
13	厦门市思明区嘉莲街道人民调解委员会	民事纠纷
14	厦门市思明区莲前街道人民调解委员会	民事纠纷
15	厦门市思明区筼筜街道人民调解委员会	民事纠纷
16	厦门市思明区梧村街道梧村社区肖华调解工作室	民事纠纷
17	厦门市思明区嘉莲街道彩红调解工作室	民事纠纷
18	厦门市思明区中华街道镇海社区“小苏调解工作室”	民事纠纷
19	厦门市物业管理协会	物业纠纷
20	厦门市思明区鼓浪屿家庭旅馆协会	鼓浪屿家庭旅馆纠纷
21	厦门市思明区工商行政管理局嘉莲工商所	消费纠纷
22	厦门市妇女儿童权益保障调解委员会	妇女儿童权益纠纷

2. 杨建伟法官调解工作室

建立厦门首个以法官命名的个人调解工作室，负责培训调解人员、立案调解和司法确认等工作，2014—2015年，共化解纠纷2511件，妥处多个涉民生的系列纠纷，工作室还在鹭江街道及厦门市物业行业协会设立2个巡回调解办案工作点，实现调审分离、规范外包，有效分流大量案件

3. 委托及委派调解

主动对接交警、工商、物业行业协会、彩虹调解工作室等14家行政机关、行业组织、人民调解组织，统一对外委派、委托调解，现已建立道路交通事故、物业纠纷、妇女儿童权益保障、消费纠纷等类型化纠纷快速调处机制，打造了涉家庭旅馆纠纷“司法管家”、瑞景商圈纠纷“和谐商圈”、厦门大学校园内纠纷“无讼校区”等诉调对接司法品牌，有效整合相关调解资

源,形成各方合力化解纠纷的良好局面。2015 年调解成功各类纠纷近 1000 件。

4. 法律援助律师驻点办公

设立法律援助工作室,每周二、四上午天翼、凌一两家律师事务所轮流指派律师进驻,为来访群众提供法律咨询、文书代写、纠纷调解等服务,2015 年接受当事人咨询 1000 余人次,代写法律文书 50 余份,成功调解 20 余次。

5. 探索民商事纠纷中立评估机制

与厦门市思明区法律援助中心合作,由法援中心挑选四名经验丰富的法律工作者担任评估员,对案件的诉讼风险进行评估并提供中立评估意见,协助纠纷解决。2015 年通过该机制对外委托评估案件 10 件,并出具评估报告。

6. 各类专业案件诉调对接

一是供电纠纷诉调对接机制。针对电费欠缴纠纷金额小、数量多、人群广、关系民生的特点,中心与供电局共同制作专门针对供电纠纷的《诉前调解通知书》,以司法专邮形式书面告知相关用户欠缴费用金额,建议双方庭外和解,并给予 7 天的和解期限。目前已诉前化解相关纠纷 19 件。

二是物业纠纷诉调衔接机制。设立物业纠纷流动调处室,增设调解法官巡回办案点,全面规范工作流程、定期驻点开展巡回调解、普法宣传、法律咨询等工作,共建无讼物业小区。2014 年以来,物业纠纷调解撤诉 1186 件,调撤率 83.29%,被"中国调解高峰论坛"评定为中国调解最佳典型事例。

三是劳动纠纷诉调衔接机制。与厦门市总工会、思明区总工会、思明区劳动仲裁委建立联动机制,定期通报信息,在工会办公点开展巡回审判和法庭大课堂,诉前调处和化解大量纠纷,促进和谐劳资关系构建。

四是家事争议案件通报制度。定期向思明区妇联和人口计生部门提供相关案件审理信息。为妇联和计生部门促成调解案件提供司法确认,探索家事争议调查令、支付令等创新工作模式,促进相关纠纷的快速有效化解。

五是交通事故调处。交通法庭负责辖区内机动车交通事故责任纠纷调处工作,为交警部门道路交通事故简易认定、人民调解委员会及保险行业协会调解的案件提供司法确认。2013 年以来累计处理涉交通事故纠纷 2605 件。

7. 财产保全

设立保全组,负责本院案件的诉前、诉讼保全,解除保全、保全异议案件的审查、裁定以及实施,与各地法院协作开展跨区域保全申请审查和实施;与银行等金融机构合作建立点对点查控指挥中心,通过专门联网系统发出及反馈财产查询及保全指令,完成财产保全手续,提高审理效率。2014 年至今,保全组共审结保全案件 2482 件,涉及标的额 30 多亿元。

8. 调解协议司法确认制度

对辖区各人民调解组织主持达成的调解协议及时进行司法确认,对不符合法律规定的依法予以驳回。2013 年至 2015 年共受理司法确认案件 579 件,全部审结,其中裁定调解协议有效 578 件,裁定驳回申请 1 件。

9. 案件送达

面向社会招募 20 人组成专业送达组,由一名审判长带队,采取小组工作模式,前台工作组留守“便民服务站”，负责案件接收、移交、电话送达和接待当事人等工作，统筹安排车辆及送达人员资源；上门送达组负责实施上门送达，有效提升了送达效率。2015年完成送达七千多件，上门送达一千多件。

10. 诉讼与仲裁衔接

2010年1月与厦门市仲裁委员会共建诉讼与仲裁衔接联动机制，在诉讼服务大厅内设的诉讼与仲裁衔接工作室，由诉讼服务中心引导同意采取仲裁方式解决纠纷的当事人由仲裁委工作人员接待，转入仲裁解决纠纷模式。

11. 专业技术外包

一是引进“公证云”系统协助司法送达。与美亚柏科公司进行对接合作，引入“公证云”系统，采用录音、电子邮件、传真等方式方法辅助送达诉讼材料，并进行存证，在必要时申请出证，由“公证云”系统出具鉴证或者公证文书，促进司法公正高效。目前，已完成送达案件2955件，固定法院与当事人通话记录4549次。二是司法专邮服务。通过法院集中采购的方式，引入中国邮政公司的EMS服务，定制专属信封和底单，为法院的诉讼材料和法律文书送达提供专业寄送服务，2014—2015年累计发出本外埠司法专邮141029件(含院部、派出法庭)。三是摇号系统。聘请专业软件公司开发人民陪审员抽取、评估鉴定机构选取等专用摇号系统，在当事人没有特定意愿的情况下，随机产生参审陪审员或案件评估、鉴定机构。四是网上预约立案系统，聘请专业软件公司，开发网上预约立案系统，通过完成预约立案15件。五是当事人短信通知平台。与中国移动、中国电信等电信运营商合作，开发12368短信平台，在案件受理、执行进度等环节通知当事人。六是法庭形象装潢和文宣材料印制。聘请专业广告公司设计、印制法庭工作引导卡通彩页。文明创建宣传材料，装修改造诉讼服务中心，营造温馨、便民的办事环境。七是官方微信平台。委托专业技术公司开发维护官方微信功能。

12. 司法鉴定与评估拍卖

从开展司法鉴定与评估拍卖服务的专业机构中遴选具备相应资质的大型机构，给予相应认证，提供名录供当事人自行协商选择，在当事人无法达成一致的时候，通过随机摇号决定。2014年委托评估162件，委托机构23家；委托拍卖42件，委托机构19家，成交34件，标的金额成交额7243.2841万元；2015年向23家委托机构委托评估案件171件，在淘宝网司法拍卖网店拍卖执行财产229件，成交金额16097.82万元，大幅提升122.24%。

13. 法庭义工

在大厅引入志愿者服务，面向社会招募爱心人士90余人，统一着红马甲，轮流值班为当事人免费提供引导办事、端茶送水、搀老扶幼、关爱残障、劝慰开导、文明宣导等便民服务，2014—2015年，累计提供志愿服务7038小时。

14. 引入专业社工组织开展服务

一是“和合之家”心理工作室。利用区妇联专项经费采购专业心理咨询服务，帮助当事人心理调适，协助法官调解案件。二是湖里区“合携志工”社，利用区文明办专项经费采购社工组织服务，为法庭义工提供培训、团队建设等相关活动指导。三是“信和调解室”，与市总工会共建，聘请10名市、区工会和社区工作者作为特邀调解员，参与重大、系列劳动案件化解工作。

(三)延伸观察

从诉讼服务中心的职能与购买社会化服务的内容和形式来看,思明法院在购买社会化服务的探索和创新,集中表现在审判辅助事务外包内容的逐步拓展,从早已开展的班车通勤、仓库管理、物业服务、保安押运、制服清洗、卷宗装订、食堂餐饮等简单的后勤保障事务外包,逐步扩展至司法宣传、电子政务、评估鉴定,乃至进一步延伸到外出送达、庭审记录、财产保全、诉前调解、调解确认等"类审判业务"。在法院购买社会化服务范围逐步扩大的过程中,服务内卷化[①]、评价难、预期效率偏差等问题也逐步显现,如何限定购买范畴、评价社会服务,成为优化审判辅助事务改革亟待解决的问题。

二、追本溯源:购买社会化服务理论的提出和演变

购买社会化服务概念肇始于企业的服务外包实践,是"二战"后西方国家在社会分工不断发展的大背景下兴起的一种新型管理概念。20 世纪,创新大师 Gary Hamel 和 C.K Prahaoad 在《哈佛商业评论》上发表题为《企业的核心竞争力》一文中第一次提出了"外包"这个词。此后,外包进一步扩展到行政服务外包等诸多领域,法院作为司法机关,具有"类政府"的职能和性质,其采购社会化服务既具有"企业服务外包"的特点,又不完全等同于政府引入外包机制采购社会化服务,有必要首先梳理购买社会化服务的演进历程。

(一)服务外包的内涵和实践

1. 服务外包概念的提出

Gary Hamel 和 C.K Prahaoad 后,许多西方学者都从不同角度对服务外包做出了自己的解读(参见表 4)。虽然这些定义不尽相同,但其本质还是一致的,即认为服务外包是指企业或其他经济、行政主体,在内部资源有限的情况下,为了优化资源配置,更好地发展自己的主营业务,实现自身可持续发展,而将其他业务委托给比自己更具有成本优势和专业技能的经济组织,借助外部专业化资源整合完成自身的部分非核心工作业务的一种战略管理方法。

表 4 西方主流学者对服务外包的定义梳理

学 者	对外包的理解与定义
Loh 和 Venkatraman	外部供应商从事与企业整体或部分生产设施相关的物资或人力资源活动
Kotabe	由来自世界各地独立的供应商为企业提供产品或部件的活动
Lei 和 Hitt	依赖于外部资源制造部件或从事其他增值活动
Willcocks	为获得预期结果,把组织的部分或全部信息技术和相关服务交给第三方管理
Johnson	一种将部分管理义务或责任向外部组织转移,改变服务传递与组织内部员工管理模式的安排

① 内卷化一词源于美国人类学家吉尔茨(Chifford Geertz)《农业内卷化》(*Agricultural Involution*)。根据吉尔茨的定义,"内卷化"是指一种社会或文化模式在某一发展阶段达到一种确定的形式后,便停滞不前或无法转化为另一种高级模式的现象。

2. 服务外包的优势分析

著名的美国管理学大师德鲁克(Peter F. Drucker)曾经预言:“在十到十五年中,任何企业中仅做后台支持,而不创造营业额的工作都应该外包出去,任何不提供向高级发展的机会、活动和业务也应该采用外包形式。”[①]美国著名管理学家詹姆斯·奎因(James Quinne)也指出:“在过去,资源外取被认为是企业的一种劣势,但是现在,资源外取却可能是智慧型企业运作的关键。”[②]

“美国外包协会”(National Outsourcing Association, 简称 NOA)1995 年完成的一项外包行业调研报告从战术、战略与变革等角度深入分析了外包的优势。这可以说是对众多观点较为全面的一种综合描述。(参见表 5)

表 5 NOA 有关服务外包优势的梳理

战术优势	战略优势	变革优势
降低和控制经营成本	改善业务关注点	为顾客带来更快、更新的解决方案
减少对非核心业务的投资	获取世界一流的先进技术	对日益缩短的产品生命周期做出反应
注入现金	促进组织重组	重新确定与供应商及合作伙伴的关系
获得内部缺少的资源	分担风险	超越竞争对手
克服职能管理失控的困难	释放资源用于其他用途	以较低的风险进入新的市场

3. 服务外包的发展态势

服务外包最早出现在信息技术领域。1954 年美国通用公司签订的一份信息技术服务外包协议被认为是企业界首次引入服务外包的实践[③]。20 世纪 70 年代人力资源外包开始大量出现,20 世纪 90 年代实施“回归主业,强化核心业务”的浪潮席卷经济界。外包在世界各地,特别是欧美发达国家迅速发展,并广泛拓展到人力资源、信息技术、后勤保障等众多领域,并且涌现出一批如翰威特(Hewitt Associates LLC)、埃森哲(Accenture)、麦肯锡(Mckinsey & Company)、凯尔尼(A.T. Kearney)等市场份额巨大、外包业务完备的跨国人力资源咨询公司,据戴尔(Dell & Company)评估,2003 年全球市场上捆绑式人力资源服务外包额已达 120 亿美元[④]。亚太地区 2000 年以来人力资源外包管理服务年均增长 17.52%,2015 年市场规模已超过 1620 亿美元[⑤]。

(二)政府采购公共服务的探索与实践

行政服务(任务)外包是服务外包的一个重要分支,是指行政主体通过“招标、拍卖、协商”等方式将某项行政任务转给相关私主体去完成,并给予一定费用的行为,行政外包涉及

---

① 郭彩云、刘志强、刘兵:《企业人力资源管理外包探讨》,载《商业研究》2000 年第 1 期。

② 穆静:《人力资源管理外包及其应用研究》,天津大学硕士研究生学位论文。

③ Di Romualdo, A. & Gurbaxani. V., Strategic intent for IT outsourcing, Sloan Management Review, 1998,(39):67-80. 转引自张明辉:《人力资源外包模式与企业绩效的关系研究》,浙江大学管理学院硕士研究生学位论文。

④ 参见中国人力资源网,http://www.hr.com.cn/naucy/ohr.php(最后访问时间 2016 年 1 月 11 日).

⑤ 参见中国人力资源网,http://www.hr.co.cn/(最后访问时间 2016 年 1 月 11 日).

政府公共职责维系、履行方式转变以及公民权利保障等诸多问题。理论依据主要有三:一是公共选择理论。拓展理性经济人的范围,认为官员一样具有利己动机,会为了实现个人利益将手中权力寻租并最终导致政府失灵,摆脱困境的最好出路是在公共服务领域引入竞争机制,将政府的一些职能释放给市场和社会,建立公、私之间的竞争与合作关系。[①] 在这一理论视角下,行政任务外包不仅可以缓解政府压力、克服政府垄断带来的供给不足、低效等弊端,还可以提高政府公共服务的效率,改善行政服务质量。二是合作国家理论。传统国家理论认为政府职能只限于维护秩序。随着社会的发展,公民对国家的要求和期待越来越高,政府有限的财力很难满足公民的要求。化解政府困境的根本出路在于打破政府在公共服务供给方面的垄断,借助私主体在资金、技术、效率等方面的优势提高了公共服务的质量,建立公、私合作的供给机制,形成合作国家。三是政治社会化理论。不同的利益主体为了维护各自利益,需要分享相应的行政资源,这就要求中央向地方放权、政府向社会放权。政府与社会的合作治理在行政领域的实现主要有三种进路:(1)法律、法规直接授予相关组织以行政职权。(2)法律、法规授权行政机关可以委托符合特定条件的社会组织行使某些行政职权。(3)行政机关通过合同的方式将某些行政职权转让,此即行政任务外包。

我国的行政任务外包发轫于 20 世纪 90 年代,主要原因有二:一是行政事务日益增多。随着经济、社会发展,人们对政府服务的质和量两个方面都提出了更高的要求。一方面,行政事务增多客观上需要扩充行政机构和公务员队伍,增加相应的行政资源;另一方面,公众对行政机构过于臃肿以及公务人员数量过于庞大有着本能的抵触。公共行政部门面临着行政事务日益增多与公众简政放权需求的矛盾。二是行政事务日趋技术化、专业化。囿于资金、能力等因素的限制,政府不可能将所有技术性、专业性人才都吸收到行政体制之中。为了管理和应对这些新型社会事务,公共行政部门通过合同将那些技术性较强、专业化程度较高的事务外包给一些专业组织处理,既能满足行政事务日益增多的现实需求,还能够避免扩充行政机关和公务员队伍,节省行政资源,促进公众参与、取得良好的社会效果。党的十八届三中全会通过《中共中央关于全面深化改革若干重大问题的决定》提出:“推广政府购买服务,凡属事务性管理服务,原则上都要引入竞争机制,通过合同、委托等方式向社会购买。”2013 年《国务院机构改革和职能转变方案》明确提出:转变国务院机构职能,必须处理好政府与市场、政府与社会的关系,更好地发挥社会力量在管理社会事务中的作用。伴随着政府与市场关系的重新定位和调适,行政任务外包必将在政府放权、政府职能转变等过程中扮演越来越重要的角色,在提高工作效率、培育公民社会的同时,也将深刻改变行政权力运行、公民权利保障以及政府责任追究等重大问题的实现方式。

(三)法院购买社会化服务的演化发展

法院购买社会化服务与政府服务外包有相似之处,采购的主体一方是行使司法权的公共权力部门,另外一方是提供社会服务的组织或者企业、个人,但法院购买社会化服务在范围划定、评价体系和管理上更为困难。

---

① 吴群芳:《公共选择理论与“公共服务市场化”—西方行政改革的理论背影》,载《北京科技大学学报(社会科学版)》2002 年第 1 期。

1. 业务专业性更强

专业性是横亘在法院购买社会化服务的第一座障碍。法院尤其是法官工作专业性强，需要经过法律全日制专业基础学习并累积一定的法院工作经验。对于辅助人员，虽然要求没有那么高，但是也非一般社会人员可以适应。对于不具有法律专业基础知识的工作人员，法院除了在培训上需要付出更多的时间和精力外，还要承担其因不够专业而导致程序瑕疵的风险。

以思明法院 2015 年 3 月招聘的短期合同工为例，在招聘条件第三条明确要求“大专及以上学历，专业不限，法学类专业在同等条件下优先录用”。而事实上，这一批短期合同工的工作岗位是辅助庭室进行司法送达，对于送达程序的专业性要求较高。另以思明法院招募特邀调解员为例。该院现有的特邀调解员均来自相应的社会组织，社会工作经验丰富，部分甚至是退休法官或者离任人民陪审员，对法律和法院工作具有一定的了解（如前表 4 所示）。

2. 评价标准不明确

法院外包业务大多已完全嵌入司法工作流程，评价较为困难。例如，《思明区人民法院特邀调解员工作制度（试行）》第 11 条规定诉前调解的三种处理结果：“（一）达成调解协议、当事人不要求法院出具调解书的，以和解或息诉处理。（二）达成调解协议、当事人要求法院出具调解书的，引导当事人办理立案手续，由调解法官对调解协议进行审查。经审查确认有效的，出具调解书；经审查确认无效的，特邀调解员应组织当事人重新调解达成新的协议。（三）调解不成，当事人要求立案的，引导办理立案手续，移至相关审判业务庭。”法院购买的是调解服务，并非调解结果，如果调解不成功进入诉讼，如何评价调解的过程，就成为法院对于购买的社会化服务评价的难点。

3. 业务性质特殊、管理要求高

目前政府部门购买社会化服务的尝试主要集中在民政部门，如养老院、孤儿院等，是社会服务产品的一种供给。政府部门的职能从“种粮食者”转变为“粮食分配者”，即了解民众服务需求，采购服务，监督服务实施情况。接受服务者有权对服务的结果进行评判，并选择是否接受。与此相反，法院是司法产品的提供机关，而不是司法服务的提供机关，其职能与政府完全不同，当事人一旦将案件诉诸法院，就不能对司法产品的最终结果进行选择，尤其是判决或者裁判类型司法产品，只能接受，而且对当事人的权利义务的影响巨大。

此外，法院业务普遍涉及当事人权利和国家秘密，比如裁判文书在送达当事人之前就属于国家秘密，部分案件卷宗尤其是副卷的内容属于不能公开的范围。在法院工作的聘用人员，事实上是有机会接触这些国家秘密，甚至可能影响当事人的权利。这时，法院组织部门对聘用人员的管理压力就较大。这与政府纯粹的购买服务来满足人民群众的需求完全不同。

三、目标指向：法院购买社会化服务范畴划定

（一）企业服务外包理论梳理——他山之石

有关法院购买社会化服务范畴的理论研究成果并不多见，而企业服务外包领域，研究成果丰富，值得法院购买社会化服务时进行借鉴。

1. 从外包的类型层次划分

有学者按照价值与独特性两个维度将外包划分为：外围业务、核心业务、传统业务和独

特业务外包。还有学者从资产专用性与生产复杂性维度将外包分为:低专用性低复杂性、低专用性高复杂性、高专用性低复杂性和高专用性高复杂性外包。还有学者从外包主体、目标、合作者和设计四个要素出发,将企业活动划分为:企业核心业务、与核心业务密切相关的业务、支持性业务和可抛弃性业务,由此来决定外包的三种类型:自制外包(insourcing)、内部外包(internal outsourcing)、外部外包(external outsourcing)①。

2. 从"资产专用性"划分

有学者基于"资产专用性"角度,对专用性和不确定性高的活动应该在企业内部通过科层组织来完成,反之则应外包出去由外部供应商来完成,有学者认为,企业生产活动在自制与外包两种选择中存在三种成本:生产成本、谈判成本和机会主义成本。外包的选择依据就是这三种成本之和最小。还有学者认为,这种成本计算通常不能清晰地说明问题,相反三种成本外一些不可量化的因素似乎更为重要。比如企业财务状况即为影响外包决策的一个重要因素,财务状况好的企业有更多的余地从战略角度来制定外包战略;相反,在业务迅速增长的情况下,财务状况不佳的企业只能通过外包来满足生产的需要。部分学者认为,只有那些最特殊的技术,即核心业务才必须保留在企业内部,而补充性业务则可以通过战略联盟或外包来完成。

3. 导致外包失败的因素

有学者对大量企业业务外包的失败案例进行了研究,导致外包失败的因素有:没有设置有关持续改善合同条款的机制,文化与目标差异导致的不相融性,合同缺乏柔性,外包商的机会主义行为,忽视外包关系管理所导致的服务水平下降,指派不合适的人员管理外包合同,员工士气和信心下降,企业失去对有关职能的控制,外包所引起的信息安全性与潜在竞争。

(二)法院哪些职能可以进行服务外包:业务的剥离

当前,法院并非单纯的审判机关,还是一个社会管理机关,它的职责也非仅仅是裁决是非。随着经济社会的发展,一方面,法院的职能也在不断发生变化;另一方面,社会需求和供给也是不断在变化。法院所能做的就是在分析购买可行性和必要性的基础上,选定购买领域,设定购买项目,通过对法院工作范畴进行梳理来确定哪些工作可以通过购买社会化服务来进行优化。

在企业服务外包理论中,外包的本质是企业资源的战略收缩,即将核心业务以外的其他业务借助于外部专业化资源予以整合,从而专注于企业核心竞争力提升。这种资源整合的管理模式视角同样适用于法院。法院的"核心业务"自然是审判工作;在"其他业务"中,有的直接围绕着审判权的运行而派生,如立案、送达、保全、鉴定、记录、调解、执行、审判调研等,我们可以称之为审判支撑性业务;有的仅是从行政管理和后勤保障上服务于审判工作的,如卷宗装订归档、司法统计分析、信息化建设、文化建设、法治宣传、警务用车、诉讼费及赃款赃物管理、机关安保、物业管理、食堂用餐以及一些法院作为党政社会治理主体需要承担的社会性事务,我们称之为一般性业务。这样,以审判业务为圆心,以与审判业务关联性由强到弱为辐射半径,就形成了一个同心圆式的法院业务层级(如图1所示)。

---

① Arnold, U. (2000). New dimensions of outsourcing: A combination of transaction cost economics and the core competencies concept. *European Journal of Purchasing & Supply Management*, 6, 23-29.

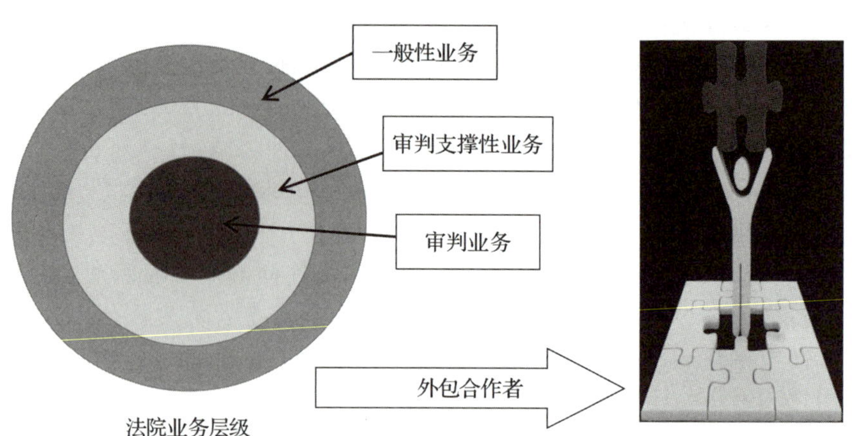

图 1 法院业务层级图

在上图所示的法院的业务三个层级，对社会化服务购买的种类和要求并不尽相同，外包的可能性也呈逐步递减的态势。(参见表 6)

1. 一般性业务。主要指的是行政事务性工作。最高人民法院“四五”改革纲要明确规定这类工作可以通过购买社会化服务完成。这类业务与审判执行相对独立，外包与否由服务的生产成本和交易成本决定，对法院核心工作的开展影响较小。

2. 审判支撑性业务。这部分工作涵盖的范围较为广泛，既有与审判工作关联性较强的送达、保全、鉴定、记录、调解等工作，也有立足法院的社会管理职能，借助法院在法律方面的专长，进行纠纷调解、矛盾纠纷化解、普法宣传等类司法工作。这部分业务需根据其与审判核心业务的关联程度和对当事人权利义务的影响，决定外包的形式和范畴。

3. 审判核心业务。司法权是人民法院依法独立行使的公权力，狭义概念中的司法权是一种裁判权，即“通过将一般的法律规则适用于具体案件上，来发挥裁判案件这一功能”。[①] 包括是否决定立案，对各类案件进行裁判，执行裁判文书。这些都属于法院的核心业务，直接涉及当事人的权利义务，也是司法权最核心的部分，不适宜通过社会化购买进行分流或者分担。

表 6 法院购买社会化服务种类表

工作	性质	是否可以社会化购买	服务类型
立案、裁判、执行	核心工作，直接涉及当事人权利义务	否	无
送达、保全、记录、调解等	支撑性工作，与核心业务直接相关	部分可以	内嵌式社会服务
鉴定、诉前调解、普法宣传等		可以	内嵌式社会服务或者外包式社会服务
档案、会务、车辆等事务性工作	辅助工作，不涉及当事人权利义务	可以	内嵌式社会服务或者外包式社会服务

① 陈瑞华:《司法权的性质——以刑事司法为范例的分析》，载《法学研究》2000 年第 5 期。

当然,这样的范畴划定并不是绝对的,在法院购买社会化服务方面,交易成本和外包决策的变化,直接影响到范畴的划定和管理模式的设定。如前所述,资产的专用性和外包决策的过程也是外包范畴划定的理论标准。

(三)法院哪些职能需要外包:成本的核算

购买社会化服务其实并非法院的唯一选择。对于职能范围内的事项,法院面临着两种策略选择:一是自制策略,即依靠内部资源提供社会服务。二是外包策略,即将社会服务外包给企业或社会组织来提供社会服务。一般而言,法院选择从市场购买、自行生产抑或外包都会产生一定成本,这种成本可以被分为生产成本和交易成本两类。自行生产产生的交易成本很低,外包的交易成本比较高昂,外包模式下主要是通过合同规范约束双方行为,法院必须投入人力、物力监督承包方的合同执行,这会产生一定的交易成本。然而,开展社会服务合同外包,承包方负责生产环节,可利用规模经济效益和专业技能提升减少生产成本。据此,当外包产生的交易成本比较少的情况下,法院就可以将服务外包出去,反之亦然。因此,法院与外部组织合作进行的某项交易,是通过科层组织、市场还是外包的方式展开,起决定性的影响因素是交易成本的大小。

从理性经济人的角度分析,如果一个组织在交易中承担了较高成本,则签约外包所带来的收益将会被抵销,这时候组织更倾向于内部生产的方式。在交易的不确定性、资产专用性及交易频率偏高的情况下,组织会更倾向于采用纵向一体化的行动策略,反之,转移生产的交易成本较小,交易成功可能性较大,即实行社会服务合同外包。[①] 对交易成本的影响因素主要集中在三个方面:

1. 任务复杂性引起的交易成本。任务复杂性主要指的是外包出去的社会服务能否被清晰地界定、测量以及监控。就法院而言,行政事务性工作属于容易被界定、测量和监控的任务,其他工作或者与审判执行核心工作紧密相连不易界定,或者属于社会管理等"软性服务",标准化程度较低,这导致法院在购买社会化服务的时候更倾向于将服务购买后,内嵌到日常工作中。

2. 市场竞争引起的交易成本。市场竞争性指的是有兴趣供给社会服务的承包方的数量,市场竞争性被认为是获取最佳卖方的基础。但由于法院工作专业性强,主要依靠培养法院内部人员完成,提供方相当有限,市场竞争并不充分,成本较高。此外,一些基层组织和社会组织的社会管理职能与法院有部分重合,如果直接购买"准行政系统"的服务,成本基本可以忽略不计。这也是思明法院与街道社区和法律援助中心在许多层面开展合作的原因。

3. 资产专用性引起的交易成本。在交易成本理论中,资产专用性被认为是在不牺牲生产价值的条件下,资产可用于不同用途和由不同使用者利用的程度,包括场地、物质、人力、品牌与临时专用性等类型。如果生产一项服务必须具备的某种资产要素运用于他处会发生贬值,即表明资产专用性较强。但是法院购买的社会化服务在资产专用性方面不强,主要是依靠人力成本,基本不需要专业性的资产要素,因此对于购买社会化服务的交易成本考量主要集中在前两项因素。

---

① 吴月:《社会服务合同外包中的交易成本问题及其治理路径》,载《理论导论》2015 年第 6 期。

四、路径选择:人民法院购买社会化服务模式建构

划定法院购买社会化服务的范畴后,影响外包成败的因素仍然现实地存在于购买管理的过程中,选择适合自己的外包模式尤为关键。由于法院的司法权专属性、审判信息的保密性、服务对象及内容的相对封闭性等特点,法院购买社会服务和业务外包模式应基于法院工作实际重新构建。

(一)"4S"参数体系:法院购买社会化服务应重点考量的要素

实际上,在构建法院服务外包模式的讨论中,关于是否开展服务外包工作的决策、执行和监管机构、购买形式是公开招标还是局部询价、给付标准是计件还是计时、购买经费应来自当地财政还是上级主管机关等讨论较多的所谓机制性或规范性问题,并不具有法院的特色,在这些问题上深究对建立具有司法特色的服务外包机制并无多大益处。在构建或者选择法院服务外包模式的过程中,应当重点提炼出一些符合法院实际并可操作的考量维度。课题组采用特例建模法(亦称"除同法")来进行推导,具体步骤如下:罗列梳理各地法院购买社会化服务的模式,排除其中直接套用政府采购方式或与政府采购具有较大相似性的做法,找出其中的特例,从其做法中抽象出关键的机制要素,从而建立具有法院特色的服务外包模式所必须考量的参数体系。

在对众多法院购买社会化服务的实践进行逐步梳理排除相同和相似项后,课题组选取了应用范围、供给对象、管理主体和监管方式四个参数,因其英文名称正好分别是四个S打头的单词:Scope、Supply、Subject、Supervision,所以我们称之为"4S"参数体系。

(二)"4S"参数体系的运用之一:分类

"4S"参数体系最直接的应用是为法院服务外包模式提供了一个基本的分类标准:

1. Scope:依据应用范围进行的分类

诚如前文所述,法院的业务存在三个业务层级:一般性业务、审判支撑性业务和审判核心业务,这三层业务都可以分层外包(审判核心业务是否可以外包仍有讨论空间,下文详述),并可以相互组合,从而形成交错嵌套的全业务、非核心业务、一般性业务的大中小三类外包模式,如表7所示。

表7 应用范围三分法

(全业务外包、非核心业务外包和一般性业务外包)

<table>
<tr><td rowspan="3">外包模式</td><td colspan="3">全业务外包("大外包")</td></tr>
<tr><td rowspan="2"></td><td colspan="2">非核心业务外包("中外包")</td></tr>
<tr><td></td><td>一般性业务外包("小外包")</td></tr>
<tr><td>应用范围</td><td>审判业务</td><td>审判支撑性业务</td><td>一般性业务</td></tr>
<tr><td>外包业务</td><td>审理裁判</td><td>立案、送达、保全、鉴定、记录、调解、执行、审判调研等</td><td>卷宗装订归档、司法统计分析、信息化建设、文化建设、法治宣传、警务用车、诉讼费及赃款赃物管理、机关安保、物业管理、食堂用餐以及一些法院作为社会治理主体需要承担的社会性事务等</td></tr>
</table>

2. Supply:依据供给对象进行的分类

法院服务外包的本质是引入社会资源来完成司法活动流程中的若干工作任务,而工作(事)是需要人来做的,在这个过程中的两个基本元素:"人"和"事",均可成为服务外包的对象,这就将法院服务外包的模式进行了一个基本的二分:如果外包的对象是"人",我们称之为"岗位外包"模式;如果外包的对象是"事",我们称之为"项目外包"模式,具体模型如图2所示:

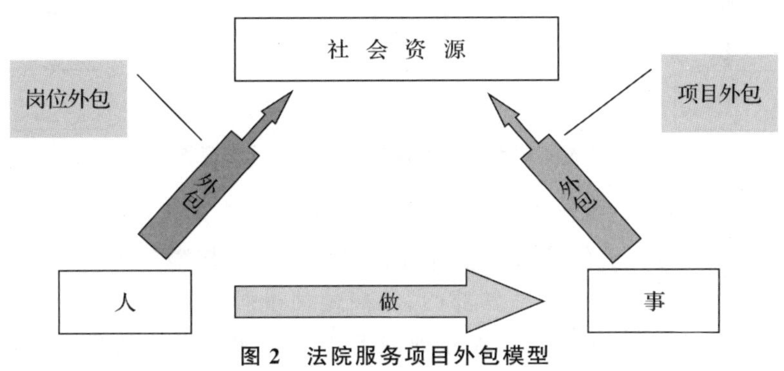

图2 法院服务项目外包模型

具体来说,"岗位外包"的方式,是将司法辅助岗位向社会和市场开放,通过聘用制、劳务派遣等方式,聘请社会人员到法院工作;而"项目外包",则是将工作项目外包给市场组织和社会组织①。这两种服务外包模式的主要区别在于法律关系的主体和种类不同可用表8简要概括。

表8 购买对象二分法:岗位外包和项目外包

外包模式	主要区别		
	合同类型	劳务人员归属	合同对价
岗位外包	劳动合同	法院	薪资
	劳务合同	劳务派遣单位	管理费
项目外包	承揽合同	专业服务机构	合同给付款

3. Subject:依据管理主体进行的分类

法院购买社会化服务的过程实际上就是一个B2C模式,在这个模式中的两极主体,即Customer需求方(法院,以下简称C方)和Business供给方(服务者或服务商,以下简称B方),如何联系对接形成了法院服务外包模式另一个分类参数。最为常见的一种对接模式是对口分别对接模式,C方的职能部门根据法院内部的职能分工,在自己的职责内各自寻找B方、发布需求、监督实施、考核成效等,是一种C1—B1. C2—B2……Cn—Bn的平行管理模式,有时为了便于管理、提高效率,法院也会设立一些临时机构来统筹协调专项工作,但总体

① 齐海丽:《我国地方政府购买服务模式研究——以上海市政府购买岗位为例》,载《西北农林科技大学学报(社会科学版)》2013年第5期。

上还是“各自为战”“条块分离”的管理模式，具体如图 3 所示。

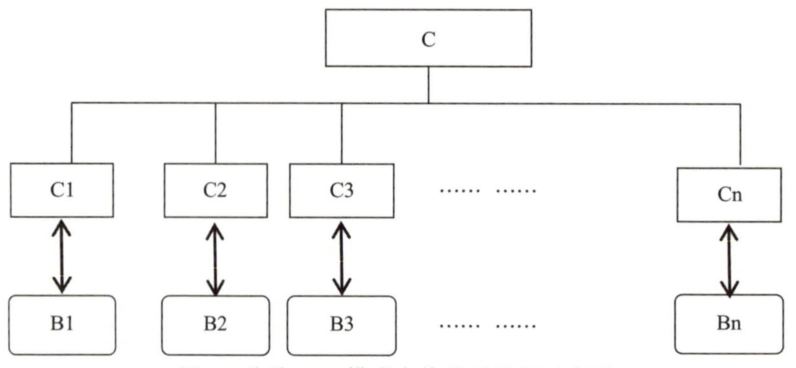

图 3　法院 B2C 模式主体关系平行对应图

另一种模式是集中统一对接模式，在 C 方和 B 方都建立从决策管理到执行实施的条线框架，服务外包的流程可以分解为以下三个基本步骤：第一步，法院成立专门的服务外包统一决策管理机构，收集来自法院内部各部门、各岗位关于服务外包的需求，进行梳理后统一转化为对外指令；第二步，法院委托一家企业或若干家企业组成的联合体，集中接收法院决策机构发出的指令，根据企业的业务方向将外包需求进行再分解；第三步，受委托统一管理法院外包服务业务的企业或企业联合体，将业务分解给企业内部的不同部门或到市场中寻找其他企业进行转包、分包合作，具体如图 4 所示。

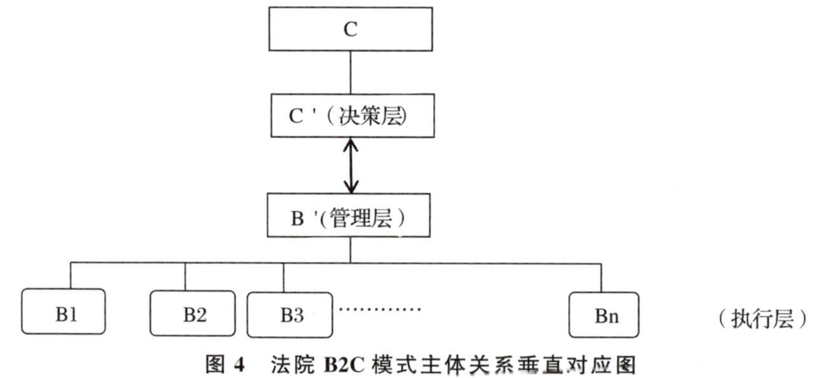

图 4　法院 B2C 模式主体关系垂直对应图

4. Supervision：依据监管方式进行的分类

在服务外包实践的初期，常见的一种监管方式是 C 方对服务过程和投入，包括工作时长、实施步骤、流程规范、员工调配、设备设施、薪资报酬等服务各环节涉及的劳动要素进行全方位的掌控，生产资源往往由 C 方自己提供，向 B 方购买的主要是人力资源，所以我们称之为投入型外包。随着实践的深入，另一种监管方式逐渐发展起来，即 C 方直接对购买服务所预期达到的目标进行预设，而对 B 方为实现该目标所需投入的资源不再关注，因为这种监管方式通常是通过绩效考核制度实现，所以我们称之为绩效型外包。以司法送达业务外包为例，前者通常是法院直接聘用送达人员，为送达人员配备办公设备、通勤车辆等保障设施，要求送达人员劳动达到一定的工时，送达过程比照在编人员送达标准进行管理；而绩效型外包的操作模式则通常是法院与送达团队签订包干协议，约定在一定期间段内完成一定基本量的送达任务的基础上,多劳多得,至于送达团队配备多少人员、设施在所不论。二者区别如表 9 所示。

表 9 监管模式二分法:投入型外包和绩效型外包

比较项目 外包模式	投入型外包	绩效型外包
监管对象	服务环节	服务成效
监管方式	各环节是否达标	是否完成合同任务
资源投入	C 方为主	B 方为主
主要评价指标	技术规范工作时长	成果量化

(三)"4S"参数体系的运用之二:选择

运用"4S"参数体系对服务外包模式分类并不是根本目的,关键是要在不同的分类中找寻适合的模式,这就是第二项运用:模式之选择。

1. 应用范围:法院外包的业务可达什么范围?

在法院同心圆式的业务层级体系中,越外层的业务越较小地与司法权相关联,最外层的一般性业务,已经是相当明显的行政管理事务,与其他政府外包项目并无区别,可直接适用政府采购机制,本文不再赘述。重点是带有法院特性的审判业务和审判支撑性业务能否外包、是否需要外包以及如何外包?作为审判支撑性业务,一方面还带有较明显的行政属性,业务流程中大量存在着机械性、程序化、格式化的操作步骤,极其烦琐而又不可避免,是各地法院最迫切希望减负的业务;另一方面又或多或少还具备着司法属性,直接关系着司法审判的公正和效率,这也是各地法院探索该层级业务外包时格外谨慎的原因。目前常见的做法有:搭配法,由 1 名法院在编干警带领外聘人员从事保全、执行、提押等业务,既保证了执法的正当性也起到了监督作用;授权法,由法院出具授权令状,委托外聘人员从事送达、调查、记录等业务;司法确认法,委托行政机关、人民调解委员会或法院特邀调解员,进行诉前调解,再经司法确认对调解协议赋予司法公信认证和执行效力。无论采取何种方法,审判支撑性业务的外包都面临着管理难度、群众认可度和执法正当性的挑战,需要法院做出精巧和周密的制度设计。至于审判核心业务的外包,美国桑迪斯普林斯市法院的法官劳伦斯杨就是每小时 100 美元"租"来的[①];而当前中国大陆法院的"上挂下派"协助办案以及东莞等地法院向内地法院"租借"法官等做法也有审判外包的意味。可以预见,当跨域司法具备了足够的体制条件,法官可以一定程度上与法院分离而独立执业时,审判外包也并非完全没有可能,届时审判任务繁重的法院完全可以将案件审判任务打包委托给案件较少的法院法官,当然短期内尚不具备条件,不再展开。

2. Supply:购买岗位还是项目外包?

在资源的复合性方面,购买岗位模式中供给对象主要是人力资源,当前劳动市场相对成熟,所以对供应方的门槛要求较低,法院的管理经验也较丰富,对法院的合同管理能力要求

① 匿名:《这城市,市政厅法官都是租来的》,载《潇湘晨报》2012 年 6 月 27 日第 A17 版。

较低；而购买项目模式中供给对象就较为多元，服务供应商需要调度人力、物力等各方面资源，市场准入门槛较高，所以当前对口法院业务的专业项目公司也并不多见，对于法院来说，如何把控外包项目的监管和量化评估，实践难度也大得多。

在人身依附性方面，法院购买岗位之后，法院可以直接用内部人事管理制度对外包服务人员进行约束，对于司法信息保密、岗位职责分配问责均较有保障，社会公众对外包服务人员的识别认可度也相对较高。但相应地，管理成本也相对较高，法院需要耗费大量人力协调编制、与政府人事部门的关系，辞退不合格员工的操作性也较差。上述对比可以用表10做个总结：

表10　购买岗位与购买项目比较图

选择参数 外包模式	购买岗位	购买项目
供方市场要求	低	高
监管机制要求	低	高
合同管理能力	低	高
灵活性	低	高
市场化(激励性和约束性)	低	高
保密性	高	低
群众认同度	高	低
责任清晰度	高	低
编制要求	高	低

显而易见：购买岗位模式较大程度地脱胎于传统用工模式，简便易行，但市场性较弱，长期化效益不高；购买项目模式对市场成熟度、法院管理机制创新等各方面要求较高，但符合市场经济规律，从长远看大有可为。但不能简单地下结论两种模式何者为宜，在市场条件较不成熟的地区，对于市场化运作经验较不丰富的法院，可能购买岗位当下更为适合；而对市场化程度较高的地区，对于较有管理经验的法院，购买项目模式则更显得生机勃勃。

3. Subject：平行管理还是垂直管理？

在成本核算方面，一是培训成本，对口对接的培训主要是针对外包人员的上岗业务技能训练，而集中对接还需对法院管理部门沟通协调和需求转换技能的培训；二是交接成本，对口对接只需法院部门与外包人员直接对接，而集中对接模式中信息、材料的交接还有一个法院内部流转的过程；三是制度和管理成本，对口对接可使用现有管理制度，而集中对接还需另行设计专门制度，但在管理上因前期培训、制度构建已投入到位，在运行中会更流畅。

在管理成效方面，集中对接因为外包需求的信息和外包执行的过程经过了统一机构的消化处理，能够更好地将服务外包过程中遇到的共性问题在不同业务部门之间进行共享，以达到举一反三、少走弯路的效果；而且全院资源得以统一调度，上述对比可以用表11总结：

表 11 不同对接模式比较表

外包模式＼选择参数	对口对接	集中对接
培训成本	低	高
交接成本	低	高
制度构建成本	低	高
管理成本	高	低
信息共享性	低	高
管理体系性	低	高
资源调度性	低	高
总体效能	低	高

4. Supervision:抓牢过程还是紧盯成效?

在投入型外包模式和绩效型外包模式之间选择,主要要考虑三方面的问题:一是法院监管的范围。前者法院监管的广度较大,需把控的方面涉及较多,但难度却不大;而后者法院监管只聚焦成效,但对法院项目管理和目标管理的要求较高,监管难度较大。二是接受外包方介入的深度。前者接受外包方利用法院提供的资源、接受关于过程的具体指令、服从于法院的岗位目标管理指标,服务是较被动的;而后者接受外包方参与法院服务外包的决策管理,以成效为导向,服务带有较强的主动性。三是资源投入的配比。前者类似企业经营的"重资产"模式,法院关于基础设施的投入较多;而后者类似"轻资产"模式,法院主要投入管理成本,基础资源由接受外包方自行准备。从以上对比分析,可以得出这样的结论:如法院C方对资源的投入力度弱于B方,且C方、B方的项目管理能力均较强,选择绩效型外包模式,法院可以用尽可能少的投入,最大限度地发挥B方的资源优势和主观能动性;反之,选择投入型外包模式则"船小好调头",也有助于法院加强监管。

(四)"4S"参数体系的运用之三:组合

实践中,对服务外包模式的具体选择并不是简单的单选题,而是在四个参数之间进行不定项选择,下面以笔者所在的法院案件记录工作外包为例,对按照"4S"步骤选择外包模式的应用方法做一个说明。第一步,确定外包服务层级,案件记录属于审判支撑性业务外包;第二步确定供给对象,法院当地尚无专业的司法速记服务机构,在市场供应方不足的情形下,法院选择岗位外包模式,委托劳务派遣公司向社会公开招募合同制速录人员;第三步确定管理对接主体,因为法院没有设置类似书记官处的记录人员统一管理机构,案件时刻不停增长的紧张压力又需要尽快补充记录人员,在此情形下,选择对口分别对接模式较为适合时宜;第四步确定监管模式,由于法庭记录设施、设备的前期投入已经较为充分,所以法院选择了投入型监管模式,将合同制速录员比照在编书记员,纳入记录人员岗位职责监管体系中。

结　语

全面推进司法改革以来，削减法院内部非必要行政性事务，严格控制审判辅助人员比例，大幅减少行政管理和后勤保障人员比例，已成大势所趋。但吊诡的是法院职能事务并未相应减少，“软性”社会管理要求反而不断增加，人民群众对法院工作的要求越来越高。因此，实施审判辅助事务外包，寻求专业服务商承接法院非核心业务，并在有效的监控之下完成服务，从而帮助政法专项编制人员更加专注于审判执行工作等法院核心业务，是法官检察官“员额制”改革的配套机制和编内人员相对减少的源头应对之策，具有重大的理论和实践意义。希冀本课题的成果，能够为今后在各地法院全面推行购买社会化服务和非审判核心业务外包，提供一个新的思路。

司法改革语境下法官惩戒制度之重构

——以海峡两岸法官惩戒制度比较为视角

思明法院课题组[①]

法律的效力是以它所引起的爱戴和尊重为转移的,而这种爱戴和尊重是以内心感受法律公正和合理为转移的。

——罗伯斯庇尔[②]

引 言

法律的权威源自人民的内心拥护和真诚信仰,而人民对法治的拥护和信仰,很大程度上取决于对法官形象的社会一般评价。近年来,国内接连爆发多起影响巨大的司法冤案、弊案,严重损害了法官的社会形象和司法公信力,一定程度上也反映出现行法官惩戒制度已不适应新形势下保障法官队伍廉洁和司法公正的需要,党的十八届四中全会将“加强法治工作队伍建设”作为全面推进依法治国的六项重大任务之一,完善法官惩戒制度是加强法官队伍建设的题中应有之义,对于依法治国和建设法治社会具有无可替代的重要意义。

一、台湾地区法官惩戒制度概述

台湾地区包括法官惩戒机制在内的整个司法制度源于大陆,1949 年内战结束后国民党政府将之移植到台湾地区,此后虽有调整,但大体上沿袭了北洋政府甚至是晚清以来的司法制度。两岸共享同一法源,拥有相同的民族性和文化背景,渊源极深。近年来,台湾地区以与大陆类似的“让民众对司法权产生信任与合理期待”[③]为目标,推行了多轮较为深入的司法改革,为当前大陆正在推行的司法改革提供了宝贵的经验借鉴。

(一)相关法规依据

在台湾地区,法官属于广义的军公教人员。台湾地区法官惩戒制度和大陆一样,都是从传统公务员惩戒制度蜕变而来的。“法官法”施行前,法官人事规范散见于司法条例及各相

---

① 课题主持人:刘德芬(思明法院审判委员会专职委员),课题组成员:林鸿(思明法院法官)、陈石(厦门中院法官)、包骞。执笔人:林鸿。此论文为福建省法学会 2015 年度课题成果。

② [法]罗伯斯庇尔:《法制革命和审判》,赵涵译,商务印书馆 1965 年版。

③ 语出台湾地区知名法学家苏永钦教授在公法网就台湾地区司法改革问题所做报告。

关法院组织法，法官惩戒制度更是广泛分布于“法官法”“监察法”“监察院组织法”“司法人员人事条例”（下称“司人条例”）、“公务员惩戒法”（下称“公惩法”）、“公务人员考绩法”（下称“考绩法”）、“职务法庭惩戒案件审理规则”等众多规定中，宪制性规定第77条规定：“司法院为国家最高司法机关，掌理民事、刑事、行政诉讼之审判及公务员之惩戒。”宪制性规定第81条规定：“法官为终身职，非受刑事或惩戒处分或禁治产之宣告”，但其中所称的“惩戒处分”，与过去依“考绩法”所进行的考核并施加的惩处处分存在差异。2011年“法官法”经“立法院”三读通过正式施行，其中第47条规定设置职务法庭，此后又配套出台“职务法庭惩戒案件审理规则”，将法官惩戒从以往由公务员惩戒委员会审议的旧有体制中抽离出来，从而形成现行以“法官法”为主干，专门机构审理的，独立而完备的法官惩戒体制。

（二）主要运行机制

1. 惩戒主体

依据“公惩法”，台湾地区的公务人员惩戒权归于“司法院”中设置的“公务员惩戒委员会”。此外，“宪法”规定公务员违法失职，“监察院”可以提弹劾案或纠举案，从而赋予“监察院”对公务员以包括弹劾权及纠举权在内的监察权。“法官法”施行前，参照“公惩法”有权将法官移送惩戒之机关，除“监察院”外，还有“司法院”及“法务部”。“法官法”施行后，法官惩戒主体由“双规制”变为“单轨制”，只有“监察院”才有权对法官行使弹劾权并将法官移送惩戒机关。此外，“最高法院”拥有对本院职员之“任免、考核及奖惩”的职权。

2. 惩戒对象

“法官法”第2条规定，惩戒对象即“法官法”中定义的法官，具体包括两类：一类是“司法院”大法官、“公务员惩戒委员会”委员及委员长；另一类是各法院法官（含试署法官、候补法官）。

3. 惩戒事由

根据“法官法”的规定，法官应受惩戒事由仅限于如下七种重大违法失职的情形：（1）判决确定后，或自第一审系属日起已逾六年未能裁判确定的案件，有事实足以认定因法官故意或重大过失，致使审判有明显重大违误，而严重损害人民权益的。（2）有违反职务上之义务、怠于执行职务或言行不检者等情事，情节重大。（3）法官违法参与各项公职人员选举。（4）任职期间参加政党、政治团体及其活动，兼任足以影响法官独立审判或与其职业伦理、职位尊严不相容的职务或业务，违反守密义务，或有其他损害职位尊严或职务信任之行为，情节重大的。（5）严重违反办案程序规定或职务规定，情节重大。（6）无正当理由迟延案件之进行，致影响当事人权益，情节重大。（7）违反法官伦理规范，情节重大。[①] 同时，法官评鉴委员会认为法官有上述列明各款所列情事之一，确有惩戒之必要者，可做出报由“司法院”移送

---

① 台湾地区“法官法”第30条第2项第1款至第7款规定：“法官有下列各款情事之一者，应付个案评鉴：一、裁判确定后或自第一审系属日起已逾六年未能裁判确定之案件，有事实足认因故意或重大过失，致审判案件有明显重大违误，而言之侵害人民权益者。二、有第二十一条第一项第二款情事，情节重大。三、违反第十五条第二项、第三项规定。四、违反第十五条第一项、第十六条或第十八条规定，情节重大。五、严重违反办案程序规定或职务规定，情节重大。六、无正当理由迟延案件之进行，致影响当事人权益，情节重大。七、违反法官伦理规范，情节重大。适用法律之见解，不得据为法官个案评鉴之是由。”

“监察院”审查的决议，同时可以建议惩戒措施的种类[①]。此外，台湾地区将惩戒与评鉴相区别，“法官法”第 22 条及第 30 条具体列举规定了法官重大违法失职应付评鉴弹劾的原因，以加强淘汰不适任法官的功能。

4. 惩戒方式

根据“法官法”第 50 条的规定，法官惩戒方式有五种，具体为：(1)申诫(以书面形式)。(2)罚款(罚款金额为被惩戒法官担任现任职务的每月薪俸总额的一倍以上，十二倍以下。对已离职法官，以其离任之前最后的每月薪俸总额作为罚款金额基准)。(3)免除法官职务，转任法官以外的其他职务。(4)撤职，这一惩戒形式，除了撤销现职外，还应并处 1～5 年期间内停止担任公务人员职务。(5)免除法官职务，并丧失公务人员任用资格。

需要特别说明的是，受到后三种处分的，以后不得回任法官职务；遭受后两种处分的，还终身不得担任或执行律师职务。

5. 惩戒程序

依据“公惩法”第 18 条及第 19 条第 1 项，普通公务员的移送弹劾惩戒程序既可以由“监察院”移送，也可以由“司法院”直接移送至“公惩会”审议。有别于这一做法，“法官法”第 51 条第 1 项规定对于有惩戒必要且具有重大违法失职情形的法官，一律由“监察院”弹劾移送“司法院”职务法庭(简称职务法庭)审判，具言之，台湾地区规定，除“监察院”主动调查的情形外，法官惩戒必须由“司法院”下设的“法官评鉴委员会”报请“司法院”移送“监察院”审查，或“司法院”经“人事审议委员会”(以下简称“人审会”)审查决议后，迳行移送“监察院”审查。[②] 实践中，“司法院”可以通过全面评核或在职务监督过程中发现问题后，交由“法官评鉴委员会”进行个案评鉴；也可因法官存在个案评鉴事由而直接启动个案评鉴，后报由“司法院”移送“监察院”提起弹劾。其中，因职务监督发现问题的，除交由“法官评鉴委员会”外，还可由“司法院”经“人审会”决议后直接移送“监察院”弹劾。经正式弹劾后，“监察院”将受惩戒法官连同案件材料一并移送职务法庭审理判决。最终对于职务法庭判决需要执行惩戒的，由法庭将受惩戒法官移送法官所属法院的院长，由其在法定期间内执行。

6. 救济措施

针对进入惩戒程序的法官，“法官法”也提供了具体可行的救济途径。根据该规定第 55.56 条，法官不服惩戒决定时，应于收受“人事令”的次日起 30 日内，以书面附具理由向“司法院”提出异议。“司法院”应于受理异议之日起 30 日内作出决定。受惩戒法官如果对于“司法院”的复议决定仍然不服的，还可以自决定书送达的次日起 30 日内，向职务法庭起诉。

---

① 台湾地区“法官法”第 39 条第 1 项第 1 款规定：“法官评鉴委员会认法官有第三十条第二项各款所列情事之一，得为下列决议：一、有惩戒之必要者，报由‘司法院’移送‘监察院’审查，并得建议惩戒之种类……”

② 台湾地区“法官法”第 51 条规定：“法官之惩戒，应由‘监察院’弹劾后移送职务法庭审理。‘司法院’认法官有应受惩戒之情事时，除依法官评鉴之规定办理外，得迳行移送‘监察院’审查。‘司法院’依前项规定迳行移送‘监察院’审查前，应予被付惩戒法官陈述意见之机会，并经‘司法院人事审议委员会’决议。”此外，“法官法”第 39 条规定：“法官评鉴委员会认为法官有第 30 条第二项(应付个案评鉴事项)所列情事之一的，得为下列决议：一、有惩戒之必要者，报由司法院移送检察院审查，并得建议惩戒之种类。二、无惩戒之必要者，报由司法院交付司法院人事审议委员会审议，并得建议处分之种类。前项评鉴决议作成前，应予受评鉴法官陈述意见之机会。”

如果“司法院”在30日内未作出决定，受惩戒法官可以直接向职务法庭起诉。为了保障法官的独立审判，台湾地区还规定，职务法庭判决如果存在适用法律错误、违反回避规定、主要证据不真实等八种情形之一的，当事人还可以提起再审之诉。

7. 法官资格

台湾地区“法官法”第6条从消极条件上规定了不得担任法官的六种情形：“一、依公务人员任用法之规定，不得任用为公务人员。二、因故意犯罪，受有期徒刑以上刑之宣告确定，有损法官职位之尊严。三、曾任公务员，依公务员惩戒法或相关法规之规定，受撤职以上处分确定。四、曾任公务员，依公务人员考绩法或相关法规之规定，受免职处分确定。但因监护宣告受免职处分，经撤销监护宣告者，不在此限。五、受破产宣告，尚未复权。六、曾任民选公职人员离职后未满三年。但法令另有规定者，不在此限。”

二、大陆法官惩戒制度概况

大陆现行有关法官惩戒的规定散见于《中华人民共和国法官法》和《最高人民法院关于执行〈中华人民共和国法官法〉有关惩戒制度的若干规定》(下称《若干规定》)、《关于建立法院系统监察机构若干问题的暂行规定》《人民法院监察工作条例》《人民法院工作人员处分条例》(下称处分条例)、《法官行为规范》《关于人民法院落实廉政准则防止利益冲突的若干规定》《人民法院监察部门查处违纪案件的暂行办法》(下称《查处暂行办法》)、《人民法院审判人员违法审判责任追究办法(试行)》(下称《违法审判追究办法》)、《关于“五个严禁”的规定》、“七不许”、“八不准”等最高人民法院颁布的各种规定；以及中央政法委《司法机关内部人员过问案件的记录和责任追究规定》、“四个一律”“十不准”等规定中。因为法官群体中党员比例较高，身兼党员的法官还要受《中国共产党党章》《中国共产党纪律处分条例》《中国共产党廉洁自律准则》等党纪条规的约束。此外，各地各级法院还自行制定了大量有关法官惩戒的规章制度。2016年7月，中共中央办公厅、国务院办公厅正式印发《保护司法人员依法履行法定职责规定》，明确法官履行法定职责的行为，非经法官惩戒委员会审议不受错案责任追究。细化了法官在被追究错案责任时听证、陈述、申辩等各类权益保障，全面加强法官依法履职保护。

具体而言，大陆法官惩戒制度主要包括下面几个部分：

1. 惩戒主体。在涉及采用“罢免”的惩戒措施时，根据《法官法》的规定：最高人民法院院长和地方各级人民法院院长分别由本级人大任免；各级人民法院副院长、审委会委员、庭长、副庭长和审判员分别由本级人大常委会任免；在省、自治区内地区设立的和在直辖市内设立的中级人民法院院长，由省、自治区、直辖市人大常委会根据主任会议的提名决定任免，副院长、审委会委员、庭长、副庭长和审判员由高级人民法院院长提请省、自治区、直辖市的人大常委会任免；军事法院等专门法院院长、副院长、审判委员会委员、庭长、副庭长和审判员的免职办法，由全国人大常委会另行规定；助理审判员由本级人民法院院长任免；全国人大组织法、全国人大议事规则、全国人大和地方各级人大代表法对罢免案的处理程序做出了一般性的规定。《法官法》第23条规定要对法官的思想品德、工作态度和审判作风等内容进行考核，考核不合格者可以予以辞退。各级人大及其常委会对同级人民法院中担任领导职务或者具有一定审判职称的法官具有适用罢免的惩戒措施的权力。对法官采用其他惩戒措施时,《法官法》没有明确规定,根据《违法审判追究办法》和《纪律处分办法》的规定以及实践情况来看,是由各级人民法院自行决定,具体实施惩戒的职能部门是法院的纪检监察部门。《违法审判追究办法》第28条规定:"各级人民法院监察部门是违法审判责任追究工作的职能部门,负责违法审判线索的收集、对违法审判责任进行调查以及对责任人员依照有关规定进行处理。"《若干规定》中第18条规定:"法官违反本规定,需要提请任免机关免除法官职务和辞退的,由政治部门办理;需要给予政纪处分的,由监察部门办理。"

2. 惩戒对象。大陆的法律法规对惩戒的对象规定得也是相当的广泛,法官惩戒制度的适用对象是法院工作人员,不但包括实际行使审判权的法官,还包括书记员、执行员、法警、司法行政人员,以及有法官职称但在法院从事其他工作的其他工作人员。

3. 惩戒形式。根据《法官法》第11条、第34条,《纪律处分办法》第13条的规定,大陆法官惩戒制度的惩戒方式主要有警告、记过、记大过、降级、撤职、开除等六种。其中,降级处分是指降低一个级别,如果是最低级别的,可以给予记大过处分。撤职处分是指在撤销原职务的同时降低级别和职务工资。受开除处分的,其职务、级别自然撤销。受处分期间不得晋升职务和级别,其中除受警告以外的处分的,不得晋升工资档次。法官构成犯罪的,依法追究刑事责任。

4. 惩戒事由。大陆现行法律规定的法官惩戒事由较为广泛,既包括违法审判行为①,又包括司法外的不当行为②,如最高人民法院《关于"五个严禁"的规定》规定了五种不当行为中③,主要是司法外的不当行为;具体而言,《法官法》第30条规定了共计十三种法官应受到惩戒的事由。违法审判行为的情形包括:贪污受贿;徇私枉法;刑讯逼供;隐瞒证据或者伪造证据;泄漏国家秘密或者审判工作秘密;滥用职权,侵犯公民、法人或者其他组织的合法权益;玩忽职守,造成错案或者给当事人造成严重损失;故意拖延办案,贻误工作;利用职权为自己或者他人谋取私利;私自会见当事人及其代理人,接受当事人及其代理人的请客送礼等。司法外行为不当的情形包括:散布有损国家声誉的言论,参加非法组织,参加旨在反对国家的集会、游行、示威等活动,参加罢工,从事营利性的经营活动等。而《违法审判追究办法》第5条至第21条则对法官因违法审判应遭到惩戒的情形做了具体规定,如违反法律规定,擅自对应当受理的案件不予受理,或者对不应当受理的案件违法受理,或者私自受理案件;涂改、隐匿、伪造、偷换或者故意损毁证据材料,或者指使、支持、授意他人作伪证,或者以

---

① 大陆法官违法审判行为具体包括11种,分别为:贪污受贿;徇私枉法;刑讯逼供;隐瞒证据或者伪造证据;泄漏国家秘密或者审判工作秘密;滥用职权,侵犯公民、法人或者其他组织的合法权益;玩忽职守,造成错案或者给当事人造成严重损失;故意拖延办案,贻误工作;利用职权为自己或者他人谋取私利;私自会见当事人及其代理人,接受当事人及其代理人的请客送礼。

② 司法外的不当行为具体包括:散布有损国家声誉的言论,参加非法组织,参加旨在反对国家的集会、游行、示威等活动,参加罢工,从事营利性的经营活动等。

③ 最高人民法院《关于"五个严禁"的规定》规定:第一,严禁接受案件当事人及相关人员的请客送礼;第二,严禁违反规定与律师进行不正当交往;第三、严禁插手过问他人办理的案件;第四,严禁在委托评估、拍卖等活动中徇私舞弊;第五,严禁泄露审判工作秘密。凡违反上述规定,依纪依法追究纪律责任直至刑事责任。从事审判、执行工作的,一律调离审判、执行岗位。

威胁、利诱方式收集证据；丢失或者因过失损毁证据材料，造成严重后果；故意违背事实和法律，做出错误裁判的；因过失导致裁判错误，造成严重后果的；执行过程中，故意造成当事人或者案外人财产损失等。《纪律处分办法》第22条至第69条也对法官应受到纪律处分的具体情形做了详细的规定。应当注意的是，最高人民法院出台的《关于“五个严禁”的规定》规定：第一，严禁接受案件当事人及相关人员的请客送礼；第二，严禁违反规定与律师进行不正当交往；第三，严禁插手过问他人办理的案件；第四，严禁在委托评估、拍卖等活动中徇私舞弊；第五，严禁泄露审判工作秘密。人民法院工作人员凡违反上述规定，依纪依法追究纪律责任直至刑事责任。从事审判、执行工作的，一律调离审判、执行岗位。

5. 惩戒程序。我国现行法官惩戒程序基本上沿用1990年最高人民法院发布的《人民法院查处违纪案件的暂行办法》，惩戒决定做出前，理论上必须经过监察部门调查、审理委员会或审理小组审理、审理委员会或审理小组决定三个步骤。但实践中多由纪检监察部门调查后直接移交院长做出惩戒决定，构成犯罪的移交检察机关提起公诉。具体而言，三个步骤如下：第一，受理、立案、调查。法院监察部门在收到对于法院工作人员违法违纪的检举、控告后，首先需要初步进行调查，向检举人了解情况，要求其提供证据。经初步调查，认为应当给予纪律处分的，经过领导审批后，立案进行正式调查；对不构成违法违纪或反映失实的，不予立案，并将不予立案的原因告知检举人。监察部门在调查中应当全面收集证据，听取被监察对象的陈述和辩解。调查结束后，应将调查认定的事实材料与被监察人核对。案件查清后，需要做出审查结论和处理决定的，提交案件审查小组或审理委员会审理。第二，提交审理委员会或审理小组。在最高人民法院、高级人民法院、中级人民法院设立审理委员会或审理小组负责审理案件，并有权做出记大过以下的处分。需要给予降级以上处分的，向院长提出降级以上处分的建议。审理委员会或审理小组由监察室主任、副主任和监察员组成，不得少于三人。案件审理小组或案件委员会，在评议案件时，如果意见分歧，应当少数服从多数，但少数人的意见应写入笔录。第三，做出处分决定的权限。如需给予记大过以下的处分的，由监察部门直接做出；如需给予降级、撤职处分的，由监察部门提出处理意见，报院长批准后做出；如需给予开除处分的，基层法院需要报中级人民法院监察部门提请中级人民法院院务会批准后做出决定，中级人民法院和高级人民法院需要由本院监察部门提请本院院务会批准后做出决定，批准开除的应报高级人民法院和最高人民法院监察室备案。如果要给予地方各级人民法院院长开除公职处分，应报同级人民代表大会或其常委会履行法律手续后执行。如果要给予地方各级人民法院副院长、庭长、副庭长、审判员开除公职处分的，由本级人民法院院长报请同级人民代表大会常务委员会免职后执行。如果受处分的法官对惩戒决定不服，可以在收到处分决定书三十日内向作出处分决定的人民法院监察部门或上一级人民法院监察部门申诉，但是，申诉期间不停止原处分决定的执行。

三、海峡两岸法官惩戒制度比较

（一）两岸比较的理论前提：法官惩戒的特殊性

司法是人和制度的集合体，即使有最明晰的规则、最透明的程序、最精巧的法庭技术，法官仍然是最关键的因素[①]。在西方文化语境里,正义女神是公平正义的化身,她蒙着双眼、手持长剑,不受欺瞒,仅仅根据事实做出裁决,法官是正义女神在人间的使者,是最接近于神的职业,法律借助于法官而降临尘世[②]。在东方传统文化中,最早的司法官皋陶也是依靠神意裁判的半人半神的存在,最高司法长官大理寺在中央位列九卿,刑部也是中央六部之一,中央以下的各级行政单位的司法官均由行政主官兼任,法官地位同样尊崇神圣,是百姓的"父母官",官服上绣着的獬豸是"能辨是非曲直,有罪则触,无罪则不触"的神兽。可以说,法官司法裁判的重要性和特殊性,无论是在东方,还是西方,都概莫能外。

在现代社会,建立专门而独立的法官惩戒制度确有必要:从权力来源来看,西方国家普遍实行三权分立,法官是三权之一,与立法权、行政权并列的司法权的行使者,地位殊为崇高。在海峡两岸,法官分别由人大和"司法院"选举产生,一名普通法官的任命层级与行政部门高级官员相同。从工作性质来看,法官职司裁判,专门负责在纠纷中判断是非曲直,他们是决定当事人诉讼命运的审判权力的执掌者,守卫着社会正义的最后一道防线。法官与一般的公务人员的工作性质差异巨大,不能够简单地套用公务人员的惩戒规则。从影响力来看,法官是社会道德的楷模,公众对于法官的道德期待远非一般公务员可比。作为社会的良心和维护社会公平正义的守护神,法官所需正直廉洁之品德,则较一般公务员为殷切而严格[③],一旦法官违法犯罪或行为不当,便会给社会带来巨大危害,"一次不公正的裁判,其恶果甚至超过十次犯罪。因为犯罪虽是冒犯法律,好比污染了水流,而不公正的裁判则毁坏法律,好比污染了水源"[④]。概言之,法官与一般公务人员的工作性质存在巨大的差异,某种意义上,可以说法官惩戒制度是司法良知与社会正义的最终保障,对于法治社会的建构意义殊为重大。法官职业的特殊性决定了不能对其简单套用一般公务人员的惩戒规则。

具体而言,一方面,现代社会,行政权独大已成为世界范围内的普遍趋势,强势的行政权对司法权的侵蚀和干扰可谓无孔不入,正是因为如此,司法独立已成为现代司法制度的核心内容,是现代法治的需要,也是现代社会的最大公约数。它能保障正义得以实现,更是保障人民权利的基石。[⑤] 完善的法官惩戒制度,必须基于司法独立并能够保障司法独立。法官惩戒应当秉持如下原则:非经法定机关、法定程序,任何机关和个人都不能惩戒法官,任何惩戒法官的行为均无效。法官惩戒制度所需要考虑的,不仅是如何才能更好地惩处法官,更重要的是不要让对法官的惩戒威胁到司法独立。法官惩戒的制度设计,应当将司法独立的原则贯穿始终,从法律层面规范可能干预司法独立的各种行为,从而真正让法官感受到司法权的神圣至高,提高职业荣誉感和道德自律意识。另一方面,只有通过科学的程序设置,才能保障法官有所敬畏,依法履职。法官与一般的公务人员的工作性质差异巨大,不能够简单地套用公务人员的惩戒规则。某种意义上,可以说法官惩戒制度既是限制法官的制度,更是保护法官的制度。具言之,一切被指控者都应当享有辩解和申诉的权利,法官也不例外。法官惩

---

① [美]莫里斯·罗森伯格:《司法的品质》,载美国亚利桑那州高等法院《法官手册》附5页。

② [德]拉德布鲁赫:《法学导论》,米健等译,中国大百科全书出版社1997年版,第100页。

③ 徐庆发:《台湾地区近十年来法官惩戒案件之分析》,载台北《三民主义学报》2002年第25期。

④ [英]弗兰西斯·培根:《人生论》,何新译,湖南人民出版社1987年版,第219页。

⑤ 谭世贵:《司法独立问题研究》,法律出版社2004年版,第121页。

戒遵循正当程序原则也是国际公约的要求[①]和各国通行的做法[②]。我国现行法官惩戒制度并没有专门程序，无论是实体法还是程序法，均脱胎于公务员惩戒法规和条例，实际适用中，公开度存疑，当事人参与有限，面对强大的组织，法官的权利根本无法得到充分保障。事实上，出于对司法腐败的憎恨，被调查法官的正当权利极易有意无意地受到忽视。这不仅有悖于法律面前人人平等的法治精神，实际上也构成对司法独立的威胁。我国三大诉讼法对诉讼程序做了严密的规范以保障审判权公正行使，民事诉讼法、刑事诉讼法、行政诉讼法及相关法规对当事人的诉讼权益进行了事无巨细的规范，以保障法官公正行使审判权，对于程序的重视贯穿于法官日常工作的始终。可以说，对程序重要性的体会，没有人比法官更深。所以当法官自身面临惩戒调查的时候，他必然期待得到与自己审理案件当事人同样公正的待遇。而纵观历史，这种公正的"待遇"只有在司法活动中才可能得到保障[③]，重构法官惩戒程序完全没有必要舍近求远地考虑其他选择，也只有在司法程序中，才能够充分保障被惩戒法官的各种实体和程序性权利。所以，法官惩戒程序必须坚持司法程序，裁判者必须遵循法律思维和法律规律以做出合乎法律规定的惩戒决定，这就要求惩戒程序的实施主体必须是职业法律人或者具备相关能力和思维方式、理解法官司法活动的"行家里手"。在法官惩戒活动中，只有遵循公正、合理的惩戒程序，才能确保惩戒决定的正确。而公正、合理的惩戒程序，舍司法程序外再无他途。同样的，也只有在司法程序中，才能保障被惩戒法官的各种程序性和实体性的权利。综上所述，在法官惩戒程序中，完全没有必要舍近求远地考虑司法程序外的其他选择[④]。

（二）两岸比较的微观实践：法官惩戒的复杂性

权力应当受到监督，否则会被滥用。海峡两岸的法官惩戒制度可谓各有千秋，仔细分析，台湾地区在如下几个方面，与大陆存在较大差异，值得大陆学习借鉴：

1. 大陆关于法官惩戒事由过滥范围过宽

如前所述，大陆现行法律规定的法官惩戒规定政出多门，许多中级甚至基层人民法院都出台相关规定。惩戒事由繁多，不仅包括工作上的失职和违法审判行为，还广泛涵盖了生活、政治、业外活动等众多司法外不当行为，这些规定较为模糊和原则，且有诸如违反政治组织纪律等独特规定，给人为暗箱操作留有较大空间。同时，规定欠缺合理性研究，足以导致法官被撤职，甚至开除的违纪事由过多、过泛。另外，未对法官与没有审判职务的法院其他人员进行明确区分，缺乏对二者在惩戒方面区别的明确规定，既没有体现法官职业的特殊性，也不利于法官惩戒的标准的统一和权威。种类繁多且模糊不清的处罚事由、略显严苛的处罚措施，共同构成了缺乏职业保障的法官工作环境。

---

① 第七届联合国预防犯罪和罪犯待遇大会通过，并于1985年由联合国大会正式通过的《关于司法机关独立的基本原则》第17条规定："对法官作为司法和专业人员提出的指控或控诉应按照适当的程序迅速而公平的处理。法官应有权利获得公正的申诉的机会。在最初阶段所进行的调查应当保密，除非法官要求不予保密。"

② 詹建红：《我国法官惩戒制度的困境与出路》，载《法学评论》2016年第2期。

③ 谭世贵：《中国法官制度研究》，法律出版社2009年版，第545页。

④ 当然，如果是基于法官中共党员身份，对具备党员身份的法官依照党纪进行调查，属于党组织内部自律，则不属于本文讨论的范围，仍按照中国共产党有关组织调查的党内法规进行。

而台湾地区"法官法"明确的七种惩戒事由[①]全部集中在法官行使审判权时的违法行为上,且大多必须达到情节重大或危害巨大确有惩戒必要的程度,范围明显更窄,且对惩戒持更为慎重的态度。值得强调的是,"法官法"还特别规定,法官不得因其对适用法律的见解而受惩戒[②],这一规定有效确保了法官的权益,对于保障独立审判的重要意义不言而喻。反观大陆,法官个人在没有不当行为,仅仅因为法律理解做出判决而引发不当影响的,也会受到处罚,如河南种子案的案件经办法官的遭遇就是一鲜明例证。[③] 这显然与台湾地区存在显著差距。

2. 大陆法官惩戒机构的设置不够科学

台湾地区对法官惩戒与普通公务员的惩治适用不同法规,并由不同机构具体实施,二者存有很大差别。法官惩戒的主渠道是法官群体的自律,强调的是惩戒者的专业性,其设置的法官惩戒专门机构——"人审会"和"评鉴会"均设置在"司法院",与各级法院不存在隶属关系,"人审会"和"评鉴会"的组成主体是法官,熟悉法院工作和审判业务,对法官和案件的情况有切身体会和深入理解,可以设身处地地考量案件情况和拟受惩戒法官的实际情况,进而从专业角度做出准确的认定。

反观大陆,法官惩戒的主体是法院内设的党委纪检组和行政部门监察室[④],法官惩戒全程均在法院内部进行,惩戒机构沿用行政机关的科层制的层级管理模式,与普通公务员并无二致。这一做法存在诸多问题:首先,作为法院内设的部门,其自身独立性不够,纪检组和监察室分别由法院党委(党组)书记及院长领导,其权力来源均为行政任命,而非源自法官自我管理机构的授权。而且实践中书记和院长一般为同一人兼职,事实上沦为一人决定和体内监督。总体上缺乏外部力量的参与和监督,也没有规范的表决程序,易于引发暗箱作业的联想,也违背分权制约的监督制度设计基本原则。[⑤] 其次,法官是具有系统的法律学问、专门的思维方式和相应的职业伦理的特殊群体,他们的语言、知识、思维以及伦理都与普通人不同。当前各级法院的纪检监察人员相当大部分由没有任何法官工作经历的行政干部与军队转业干部组成,缺乏法律专业教育背景和专业训练,对事实认定、法律适用等审判事务和法官日常工作并不熟悉,甚至完全不了解,更不用说如何领会法律个中的精妙,实现个案正义。相当程度上,法院内部的纪检监察室是处于"外行调查内行"的状态,难以对法官裁判是否存在枉法问题做出准确的判断。再次,监察室处理信访接待、立案、调查等法官惩戒工作的处理流程和工作方式均参照行政监察工作的方式,与一般政府机关公务员并无二致,这种工作模式没有考虑到司法工作中立性、独立性、程序性、判断性和终极性等特殊规律,只是将法官作为普通的国家公务员看待,并未对法官和法院其他工作人员加以区分,不仅忽视了法官群体

---

① 参见台湾地区"法官法"第30条第2项,详见注1。

② 台湾地区"法官法"第49条第2项规定:"适用法律之见解,不得据为法官惩戒之事由。"

③ 该案大致案情为:河南省洛阳市中级人民法院法官李慧娟因为在判决书中列明《河南省农作物种子管理条例》违反上位法《中华人民共和国种子法》而自然无效,被洛阳中级人民法院停职。关于"洛阳种子案"的讨论可参见张千帆:《宪法学导论》,法律出版社2008年版,第189~190页;李晓兵:《宪政体制下法院的角色》,人民出版社2007年版,第101~103页等。

④ 《中华人民共和国行政监察法》赋予国家行政监察机关大量权力和工作手段。

⑤ 李学永:《台湾如何遴选法官》,http://www.21ccom.net/articles/zgyj/thyj/article_20140529106769.html.

的工作性质和职业特点，上级施加行政干预的空间也很大，调查人员在调查时无法从专业角度对拟受惩戒法官的行为进行准确判断，并得出相对合理、专业的意见。因而，难以令拟受惩戒法官完全信服，也很难获得法官群体的认同。最后，处罚者与被处罚者在同一单位工作，调查工作受决策者和调查执行者个人因素的影响很大，同事关系和感情因素势必在一定程度上会对调查产生影响，上级施加行政干预的空间很大。可以说，在行政化管理与复杂人际关系的双重制约下，体内监督的成效不可避免地会因时、因人、因地而异，法官惩戒结果的客观公正性有待商榷。

3. 大陆关于法官惩戒的程序设计不够周延

从法理上说，法官惩戒制度兼具实体法和程序法的成分，在程序公正的独立价值日益凸显的当下，给予法官惩戒处分应当秉承程序正义原则，以完善的程序保障制度的公正。联合国《关于司法机关独立的基本原则》第19条规定："对法官的一切纪律处分、停职或撤职程序均应根据业已确立的司法人员行为标准予以实行。"第20条规定："有关纪律处分、停职或撤职的程序应受独立审查的约束。此项原则不适用于最高法院的裁决和那些有关弹劾或类似程序法律的决定。"

台湾地区对法官惩戒采取"监察院"弹劾的单轨制，规定法官惩戒均需经过"监察院"弹劾后才可移送至职务法庭进行审理判决。"监察院"启动弹劾程序、行使其弹劾权的路径有三：一是"监察院"通过主动调查发现确有惩戒必要；二是"法官评鉴委员会"经个案评鉴，认为确有惩戒必要，报由"司法院"移送"监察院"审查；三是"司法院"经"人事审议委员会"决议后移送"监察院"审查。经弹劾，"监察院"将案件连同相关材料一并移送至专门的职务法庭审理判决。从而实现外部监督，又依据法院自理原则，回归司法系统内部对应受惩戒的法官进行审理判决并执行。而且，在处理过程中相当强调程序公正，规定由专门的职务法庭审理法官惩戒案件，对法官惩戒的救济采取司法审判的方式，从机制上引进控辩对抗的当事人主义模式，被移送惩戒的涉案法官有权聘请律师，并享受诉讼程序保护，享有申诉、辩护等权利，让受惩戒者心服口服。对做出的惩戒判决，有惩戒执行内容的，交由受惩戒法官所属法院的院长执行。法官若对惩戒判决不服，且符合八种规定情形的[①]，可在法定期间内向"职务法庭"提起再审之诉。台湾地区"法官法"同时规定，原判决执行完毕后，也可以提起再审之诉。同时，参照"民诉法"的相关规定，"法官法"规定，再审之诉，可在"职务法庭"裁判前撤回。经撤回或裁判的，不得再以同一原因提起再审之诉。

相反，大陆自始至终都在拟受惩戒法官所在法院的内部解决法官惩戒问题，而且整个调查程序具有浓重的行政色彩，存在"重实体轻程序"现象。一方面，惩戒规定缺乏可操作性，法官法虽然明确列举了各种具体禁止性行为规范，却没有针对法官违反这些禁止性行为规范的不同程度设置细化的处罚档次和幅度，法官惩戒处罚的后果层次不明。另一方面，没有

① 台湾地区"法官法"第61条规定：(1)适用法律显有错误；(2)依法律或裁定应回避之法官参与审判；(3)原判决所凭之证言、鉴定、通译或证物，已证明系虚伪或伪造、变造；(4)参与裁判之法官关于该诉讼违背职务，犯刑事上之罪已经证明，或关于该诉讼违背职务受惩戒处分，足以影响原判决；(5)原判决就足以影响判决之重要证物漏未斟酌；(6)发现确实之新证据，足认应变更原判决；(7)为判决基础之民事或刑事判决及其他裁判或行政处分，依其后之确定判决或行政处分已变更；(8)确定终局判决所适用之法律或命令，经"司法院"大法官依当事人之声请，解释为抵触"宪法"。

像台湾地区那样建立起类似于诉讼的一整套成熟的权利保障机制，对法官惩戒程序的启动条件、启动主体、启动程序、被调查对象的陈述申辩保障、惩戒决定的做出机制等程序性规范相当缺乏，基本处于空白状态，由调查机关自行把握。这不仅不利于保障受惩戒法官的合法权益，也有悖于联合国相关公约的规定[①]，也难以得到法官群体的认可。目前，大陆有关法官惩戒的程序主要依据《查处暂行办法》进行：收到对法官的检举、控告后，先由法院内设的监察部门进行调查，根据举报是否失实以及被举报人是否构成违法违纪，分别做正式立案调查和不予立案并将原因告知检举人两种处理。对正式立案的，视调查结果[②]由纪检部门自行或向院长报告后做出处分决定。如果受处分的法官对处分决定不服，可以在收到处分决定书30日内向做出处分决定的人民法院监察部门或上一级人民法院监察部门申诉，但是，申诉期间不停止原处分决定的执行。从上可见，大陆现行法官惩戒制度缺乏对受调查法官合法诉讼权利和适用正当法律程序进行保障的明确规定，如直接审理、公开审理、言词辩论、辩护制度等制度保障在我国法官惩戒制度中都付之阙如，而且对调查期限也缺乏有约束力的规定。实践中，许多纪检调查旷日持久而迟迟未有结论，且不需要对期限和进展加以说明，给受调查法官造成精神方面的巨大负担。这些，都不利于保障受惩戒法官的合法权益，很难令受惩戒法官从内心信服。

4. 大陆关于法官惩戒的权利义务设置失衡

如前所述，与台湾地区相比，大陆关于法官惩戒的方式在种类上没有罚款，但增加了对严重违法失职行为追究刑事责任的方式。大陆法官出现违法违纪行为时所要承担的责任包括纪律责任、民事责任和刑事责任三大类，惩戒方式明显比台湾地区多，而且惩戒措施也远比台湾地区严厉。台湾地区法官惩戒机制的目的并非为了惩罚不肖法官，"立法院"所做的"法官法"立法总说明中明确规定法官惩戒目的在于敦促法官恪尽职守、淘汰不适任法官。"法官法"中对法官惩戒种类有免除法官职务并丧失公务人员任用资格、撤职、免除法官职务而转任法官以外的其他职务、罚款、申诫五种，其中最严厉的处理方式是"免除法官职务并丧失公务人员任用资格"[③]，同时禁止其以律师身份执业。为淘汰不适任法官，"法官法"明确规定对于确实不适任法官的，应给予撤职以上的处分。法官受免除法官职务并丧失公务人员任用资格、撤职的惩戒处分的，不得充任律师，已充任律师者停止其执行职务。受撤职、免除

---

① 联合国大会《关于司法机关独立的基本原则》第 19 条规定："对法官的一切纪律处分、停职或撤职程序均应根据业已确立的司法人员行为标准予以实行。"第 20 条规定："有关纪律处分、停职或撤职的程序应受独立审查的约束。此项原则不适用于最高法院的裁决和那些有关弹劾或类似程序法律的决定。"

② 根据《人民法院监察部门查处违纪案件的暂行办法》，经调查初步认为应当给予纪律处分的，在中级以上人民法院设立由监察室主任、副主任和监察员组成的审理委员会或审理小组，正式组织审理。审理委员会或审理小组根据少数服从多数原则，可以直接做出记大过以下的处分决定，对需要给予降级、撤职、开除等处分的，由监察部门向院长或院务会(仅针对开除)提出处分建议。

③ 实践中这一规定适用条件极为严格，使用率较低。比较典型的例子如台中"高分院"法官胡景彬，1997 年即因在台中"地院"担任法官期间投资地下钱庄、重利等案，遭处休职三年处分，2000 年复职后，调任台南"高分院"法官后，再次涉重利案一审判处徒刑两年，2006 年改判判决定谳，其间还任法官审理案件，并未被剥夺法官职务。遭律师投诉后，仍然被台南"高分院"安排以法官身份处理票据等非诉案件。2013 年，该法官又因涉嫌贪渎罪及以法官身份关说被台湾地区"特侦组"侦查起诉。

法官职务转任法官以外职务的惩戒后，不得回任法官。与大陆相对比，在不评价二者孰好孰坏的情况下，客观来说，台湾地区立法者的倾向是为保证法官队伍的胜任，而不是为了让法官为自己的重大违法失职行为承担刑事等责任，至少其刑事责任不是通过职务法庭来进行的。虽然法官在被剥夺法官职务后，根据台湾地区现行“宪法”第 24 条，法官作为广义公务员理论上也可能因贪渎等严重违法行为而承担刑事责任，但这在实践中极少出现。近十年来法官被判刑的情况相当罕见，且多为地院级别的法官，未见高级别的法官被判刑定谳。① 而在大陆，法官因为履职行为不当被追究刑事责任的情形，从最高人民法院到各地基层法院，却绝不鲜见，仅最高人民法院副院长就有黄松有、奚晓明两位。法官因为履行职务的工作而被问责和追究行政责任的更是屡见不鲜。概言之，从法律制度层面来看，大陆对法官的义务要求明显严于普通公务员，遑论一般公民。约束法官的规章制度汗牛充栋，严厉的惩戒措施，固然有助于威慑不肖法官，并在一定程度上满足了民众“重刑主义”的喜好，但是，严惩法官并不利于在社会上树立法官职业的威望，影响人民对司法的信心。同时，大陆法官因其职务所享有的权利义务并不对等。《法官法》虽然规定了法官享有的权利②，但这些权利相比于普通公民所应享有的宪法权利并无突出之处，比起其他一般公务员而言，也没有任何特别规定。但对法官的义务要求和实践问责却明显严于普通公务员，更遑论一般公民。法官并未享受到与其职业风险相匹配的权利和执业保障。可以说，无论是从法律层面，还是从现实层面，大陆法官的社会地位、职业保障、薪资待遇均远未达到联合国相关公约③的要求，也与世界上保障法官尊崇和超然地位的潮流和共识有所脱节，甚至在某些方面还背道而驰。

四、台湾地区法官惩戒制度对大陆的启示

（一）台湾地区经验的正面启示

概言之，台湾地区法官惩戒制度相比大陆有如下特色：

1. 设置独立于公务员的法官惩戒制度。自“法官法”制定与施行后，台湾地区从立法上明确法官与“国家”为特别任用关系④，厘清了法官职务不同于一般公务员职务的界限，形成了遵循司法规律、适应审判管理工作需要的法官人事组织管理体系，体现了维护法官依法独立审判，保障法官职业身份的立法宗旨。为确立法官的“特别职”性质，维护法官依法独立审

① 2013 年 10 月，台湾地区司法史上最大的法官集体受贿包庇贪污的严重犯罪，台湾地区“高院”法官陈荣和、李春地等人，受贿 850 万元新台币，分别将涉弊案的前“立委”何智辉、涉贪污的前法官张炳龙改判无罪。案发后，又通过他人教唆伪证，分别被判处有期徒刑 18 年和 11 年 6 个月。

② 《中华人民共和国法官法》第 8 条规定，法官享有下列权利：（一）履行法官职责应当具有的职权和工作条件；（二）依法审判案件不受行政机关、社会团体和个人的干涉；（三）非因法定事由、非经法定程序，不被免职、降职、辞退或者处分；（四）获得劳动报酬，享受保险、福利待遇；（五）人身、财产和住所安全受法律保护；（六）参加培训；（七）提出申诉或者控告；（八）辞职。

③ 联合国大会 1985 年通过《关于司法机关独立的基本原则》第 11 条规定：法官的任期、法官的独立性、保障、充分的报酬、服务条件、退休金和退休年龄应当受到法律保障。第 18 条规定：除非法官因不称职或行为不端使其不适于继续任职，否则不得予以停职或撤职。

④ 台湾地区“法官法”第 1 条第 2 项规定：“法官与‘国家’之关系为法官特别任用关系。”

判及保障法官身份地位，台湾地区还制定专门规定详细规定了对法官违法失职的弹劾及惩戒程序。自“法官法”施行后，法官的违法失职惩罚单独依据该法的规定办理，台湾地区法官的违法失职惩罚与一般公务员的违法失职惩罚开始分离，并引入法官自律原则，以贯彻“宪法”第 80 条[①]有关法官职务保障和第 81 条[②]有关法官身份保障的规定。

2. 实行“弹惩分立”轻重分流的处理机制。英、美、德、日等各国对于公务员和法官的违法失职惩罚采取弹惩分立制度，高级别公务员（政务官）及法官的重大违失，采用弹劾制度，低级别公务员（事务官）及法官的非重大的违法失职情节，采用惩戒制度。传统上，台湾地区的弹劾及惩戒混淆不分，因此称为弹惩合一。具体而言，事务官非重大的违法失职情节的惩罚，一律由主管长官进行行政处分。而法官则由法院审判，称为司法处分，二者均属惩戒。法官弹劾制度是指法定的惩戒机构和人员对违法犯罪或渎职失职的法官依法定程序免除其法官职务的制度，这实际上是一种外部处罚[③]。对于具有重大违法失职情形的法官，台湾地区采取评鉴弹劾审判退场机制，而对于不构成重大违法失职情形的法官，则移送“人审会”审议适用行政处分。从而在规范层面明确划分了弹劾审判惩罚机制与行政处分机制的各自适用情形，实现了制度框架上的“弹惩分立”。

3. 明确限定法官的惩戒事由范围。如前所述，“法官法”明确法官只有在触犯七款重大违法失职情形的情况下，方可启动法官惩戒程序。从简单的字面分析可以看出，惩戒事由仅限于违反法官职务义务、违反法官伦理规范或有其他损害职位尊严等少数种类行为，且均需达到情节重大的程度。为了保证法官超然、独立、公正行使审判权，“法官法”明确规定法官不因法律见解不同而受惩戒，接受职务监督应控制在独立审判不受影响的限度内[④]，并专章逐一列举了可以对法官做免职、停职、转任、调动的有限情形。

4. 设立法官为主体的专门惩戒处理机构。为贯彻落实法官自治、自律精神，强化法官人事制度的民主化、自治化及透明化，台湾地区首先设立了日常审议法官奖惩的专门机构——人事审议委员会。人审会共由 27 人组成，其中，“司法院”院长为人审会的当然委员并任主席，其余人员的具体来源有三：一是“司法院”院长指定 11 人，二是法官代表 12 人，三是学者专家 3 人。其中，学者专家应由“法务部、律师公会全国联合会各推举检察官、律师以外之人”，送“司法院”院长遴聘，实现在保证法官群体主体地位的基础上引入外部监督。法官代表是人审会的绝对主体。根据“法官法”，法官代表由从“最高法院”到地方各级法院的法官互选产生，充分体现了“法官自治”的精神[⑤]。其次，“司法院”还常设“法官评鉴委员会”（以下简称“评鉴会”）[⑥]专门负责法官评鉴事宜。“评鉴会”共有成员 11 人，包括法官 3 人、检察官 1 人、律师 3 人、学者及社会公正人士 4 人，同样非常注重体现成员的代表性。两个

---

① 台湾地区宪制性规定第 80 条规定：“法官须超出党派以外，依据法律独立审判，不受任何干涉。”

② 台湾地区宪制性规定第 81 条规定：“法官为终身职，非受刑事或惩戒处分，或禁治产之宣告，不得免职。非依法律，不得停职、转任或减俸。”

③ 王利明：《司法改革研究》，法律出版社 2002 年版，第 434 页。

④ 台湾地区“法官法”第 19 条规定：“……法官于其独立审判不受影响之限度内，受职务监督……”

⑤ 台湾地区“法官法”第 4 条对各级法院和专门法院产生法官代表的具体名额，学者专家代表的推举单位、遴聘程序，及其表决权限等做出了明确、细化的规定，确保了人事审议委员会谨慎合理地行使职权。

⑥ 台湾地区“法官法”第 22 条规定：“……请求法官评鉴委员会评鉴……”

委员会的开放性体现了司法民主理念，也为杜绝法官惩戒成为法院内部人事行政职权和机关人情影响，以及私相授受提供了制度保障平台。"人审会""评鉴会"均采合议制议事。这种既有集中指定，又有民主推选和外界参与，特别是以法官为主体的人员构成，不仅坚持并体现了司法人事行政权责相统一的原则，还为确保其职权行使的公正、公开、审慎和超然，奠定了良好基础。最后，为确保法院行政为审判提供高效保障和支持，台湾地区还在各级法院及其分院分别设立"法官会议"[①]，由各法院全体法官组成。"法官会议"的职责是议决关于法官审判事务分配、法官考核建议、法官监督处分建议及其他包括惩戒在内与法官权利义务有重大影响的建议等事项。

5. 注重法官行业自律和同行评议。自治、自律既是台湾法官人事管理制度的核心价值理念和法官的行为规范，也是法官职业有别于一般公务员"上命下从"管理模式所呈现出的鲜明特色之一。为保障法官独立审判，台湾地区对于法官惩戒主要依靠法官自律，注重法官的自我约束，体现了法官崇高的社会地位：如"法官法"第 4 条规定，法官的任免、迁调、考核、奖惩等应由法官代表组成的"人审会"审议；第 13 条规定，订定法官伦理规范应当征询法官代表意见；第 19 条规定，如果法官认为职务监督将危及其审判独立时，可以请求职务法庭撤销之，以保障法官审判独立；第 23 条要求分别订定"司法院"大法官自律实施办法及各级法院法官自律实施办法；第 24 条和第 33 条规定，分别特设法官代表组成的法官会议和法官评鉴委员会，议决法官监督处分及法官重大违失之个案评鉴。"法官法"大篇幅规定"司法院"作为评鉴来源的各种内部规范，如职务监督、全面评核、团体评核、个案评鉴等，法官惩戒程序的开始虽起于司法体系外的"监察院"，但对惩戒法官的审理依旧返回"司法院"的职务法庭，对法官惩戒的执行，若有执行内容的，也交由法官所属法院的院长来执行。这些都体现了立法者对法官自律原则的强调，以及希望通过司法体系内部的法官自我监督与评核，在尽量避免外界干预司法独立的情况下，实现司法公正的立法意图。

6. 适用"正当程序"原则。台湾地区"法官法"第 56 条至第 58 条及第 60 条规定[②]，法官惩戒的处理，采用开庭审理形式，除另有规定外，应行言词辩论。"公务员之惩戒处分影响宪法上人民服公职之权利，应本正当法律程序之原则，对被付惩戒人予以充分之程序保障，例如采直接审理、言词辩论、对审及辩护制度，并予以被付惩戒人最后陈述之机会等，始符宪法保障人民诉讼权之本旨。"[③]通过在惩戒中引入诉讼的正当法律程序，改变了原先使用的"公惩法"第三章审议程序第 18 条至第 29 条采用书面审理，原则不进行言词辩论的有关规定，保障受惩戒法官的司法人权，维护法官群体的合法权益。

7. 细化程序救济措施。基于司法独立这一基本理念，台湾地区对于独立行使审判权的法官进一步增加救济途径以保障权利，确保法官不因正常的履行职务行为而遭受侵害，从而最终落实法官职务保障制度。具体而言，对法官的惩戒和弹劾权，均应提高处理层级，并完善自我辩护的制度设计。"人审会"如决定对法官进行惩戒，关于警告之处分，其得经程序后

---

① 台湾地区"法官法"第 24 条规定："各法院及其分院设法官会议……"

② 台湾地区"法官法"第 58 条："职务法庭之审理，除法律另有规定外，应行言词辩论。"第 59 条："职务法庭……应予被付惩戒法官陈述意见之机会。"

③ 参见台湾地区"司法院"1996 年释字第 369 号解释。

自行为之，而诸如减俸、停职、免职等其他处分，均需交由职务法庭，遵循一定的诉讼程序，以裁判方式为之。法院对于“人审会”所做的警告之处分如有不服，亦可向职务法庭寻求救济。具体而言，对进入惩戒程序的法官，“法官法”提供了具体可行的救济途径：第 55 条、第 56 条分别规定，法官不服惩戒决定时，应于收受人事令的次日起 30 日内，以书面附具理由向“司法院”提出异议。“司法院”应于受理异议之日起 30 日内做出决定。如果对“司法院”的复议决定仍然不服的，还可以自决定书送达的次日起 30 日内，向“职务法庭”起诉。如果“司法院”在 30 日内未做出决定，受惩戒法官可以直接向“职务法庭”起诉。为了保障法官的独立审判，台湾地区还规定，“职务法庭”判决存在适用法律错误、违反回避规定、主要证据不真实等八种情形之一的①，当事人还可以另行提起再审之诉。

8. 引入外部社会监督。“法官法”规定“司法院”设置“人审会”及“评鉴会”以行使监督法官职务。其中，“人审会”委员在该法第 4 条规定应有学者专家 3 人，“评鉴会”在第 33 条规定应有检察官 1 人、律师 3 人、学者及社会公正人士 4 人。且“人审会”的 3 名学者专家和“评鉴会”的 4 名社会公正人士均由“法务部、律师公会全国联合会各自推举法官、检察官、律师以外之人，送‘司法院’院长遴聘”。除了引入外部监督力量以提升“人审会”及“评鉴会”的民主化和透明化水平外，台湾地区又于 2012 年以“司法院”公报的形式出台“法官法施行细则”，进一步强化外部监督的专业性和实效性。此外，“法官法”第 35 条规定各种机关团体及个人也可向有权机关团体提出，请求法官评鉴会进行个案评鉴，让民众得以参与法官监督。这可以说是台湾地区实现外部监督的立法创举，有利于敦促法官公正审判，并淘汰不能胜任的法官。具言之，“监察院”可以通过主动调查启动弹劾；“司法院”可以通过其系统内的职务监督、全面评核以及个案评鉴等方式，对有重大违法失职情形的法官直接或经“评鉴会”评鉴后移送“监察院”审查，还可以经“人事审议委员会”决议后径行移送“监察院”；社会团体与个人也可以向“监察院”提请人民书状，请求“监察院”进行调查，同时符合个案评鉴请求法定条件的主体，也可请求“司法院”启动个案评鉴程序对法官进行评鉴。无论是“监察院”还是“司法院”都必须在法定时间内就相关事实及处理结果予以答复。另外，从评鉴法官的机关组成及人员选择方式来看，也将外界人士纳入其中。② 且不谈实际执行状况，单从法规规定来看，其立法意图的确在于打破司法封闭壁垒，多渠道扩大外界监督，保证司法公信力。

9. 民间力量主动作为。1992 年，台北律师公会组织会员律师对台北地方法院全体审判法官的法庭态度、裁判文书质量、庭前准备工作、积案情况、品德操守、适任与否等问题进行评鉴，并召开“优良法官评鉴”结果发表会向社会公布评鉴结果排名前五十名法官的姓名。1997 年，“民间司法改革委员会”(以下简称“民间司改会”)开始参与，1998 年公布对象首次涵盖评鉴不及格法官姓名。2005 年，台北地方法院、台北“地检署”、台北律师公会在民间司改会的参与下共同举办了首次“台北三方法曹评鉴”活动。三方互评引起了巨大的反响，日本东京律师会和韩国首尔地方辩护士协会先后组织到台北市考察，首尔更于 2008 年正式跟进，启动这一“在野法曹”律师对“在朝法曹”法官进行评鉴的做法。

---

① 参见台湾地区“法官法”第 61 条规定。

② 台湾地区“法官法”第 33 条第 1 项规定：“法官评鉴委员会由法官三人、检察官一人、律师三人、学者及社会公正人士四人组成。”

10. 禁止再担任法官的规定更为具体。台湾地区“法官法”第 6 条的规定与大陆《法官法》第 10 条的规定[①]大相径庭，台湾地区增加了不具备担任公务人员资格、曾受破产宣告以及曾任民选公职人员三种限制情况，明确排除了个人经济状况不佳及民选民意代表离职后短时间内担任法官的可能。此外，台湾地区就公务人员因曾经被开除公职不得担任法官的情形规定较大陆更为具体，明确规定曾因“公务员惩戒法”或“公务人员考绩法”而撤职或免职的，不得任用为法官。

（二）台湾地区法官惩戒实例分析

根据对台湾地区一段时间内对法官惩戒的议决书的实例分析，有助于我们全面了解台湾地区的法官惩戒制度。

以“公务员惩戒委员会”1991 年至 2001 年间的数据为例，十年间，台湾地区累计惩戒法官 36 人。其中，“监察院”移送 33 人，“司法院”移送 4 人[②]。

从惩戒原因区分，因“违法失职”的，有许清连、郑勤勇、任鸣矩、庄训城、吴瑞尧、曾德水、李平熏、蔡锡钦、钟华、邱永贵、江雍正、张桂美、刘邦远、林金发、蔡信男、黄宗正、林松虎、林宏信、王立村、李东颖、陈炳彰等 21 人；单纯因“有失公务员品味之违法”的，有曾永霖、蔡宏修、胡景彬、黄金瑞、王锦昌、高启璨、林庆烟、刘启阳、李昭融、曾谋贵、林富村、杨贵森、金学坪、李言孙、黄奠华等 15 人。显而易见，因执法裁判行为受惩处者较多。

从受惩戒人所属机构区分，“最高行政法院”有高启璨 1 人；台湾地区“高等法院”有黄奠华、杨贵森、陈炳彰 3 人，台湾地区“高等法院”台中分院有刘启阳、蔡信男、黄宗正、林松虎、曾谋贵 5 人，台湾地区“高等法院”台南分院有胡景彬 1 人，台湾地区“高等法院”高雄分院有林富村 1 人，台湾地区“高等法院”花莲分院有林庆烟 1 人；台北地方法院有郑勤勇、庄训城、曾德水、钟华、林金发、林宏信、金学坪 7 人，士林地方法院有蔡宏修、任鸣矩 2 人，板桥地方法院有李昭融 1 人，台中地方法院有黄金瑞、吴瑞尧、李平熏、王锦昌 4 人，南投地方法院有刘邦远 1 人，彰化地方法院有李言孙 1 人，台南地方法院有王立村、李东颖 2 人，高雄地方法院有邱永贵、许清连、蔡锡钦、江雍正、张桂美 5 人，屏东地方法院有曾永霖 1 人。显然，受惩戒法官主要是“高等法院”分院和地方法院法官。相对而言，一审法院法官共有 24 人，占全部受惩戒法官的比例高达 67%，其余均为二审法院法官，没有三审法院法官受到惩戒。值得注意的是，台湾地区“高等法院”及其全部 4 个分院均有法官受到惩戒，地方法院共有 9 个法院有法官受到惩戒，占台湾地区全部 20 个地方法院的 45%。

从受惩戒人法官职级区分，院长有台中地方法院黄金瑞 1 人，庭长有台湾地区“高等法院”黄奠华、台湾地区“高等法院”台中分院刘启阳、士林地方法院蔡宏修、高雄地方法院邱永贵等 4 人，实任法官（含“最高行政法院”评事）有高启璨、许清连、郑勤勇、任鸣矩、庄训城、吴瑞尧、曾德水、李平熏、蔡锡钦、钟华、江雍正、张桂美、林金发、蔡信男、黄宗正、林松虎、林宏信、王立村、李东颖、陈炳彰、曾永霖、胡景彬、王锦昌、林庆烟、李昭融、曾谋贵、林富村、杨贵森、金学坪、李言孙等 30 人，候补法官有刘邦远 1 人。显然，未任职的资浅法官居多。

从惩戒和处分的种类区分，受撤职处分的，有蔡宏修、蔡信男、杨贵森、李东颖、黄奠华等

① 《中华人民共和国法官法》第 10 条规定：“一、曾因犯罪受过刑事处罚的；二、曾被开除公职的。”

② 台湾地区台南地方法院候补法官李东颖为“司法院”及“监察院”两院同时移送。

5 人。受休职处分的,有吴瑞尧、胡景彬、黄金瑞、王锦昌、林庆烟、刘启阳、金学坪等 7 人;受降级处分的,有许清连、任鸣矩、钟华、林松虎、李昭融等 5 人,受减俸处分的,有李平熏 1 人;受记过处分的,有曾永霖、郑勤勇、曾德水、邱永贵、江雍正、刘邦远、林金发、黄宗正、曾谋贵、林宏信、王立村、林富村等 12 人,受申诫处分的,有庄训城、蔡锡钦、张桂美、高启璨、陈炳彰、李言孙等 6 人。相较而言,惩戒较重的撤职、休职两种处分共计 12 人,占全部被交付惩戒法官的 33.3%。较轻的减俸、记过、申诫的十九人,占 52.8%。

表 1 台湾地区近年法官惩戒情况明细一览表

编号	移送机关	法官姓名	职务	惩戒原因	惩戒内容
1	"监察院"	许清连	高雄地院法官	办理民事强制执行案件无辜延长办案期限,准许债权人低价获得债务人的厂房和机器设备,严重损害其他债权人利益	降二级改叙
2	"司法院"	曾永霖	屏东地院法官	因土地界址纠纷,公然辱骂邻居李妇为乞丐婆,并伤害李妇,行为有欠谨慎	记过一次
3	"监察院"	郑勤勇	台北地院法官	在案件调解过程中,未注意办理民事诉讼案件应行注意事项规定,查明当事人是否适格,竟轻率就双方无争议事项成立调解,侵害正当权利人之权利,有欠谨慎	记过二次
4	"监察院"	任鸣矩	士林地院法官	审理土地所有权转移登记案件,不依法收取诉讼费。以电话与原告代理人串通少收诉讼费新台币 190 余万元,致使"国库"受损	降二级改叙
5	"监察院"	庄训城	台北地院法官	审理案件中,未切实查明通缉到案人员并非检察官起诉之人,未精神审查羁押要件而对无辜案外人轻率羁押长达 173 天	申诫
6	"监察院"	蔡宏修	士林地院法官	在电话中为友人案件关说检察官不再传讯对友人不利的证人,并唆使伪造录音为友人脱罪,称呼不接受关说的法官为"怪胎",对同流合污者成为"上道"	撤职并停止任用一年
7	"监察院"	吴瑞尧	台中地院法官	先后两次审理同一被告驾车肇事致人死亡案,无视刑案记录,两次判处缓刑确定	休职六个月
8	"监察院"	曾德水	台北地院法官	审理土地所有权转移案,无视土地登记人为第三人以及原告变造买卖及委任契约书已经"最高法院"刑事判刑确定的情况,判令被告转移登记。部分系争土地已经案外人作财产保全而陷于给付不能,仍然判决被告全部给付	记过两次
9	"监察院"	李平熏	台中地院法官	对诈骗案被告判决后,迟不将案件及在押被告移送上级法院审理,滥权裁定延押三次,致使被告被违法羁押 8 个月以上	减月俸 10%,期间 6 个月

续表

编号	移送机关	法官姓名	职务	惩戒原因	惩戒内容
10	“监察院”	蔡锡钦	高雄地院法官	承办流氓案件，违反传讯秘密证人应个人进行的规定	申诫
11	“监察院”	钟华	台北地院法官	审理自诉案件，违法拘提自诉人并限制其出境，侵害自诉人的诉讼权益和基本人权。又对被告在押案件无正当理由任意延宕不予宣判，长期羁押事后被判无罪的被告，损害司法正义和被告权益	降一级改叙
12	“监察院”	胡景彬	台湾地区“高等法院”台南分院法官	经营投机事业（投资建设公司）获取暴利，投资地下钱庄谋取高利贷，接受商人招待出入酒家饮宴，损害公务人员名誉	休职期间三年
13	“监察院”	黄金瑞	台中地院院长	利用院长身份与职权，连续多次向辖区公、民营银行及合作社以信贷方式，以部署为连带保证人，贷得巨款共计 1.2 亿元新台币，以分散贷款集中使用的方式变相投资房地产牟取暴利，并以从事珍贵古董买卖作为掩饰，三年间财产剧增 4400 万元新台币而故意不据实申报，违反公务员不得经营投机事业的规定	休职期间五年
14	“监察院”	王锦昌	台中地院法官	从事八大行业（KTV、理发、洗浴、舞厅、舞场、酒家、酒吧、咖啡茶饮）且多次由通缉犯许某提供资金，利用法官身份参与房屋投机事业牟取暴利。在审判辖区向多家金融机构申请千万元以上巨额信用贷款，于申报财产时又故意申报不实	休职期间三年
15	“监察院”	邱永贵	高雄地院法官兼庭长	在审理走私毒品案件中，明知台湾地区“高等法院”台中分院另案审理被告人另一时间贩毒罪行的判决书中已明确两案并非连续犯并拒绝并案审理，在未有实质调查的情况下，竟以本案“发生在前案事实审判决确定前，为其判决效力所及”而以诉讼程序判决“本案免诉”，而且在判决理由未说明其认定两案系出于一个概括犯意的依据，因检方未上诉致使被告人得以逍遥法外	记过两次
16	“监察院”	江[illegible]工	高雄地院法官	不详	记过两次
17	“监察院”	张桂美	高雄地院法官	不详	申诫
18	“监察院”	刘邦达	南投地院法官	审理盗窃案中，审理草率，对不符合缓刑条件的被告违法判处缓刑	记过两次

续表

编号	移送机关	法官姓名	职务	惩戒原因	惩戒内容
19	"监察院"	林金发	台北地院法官	办理破产案件中漠视法令,对当事人陈述置之不理,草率核给未尽善良管理人义务的破产管理人酬劳,致使案件延宕多年,悬而未结,损害当事人权益	记过一次
20	"监察院"	蔡信男	台湾地区"高等法院"台中分院法官	允诺利用职务便利关说案件,收取 100 万元酬劳。在自身与他人债务中,委托黑恶势力索债。明知应申报财产而故意不据实申报。与婚外女子姘居,私生活不检点	撤职并停止任用三年
21	"监察院"	高启璨	行政法院评事	作为最高行政法院法官,仅仅因为邮递员投递邮件时态度不佳,就在三楼住处窗户边公然辱骂邮递员,致使邮递员名誉受损	申诫
22	"监察院"	林庆烟	台湾地区"高等法院"花莲分院法官	利用法官职权向诉讼管辖区内金融机构申办巨额无担保贷款达 8800 万元,故意隐瞒巨额财产为不实财产申报,投资商业与建筑业,并变相投资土地牟取暴利。与律师交往密切且有金钱往来	休职期间三年
23	"监察院"	刘启阳	台湾地区"高等法院"台中分院法官兼庭长	教唆毁灭证据未遂,为涉案法官蔡信男暗中运作,并邀请辩护律师指导其脱罪对策。与舞厅女老板关系暧昧,行为不检点	休职期间三年
24	"监察院"	黄宗正	台湾地区"高等法院"台中分院法官	无故延迟判决成为习惯,不到一年时间其承办案件中经宣判但未撰写判决书的案件多达 8 件,延迟时间最久的达到 230 天,影响当事人权益,影响司法威信	记过两次
25	"监察院"	林松虎	台湾地区"高等法院"台中分院法官	六年间因延迟交付裁判原本成为习惯,而受到申诫一次,记过一次,记过两次等惩处,其中有一年迟延交付判决案件多达 22 件,时间最久的长达 148 天,影响当事人权益,损害司法威信	降一级改叙
26	"监察院"	李昭融	台北地院候补法官	为涉嫌重伤害的朋友关说承办检察官,请求不要上诉板桥地院的不受理判决。又因其亲友被诉欺诈罪被通缉抓获后,向值日法官表示该案为民事纠纷,请求先行开庭讯问。又因其远亲涉嫌贩毒,经法官收容,再向承办法官表明该少年时被冤枉的。另其还在开庭时向担任水电工的当事人索要名片,并洽谈日后家中水电维修的打折成数	

续表

编号	移送机关	法官姓名	职务	惩戒原因	惩戒内容
27	“监察院”	曾谋贵	台湾地区“高等法院”台中分院法官	接受欺诈罪罪犯宴请，席间研究如何为在押禁见的罪犯传话及申请具保停止羁押	记过一次
28	“监察院”	林宏信	台北地院法官	在承办强制执行案件中，对执行标的不动产未谨慎核定拍卖最低价，致使核定低价偏低，差价达10倍以上，严重损害债务人及参与分配人的权益	记过一次
29	“监察院”	王立村	台南地院法官	承办社会秩序维护法案件，未按规定于受理两日内迅速裁定，致使案件超过时效而免于执行	记过两次
30	“监察院”	林富村	台湾地区“高等法院”高雄分院法官	与配偶共同投资建筑业公司，占股达公司资本总额的50%，违反公务员不得经营商业的规定	记过一次
31	“监察院”	杨贵森	台湾地区“高等法院”法官	接受商人朋友招待，于饮宴中获知股票利好消息，意图借机牟利，借贷巨款及大幅扩张信用，并借用他人股票账户，以融资方式买进股票149张，金额合计37296036元新台币，事后巨额亏损，又接受商人补偿。且利用上班时间买卖股票，又为不实之财产申报	撤职并停止任用一年
32	“监察院”	李东颖	台南地院候补法官	审理案件中，将徒刑并科罚金之罪，单科罚金，为违法判决。承办另案中，透过关系人指导被告为诉讼行为。与色情护肤店人员发生婚外情。于上班时间到色情场所。为色情业者向警方关说，以出干股形式与人开设美容美体名店	撤回并停止任用二年
33	“监察院”	陈炳彰	台湾地区“高等法院”法官	审理案件问案态度不佳，不当禁止辩护人申请诘问证人	申诫
34	“监察院”	金学坪	台北地院法官	出入有女陪侍的不正当场所饮酒作乐，酒后还带风月场所女子出场到饭店开房奸淫	休职期间三年
35	“监察院”	李言补	彰化地院法官	与开庭时对实习律师称“考上律师有什么了不起”，言行失当。又在法官论坛网络聊天室内公然批评院长李某，影响整体司法形象。又在法警值日交接簿上书写院长梁某某腐败及滥用特权等不当言辞，足以影响首长声誉	申诫

续表

编号	移送机关	法官姓名	职务	惩戒原因	惩戒内容
36	“监察院”	黄奠华	台湾地区“高等法院”法官兼庭长	在案件上诉期间，向承办法官及庭长关说，请求改判无罪或宣告缓刑。接受当事人招待名酒及卡拉 OK，下班后经常到当事人安排的场所消遣作乐，并接受宴请，接受当事人赠送的木雕观音和餐桌椅。代替当事人撰写四份刑事答辩状。其儿子接受当事人安排，担任当事人经营建设公司总经理，月薪 10 万元。在当事人案件辩论终结次日，先后向承办法官和审判长关说无效。在当事人经二审判处罪刑确定后，仍不死心，继续为当事人撰写再审诉状，申请再审	撤职并停止任用两年

(三)台湾经验的负面启示

当然，台湾地区的法官惩戒制度远非尽善尽美。近年来，台湾地区媒体接连报道“不肖法官”退出难问题，并制造出“恐龙法官”和“奶嘴法官”等新名词，形象地描述了不食人间烟火、死抠法条而严重脱离社会大众“法感”①的法官和经历单纯，求学后直接进入法院工作，严重缺乏社会经验的青年法官。大陆也有“三门干部”等类似说法②，这些名词的诞生，折射出社会对司法某种程度上的不信任，而“法官法”施行后被社会寄予厚望的法官惩戒制度，对这些法官却无所作为，进一步损害了法院乃至司法的权威，影响了制度立法目的的实现。

1. 淘汰不适任法官效果不佳

台湾地区从 1988 年开始研拟“法官法”草案，但因为多个条款争议较大，虽历经 23 年始终无法完成立法。直到 2000 年前后，因为频繁发生所谓“恐龙法官”事件，暴露出法官群体的“法感”与大众观感存在较大落差，引起社会舆论哗然，促使“立法院”加速完成立法。期望对于怠惰、滥权、品德欠佳等不适任法官，通过启动退场机制，经法官评鉴会评鉴，“监察院”弹劾，职务法庭审判，予以淘汰去职。③ 易言之，“法官法”的通过主要是由于社会对法官惩戒制度的迫切需要，作为广受期待的淘汰“不适任法官”利器，该法中法官弹劾惩戒规定的主旨即为淘汰法官而建立退场机制。只是“法官法”第 30 条第 3 项规定，“法律见解不列入评鉴”。实践中，法官多以此作为排斥评鉴的王牌，任何错误判决，都可凭借该规定主张免责。致使淘汰机制的实际实施效果欠佳，事实上，即便是台湾地区法学界人士也普遍认为，这一规定在保障司法独立的同时，也为“恐龙法官”提供了开脱之词和方便之门，并没有真正实现

① 台湾地区用语，德国著名法学家卡尔·拉伦茨在其著作《法学方法论》中首次提出这一概念，强调审判过程中的直觉因素，认为法感先于判决，逻辑的证立是在法感产生之后的任务。实践中多意指人民依据其朴素正义观对法律采取的一种态度，是人们对法律的一种感性的判断以及由此而产生的特别信仰和依赖。

② “三门干部”指从家门到校门，毕业后进了机关门，经历简单、三点一线的新公务员。

③ 台湾地区时任“司法院长”赖浩敏在“法官法”出台后接受记者采访时指出，先前司法官风纪案、争议判决等引发社会舆论，让司法改革受到前所未有的关注，也让“司法院”深切体认到人民对司法的高度期待，为了维护司法信誉，将用“法官法”“确立不良法官的退场机制、与优良法官的保障机制”。

立法意图。

2. 惩罚追诉时效不明确

针对“法官法”第50条第1项规定五种法官惩戒方式。该法第52条明确规定追诉时效：(1)免除法官职务，转任法官以外之其他职务：十年。(2)罚款或申诫：五年。(3)评鉴：二年。以上均应自受惩戒行为终了之日起算，至案件确定进入职务法庭管辖之日止。但第30条第2项第1款情形自得付个案评鉴之日起算。至于较重的免除法官职务，并丧失公务人员任用资格及撤职两种惩戒处分，则没有追诉时效，这是仿照德国的做法。对于法官应受惩罚行为，审议是否已超过追诉期间的方式本身并没有过多疑问，但该法对于法官应受惩罚的各种行为并没有明确规定违法失职的名称、构成要件及处罚标准。因此只有经过调查及言词辩论程序而确定应惩罚的种类后，才能确定是否已过追诉时效，最终再通过免议程序做出判决。这就在事实上要求法官惩戒程序仍需先进行实体审查，只有在对惩罚种类做出准确判定后，才能针对其已过法定的诉讼时效的具体情况，做出免予惩戒的判决。这一方面增加了调查的社会成本，另一方面也影响了惩戒效果。事实上，根据台湾地区“民间司法改革基金会”(以下简称“民间司改会”)数据显示，超过两年时效而被法评会驳回请求的案件，占全部申诉案件比例的24%以上，为评鉴制度不彰之最主要原因，广受各界批评。[①]

3. 评鉴机制与机构设置仍有漏洞

首先，作为“监察院”弹劾主要来源，“司法院”下设“评鉴会”的评鉴结果，尽管严谨，但终须回到“司法院”体系内的“人审会”或“职务法庭”审理。即便评鉴委员会的外部参与机制可以发挥作用，但评鉴决议最后的处理单位“人审会”与职务法庭之组成完全回到清一色的法官体系，评鉴之封闭性依然难以破除。因此法官评鉴委员会机制仅具初步调查与建议之功能，对于惩处并无最终决定权。其次，法官评鉴机制个案评鉴门槛偏高，申请困难，直接导致实践中法官评鉴成案率很低，监督成效“法官法”不彰。再次，法官评鉴委员会虽然在制度上采纳了社会建议而纳入若干外部成员参与，但这些外部成员最终仍由“司法院长”遴选，“司法院”实际上仍可掌控着决策权，使得在实际效果上公信力大打折扣。最后，评鉴之决议最后又只能回到清一色的法官体系。此外，法官的评核结果不对外公布，公众力量仍难有效监督，使不肖法官可以藏身于相对封闭的环境下，继续无惧于外界的批评。一言以蔽之，若法官评鉴机制的制度价值和立法目的在于淘汰不适任法官[②]，并建立民众对司法体系之信任，则过度排除公众力量之外部监督，是与立法目的相违背的。[③]

根据民间司改会公布的“法官法”的个案评鉴制度统计数据，其作为“法官法”赋权有权请求个案评鉴的请求主体，自2012年1月6日实施至2014年1月共请求评鉴法官11件，法

---

① 以“法评会”2012年评字第6号为例：某高姓法官开庭态度不佳，但法评会以超过两年时效，驳回请求。并且计算时效的方法，以法官“上传判决书到‘司法院’网站”为起算时点，不符合大众法感。参见民间司法改革基金会：《“法官、检察官评鉴制度”不能不治的五大病症》，http://www.coolloud.org.tw/node/77018.

② 根据台湾地区立法院“法官法”的立法总说明，设置法官评鉴机制的目的在于淘汰不适任法官，以建立民众对司法体系之信任。

③ 黎家维：《法官评鉴制度之现况与运作问题分析》，载《国改评论》，http://www.npf.org.tw/post/1/11325/1。

官评鉴委员会评鉴成立 6 件,移送"监察院"4 人,职务法庭惩戒法官 3 人;相较旧制"公务人员惩戒委员会"过去 10 年,平均每年惩戒法官 3.7 人的数字而言①,"法官法"新制度下职务法庭的惩戒人数并未显著增加,反而略低于旧制,似乎并没有发挥预期的效果。由此可见个案评鉴启动难度及法官惩戒主体组成人员等都是造成评鉴制度没有良好运转的原因。

4. 法官评鉴标准不够科学

针对法官的个人评核等,"司法院"制定相关行政命令,详列评鉴的标准,但评鉴项目仍过于抽象,无法反映真实情况。例如实务运作上常出现的法官是否准时出庭、法官在诉讼指挥上是否认真有效而能避免程序旷日费时等,都是影响诉讼效率的关键因素,可以考虑补充纳入评核项目中。参考日本法官的评鉴规则,法官评鉴可细分为三大类,包括:(1)案件处理能力。其又分为法律见解、判断能力,以及运用审判程序的能力。前者包括法律见解的正确性与完整性,关于法律问题的理解、分析、整理与应用等能力,评价证据的能力,为适当法律判断的表现能力,以及在合理期间内进行调查以形成判断的能力等。后者则包括指挥法庭辩论的能力、与当事人的沟通能力,以及促使案件程序顺利进行的能力等。(2)部门运作的领导能力。此系考核法官对于部门领导的必要能力,即组织营运能力。其包括所属部门或法院整体组织妥当营运的能力,对于所属人员的指导能力,以及对人员、法官妥适应对的能力等。(3)担任法官职务必要的资质涵养。这是从事法官职务所必要的一般资质与涵养,其分为见识与人格特质两部分考评。前者包括学养所形成视野的广度,对于人性的洞察力,以及对社会万象的理解力。后者则包括廉洁、正直、宽容、勤勉、忍耐、自制力、决断力、谨慎、关注力、思考的柔软度、独立、精神力、责任感、协调性及积极性等。

5. 公众参与仍然不足

台湾地区"法官评鉴委员会"依法实行秘密审理,欠缺公信力。"法官法"第 35 条赋予民间社团请求个案评鉴的权利,但却未保障民间社团与申诉人声请调查证据、表达意见等程序参与权。"民间司改会"请求个案评鉴后,完全无法得知评鉴过程,也无从对被评鉴人的答辩提出不同意见。致使许多原本可以成立的评鉴案件,因为欠缺请求权人与申诉人的参与,做出让公众无法接受的错误决议②。总之,"法官法"第 41 条规定"评鉴会"行使职权时,非经受评鉴法官之同意或评鉴委员会之决议,不得公开。这一规定固然有维护司法独立的考虑,但法官检察官评鉴事项事涉公益,除法律有保密规定外,决议应予公开,以昭公信。

五、大陆法官惩戒制度重构设想

"奉法者强则国强、奉法者弱则国弱。"公正必须以优良的司法者和健全的司法权运行机制为后盾。当前大陆正在全面推进司法改革,法官惩戒体制改革重构是其中的重要一环。

---

① "民间司法改革基金会":《"法官、检察官评鉴制度"不能不治的五大病症》,载 http://www.coolloud.org.tw/node/77018。

② 以"法评会"2013 年评字第 1 号为例:DNA 鉴定两造不具半手足关系(姐弟),但法官仍然判决具半手足关系。法评会嘱托专家鉴定,但未给请求本案的司改会表示意见的机会,以致误读专家意见,做出评鉴不成立的离谱决议。

海峡两岸同文同种，且地缘相近、法源相循，台湾地区的经验可以为大陆的改革提供大量的镜鉴，大陆法官惩戒制度改革完全可以吸收台湾地区的合理因素，推动建立体现法官职业特色、符合大陆实际的法官惩戒制度。

(一)设立专门的法官惩戒机构和法官职务法庭

鉴于当前纪检监察惩戒体制存在的诸多问题，有必要全面改革法官惩戒机构设计。具言之，可以借鉴台湾地区的经验，在法院外部建立专门的类法庭机构来统一行使法官惩戒权，建立区别于一般公务员的惩戒程序，以推动法官惩戒的专业化和透明化。唯有如此，才能确保法官不受外界干扰，进而保障法官独立行使司法审判权，在让受惩戒人信服的基础上，取信于社会。在具体实施中，应注意区分法官惩戒的不同情形，对法官惩戒繁简分流实施双轨制。具言之，在法官涉嫌犯罪而应受弹劾时，或者法官实施情节重大的严重违纪行为，抑或虽未造成严重后果，但情节严重，可能丧失法官资格的，应先由法官惩戒专门机构进行调查并做出惩戒决定，法官对决定不服，或者法官严重违纪情节重大，可能不适合继续担任审判职务的，则移交专门的“法官职务法庭”以诉讼程序审理，人民检察院应代表国家提起公诉并向法庭提交相关证据材料，对于情节重大的违法违纪行为，检察机关还应在“职务法庭”出庭支持公诉。“职务法庭”做出剥夺法官职务裁决的，再依法提请人大罢免其审判职务。这样既体现了法官职务的尊崇性，又保障了人民检察院依法行使侦查权，还坚持了人大的监督权和人事任免权。与此同时，参照上下级法院关于审级分工的制度设计，对于其他不可能导致丧失法官资格的较轻的不当履行审判职责、司法外不当行为或其他违法违纪行为，则由法院外部设置的专门的法官惩戒机构负责处理。法官所在法院的纪检监察部门作为被指控法官的相对方，在委员会举行的听证会上就法官是否应受惩戒进行举证证明，专门的法官惩戒机构有权直接对法官做出剥夺法官职务以外的其他处分。

根据上海等中央指定的第一批司法改革试点地区经验，法官惩戒专门机构可以是“法官惩戒委员会”，有关大陆“法官惩戒委员会”的设置的构想具体为：

1. 机构设置。借鉴台湾地区在其最高司法机构内部设立“人审会”和“评鉴会”以保证法官惩戒机构应相对超脱地位的经验，法官惩戒委员会可设置总会和分会两级：在最高人民法院内设置专门负责行使惩戒权力的中央法官惩戒委员会，作为统一的负责全国法官惩戒的组织和上诉终审机构。地方层级的法官惩戒委员会应打破省、自治区、直辖市的行政区划束缚，将全国划分成若干跨现有行政区域的大区，并参照“最高法院”派出法庭的方式，在每个大区内设立独立于各级地方人民法院以及其他机关的法官惩戒委员会分会，各法官惩戒委员会分会直接对最高人民法院的法官惩戒委员会负责，财政经费直接由中央财政保障。以最大限度地排除地方保护主义和单位内部感情和行政等各种因素的干扰。具体而言，根据《中共中央关于全面深化改革若干问题的决定》中有关“推动省以下地方法院、检察院人财物统一管理”和《中共中央关于全面推进依法治国若干重大问题的决定》中“建立健全司法人员履行法定职责保护机制。非因法定事由，非经法定程序，不得将法官、检察官调离、辞退或者作出免职、降级等处分”的改革要求，建议将专门的法官惩戒机构分为两级，最高人民法院和各高级人民法院的法官惩戒事宜，都由中央法官惩戒委员会处理；各中级人民法院，基层人民法院的法官则统一由法官惩戒委员会分会处理。两级“法官惩戒委员会”下设“法官职务法庭”，专属管辖法官职务犯罪和不当行为的惩戒组织实施工作。从而增强法官的尊荣感和使命感，吸引更多的法律人才投身法官事业，提高法官队伍的整体素质。

2. 人员构成。司法工作的独立性、专业性内涵决定了法官惩戒委员会的主体应由对法官工作充分了解的业内专家和资深精英法官组成。这些人有共同的价值取向、思维方式、专业知识和技能，有共同的道德评价标准且深谙法律精髓。由这样的人来决定对法官的惩戒，才能体现出惩戒决定的准确与公正，才能让受惩戒法官信服，从而真正做到在确保法官依法独立审判案件的基础上进行有效监督。当然，为避免惩戒机构因成员来源封闭所可能带来的"小圈子操作"和"官官相护"，以及社会对可能产生的判断公正性的合理怀疑，法官惩戒委员会在成员来源方面还应借鉴台湾地区引入外部力量的经验，并总结这些年法院聘任廉政监督员工作所取得的成功经验，吸收法官以外的法律界人士以及社会阅历丰富且德高望重的公共人士参与，如律师协会代表、人大代表、知名法学教授，但应确保法官惩戒委员会全体成员的总额为单数，且其中法官代表的人数应略微超过律师、专家及公共人士的人数总和。最高人民法院院长为法官惩戒委员会的当然主席。最高人民法院副院长依据分管区域为法官惩戒委员会各分会的当然主席。法官惩戒委员会委员任期 5 年，期满经连选可以连任一次。第二任期届满后，除法官惩戒委员会分会委员晋升到中央法官惩戒委员会委员的情形外，则应回任普通法官或原有岗位。这一做法借鉴了台湾地区庭长选任的相关实践，一方面，巩固了法官群体的精英意识，避免了类似于大陆当前广泛存在的"外行调查内行"现象，有效提升了法官职业尊崇感。另一方面，"能上能下"的制度设计也减少了司法行政化趋向干预司法公正的风险，确保法官惩戒委员会委员始终能够由更为合适的专业人士担任。

3. 运作方式。对法官的惩戒必须经过"职务法庭"采正当程序审理后提出处理建议，由法官惩戒委员会决定。法官惩戒委员会行使职权时实行票决制，每个委员均拥有同等的投票权。法官惩戒委员会、分会依据多数票的意见做出决定。同时法官惩戒委员会决议应详细列明多数意见和少数意见，并向社会公布。同时，依据宪法和刑诉法的相关规定①，"法官惩戒委员会"和"法官职务法庭"成员的履职行为也受人民检察院和人民群众的监督。对于情节重大的违法违纪行为，检察机关应在"职务法庭"出庭，就法官职务犯罪提起公诉。

4. 意义。法官不再因其履行法官职务的行为而受普通法院的审判，这一制度设计不仅不会使人大承担过重的工作负担，还顺应了国际潮流，更能够从基础上彰显法官自治，培育法官群体的职业自豪感，从制度上保障司法的独立。

（二）构建合理、严谨、谦抑的法官惩戒事由体系

基于对司法独立和法官职业的尊重②，大陆在完善法官惩戒制度时，应当从维护法官的权益出发，借鉴台湾地区将法官惩戒事由依法明定的经验，并基于审判工作具有中立性、独立性、程序性、判断性和终极性等特性，基于对法官职业的尊重，在惩戒事由确定中，贯彻合理、严谨和谦抑三项原则。

---

① 《中华人民共和国宪法》第 129 条规定，中华人民共和国人民检察院是国家的法律监督机关、《中华人民共和国刑事诉讼法》第 224 条规定："人民检察院对执行机关执行刑罚的活动是否合法实行监督。如果发现有违法的情况，应当通知执行机关纠正。"

② 宋英辉先生认为，司法独立原则是实现司法公正的首要保障，是树立司法权威的必要条件，也是法官职业化的必然要求。参见宋英辉等：《刑事诉讼原理》，北京大学出版社 2014 年第 2 版，第 46 页。

1. 合理。法官行使审判职务与一般公务员履行行政职责不同，惩戒事由的界定必须体现出审判工作的特点，契合司法规律，不宜无视工作特性，只是简单地把针对行政机关公务员的惩戒事由全部照搬用来规范法官的职务行为。为此，有必要对大陆现行法官惩戒事由中源于针对一般公务员的原则性规定进行全面的梳理和检讨，着重体现出审判工作的特点，契合司法规律，确保惩戒事由符合审判工作的常理和司法规律。考虑到司法权"中央事权"的属性[①]，法官惩戒事由专属于中央，地方无权规定和扩充。不能放任地方人民法院做出涉及惩戒法官事由的规定或解释。

2. 严谨。法官惩戒的规定应坚持清晰和细化的原则，纠正现行规定过于模糊和原则的弊端。具体而言，应当删除现行规定中自相矛盾的地方，明确和细化法官惩戒启动程序，保障法官主体性，完善法官救济渠道，提升法官惩戒主体中的法官比重，保障法官群体的自律性，强化惩戒事由体系的严密性和公开度。杜绝人为暗箱操作的空间。

3. 谦抑。法官惩戒事由应当局限于审判工作上的失职和违法审判行为，谨慎理解和慎重适用司法外不当行为这一兜底条款，大幅减少足以导致撤职，甚至开除的违纪和惩戒事由。考虑到司法交流日益频繁的现实和司法判决相互认可的需要，惩戒事由确立中还应顺应国际潮流，并符合相关国际公约的要求，大幅减少一些不受外界认可并可能影响司法信誉的独特规定。可以借鉴台湾地区"法官法"中的有关规定，明确法官不因其对适用法律见解而受惩戒[②]，从而将惩戒事由局限于故意或者重大过失导致适用法律和审判结果错误，囿于个人认识能力和业务水准而导致的错判不受惩戒。从源头上保障司法独立。

（三）建立清晰明确并具有可操作性的法官惩戒工作程序

没有程序的正义也就没有实体的正义。现行法官惩戒制度程序规定过于简单、原则，这不但饱受各方诟病，也已难以满足实践的需要。完善法官惩戒制度时，应秉承正当程序原则，对法官惩戒活动中可能涉及的受理、立案、审理、执行等程序性问题做出尽可能详尽的细化规定，并确保其更具有可操作性。具言之，在法官惩戒活动中，只有遵循公正、合理的惩戒程序，才能确保惩戒决定的正确。而公正、合理的程序，舍司法再无他途。大陆可以借鉴台湾地区在法官惩戒制度中引入刑事诉讼程序的做法。"法官职务法庭"审级上采取两审终审制的方式审理法官惩戒案件。职务法庭庭审程序应当贯彻公开、透明和民主的原则，实行全程留痕，适度公开，并接受公众监督。在程序启动上，除了法院内部主动查处外，还应该接受包括自然人、企业和社团组织在内的当事人、律师举报，最终统一由法院内设的纪检监察部门作为法官惩戒案件指控方，参照检察机关支持公诉的方式，对行为不当应受惩戒的法官提起指控。在审判组织形式上，除非有充分的证据表明法官的行为情节十分轻微，只能引起训诫等轻微的惩戒，否则，原则上，"法官职务法庭"应当组成合议庭审理。在审理程序上，逐步完善法庭的证据制度，对证据责任、证明标准进行明确规定。审理合议庭成员不能由调查人员担任，同时应当避免在开庭前实质性接触案件材料，避免先入为主的庭前审查左右案件的裁判结果。庭审过程中，应当坚持直接审理和言词辩论原则，充分听取被调查法官的陈述意

---

① 参见人民日报评论员：《加快深化司法体制改革——五论学习贯彻习近平同志在中央政法工作会议重要讲话》，载《人民日报》2014年1月22日第2版。

② 台湾地区"法官法"第49条第2项规定："适用法律之见解，不得据为法官惩戒之事由。"

见。在惩戒决定做出程序上,经举证、质证、辩论、最后陈述等庭审程序后,由合议庭确定被诉法官是否有违法行为,违反了哪些规定,提出应适用何种惩戒方式的建议。如果在审理过程中,发现被调查法官的行为涉嫌刑事违法犯罪,则应当移送人民检察院立案侦查,并最终交由职务法庭审理。在履职保障上,考虑到法官较强的法律知识背景,对法官违法违纪的调查保障也应明细化,通过立法赋予法官惩戒委员会以司法调查权,如查询、冻结被调查对象在金融机构的账户;向有关机关和个人查阅、复制有关资料,有关部门不能拒绝;有权向相关案件的人员进行调查取证;同时,调查期间,法官惩戒委员会有权暂停被调查对象的职务,并基于法官自律限定受调查对象的活动和接触范围。

(四)强化对被惩戒法官合法权益的程序保障

如前所述,法官与一般公务员不同,职责重要,地位崇高,根据国际通行惯例,法官代表国家独立行使审判权,与国家构成特别任用关系,不仅应当享有与其他公民一样的正当程序保护,还应当给予特别的程序保护,以使法官在个案为法律判断时,能有足以抗拒来自各个层面的各种压力,从而最终真正保障人民的诉讼权益①。然而,在大陆法官惩戒程序的司法实践中,法官不仅不因其职务的特殊性而受到更多的保护,反而往往要独自面对拥有强大公权力背景的纪检监察部门的调查,这不但不符合程序正义,也不利于事实的查明和正义的伸张。为了维护拟被惩戒法官的合法权益,应当通过《法官法》在制度设计上确认被调查法官的沉默权、接受听证、申请复议、复核、申诉、再申诉,以及在职务法庭上的陈述权、申辩权、申请回避权利、申请法律救济权、聘请律师和代理人辩护的辩护权、举证质证权、最后陈述及上诉权等合法权利。对这几项重要的诉讼权利的制度保障,我们可以借鉴台湾地区的规定和相关实践,参照刑事诉讼法的相关规定,在法官惩戒程序中引入司法化的审理方式,运用多方参与机制,对"法官职务法庭"在工作流程中如何保障法官这些重要的诉讼权利做出清晰具体的规定。就辩护权这一核心权利而言,被惩戒的法官既可以自行辩护,也可以聘请律师或其他具备法定资质的辩护人为其辩护。为保障法官职务尊严,"职务法庭"应效仿台湾地区经验,实行原则上不公开审理②。被惩戒的法官对各区法官惩戒委员会的惩戒决定不服可以向国家法官惩戒委员会提出申诉或申请复议,委员会通过书面审查,有权受理,也有权不予受理。当然,国家法官惩戒委员会做出的惩戒决定属于终局裁决,不得提出申诉③。此外,作为广义惩戒程序的组成部分,《法官法》还应建立防止干预干扰司法活动的系列机制,保障那些秉公执法、不听"招呼"的法官不被随意追责、调离、调整、处分、降级、免职。

---

① 联合国大会《关于司法机关独立的基本原则》第8条规定,根据《世界人权宣言》,司法人员与其他公民一样,享有言论、信仰、结社和集会的自由。第16条规定法官豁免权:"在不损害任何纪律惩戒程序或者根据国家法律上诉或要求国家补偿的权利的情况下,法官个人应免于因其在履行司法职责时的不当行为或不行为而受到要求赔偿金钱损失的民事诉讼。"

② 台湾地区"法官法"第57条规定:"职务法庭审理案件均不公开,除职务法庭认有公开之必要,或经被移送,或提起诉讼之法官请求公开时,不在此限。"

③ 荆笑言:《论法官惩戒制度》,西南政法硕士学位论文,第25页。

结　语

司法是社会公正的最后一道防线，司法不公对社会公正有着致命的破坏作用，而法官惩戒则是确保司法公正的防火墙。当前大陆司法公信力的缺失，追根溯源，是因为法治环境还不健全，法官惩戒制度不完善是其中的一个重要原因。在大力推进司法改革、加强法官队伍建设的大背景下，完善法官惩戒制度不可避免地应成为大陆司法改革体制的重要内容。海峡两岸法同源、文同宗、习相近，在大陆推进司法体制改革的过程中，台湾地区数十年司法改革的经验和教训理应而且完全可以成为大陆借鉴的模板。对台湾地区法官惩戒经验的剖析和反思，可以为大陆完善法官惩戒制度开拓思路、提供给养。当然，我们不奢望在本文有限的篇幅里能够提出尽善尽美的解决方案，但基于一名法律人的朴素信仰，揪心于司法实践中法官职业尊严缺失的窘境，希冀通过本课题中一点粗浅的探索和研究，为相关问题的解决提供一些启示抑或一种相对较为妥当和有益的思路。

涉众型经济犯罪问题研究

——以厦门市非法集资刑事案件为视角

思明法院课题组①

引　言

当前我国进入经济发展的新常态,受增速放缓,结构转型升级和外部各种不利因素的综合影响,国家宏观调控下货币与信贷政策不断收紧、社会资金供需矛盾日益突出。在投资需求与投资渠道不匹配、普惠金融急速发展的社会背景下,理财产品、投资项目等融资项目包装下的非法集资行为大幅增长,已经严重威胁到我国的金融安全,也对法院与非法集资有关的审判与执行工作提出了全新的挑战,亟待各方人士通力合作深入开展调查研究。

一、实证分析:厦门市非法集资犯罪现状透视

近3年来,厦门市非法集资类刑事案件持续大幅增长,2016年达到历史同期最高峰,涉及投资人人数众多、金额巨大,危害金融和市场秩序,成为影响地方经济发展和社会稳定的一大隐患。

(一)案件数量呈井喷式增长态势

2016年,全市法院收案审理非法集资类刑事案件19件39人(另有刑期变更案件3件、复函案件2件未计入),含非法吸收公众存款、集资诈骗双罪名的案件2件10人,涉案金额近人民币30亿元,个案涉案投资人人数达24000余人("e租宝"案)。这些非法集资案件的互联网化趋势愈加明显,包括"e租宝"、招宝网、大大宝、ITC云联众筹等在内的利用互联网非法集资的案件占比五成以上。上述案件一审均由思明区人民法院审理,其中2件2人经厦门中级人民法院二审。收案数与往年全年收案不足2件相比,呈激增态势,无论是被告人数,还是涉案投资人人数,均创历史新高。

(二)高息揽储,诱惑力强,案值巨大

上述案件中,被告人吸存利率大多集中在2～5分之间,其以远高于银行同期存款利率的高息,或其他高额投资回报率作为诱饵,通过种种名目诱骗群众投资。如被告单位香山国际游艇俱乐部(厦门)有限公司、被告人方某某等人非法吸收公众存款案,非法吸收87名投

---

① 课题主持人:李辉东(思明法院审判委员会专职委员),课题组成员:林鸿(思明法院法官)、陈小强(思明法院法官)、王昕(思明法院法官助理)、陈石(厦门中级人民法院法官)。统稿人:林鸿。

资人存款金额逾17亿元[①]，案发时无法归还钱款逾5亿元。该案还滋生大量关联诉讼、投资人多次聚集制造公众事件并向包括省政府、国家信访局在内的上级机关越级信访，社会影响恶劣，引起了省领导和国家信访局的关注。

（三）涉及投资人多，牵涉面广，波及范围较大

非法集资类刑事案件作为涉众型经济犯罪，其本身即具有涉案金额大、投资人数多、波及地区广的特点。更有甚者，随着社会的发展，依托网络的新型集资、宣传手段陆续涌现，波及面呈几何级数增长，投资人少则几十人，多则数万人，遍布社会各阶层，影响众多家庭。例如，“e租宝”案非法吸收公众存款案，在北京、上海等30多个省级区域设立商务咨询、金融信息服务公司，并借此以A2P模式[②]向社会推广融资租赁债权转让项目进行非法吸收公众存款，仅在上述公司的厦门分支机构参与投资的投资人就多达24048人，投资人数创下法院审理此类案件的历史最高纪录。根据2016年12月23日公安部非法集资案件投资人信息登记平台发布的公告体现，已有24万余名投资人通过身份审核。根据最高人民检察院公诉厅厅长在一次名为“看得见的正义”的高端网络访谈中提到的数据，e租宝案实际投资人可能达到115万人。

（四）资金流向混乱、后台监管缺位

犯罪分子收取投资人投资款的渠道主要包括现金和以个人账户直接接收投资人汇款两种方式。即便非法集资类案件被告人有注册公司，开设对公账户的比例也不高，且公司账户和公司实际控制人个人账户之间资金往来混乱，实际形成资金混同，导致案发时追赃陷入困境。如福旺达公司实行多元化经营，除了在江西投资农业开发以外，还在厦门经营两家大型装修公司和网络科技公司，资金缺口较大。该公司旗下各企业之间资金随意拆借，比如曾挪用2000余万元拍卖保证金用于公司日常经营和业务投资资金需求。该公司账务混乱，许多资金不能说明去向，法定代表人李传星在案发后即因投资人举报非法集资被警方刑事拘留。

（五）案情复杂，案件审理工作量巨大，难度较高

相关案件被告人数多，案情盘根错节，证据庞杂，且牵扯大量民事借贷纠纷案件。犯罪分子一般均先期知晓资金链断裂情况，有足够时间转移资产，销毁账本等重要证据，增加了案件侦破和审理难度。此外，此类案件大多涉及犯罪行为认定、法律程序选择、合同效力认定等多重问题，难以准确认定被告人犯罪金额及单个投资人的具体受损金额，审理难度较大。如被告人福旺达公司非法吸收公众存款、集资诈骗案，涉及两千名投资人，每个人的借款情节以及实际还本付息情况不一，计算核实赔偿工作量浩大，仅案卷数量即有243册，装满九个A4纸箱。又比如香山国际游艇俱乐部（厦门）有限公司等非法吸收公众存款案中，游艇附属泊位及土地性质法律规定并不明确，相关行政机关所持观点亦不统一，造成查处过程中因当事人异议难以有效处置相关财产。

① 货币单位均为“人民币”，如果没有特别说明，下同。

② A2P是融资租赁与互联网金融结合的一种网络借贷方式，由融资租赁公司通过网络将已有债权出让给不特定网民投资人，亦即以融资租赁企业作为借款人的一种新型理财方式。

(六)投资人稳控难度大、案件信访压力大

为集资行为投入资金的单位和个人,根据其法律地位的认定,实践中的称呼并未统一,有称为被害人的,有称为参与人的,有称为投资人的。为行文方便,本文暂且统一称之为投资人。主要特点:一是由于该类案件投资人数多,利益群体之间多为熟人关系,相互之间串联集访具有天然的便利,同时善于利用微信、QQ 等现代通信工具,串联速度快、范围广,给防控维稳带来压力。二是许多案件又以老人等社会弱势群体为主,急于挽回损失的要求较为强烈。司法实践中,投资人因经济损失无法挽回而迁怒司法机关的事件可谓屡见不鲜,因此其情绪稳控是此类案件的一大难题。三是涉案投资人常以逐利为目的而提出非法诉求。在司法机关介入之初,投资人仍心存侥幸,为了能够拿到投资回报,甚至要求司法机关不要介入、不要羁押集资行为人乃至主张集资行为人无罪。在司法程序的末期,投资人又认为这是挽回其经济损失的最后希望。当司法机关无力将其经济损失挽回而做出判决,在司法机关未为其挽回经济损失而做出判决的情况下,投资人便会以各种理由,将矛头指向司法机关,时常会认为对被告人的刑罚判决太轻,认为判决被告人退赔投资人经济损失是不可信任的司法白条,甚至认为司法机关与被告人相勾结,而去相关部门投诉、信访和上访,从而引发群体性上访缠访事件,扰乱审判工作秩序。特别是一些老年人,由于被骗去个人一生的积蓄,蒙受巨额经济损失,情急之下发生急性身体疾病的可能性较高。

(七)案件实际追赃率极低

传统上,非法集资犯罪作案周期较长,需要经历编造项目、宣传造势、募集资金、最后崩盘等多个环节。近年来,非法集资犯罪案件呈现短平快的新特点,崩盘时间相比过往大幅缩短。但因相关职能部门缺乏沟通协调和有效监管,未能及时采取措施对涉案账户冻结止付,造成后期群众较大损失。值得注意的是,非法集资刑事案件在集中爆发前,表面上只是民间借贷等普通民事法律行为,并不对外公开,隐蔽性强,投资人之间一般互不相识,也不了解实际借款规模。除非发生较大纠纷,公安机关一般让投资人到法院起诉而不以集资诈骗处理,延宕了许多案件查扣财产的关键时间窗口,难以及时有效处置。案发时,资金多数已被犯罪分子提前转移或用于经营和高风险投资等,可保全财物价值有限。被告人被警方控制时名下财产已所剩无几,涉案赃款被扣缴比率畸低,比如厦门市法院审理的 19 起案件平均案件追赃率不足 10%。这种情况直接导致法院后续做出的退赔判决无法实际执行到位,不少家庭多年累积的全部积蓄瞬间化为乌有,蒙受巨额经济损失。被害人难以接受这一现实,情绪激动,极易引发群体性事件。例如,被告人何某、张某非法吸收公众存款案,涉案金额虽然仅有数百万元,但投资人均为老年人。被告人在停止付息后又通过如簧巧舌编造多种接口稳住被害人,公安介入时,已没有财产可供查扣。

造成这一现象的主要原因是信息不对称:被告人收取被害人钱款后,常常会按期支付一段时间的利息给被害人,被害人前期都能按时领取利息,也不会每天都守着被告人;而被告人一旦不支付利息,通常被害人的选择都是通过电话与被告人协商,而被告人常会采取拖延、欺骗手段,延缓被害人报案;待被害人报案,公安机关介入之时,常常是人去财空。即便被告人后来被公安上网通缉抓获的,但非法吸收的公众存款已转移不知所踪。如“e 租宝”案厦门分支机构的涉案金额近 16 亿元,但在厦门未扣押到任何赃款,仅能等待其他地区的案件处理后一并参与分配。据最高人民检察院公诉厅厅长在前述的高端访谈中表示，全国“e租宝”系列案件涉案金额累计人民币762亿元，截至案发，未兑付资金尚有380亿元，在扣资产远不足以退赔相应的投资人[①]。又比如福旺达公司非法吸收公众存款、集资诈骗案涉案金额7513.12万元，但案发时警方冻结全部银行账户资金仅有29.33万元。此外，还有若干关联企业的股权，但受法定代表人被捕影响，股权价值极为有限。事实上，结合厦门市审理的其他非法集资类刑事案件的扣押在案的赃款物情况，该类案件的实际退赃率均不足二成。

二、剥茧抽丝：非法集资案件犯罪手法分析

非法集资的作案手法千变万化，综合考虑其犯罪对象、影响范围、技术含量、集资金额以及投入成本等诸多因素，本课题将非法集资犯罪分为低端、中端、高端三个档次。

1. 低端非法集资行为大多针对老年群体、欺骗性较强。这类案件投资人大多是中老年人，这一群体法律知识匮乏、风险意识差。对投资风险、法律知识、金融常识等缺乏认识，容易受到犯罪分子的欺骗诱惑。实践中，犯罪分子往往通过授课宣讲、组织旅游等方式面向社会招收吸纳“会员”，通过业务员对寂寞空巢老人的“关心”行为套取个人信息，骗取信任，随后通过“会销”的方式诈取老年人积蓄和家庭钱财，欺骗性极强。如被告人何某、张某非法吸收公众存款案，投资人均为老年人，被告人租用宾馆会议室实施宣传洗脑，以送鸡蛋、灯泡、肥皂等小礼品和免费午餐、外出考察等形式引诱老人投资成为会员；利用老人对健康和家人安全问题特别关心，愿意为此付出资金，同时又对新型诈骗方式抵抗力低的特点，通过山寨“专家”“大师”的虚假宣传，欺骗老人购买来历不明的高价保健品。又比如薛岚、张燕洋等非法吸收公众存款案，投资人主要是老年人，几乎全部通过现金收取投资款且仅出具收据。又如江西明骏(香港)实业有限公司非法吸收公众存款案，被告人采用温情攻势进行推销。首先以专业保健理疗，讲授健康知识，免费餐饮和试用体验等方式吸引退休老人参加名为保健讲座，实为推销会的活动。“专家”在上课洗脑并“查出”老人诸多“毛病”后，再采用限时降价，赠送玉佩、貔貅等价值不明的“辟邪、镇宅”物，以及其他小礼品等营销方式营造紧张气氛，现场还有专门人员负责播放音乐、喊口号等方式营造氛围，最终诱骗了上百名老年人争相抢购，受害老年人多达上百人。

2. 中端非法集资行为主要通过外在高档包装手段骗取投资人的信任。犯罪分子多设立投资管理等名目的公司作为合法外衣，在CBD设立办公点，利用媒体、网络等公开进行虚假宣传，为非法吸储活动披上“合法外衣”，致使大量不明真相人员上当受骗。这些公司通过租用豪华气派的办公场所，虚假包装创始人的个人履历背景，通过虚构花样繁多的投资项目，利用媒体、网络等公开进行虚假宣传，为非法吸储活动披上“合法外衣”，欺骗性极强，致使大量不明真相人员上当受骗。如薛某、张某某等人非法吸收公众存款案，被告人先后在广州和厦门成立广州欧畅投资管理有限公司、广州欧畅投资管理有限公司厦门分公司等关联企业，在厦门租赁高档写字楼，并做豪华装修，招纳大量业务员在大街上开展投资宣传，又以

---

① 根据《北京青年报》2016年11月24日报道，截至当时全国公安机关共扣押“e租宝”案件涉案现金约3亿元、黄金制品18.7万克及珠宝、股权、车辆等。

法定代表人身份与投资人商谈投资借款,在短时间内即吸收公众存款600万余元。值得注意的是,部分案件还呈现出针对特定群体的特点,比如被告人王利盛非法吸收公众存款案中,被告人利用其本人系厦门鼓浪屿疗养院团级转业军人的身份,在转业军人QQ群、战友微信群中,以投资酒吧利润丰厚,可支付高额利息为饵,吸收以转业军人为主近90人借款,涉案金额达6000万余元,该案投资人甚至包括被告人家中的保姆。

3. 高端非法集资行为主要通过媒体宣传,利用信息技术开展诈骗,少数被告人还滥用政府公信力、社会危害大。犯罪分子多成立正规的公司作为非法集资的白手套,通过运营大型项目的名义掩盖其非法目的,欺骗性极强。同时,这类项目往往声势浩大,存续时间较长,前期获得"高额利益"的"投资者"往往自觉不自觉地充当犯罪分子宣传工具,拉拢周围亲友、同事加入投资,致投资人在短时间内成倍增长,同时也进一步放大了金融和社会风险,影响了社会稳定。如方东洛等人非法吸收公众存款案,被告公司运营的"香山国际游艇会"综合旅游地产项目毗邻厦门国际会展中心,在建不同尺寸规格的游艇泊位上千个,被告人利用厦门日报、海峡导报等主流媒体大量宣传,自称其计划建成亚洲最大的游艇码头,甚至以政府相关批复文件骗取投资人信任,在我省闽南地区乃至东南亚有较大影响,最终成功非法集资17.5亿元人民币后资金链断裂,案发后矛盾化解极为困难。又比如福旺达非法集资案,该公司利用信息技术开发以"智富慧"为名的一整套会员卡及相关软件系统,并开展一元洗车、一元理发的众多活动,发展会员近100万人,合作商家多达4000家,遍布厦门全市,为后期通过高额返利吸收存款打下基础。李传星等人非法吸收公众存款案,还违规从事金融业务,分割拍卖企业"产权份额",倒闭前已招募1000余名"产权人",非法吸收公众存款3000万元。

三、溯本求源:非法集资现象高发的社会原因分析

国家在政策层面越来越重视打击非法集资行为,然而非法集资行为不仅没有走向消弭,反而随着互联网金融的发展有愈演愈烈的态势,究其原因主要有三:资金市场供给与需求错配、监管以及公众教育的偏失。

(一)资金市场供给与需求不匹配

一方面,民间闲散资金投资渠道不畅。受基准利率长期低位运行的影响[①],储蓄、国债、银行理财产品等稳健投资渠道收益率不断下滑,股市低迷而房价畸高,原已习惯较高收益率的民间闲散资金不满足于稳健投资渠道。在经济形势不明朗,民间投资渠道匮乏的情况下,百姓迫切需要可以让资产保值增值的投资渠道。在这种背景下,各种打着理财产品旗号的非法集资行为大行其道,部分另寻投资渠道的投资者受高息诱惑盲目出借资金,为非法集资犯罪提供了生存空间。

另一方面,企业资金紧张融资需求大。部分企业,特别是中小微企业融资困难,申请银行等正规渠道贷款的难度较大,无法满足企业日常资金需求。此外,民间已经自发形成一大批以放贷为生的食利阶层,民间借贷等地下融资渠道利率畸高,巨大的融资需求和较低的犯

---

① 2015年10月以来,一年期存款基准利率仅1.5%,贷款利率仅4.35%,此后至今未做调整。

罪成本共同催生非法集资行为。但随着经济下行压力加大，部分企业内部自身供血不足、资金链断裂，难以兑付高额利息，原本被掩盖的非法集资问题开始集中暴露，大量案件涌入法院。

(二)金融监管不健全

第一，民间金融监管立法滞后。法律法规的制定相比金融创新的速度有天然滞后效应。从我省和厦门市已出台的制度规范来看，无论是数量还是涉及领域，都普遍落后于国家层面制定的监管法规，与实践需求存在较大的差距。值得注意的是，无论是国家层面还是地方层面，大多监管法规是某种交易模式发展成形，甚至出现系统性风险后才出台的相关规范。下面就国家和地方的相关法规做一个简单的梳理：

表 1　国家层面民间金融的相关监管规范

颁布时间	颁布部门	名称	主要内容
1990	最高法	《关于审理联营合同纠纷案件若干问题的解答》(部分废止)	企业之间的借贷合同为无效合同
1991	最高法	《关于人民法院审理借贷案件的若干意见》(部分废止)	民间借贷的最高利率不得超过银行同类贷款利率的 4 倍
1996	央行	《贷款通则》(部分废止)	企业之间的相互借贷非法
1996	最高法	《关于对企业借贷合同借款方逾期不归还借款应如何处理问题的批复》(部分废止)	企业之间的借贷合同为无效合同
1997	央行	《关于严禁擅自批设金融机构、非法办理金融业务的紧急通知》	规定凡未经人行批准设立的金融机构均属非法金融机构
1998	国务院	《非法金融机构与非法金融业务活动取缔办法》《国务院办公厅转发中国人民银行整顿乱集资乱批设金融机构和乱办金融业务实施方案的通知》	任何非法金融机构和非法金融业务活动，必须予以取缔。禁止任何人开办私人钱庄；未经中国人民银行批准，任何单位和个人不得擅自批准或设立典当行
1999	央行	《关于取缔非法金融机构和非法金融业务活动中有关问题的通知》	明确非法集资的定义以及对一些条款的详细解读
2006	银监会	《关于调整放宽农村地区银行业金融机构准入政策更好支持社会主义新农村建设的若干意见》	放开准入资本范围，积极支持和引导境内外银行资本、产业资本和民间资本到农村地区投资、新设包括村镇银行、社区性信用合作组织在内的各类银行业金融机构。
2007	银监会	《村镇银行管理暂行规定》	为农村民间金融松绑
2008	银监会、央行	《关于小额贷款公司试点的指导意见》	规定了小额贷款公司的设立、资金来源、资金运用等行为

续表

颁布时间	颁布部门	名称	主要内容
2009	银监会	《小额贷款公司改制设立村镇银行暂行规定》	引导符合条件的小额贷款公司改组为村镇银行
2010	银监会、发改委工信部、财政部商务部、人行、工商总局	《融资性担保公司管理暂行办法》	规定了融资性担保公司的设立、变更、终止、业务范围、经营规则、风险控制、监督管理、法律责任等
2010	国务院	《国务院关于鼓励和引导关于民间投资健康发展的若干意见》	国务院在改革开放以来,出台的第一份针对民间投资的综合性文件
2011	最高法	《关于依法妥善审理民间借贷纠纷案件促进经济发展维护社会稳定的通知》	践行能动司法理念,充分发挥审判职能作用,妥善化解民间借贷纠纷
2012	银监会	《中国银监会关于鼓励和引导关于民间资本进入银行业的实施意见》	表明政府对民间资本进入银行业的积极态度
2012	商务部	《典当行业监管规定》	以《典当管理办法》为依据,规定了典当行业的监管责任、日常经营管理、准入管理、退出管理、年审管理等方面内容
2015	商务部办公厅	《商务部办公厅关于进一步引导和支持典当行做好中小微企业融资服务的通知》	充分发挥典当行在中小微企业融资方面的优势,做好中小微企业融资服务
2015	商务部办公厅	《商务部办公厅关于开展典当、拍卖、融资租赁等行业非法集资风险排查的通知》	加强对典当、拍卖、融资租赁等行业的监督管理,切实守住不发生系统性、区域性风险
2015	最高法	《关于审理民间借贷案件适用法律若干问题的规定》	明细民间借贷的主体及行为;企业间微正当生产经营活动而相互拆借资金定力的借贷合同受司法保护
2016	银监会、工信部公安部、互联网信息办公室	《网络借贷信息中介机构业务活动管理暂行办法》	规范网络借贷信息中介机构业务活动,规定了中介机构的备案管理、风险管理及业务规则,明确了监管部门及职责
2017	国务院、银监会	《处置非法集资条例(征求意见稿)》	非法集资参与人应当自行承担因参与非法集资受到的损失
2017	银监会	《网络借贷信息中介机构业务活动信息披露指引》	明确了网络借贷信息中介业务活动中应当披露的具体事项、披露时间、披露频次及披露对象等。

厦门市民间金融的相关监管规范

颁布时间	颁布部门	名称	主要内容
2012	厦门市人民政府	《厦门市融资性担保机构监督管理办法》	强融资性担保行业监督管理，规范担保机构经营行为，明确其业务范围及监管主体
2016	厦门市人民政府	《厦门市小额贷款公司管理办法》	规范小额贷款公司的管理，规定其设立、变更、终止及经营管理等规范，明确监管主体
2016	厦门市金融办、厦门市财政局	《厦门市小额贷款公司财政扶持奖励实施细则》	促进厦门市小额贷款公司健康发展，做好扶持奖励申报兑现工作
2017	厦门市人民政府	《厦门市小微企业贷款保证保险实施办法》	鼓励厦门市银行、小额贷款公司和保险公司服务小微企业
2017	厦门市金融办	《厦门市网络借贷信息中介机构备案登记管理暂行办法》	建立厦门市网络借贷信息中介机构备案登记管理制度

第二，金融监管对象超出了传统监管范畴。现有的金融监管体系是建立在以金融机构为主体的金融市场秩序之上，然而绝大部分犯罪主体却是不受金融监管的普通自然人或公司。传统金融监管范畴局限导致难以全面监管这一特点导致过去在反洗钱和金融机构违规开展金融业务领域行之有效的监管制度水土不服，难以发挥良好的作用。金融机构、金融监管部门不能及时发现不法分子非法吸收存款以及按月付息等典型的非吸行为。近3年，以P2P网络借贷为代表的互联网金融平台高速发展，更是颠覆了传统的监管格局。据不完全统计，截至2016年6月底全国网贷机构平台2655家，其中正常运营的共2349家，借贷余额6212.61亿元，两项数据比2014年年末分别增长了49.1%、499.7%。其中，全国累计问题平台1778家，约占全国机构总数的43.1%[①]。此后，经过一年的野蛮生长和问题平台“跑路潮”，截至2017年6月30日，全国网贷机构存量降为2359家，同比下降11.12%，上半年成交额1.93万亿元，同比增长72.81%，问题平台数量增至2744家，比增54.33%，[②]问题平台数量超过正常运营平台数量，非法集资犯罪呈高发态势。

第三，金融监管主体及职责分工不明确。当前多头执法、分业监管的监管模式，缺乏对民间金融活动监管的有效措施，监管难以实施到位。如厦门早在2015年就在省内率先出台了《厦门市人民政府关于促进金融业加快发展的意见》，对小额贷款公司、民间资本设立资产管理公司等地方金融相关市场主体进行统一监管。但在实际操作中，一方面，相关行政部门的监管职责分工不明确且与国家部委规章规定不尽一致；另一方面，监管部门的监管意识和监管能力不足，导致民间金融市场监管仍与实践需求存在较大差距。

第四，被监管主体量大面广但金融行政监管手段匮乏。由于立法滞后和监管缺失，民间金融活动在多数情况下仍处于自我发展的粗放和无序状态，市场趋同现象明显，融资市场秩序亟待规范。一方面，参与主体量大面广，截至2016年年底，厦门市工商登记在册的小额贷

① 银监会就《网络借贷信息中介机构业务活动管理暂行办法》答记者问。

② 参见彭彬：《2017年上半年网贷机构数量下降超一成，问题平台全国累计2744家》，载《南方都市报》2017年6月30日。

款公司有38家,典当行有64家,融资性担保公司有138家,投资管理公司20029家,金融服务公司34家,都不同程度地存在民间融资行为;另一方面,监管部门事前监管手段缺乏,过度依赖于事后追查甚至刑事制裁手段。

(三)公民风险意识不足

社会公众法律知识不强、风险意识较低。上述案件投资人中许多是中老年人或空巢老人,这一群体金融、投资、法律知识缺乏,精神上比较空虚寂寞,同时又具备一定的经济能力,成为犯罪分子的主要犯罪目标。同时,前期获得"高额利益"的"投资者"往往自觉充当犯罪分子的宣传工具,拉拢周围亲友、同事投资,致投资人在短时间内成倍增长,同时也进一步放大了金融和社会风险。2017年8月24日,国务院法制办公室向社会发布《处置非法集资条例(征求意见稿)》,其中第4条规定,非法集资参与人应当自行承担因参与非法集资受到的损失。相信随着这一规定的最终颁发和广泛宣传,有助于改变群众过于追求逐利心理的现状,从而在做出投资决定前更加充分地考察可能的风险,从而谨慎行事。

四、实践之惑:非法集资类刑事案件的司法实践问题

(一)司法机关协作力度不够

公安、检察机关和审判机关就案件的处理沟通不足。侦查重大非法集资类犯罪案件时,公检法机关之间存在侦查力度、证据收集标准、文字表述习惯等不统一现象。比如,检察机关向法院提交的起诉意见书、起诉书往往只写明非吸总金额,没有具体列明投资人姓名,被吸储金额,对各被害人经济损失情况以及具体案情,或者不做表述,或者语焉不详。从指控的事实或经判决确认的事实来看,致使被告人对指控无法辨明其向各投资人吸储金额,也难以做出相应抗辩,同时也导致法院后续判决赔偿各投资人存在超出指控范围的争议。非法集资类刑事案件提起公诉后,新出现的投资人再行向司法机关报案如何处理是实践中的一大难题。由于此类案件涉及投资人数量众多,且有些群众亦疏于观看新闻报道,不能及时与司法机关联系,造成查办这些案件时遗漏部分投资人。等到后期投资人通过媒体或其他途径发现被告人已经被追究刑事责任后,再到司法机关报案,如果在案件未判决时,尚能通过补充起诉方式对被告人追责,但对已判决生效的案件,囿于新增的部分投资人被吸存金额单独看,达不到犯罪构罪的追诉金额标准,如何处理,成为较为棘手的问题。比如郭敏、薛岚、张晓玲等非法吸收存款案件,均存在这一情况。

(二)非法吸收公众存款与集资诈骗的甄别难

从法院受理的既有案件来看,检察机关主要以非法吸收公众存款罪指控为主,个别案件部分事实以集资诈骗指控。但是在案件审理过程中,主审法官往往发现这种以非法吸收公众存款罪指控的案件其实更符合集资诈骗的构成要件,但往往囿于刑事案件证据标准而只能以非法吸收公众存款罪定罪量刑。不少案件被告人吸收投资人钱款时就缺乏最终还款的意愿。比如何德明、张燕洋等非法吸收公众存款案,被告人开设公司,吸收存款不足一个月,即关门歇业,所吸钱款转移一空,非法占有目的明显,但检察机关仍以后罪公诉。当前,被告人以投资返利为名,在短时间吸收大量资金后卷款逃跑现象高发。这类案件被告人被抓后,

为了规避罪责较重的诈骗罪罪名,常会信誓旦旦地宣称其是为了公司经营,所吸收钱款均用于公司,没有用于其个人消费,只要周转过来,就准备归还投资人。如王利盛非法吸收公众存款案,被告人吸收钱款,主要用于投资六合彩等非法业务,但资金钱款去向除被告人的供述外,无法获取到其他证据佐证,造成涉案资金去向难以认定,而无法根据证据来认定被告人具有非法占有目的。此外,非法集资刑事案件被告人为吸引投资,一般均会在前期依约给予相应回报,这一情节对认定非法占有目的和虚构事实等情节造成困难。司法机关在认定被告人非法占有目的证据不足的情况下,通常会根据刑法谦抑性原则对被告人降档按非法吸收公众存款来判决。部分案件在认定犯罪分子是否具有"非法占有目的"时缺少明确法律依据,公安机关也很难收集相关证据,在认定是集资诈骗罪还是非法吸收公众存款罪上存疑。

(三)互联网金融的发展对传统非法吸收公众存款犯罪的认定提出挑战

互联网金融已成为典型的新经济和新业态,总体而言政策是支持和鼓励其发展的,这也直接导致实践中认定构成非法集资比较慎重。在互联网金融发展的大背景下,民间融资突破了"一对一"的传统线下模式,最典型的就是P2P网络借贷,目前已发展出纯信息中介平台模式、债权转让模式、信用担保模式等多种形式。网络借贷监管滞后、互联网覆盖面广、违法行为隐蔽、信息不对称等特点使得网贷平台成为非法集资活动的高发领域。互联网金融与传统金融差异极大,无论是调查取证,资金流向,还是赃款查扣均更为困难。以P2P网贷平台为代表的违法违规问题成为司法实践中的一个难题。

在此,有必要明确网贷平台经营的合法底线。根据《网络借贷信息中介机构业务活动管理暂行办法》(下称"网贷新规")及《网络借贷信息中介机构业务活动信息披露指引》(下称"网贷指引"),判断网贷机构是否涉及违规甚至非法集资犯罪,主要考察六个方面:一是网贷机构开展的网贷业务是金融信息中介业务,本质上是信息中介机构,而非信用中介机构。易言之,网贷机构不得提供担保或承诺保本保息。二是网贷机构不得自融或者变相自融资金,即资金系由于网贷机构之外的第三方,且该第三方与网贷机构无直接关联。三是网贷机构不得设立资金池,网贷资金必须由第三方存管,以避免网贷机构产生道德风险,欺诈、侵占、挪用客户资金,切断网贷机构非法集资的根本途径。四是限制网贷机构撮合借款的集中度风险。为了满足中小企业融资需求及拓宽个人投融资渠道,网贷新规规定,同一自然人在同一网贷机构平台的借款余额最高人民币20万元,同一法人在同一网贷机构平台的借款余额最高人民币100万元;不同网贷机构平台的,自然人最高借款人民币100万元,法人最高借款人民币500万元。上述数额与非法吸收公众存款有关司法解释及立案标准相衔接。五是网贷机构还应当不违反负面清单内规定的其他不能从事的禁止性行为[①],如不得发售金融理财产品、不得开展类资产证券化等形式的债权转让等十三项,经过比照,一旦网贷机构存在上述不合规的行为,投资人在投资时就应谨慎对待,做好风险识别和风险控制,避免陷入非法集资的陷阱。六是网贷机构应当按照网贷指引的规定严格履行信息披露义务,包括网络借贷信息中介业务活动中应当披露的具体事项、披露时间、披露频次及披露对象等,充分保障网贷投资人的知情权。

(四)公司治理模式加大了犯罪主体的认定难度

单位犯罪及总公司、分公司或者其分支机构的作用认定问题是长期以来困扰非法集资类犯罪的难题。依据《全国法院审理金融犯罪案件工作座谈会纪要》,以单位的分支机构或者内设机构、部门的名义实施犯罪,违法所得亦归分支机构或者内设机构、部门所有的,应认定为单位犯罪。但单位及其分支机构均以自己的名义实施犯罪,且违法所得均归各自所有的,是否构成共同犯罪,实践中有争议。如总公司在主营业务之外又非法吸收公众存款的,分公司在主营业务外亦在总公司相关负责人的指导之下参与非法吸收公众存款,而违法所得归总公司和分公司分别入账的,在这种情况下总公司和分公司是否构成共同犯罪?刑事司法认定更注重行为人的行为实质而非外在表现形式,在总公司与分公司既相对独立又具有从属性的情况下,应审查其行为的实质。虽然总公司与分公司账目各自入账,但分公司的业务行为,包括其非法吸收公众存款的行为均从属于总公司的行为,因此无须认定单位犯罪的共同犯罪,而仅需要认定总公司的单位犯罪,并处罚总、分公司的主要责任人员即可。此外,还有一种情形,即总公司分管领导参与指挥、策划分公司的非法吸收公众存款行为,违法所得归该个人及分公司的,总公司分管领导虽然人事关系归属总公司,形式上貌似个人与分公司的共犯,但其实质上就是分公司实施犯罪行为的指挥、参与者,应直接认定为分公司单位犯罪的直接责任人员即可。

如“e 租宝”案,该案系省公安厅“11·20”非法吸收公众存款专案,被告人张某等人经由安徽钰诚控股集团公司(以下简称钰诚集团公司)推出的“e 租宝”平台,以 A2P 模式(融资租赁加互联网金融的网络借贷模式)向社会推广融资租赁债权转让项目。在推广过程中,钰诚集团公司通过旗下金易融(北京)网络科技有限公司、上海钰申金融信息服务有限公司、上海

① 《网络借贷信息中介机构业务活动管理暂行办法》第 10 条 网络借贷信息中介机构不得从事或者接受委托从事下列活动:(一)为自身或变相为自身融资;(二)直接或间接接受、归集出借人的资金;(三)直接或变相向出借人提供担保或者承诺保本保息;(四)自行或委托、授权第三方在互联网、固定电话、移动电话等电子渠道以外的物理场所进行宣传或推介融资项目;(五)发放贷款,但法律法规另有规定的除外;(六)将融资项目的期限进行拆分;(七)自行发售理财等金融产品募集资金,代销银行理财、券商资管、基金、保险或信托产品等金融产品;(八)开展类资产证券化业务或实现以打包资产、证券化资产、信托资产、基金份额等形式的债权转让行为;(九)除法律法规和网络借贷有关监管规定允许外,与其他机构投资、代理销售、经纪等业务进行任何形式的混合、捆绑、代理;(十)虚构、夸大融资项目的真实性、收益前景,隐瞒融资项目的瑕疵及风险,以歧义性语言或其他欺骗性手段等进行虚假片面宣传或促销等,捏造、散布虚假信息或不完整信息损害他人商业信誉,误导出借人或借款人;(十一)向借款用途为投资股票、场外配资、期货合约、结构化产品及其他衍生品等高风险的融资提供信息中介服务;(十二)从事股权众筹等业务;(十三)法律法规、网络借贷有关监管规定禁止的其他活动。

仁立网络科技有限公司、钰诚融泰（北京）商务咨询有限公司等在全国各地设立分支机构，未经相关部门批准，以预期年化收益9.0%到14.2%的回报为诱饵，通过广告投放、路面推演等多种方式招揽全国各地大量客户投资购买所谓的“e租稳赢”“e租财富”“e租年享”等理财产品。据统计，仅厦门一地的分支机构的涉案情况，即已发展客户24048人，投资总额共计15.75亿元。本案中，为非法吸收公众存款而设立的分支机构不构成单位犯罪，但钰诚集团公司在设立“e租宝”平台前就存在的金易融（北京）网络科技有限公司等多家旗下公司即涉及前文所述的是否成立单位犯罪的问题。

此外，司法实践中单位犯罪案件的主犯通常会雇佣一些职员，这些职员在吸收投资时是直接面对投资人的，向投资人也是以介绍投资产品为说辞，对于主犯目的是集资诈骗，还是非法吸收公众存款难以明辨，是否对职员认定诈骗实践中亦存在争议。至于对直接负责的主管人员和其他直接责任人员的认定问题，根据上述会议纪要，“单位犯罪直接负责的主管人员，是在单位实施的犯罪中起决定、批准、授意、纵容、指挥等作用的人员，一般是单位的主管负责人，包括法定代表人。其他直接责任人员，是在单位犯罪中具体实施犯罪并起较大作用的人员，既可以是单位的经营管理人员，也可以是单位的职工，包括聘任、雇佣的人员”。司法实践中，职工构成非法集资，至少需要同时符合如下三点：一是单位职工、单位聘任、雇佣的人员必须明知并具体而持续参与到非法吸收存款的犯罪环节中；二是上述人员参与的环节对于整个犯罪行为是必不可少的环节。并且相对于其他参与者，其所起的作用较大；三是上述人员对于单位的整个犯罪手段、方式是明知的，且对自己的行为对整个犯罪行为具有帮助作用是明知的。对于受单位领导指派或奉命而参与实施了一定犯罪行为的人员，一般不宜作为直接责任人员追究刑事责任。对于那些参与了非法吸收公众存款的一部分行为，但在明知可能构成犯罪的情况下，拒绝继续从事并且及时退出的，也不应认定为直接责任人员。比如雷某某非法吸收公众存款案，被告人担任广州市龙飞扬物流有限公司厦门分公司副总经理，指挥邱某某、钟某某以及其他工作人员共同以公司名义对外吸收资金。即通过在街头发传单、打电话、抽奖、赠送小礼品、不定期举办讲座吸引客户，再与客户签订加盟合作协议，约定由客户出资加盟合作的方式吸收资金，并约定每月定期支付投资款的2%、6.5%、7%作为利息，向120名不特定群众吸收资金共计2108万元。其中，被告人雷某某负责管理该公司的业务，被告人邱某某、钟某某负责收取客户款项和与客户签订《加盟合作协议》等事宜。雷某某作为主管人员，承担刑事责任争议不大；邱某某作为财务人员，明知所在公司未经批准向社会公众高利借贷，仍然积极配合，在其中负责收取客户款项和与客户签订《加盟合作协议》，其对自己的行为所造成的危害后果理应明知，依法应认定为其他直接责任人员。钟某某在公司负责前台接待，主观上没有非法吸收公众存款的故意，客观上亦没有招揽客户吸收存款，仅是根据公司老板的指示从事行政工作，根据主客观一致原则不构成非法吸收公众存款罪。

（五）非法吸收公众存款罪中投资人的法律定位困难

投资人的法律定位问题在法律法规上未有明确规定，实践中一直存在争议。2014年3月颁布的《最高人民法院、最高人民检察院、公安部〈关于办理非法集资刑事案件适用法律若干问题的意见〉》使用了“集资参与人”的概念，但此概念仍不属于正式的法律定位。实践中对于投资人的诉讼地位认定有被害人、证人或者投资人、被吸存人等多种情形，但“投资人”

或者“被吸存人”并非法定的诉讼参与人名称,故该两种认定实际上仍属于证人的范畴,总结起来,即实践中对于被吸存人的诉讼定位主要是被害人与证人两种情况。

我们认为,非法吸收公众存款罪中的投资人不宜认定为被害人,应将投资人的诉讼地位定为证人为妥。理由主要有四:一是从刑法所保护的法益来看,投资人的财产权益并非非法吸收公众存款罪所保护的法益。非法吸收公众存款罪属于刑法分则第三章破坏社会主义经济秩序罪中第四节破坏金融管理秩序罪项下罪名,集资诈骗罪属于刑法分则第三章破坏社会主义经济秩序罪第五节金融诈骗罪项下罪名,以此观之,前者保护的法益是社会主义经济秩序中的金融管理秩序,不包括投资人的财产权;后者保护的法益则包括国家金融监管秩序,也包括投资人的财产权。事实上,根据国务院 1998 年发布的《非法金融机构和非法金融业务活动取缔办法》的规定,非法吸收公众存款或者变相吸收公众存款是非法金融业务活动,因此受到的损失由参与者自行承担。二是从刑事被害人应具备正当性的角度看。非法吸收公众存款罪中的投资人是为获取高息,明知集资行为人可能违反金融法规(高利贷或相关金融市场准入制度)而故意为之,其行为实际上是集资行为的帮助行为,在一定程度上也破坏了国家金融秩序。该类不正当的行为根据刑法不必追究刑事责任,但是也不能受法律保护。即使投资人所获得的利息、分红等回报,都被认为是违法所得,应予以追缴,更可以印证投资人非被害人。三是从法律的指引、教育意义来看,投资人不应属于被害人。非法集资案件在 2017 年以来呈现爆炸式增长,主要是社会闲散资金的逐利行为。投资人为了获取高息或者高额回报,对于自己投资标的及投资行为的合法性疏于审查,明知集资行为人的行为系非法的金融行为仍积极参与,盈则利益归己,如果亏损则司法救济,甚至是通过信访闹访获得维稳救济金,这事实上对社会造成了相当不良的示范和鼓励效应。四是从务实的司法实践角度,可以节省司法资源。将投资人认定为被害人,意味着投资人在侦查、审查起诉、审理阶段均可以行使被害人的对案件发表意见、委托诉讼代理人等诉讼权利,参与刑事诉讼,鉴于投资人的上述特点,无疑将给司法机关增加巨量的不可能完成的任务。2017 年 8 月,国务院《处置非法集资条例(征求意见稿)》中明确提出的“非法集资参与人应当自行承担因参与非法集资活动受到的损失”,与本课题的观点不谋而合,这一法律地位的认定,的确可以从源头上避免投资人有恃无恐的漠视风险的逐利行为。

五、综合施策:非法集资类犯罪的预防与处置对策建议

由于我国一直采用禁止、限制、打击等命令控制型法律对民间融资行为进行规制,将正规金融以外的所有民间“涉众型”集资行为均置于非法集资的规制范围之列,并且主要依赖于刑事打击,借助刑法的威慑力量并通过事后认定的方式来处置非法集资行为,单向的惩罚手段难以达到有效规制非法集资行为的实效。有必要引入现代司法理念,对以往这种坚持以刑事打击为主、以行政规制为辅的民间金融监管模式进行重新审视,转换法律规制路径。下面,课题组结合《国务院关于进一步做好防范和处置非法集资工作的意见》(国发〔2015〕59号)中的政策意见,就如何防范与处置非法集资类犯罪提出相应对策。

(一)构建“五位一体”的民间融资监管体系

从厦门市现有民间融资监管模式来看,对民间融资的监管主要依赖各个行政部门分业

监管，具体监管模式如下：(1)由金融办作为小额贷款公司的主管部门，配备监管力量加强日常监管，由金融办牵头建立监管机制，与市经信局、市场监督管理局、人行厦门市中心支行、厦门银监局共同建立小额贷款公司监督管理联席会议制度；(2)融资性担保机构则由市经发局牵头，并具体负责受理、审批融资性担保机构的设立、变更、终止等工作，由市经发局、市工商局、厦门银监局和人民银行厦门中心支行等成员单位组成厦门市融资担保机构监管委员会，负责制定融资性担保机构的政策措施等宏观工作，但具体各部门的监管职责并未明确；(3)根据《典当行管理办法》，典当行由商务主管部门，但厦门未制定具体的实施办法，从实践来看，金融办承担了典当行的审批工作；(4)投资咨询公司这一实践中被告人主要的非法集资犯罪经营主体则经过工商注册即可经营，没有严格规定具体监管由哪一部门负责。可见，厦门市民间融资的监管机构仍然呈现分业监管、交叉监管、多头执法的状态，协调性事务则由市金融办牵头的跨部门监管联席会议承担。一方面，监管联席会议缺乏法定的制度安排、操作程序；另一方面，这种协调仅停留在微观监管机构之间，金融办与专业部门系平级机构，没有统一的上级部门负责协调，易导致监管真空与监管冲突。为了更好地发挥民间融资的积极效应，弱化其消极影响，建议市政府加快金融体制改革，构建“五位一体”的特区民间金融监管模式，健全发展配套和监管协调机制，引导和规范民间融资合法发展，从根本上铲除滋生非法集资行为的土壤。

第一，建立健全民间融资政府监管体系。政府在监管中要起主导作用，我国的正规金融体系经历了从监管缺失到人民银行统一监管再到“一行三会”分业监管的发展历程，目前已基本形成专业化的金融监管格局。市金融办专设准金融机构监管处，发挥其主导及协调作用，联合人民银行、银监局、证监局、保监局对民间金融实施监管。加强监管的协调机制，通过立法明确监管协调部门的权限与相应职责，由市金融办这一牵头部门负责民间融资的统计、调查、分析和预测职责。可以依托现有的信息平台系统，建立与银行、证券、保险三家监管部门及其他有关部门的信息交流机制，明确信息交流范围、采集分工、共享方式、保密原则等，促进信息交流日常化、规范化和制度化。此外，由市金融办准金融机构监管处负责收集信息，协调和统一不同监管单位之间的监管标准，并向监管部门提出监管政策完善建议。

第二，健全民间金融机构的内部治理。民间金融机构是民间金融的运营主体，只有实现民间金融主体的自我管理，才是民间金融监管的治本之策。加强民间金融机构的内部控制可与政府监管共同形成内、外双重约束机制。通过细化相应的监管条例法规，引导准金融机构加强自身建设，细化公司治理结构，完善议事规则、决策程序和内审制度。建立合理的薪酬激励机制，培养金融专业人才，对高管实行问责制，防止高管为追求个人超额利润而使公司承担过多风险，建立风险控制模式，制定相应的风险审核流程，提高风险抵抗能力。[①]

第三，建立准金融机构行业协会为主体的体系外金融机构自律性监管体系。民间金融的经营范围限定了一定的地域之内，经营主体和客户群体相对稳定，但由于我国区域经济发展不平衡，成立民间金融的行业性自律组织，能够弥补外部监管的不足，弱化监管的行政色彩，提升社会自治水平。一方面鼓励行业协会开展中介机构执业人员的法律知识培训和职

---

① 徐爱玲、陈金龙:《地方准金融机构风险解构及监管探讨——以福建省为例》，载《金融与理财》2016年第12期。

业道德教育,提高机构执业人员的法律水平和业务能力;另一方面借助行业协会开展业务工作自查、整顿工作,提高民间融资行业的规范化发展水平。另外,民间金融行业协会应当发挥与政府监管部门的联动效应。由行业协会制定发布自律公约,加强行业自律规范,强化市场经营主体的守法、诚信、自律意识。

第四,发挥社会信用机制的约束作用。建议进一步推进地方公共信用信息数据库建设。明确从事放贷业务的民间融资主体有义务按照《征信业管理条例》的规定,及时、准确、完整地向金融信息基础数据库提供信贷信息,并鼓励其按规定与市场化征信机构合作,向社会征信机构提供借款人的信用信息,最终按照市场原则实现征信服务对民间融资行业的全覆盖。在通过社会信用体系建设将民间融资企业和个人的信用记录在依法合规的前提下,应当探索在逐步扩大的适当范围内向特定主体公开,从而对民间融资中的违法违约行为形成强有力的震慑,达到将信用记录很差的借款人逐出民间金融市场的目的。[①] 同样的,应当配套设立准金融机构及其经营者、实际控制人的社会信用档案,建立健全民间金融行业黑白名单,并向社会公示。

第五,发挥司法行政监督的力量。司法机关通过其审判与检察职能对民间金融管制进行评判与校正,是对民间金融监管的重要补充。对民间金融的司法监管可以通过对行政机关的监督来实现,如在个案中通过对金融行政监管部门制定的规范性文件、民间金融行业协会制定章程及其他自律性规章、地方银监局监管措施等方面内容做附带性审查,通过个案促进行政机关依法行政,正确引导民间融资行为的健康发展。

(二)完善对民间融资的监管水平

民间融资形式多样,无论主体为何,只要从事相关法律法规明确的业务,就要接受相应法律法规的规范和监管部门的监管,这样才有利于实现监管全覆盖,统一监管标准以及防止监管套利。

1. 实行牌照管理及备案管理制度

建议地方金融管理部门对广义民间金融行业实行严格的备案管理制度。将中央金融管理部门监管以外的,所有含有金融、理财、投资、投资咨询、财务、担保、财富管理、资产管理、融资租赁等字样的公司,都要实行牌照管理制度。按照实质重于形式的原则,明确产品法律关系和功能属性,依法进行分类监管。《非存款类放贷组织条例(征求意见稿)》的立法原则就深刻体现了功能监管的思路,不论是小额贷款公司、投资咨询公司、担保公司,还是资产管理公司、财富管理公司,只要实质从事民间融资、房贷业务,都要通过相应政府部门批准后,才能持牌营业并接受相应的监管。同时,由特定登记备案机构对民间融资行为中的出资人、融资人、保证人的姓名、职业等基本信息,融资数额、期限、利率、抵押形式、约定还款日期及资金具体用途等进行统一登记备案,便于监管主体实施监管。

2. 合理划分民间融资形式,实行分类监管

以民间金融的组织形式为标准,可以将其划分为有组织的民间金融和无组织的民间金融。对于有组织的民间金融,如民间合会、标会、私人钱庄、典当行、互助基金会、民间融资中介等,可以制定专门的法律法规。对于缺乏组织性的互助性民间借贷,如个人之间,个人与

---

① 邓舒仁:《民间融资发展与监管问题探析》,载《新融管》2016 年第 5 期。

企业之间以及企业之间的借贷和资金拆借行为，一般都是基于一定范围内的血缘和地缘关系发生的，借贷数额较小，政府不宜进行干预。

3. 加强对民间融资机构的行为监管

行为监管是金融改革的发展方向，其关注的更多是金融机构的行为表现和行为动作，是从机构行为、投资行为、交易行为和监管行为等多个角度，对市场行为进行全方位综合治理和行政监管的一种监管方式，其实现了源头治理，涵盖面更广。一方面对民间融资的商业行为进行规范。比如对借贷合同基本要素、信息披露、本金利息计算、统计数据报送等进行规范；另一方面按照"负面清单"方式明确民间融资组织不能从事的各类行为，比如非存款类放贷组织不得进行捆绑搭售、暴力催收、非法集资和非法泄露客户信息等。通过行为监管全面规范非存款类放贷组织的商业行为，有利于平衡借贷双方的合法权益，保障公平竞争，明确行业底线，保障金融消费者权益。

4. 完善对网贷平台犯罪的针对性监管

网贷平台犯罪高发，中央已经部署在全国重点针对互联网金融开展全面摸排和查处。因此，建议以此为契机着重针对各地辖区内的网络借贷信息中介机构尽快制定网络借贷信息中介信息披露和报告制度的实施细则，明确辖区内网络借贷信息中介机构的监管机构。规范 P2P 网贷平台的备案登记及信息披露行为，要求其披露包括平均每笔借款金额、借款期限、历史违约率、收益率等在内的一些关键指标。还可要求网贷平台定期报送财务报告和经营报告，对网贷平台进行检查，以便及时掌握网贷平台的运营情况和风险状况。这些措施虽然必然会增加网贷平台的运营成本，但在保护投资者利益、防范金融风险、杜绝非法集资行为方面具有重大意义。[①]

（三）打造全方位的集资诈骗犯罪防控体系

非法集资类犯罪从刑法理论上属于行政犯，即因违反了刑法和行政法的规定而构罪，虽说刑法理论上法律认识错误不影响定罪，但在行政犯概念中，行政法意义上的法律认识错误是可能影响到定罪的。为了避免对于非法集资类犯罪的司法实践落入事前放纵、事后问罪的窠臼，有必要从管理者的角度进行反躬自省。对于行政犯而言，相关行政机关的宣传、监督、干预等行为对于犯罪预防有着极其重要的意义。所谓"虎兕出于柙，龟玉毁于椟中，谁之过与?"可以说，以民间金融为代表的社会经济运行出现问题，监管者难辞其咎。

监管者应明确自身职责所在，树立起行政的归行政、市场的归市场的监管理念，确保监管力度适中，以防为主，不束缚经济发展的同时亦不放纵违法犯罪苗头。具言之，政府机关应从如下三个方面做好非法集资犯罪行为的预防工作。

1. 宣传普法在前：让行为人明确刑民界限

行业主管、监管部门在行政审查、监管、执法过程中应做好涉众金融犯罪的风险提前预警防控，最主要是做好对广大当事人的普法宣传。

第一，可在公众场合以宣传册、动漫短片、警示案例等简单明了且快速有效的宣传方式进行宏观普法宣传，告知广大可能涉案的群众何为非法吸收公众存款，何为非法集资犯罪，什么行为是非法吸收公众存款行为，什么情况下可能被卷入而发生损失。

---

① 韩丹：《互联网金融理财法律监管问题探析——以 e 租宝为例》，载《武汉金融》2016 年第 6 期。

第二,在办理银行、保险、网络金融等具体业务时,以弹出预警提示窗口的方式对操作人进行具体的再次宣传告知。实践中在预防电信诈骗的手段中,亦有使用预警提示网页、发送谨防诈骗的提示短信或拨打电话等方式方法。因此可将不同的预警提示平台予以整合,提升宣传效率、强化宣传效果。

第三,相关行业的主管、监管部门与社区、养老院等机构对接。对更容易受蛊惑而卷入涉众金融犯罪行为的特定对象,进行定点和定向宣传教育。如对老年人群体进行金融安全知识教育、防骗教育,在宣传过程中要考虑到老年人的理解能力,注意宣传内容具象化、有效化;并且,有必要的,要通过回访确定宣传效果。

第四,可设立金融行为参与人强制报备制度,即达到非法吸收公众存款或非法集资行为特点的金融行为,有义务向监管部门报备并说明行为性质,如规定同一自然人或单位名下账户需要连续收取 30 人或 150 人款项,并且款项达到人民币 20 万元或者 100 万元以上的,有义务报备。对于不履行报备义务的或报备情况与实际明显不符的,银行应报公安机关并将相应账户予以冻结。

第五,建立司法机关普法宣传机制。在司法过程中注意以案说法,做好普法宣传,让民众对于非法集资行为方式及其危害性、参与风险、法律后果(如主动参与非法集资并非被害人)有直观的印象并达到主动远离的效果。尤其应注重对更容易受蛊惑而卷入涉众金融犯罪行为的特定对象,进行定向宣传教育。如对老年人群体进行金融安全知识教育、防骗教育,在宣传过程中要考虑到老年人的理解能力,注意宣传内容具象化、有效化。

2. 强化监测预警技术手段

鉴于非法集资类犯罪的涉案金额较大,绝大部分需要通过银行账户或者第三方支付平台进行存储或者中转,且多数会设立固定存储账户的资金池。故此可借助该特点,利用银行、第三方支付平台的管理系统,针对可能涉及非法吸收公众存款等涉众金融犯罪的资金流向特点、行为方式设置可能涉嫌涉众金融违法、犯罪行为的预警机制。

厦门市已经在 2016 年开通了首个金融风险防控预警平台"存证云",构筑"互联网+"时代金融风险防控的"天罗地网"。"天罗"负责在事发前端设立金融数据监控平台,对于短时、高频、多笔款项关联到同一或者多个关联账户等可能涉嫌非法集资行为的金融行为进行监管,如一定数量的多个账户在一个时间段内直接或间接向同一目标账户汇款,与非法吸收公众存款中的资金流形式相同,可以据此设置相应的预警阈值。一旦达到实现设定的临界数值即予以报警,金融监管部门及公安及时介入,将违反犯罪制止在萌芽状态。"地网"是指平台将接入城市综合治理 APP"厦门百姓",通过社区综合管理网格化信息员及市民群众收集信息,充分发挥网格化管理和基层群众自治的经验和优势,群防群治,贴近一线开展预警防范工作。同时,通过"存证云",将 P2P 网贷平台的所有交易合同和标的信息进行实时电子化存证,匹配资金存管银行的相关数据,在资产端和资金端两个层面开展实时监测。

此预警机制包含两个功能层面,其一是在使用大数据侦测获得预警信息后,再针对预警行为进行进一步的分析判断,可将预警信息筛选分类为正常、异常待定、违法嫌疑等,根据不同的分类再进一步对行为人进行预警提示、约谈告诫、移送司法审查等。对于异常待定的,应继续纳入系统的侦测预警系统。其二是为避免监管部门不作为或者失职,可针对不同行业针对涉众金融违法犯罪行为的监管制定细化的程序及职责规定,明确监管部门的责任所在，并应规定不作为或失职导致金融秩序被破坏的惩戒措施。在平台中对于整个监管流程、筛选、预警、告知、处置程序均要留痕备查。

3. 联动协调形成合力：司法机关与银行、行政机关跨界合作

应加强司法机关与银行、行政机关之间关于非法集资类犯罪的工作联动，针对非法集资类犯罪案件的特点，商定对应且适宜的工作衔接制度，增强工作合力，确保司法机关取证、追赃工作的及时性、充分性、有效性，形成打击非法集资类犯罪的合力。

4. 净化金融市场：开展广告资讯信息排查清理

由金融监管单位牵头联合有关部门开展涉众金融广告资讯的清理及排查工作，在源头上遏制犯罪分子的宣传渠道。以厦门为例，厦门市市场监督管理局、市金融办、人行厦门中心支行、厦门银监局、厦门证监局、厦门保监局等成员单位通过定期交流机制，对各类金融广告资讯进行严格排查和清理，同时严格督促落实包括电视、广播、公交车身等广告媒体的自律工作和审查责任，群策群力整顿涉嫌非法集资广告乱象。

（四）建立司法机关联动处置机制

在司法处置及认定方面，主要涉及公安机关、检察机关、法院等司法机关之间，以及司法机关与信访、民政部门的联动处理机制。鉴于上述实践中出现的问题，建议有关部门建立稳定的联席会议制度协调处理司法实践中需要协调的问题，将审查起诉及审判阶段发现的侦查环节的疏漏不足之处及时反馈，帮助公安机关掌握全部重要线索尤其是追赃线索，并在第一时间固定全部必要证据，尽可能挽回投资人损失。

1. 侦查阶段。公安机关在侦查阶段应注意三个方面：其一，是取证方面。非法吸收公众存款罪涉及的关联人员众多，证据材料亦是纷繁复杂，尤其是涉案的账册等书面的客观证据材料将成为后续司法认定的重要证据，在立案侦查的前期应注意妥善提取保全，注意程序合法合规，确保证据的有效性。可以尝试借鉴破产债权申报制度，在案件立案侦查后即设立网络、电话、信箱等多方途径供投资人申报债权，并根据个案不同的还款兑付期限适当延长后确定申报期限（债权到期后适当期间未申报视为放弃在刑事诉讼中申报的权利），在后续审查起诉及审判过程中即以最终申报汇总的投资人数量及金额确定非法集资行为人应承担的刑事责任。对于在申报期满又申报的，可以通过民事诉讼途径进行权利救济。其二，是当事人的处置方面。一方面是犯罪嫌疑人，应注意强制措施的适当性，如前文述及的共同犯罪作用较轻的一般行为人或者是无法查明主观犯意的，应避免采取羁押措施；另一方面是对于涉案投资人的权利告知与安抚。鉴于非法吸收公众存款案件投资人众多，且投资人根据前文论证应列为证人为妥（非被害人），公安机关在提取证人证言的同时，应将该类犯罪中投资人的权利义务，包括法律认定、处置及合法救济途径等告知相关投资人，并做好其情绪安抚工作。其三，是追赃问题。集资人与行为人之间的合同虽由于法律规定而不合法，但因合同无效，合同亦应恢复原状。故投资款的追回也是公安机关在侦查阶段应注重的问题。因此公安机关在侦查阶段即应注意赃款物线索的寻找，进而实现对赃款物最大可能的追缴，保障投资人的利益。这一问题实践中经常出现，需要特别注意。

2. 审查起诉阶段。公检法应协调确定对于该类案件的证据规则、认定标准，并统一侦查、审查起诉、审判阶段主要文书应涉及的非法集资行为方式、投资人信息及涉案金额、查扣财产等要素的表述，以确保统一标准，保障程序合法。鉴于该类案件复杂的特点，前期侦查程序可能经过多次延期，案件到审判阶段已经历时数月，因此检察机关在批准逮捕和审查起诉阶段应特别注重的是对赃款物的再审查，以确保追赃效果的最大化。一方面是根据在案证据审查可能的追赃线索，遇到公安机关遗漏的线索应及时建议补充侦查；另一方面是对于已经扣押在案的赃款赃物应予以充分审查，及时办理续封、续冻手续，确保不因为司法周期的原因而导致查封、冻结期满未续封、续冻。最后，在审查起诉阶段检察机关亦应对投资人的权利义务进行再次告知，对投资人的情绪合理疏导，对于可能无法追回的投资款，向社会公示救济渠道，引导投资者通过合法途径解决。

3. 审判阶段。刑罚作为社会的最后防卫手段，应当秉持谦抑原则，在司法解释出台关于集资诈骗罪之非法占有故意的推定标准之前，在司法审判程序过程中，应坚持有利于被告人的原则，一方面对主要行为人或首要分子，应依据其集资手段、赃款去向、本息偿付能力、集资时间长短等因素综合判断其是否有非法占有的故意；另一方面应对于集资有辅助作用的人员，不但对于其非法占有的故意应审慎认定，对于其非法吸收公众存款的故意亦应有充分证据方能认定。司法实践中，审判机关一要注意赃款物的审查保全，及时续封、续冻，避免造成更大的损失。二是注意投资人的情绪稳控、疏导及释法说理。三是该类案件一般社会影响较大，备受舆论关注，要注意平衡不同案件之间的裁判标准，依法依理裁判，避免被舆论裹挟。特别是同样的案件由于涉及面广，波及全国多地而拆分在不同法院间审理的，更是要注重沟通协调，避免出现同案不同判的情况。四是在赃款物的处理方面，要依法追缴被告人及相关人员[①]的违法所得，用于发还投资人。扣押在案的赃款物不足以发还的，应按比例发还。

4. 信访阶段。建立安抚为主、救济为辅的情绪稳控机制：对于信访缠访的处理，应以法律规定为准绳、以司法认定基础及通常处置手法为依据，在申明法律、政策规定、司法认定等细节的前提下，对于投资人的无理要求坚决拒绝，以防其产生缠访、闹访可以突破法律、政策规定、突破司法认定的错误想法。同时对于确因错误投资而影响生活的投资人，可以从社会救助的渠道给予其必要的生活帮助。

结 语

风险是金融的本质属性之一，某种意义上，可以说金融就是“信用＋风险”的综合体。习近平总书记在 2017 年 7 月 14 日召开的全国金融工作会议上强调“要切实把维护金融安全作为治国理政的一件大事，将主动防范化解系统性金融风险放在更加重要的位置，着力完善金融安全防线和风险应急处置机制，扎扎实实把金融稳定发展工作做好”。我们要正视一切监管都不可能消灭风险，而只能管控风险这 客观规律，基于非法集资类犯罪是民间金融快

---

① 最高人民法院、最高人民检察院、公安部关于办理非法集资刑事案件适用法律若干问题的意见（公通字〔2014〕16 号）第 2 款 将非法吸收的资金及其转换财物用于清偿债务或者转让给他人，有下列情形之一的，应当依法追缴：（一）他人明知是上述资金及财物而收取的；（二）他人无偿取得上述资金及财物的；（三）他人以明显低于市场的价格取得上述资金及财物的；四）他人取得上述资金及财物系源于非法债务或者违法犯罪活动的；（五）其他依法应当追缴的情形。

速发展的伴生品的正确认识制定出台监管政策。在秉承保护金融交易自由的定位下，对非法集资的行为应当采取金融交易本位主义的监管政策，遵循“有效管控风险，确保不发生系统性金融风险”这一基本的定位，综合运用其他政策手段实施综合治理。刑法作为国之重器，打击金融犯罪应当秉持罪刑法定原则及其谦抑精神，一方面明确相关犯罪行为之边界，令民众有法可依，知所进退；另一方面对市场的自由交易行为给予必要的包容及宽宥，呵护市场合理创新。相信在党中央对金融工作的集中统一领导下，正确处理好金融稳定、改革与发展的关系，强化源头治理，形成综合治理的强大合力，一定能够遏制非法集资类犯罪高发的态势，将民间资金真正引导到实体经济以及社会发展最需要的地方去。

二、案例

被告人林向荣、王升超、刘兆文、王梅燕、林俊辉、林仕杰、严辉、严锦销售假冒注册商标的商品案

——销售假冒注册商标的商品犯罪中部分销售部分未销售的犯罪形态的认定

刘德芬[①]

裁判要点

在销售假冒注册商标的商品犯罪的案件中,查获了被告人尚未销售的假冒商品,同时查明了已经销售的数额,这种情况下如何认定被告人的犯罪形态?

相关法条

《中华人民共和国刑法》第 214 条、第 23 条、第 25 条第 1 款、第 26 条第 1 款、第 4 款、第 27 条、第 67 条第 1 款、第 3 款、第 64 条;《最高人民法院最高人民检察院关于办理侵犯知识产权刑事案件具体应用法律若干问题的解释》第 2 条

案件索引

一审:福建省厦门市思明区人民法院〔2011〕思刑初字第 274 号(2012 年 8 月 17 日)

① 刘德芬,思明法院专职审判委员会委员。此案例为最高人民检察院发布的 2012 年打击侵权知识产权犯罪十大典型案例之一。

基本案情

公诉机关厦门市思明区人民检察院。

被告人林向荣，男，1976年8月19日出生，汉族，大学文化程度，无业，户籍地福建省厦门市海沧区××村×社××8号，家住厦门市海沧区××花园××室。因涉嫌犯销售假冒注册商标的商品罪，于2010年12月7日被刑事拘留，2011年1月12日被逮捕，2011年3月23日被取保候审，2012年7月24日被逮捕。

辩护人林联铨、陈力舟，福建天衡联合律师事务所律师。

被告人王升超，男，1985年12月12日出生，汉族，中专文化程度，无业，户籍地福建省福州市××区××镇××村××号，暂住厦门市思明区××苑××号××室。因涉嫌犯销售假冒注册商标的商品罪，于2011年1月5日被刑事拘留，2011年1月31日被逮捕。

辩护人林尚敏、郑宝珠，福建厦门宏信律师事务所律师。

被告人刘兆文(外号大头)，男，1986年4月15日出生，汉族，大学文化程度，无业，户籍地福建省武平县××乡××村××组××号，暂住厦门市思明区××路××号××花园××室。因涉嫌犯销售假冒注册商标的商品罪，于2010年8月30日被刑事拘留，2010年9月30日被逮捕。

辩护人谢光东，福建金海湾律师事务所律师。

被告人王梅燕，女，1984年8月25日出生，汉族，初中文化程度，无业，户籍地福建省福州市××区××镇××号，暂住厦门市思明区××苑××号××室。因涉嫌犯销售假冒注册商标的商品罪，于2010年8月30日被刑事拘留，2010年9月30日被逮捕。

辩护人肖凤珠，福建厦门宏信律师事务所律师。

辩护人黄建伟，福建理海律师事务所律师。

被告人林俊辉(外号老三)，男，1988年2月3日出生，汉族，大专文化程度，无业，户籍地福建省龙海市××镇××村××号，暂住厦门市思明区××路××号××花园××室。因涉嫌犯销售假冒注册商标的商品罪，于2010年8月30日被刑事拘留，2010年9月30日被逮捕。

被告人林仕杰(外号老四)，男，1989年1月10日出生，汉族，大专文化程度，无业，户籍地福建省福鼎市××街道××村××号，暂住厦门市思明区××路××号××花园××室。因涉嫌犯销售假冒注册商标的商品罪，于2010年8月30日被刑事拘留，2010年9月30日被逮捕。

辩护人袁小芳，福建中大成律师事务所律师。

被告人严辉，男，1988年11月30日出生，汉族，高中文化程度，户籍地福建省福州市××区××镇××村××号，暂住厦门市思明区××路××号××花园××室。因涉嫌犯销售假冒注册商标的商品罪，于2010年8月30日被刑事拘留，2010年9月30日被逮捕。

辩护人刘军锋、陈荣洋，福建厦门宏信律师事务所律师。

被告人严锦，男，1985年10月5日出生，汉族，高中文化程度，户籍地福建省福州市××区××镇××村××号，暂住厦门市思明区××路××号××花园××室。因涉嫌犯销售假冒注册商标的商品罪,于2010年8月30日被刑事拘留,2010年9月30日被逮捕。

辩护人王荣文,福建厦门宏信律师事务所律师。

厦门市思明区人民检察院以厦思检刑诉〔2011〕第186号起诉书,指控被告人林向荣、王升超、刘兆文、王梅燕、林俊辉、林仕杰、严辉、严锦犯销售假冒注册商标的商品罪,于2011年3月24日向福建省厦门市思明区人民法院提起公诉。福建省厦门市思明区人民法院受理后,依法组成合议庭,采用普通程序简化审的方式,公开开庭审理了本案。厦门市思明区人民检察院指派检察员陈新出庭支持公诉。被告人林向荣、王升超、刘兆文、王梅燕、林俊辉、林仕杰、严辉、严锦及其辩护人均到庭参加诉讼。现已审理终结。

经审理查明,2009年至2010年间,被告人林向荣、王升超、刘兆文、王梅燕、林俊辉、林仕杰、严辉、严锦先后伙同徐军(化名王平)、"小丽"、宋明(均另案处理)共同或单独在福州、厦门两地,通过网络销售假冒美国康沃斯公司在中国注册的"CONVERSE"商标的胶鞋。其中:

(一)共同犯罪事实

1. 被告人林向荣伙同徐军、王升超、刘兆文、王梅燕、"小丽"、林俊辉、林仕杰、严辉、严锦、宋明等人在厦门共同销售假冒注册商标的商品:2010年7月中旬,被告人林向荣先后共出资人民币335万元收购了徐军、王升超库存的假冒"CONVERSE"注册商标的胶鞋准备用于销售。2010年8月1—29日间,林向荣、王升超、徐军等人先后租赁厦门市湖里区鹭滨大厦1005室、裕成大厦地下二层、厦门市思明区前埔刘高山地块4号楼4楼作为统一销售的办公室及仓库,并雇请了被告人刘兆文、王梅燕、林俊辉、林仕杰、严辉、严锦、"小丽"、宋明等人,由徐军生产、提供货源,王升超负责销售,刘兆文负责运输及后勤,王梅燕、"小丽"负责联络客户、打印快递单据、接收货款等客服工作,林俊辉等人则负责仓库配货、搬运、打包货物并交付快递等工作,通过淘宝网店"匡威校长123""匡威专卖商"等,共同销售胶鞋。经统计,上述被告人共计销售假冒"CONVERSE"注册商标的胶鞋20916双,销售金额共计人民币1009079元。

2. 被告人王升超伙同王梅燕、宋明、严辉、严锦、"小丽"在福州共同销售假冒注册商标商品:2009年4月起至2010年7月底,被告人王升超先后伙同被告人王梅燕、严辉、严锦、"小丽"在福州市仓山区首山路碧海园B2区3楼101单元等地,由王升超负责进货、销售,王梅燕、"小丽"负责客服,宋明、严辉、严锦负责仓库,通过淘宝网店"城门鞋业""匡威校长123"进行销售。经统计,2010年1月1日至7月31日,被告人王升超、王梅燕共计销售假冒"CONVERSE"注册商标的胶鞋55918双,销售金额共计人民币3511388元。

2010年4月1日至7月31日,被告人严辉参与销售假冒"CONVERSE"注册商标的胶鞋34336双,销售金额共计人民币2147326元。

2010年7月10日至31日,被告人严锦参与销售假冒"CONVERSE"注册商标的胶鞋5716双,销售金额共计人民币337712元。

2010年7月初,被告人王升超提议由被告人严锦出资人民币45000元购买假冒"CONVERSE"的"新百年"系列胶鞋进行销售,销售利润共计人民币6600余元。被告人严锦除本金外分得利润人民币4000余元。

3. 被告人刘兆文伙同林俊辉、林仕杰在厦门共同销售假冒注册商标的商品:2009年8

月初，徐军先后伙同被告人刘兆文、林俊辉、林仕杰通过设在厦门市湖里区××路××号××大厦513室、1005室的办公室及××大厦地下二层的仓库，由徐军负责生产、组织货源，刘兆文、林俊辉、林仕杰共同负责客服和仓库，在淘宝网上通过网店“匡威专卖商”进行销售。经统计，2009年8月5日至2010年7月31日，被告人刘兆文、林俊辉共同参与销售假冒“CONVERSE”注册商标的胶鞋100688双，销售金额共计人民币4911021元。2010年4月1日至7月31日，被告人林仕杰共计参与销售假冒“CONVERSE”注册商标的胶鞋56242双，销售金额共计人民币2609007元。上述“匡威专卖商”网店销售收入汇入其绑定的徐军女友李萌的银行账户内。“城门鞋业”销售收入则汇入王升超、王梅燕的银行账户内。

(二)单独犯罪事实

1. 被告人王升超销售假冒“CONVERSE”注册商标的胶鞋给林向荣：2010年7月底，被告人王升超以人民币75万元的价格将存放在福州市仓山区首山路一民房的仓库内的假冒“CONVERSE”注册商标的胶鞋(约1万双)全部销售给被告人林向荣，由林向荣提供运费将鞋运至设在厦门的仓库内予以共同销售。

2. 被告人林俊辉销售“CONVERSE”注册商标的胶鞋：2010年4月16日至8月29日，被告人林俊辉采取向被告人刘兆文购买胶鞋，通过其开设的“三弦畅想”网店进行销售的手段，共计销售假冒“CONVERSE”注册商标的胶鞋8097双，销售金额共计人民币375047元。

3. 被告人林仕杰销售假冒“CONVERSE”注册商标的胶鞋：2010年4月15日至2010年8月29日，被告人林仕杰采取向被告人刘兆文购买胶鞋，通过其开设的“a7856230”网店进行销售的手段，共计销售假冒“CONVERSE”注册商标的胶鞋5271双，销售金额共计人民币255461元。

2010年8月30日上午9时，厦门市思明工商局在思明区××路××号××室查获假冒“CONVERSE”牌的胶鞋15双及涉嫌销售假冒伪劣产品的嫌疑人刘兆文、林俊辉、林仕杰、严锦、严辉，并于当日上午10时许在本市思明区前埔×××校四楼查获假冒“CONVERSE”牌的胶鞋81000双(货值金额18788574元，其中鞋盒上有标价的货值金额共计人民币17830180元，无标价的最低销售额958394元)，并抓获涉嫌售假的嫌疑人王梅燕。同时扣押了作案工具计算机主机6台、惠普笔记本电脑2台、SONY笔记本电脑1台、U盘1个、U盾1个、无线上网卡1个。

经“CONVERSE”商标权利人康沃斯公司的代理人耐克体育(中国)有限公司鉴定，上述81015双胶鞋系假冒康沃斯公司“CONVERSE”注册商标的产品。

2010年12月7日20时许，被告人林向荣在福建省武平县长深高速岩前公安检查站被公安人员抓获归案。2011年1月5日15时许，被告人王升超主动到公安机关投案。

本案查获的81015双假冒“CONVERSE”商标胶鞋，厦门市思明区工商局已处理43100双，其余37915双未处理。

厦门市公安局思明分局于2011年2月28日对用于寄存本案销售假冒“CONVERSE”商标胶鞋货款的王继红名下卡号为6227001935830072715的建行卡内人民币309266.01元进行了冻结。

以上事实，被告人林向荣、王升超、刘兆文、王梅燕、林俊辉、林仕杰、严辉、严锦在开庭审理中均无异议，且有各被告人的庭前供述；证人陆向林、汤颖飞、申屠卫国、陈钿宫、陈春、郭明辉、李伟煊、王立贵、何月富、王锦辉、兰海平、谢炳鑫、史志铭、李艳静的证言;《商标注册证》《企业法人营业执照》《房屋租赁协议》《货物运输合同》及扣押清单、取证笔录、接受证据清单、网上追逃人员信息登记表、银行卡交易明细查询表、账户冻结资料等书证;耐克体育(中国)有限公司《鉴定书》、福建中证司法鉴定中心《司法鉴定检验报告书》、厦门市诚兴德会计师事务所《专项审计报告》、厦门市产品质量监督检验院《检验报告》等鉴定结论;现场笔录、现场照片、鞋盒标价照片等勘验、检查笔录;户籍证明、公安机关工作说明、诉讼文书等在案证据证实。本案事实清楚,证据确实充分,足以认定。

裁判结果

福建省厦门市思明区人民法院于 2012 年 8 月 17 日做出〔2011〕思刑初字第 274 号《刑事判决书》,判决如下:(1)被告人林向荣犯销售假冒注册商标的商品罪,判处有期徒刑 6 年,并处罚金人民币 350 万元;(2)被告人王升超犯销售假冒注册商标的商品罪,判处有期徒刑 6 年,并处罚金人民币 400 万元;(3)被告人刘兆文犯销售假冒注册商标的商品罪,判处有期徒刑 3 年,缓刑 3 年,并处罚金人民币 30 万元;(4)被告人王梅燕犯销售假冒注册商标的商品罪,判处有期徒刑 2 年 6 个月,缓刑 3 年,并处罚金人民币 25 万元;(5)被告人林俊辉犯销售假冒注册商标的商品罪,判处有期徒刑 4 年,并处罚金人民币 50 万元;(6)被告人林仕杰犯销售假冒注册商标的商品罪,判处有期徒刑 3 年 6 个月,并处罚金人民币 40 万元;(7)被告人严辉犯销售假冒注册商标的商品罪,判处有期徒刑 2 年 6 个月,缓刑 3 年,并处罚金人民币 20 万元;(8)被告人严锦犯销售假冒注册商标的商品罪,判处有期徒刑 2 年,缓刑 2 年 6 个月,并处罚金人民币 10 万元;(9)扣押在案的赃物假冒“CONVERSE”商标胶鞋 37915 双予以没收。违法所得人民币 309266.01 元予以追缴。作案工具计算机主机 6 台、惠普笔记本电脑 2 台、SONY 笔记本电脑 1 台、U 盘 1 个、U 盾 1 个、无线上网卡 1 个予以没收。

宣判后,各个被告人均未提出上诉,公诉机关亦未提出抗诉。

裁判理由

福建省厦门市思明区人民法院的生效判决认为,被告人林向荣、王升超、刘兆文、王梅燕、林俊辉、林仕杰、严辉、严锦明知是假冒注册商标的商品,先后共同或单独在福州、厦门两地予以销售,其中被告人林向荣已销售金额为 1009079 元,被告人王升超已销售金额为 5270467 元,被告人刘兆文已销售金额为 5920100 元,被告人王梅燕已销售金额为 4520467 元,被告人林俊辉已销售金额为 6295147 元,被告人林仕杰已销售金额为 3873547 元,被告人严辉已销售金额为 3156405 元,被告人严锦已销售金额为 1346791 元,被告人林向荣、王升超、刘兆文、王梅燕、林俊辉、林仕杰、严辉、严锦尚未销售的假冒注册商标的商品,货值金额共计人民币 18788574 元,其行为均已构成销售假冒注册商标的商品罪。公诉机关指控的罪名成立,应当予以支持。在被告人林向荣、王升超、刘兆文、王梅燕、林俊辉、林仕杰、严辉、严锦伙同徐军、“小丽”及宋明在厦门销售假冒注册商标商品的共同犯罪中,林向荣是出资人,林向荣、徐军和王升超是主要组织者,也是非法利润获取者,三人系共同犯罪的组织领导者，系主犯，被告人刘兆文、王梅燕、林俊辉、林仕杰、严辉、严锦等人均受雇于林向荣，从事销售假冒商品的具体工作，各自在共同犯罪中起辅助、协同作用，系从犯，依法应当从轻、减轻或免除处罚。对于货值为18788574元的尚未销售部分，各被告人系犯罪未遂，依法可以比照既遂犯从轻或者减轻处罚。在被告人王升超伙同王梅燕、宋明、严辉、严锦、“小丽”在福州销售假冒注册商标商品的共同犯罪中，被告人王升超为出资人、组织者和非法利润获得者，系主犯，被告人王梅燕、严辉、严锦均系受雇于王升超从事具体的销售工作，各自在共同犯罪中起辅助、协同作用，系从犯，依法应当从轻、减轻或免除处罚。在徐军伙同被告人刘兆文、林俊辉、林仕杰在厦门销售假冒注册商标商品的共同犯罪中，徐军为出资者、货源组织者和各被告人的雇主，系主犯，被告人刘兆文、林俊辉、林仕杰均受雇于徐军，从事具体的销售工作，系从犯，依法应当从轻、减轻或免除处罚。关于各辩护人提出的“未销售部分的货物金额按鞋盒上的标价计算不合理”的意见，起诉书指控的金额是货值金额而非销售金额，公诉机关计算侵权产品的货值金额选择按标价计算，符合法律的相关规定，公诉机关的指控并无不当，辩护人的该辩护意见不能成立。关于林仕杰辩护人提出的对林仕杰构成共同犯罪之外还存在单独犯罪行为的指控系重复认定的意见，福建省厦门市思明区人民法院认为，林仕杰个人开设网店销售假冒注册商标的胶鞋，是八人团伙共同犯罪之外的独立销售行为，该行为并非共同犯罪的一部分，不存在重复认定，故辩护人关于对林仕杰单独犯罪行为的指控系重复认定的意见不予采纳。被告人王升超犯罪以后自动投案，如实供述自己的罪行，系自首，依法可以从轻或减轻处罚。扣押在案的赃物应予没收，违法所得应予追缴，作案工具应予没收。

案例注解

本案中，查获了被告人尚未销售的假冒注册商标的商品货值金额达18788574元，因为这部分的商品尚未实际售出，未流入市场，尚未对商标权利人和消费者构成实际损害，因此应当属于已经实施犯罪行为，但是因为意志以外的原因未能得逞的情况，但是未销售的货值金额巨大，应当属于犯罪未遂。对于查明的已经销售的部分，毫无疑问应当构成犯罪既遂。问题在于，被告人部分属于犯罪未遂，部分属于既遂，应当如何处理？有人认为，根据刑法的相关原理，在同一个案件中，只要有部分既遂了，就应当全案认定为犯罪既遂；有的人则认为，应当根据实际情况分别认定。如果分别认定，在量刑上又该如何处理？对此，最高人民法院、最高人民检察院、公安部在2011年发布了一个《关于办理侵犯知识产权刑事案件适用法律若干问题的意见》，其中第8条规定，“关于销售假冒注册商标的商品犯罪案件中尚未销售或者部分销售情形的定罪量刑问题销售明知是假冒注册商标的商品，具有下列情形之一的，依照刑法第二百一十四条的规定，以销售假冒注册商标的商品罪（未遂）定罪处罚：

（一）假冒注册商标的商品尚未销售，货值金额在十五万元以上的；

（二）假冒注册商标的商品部分销售，已销售金额不满五万元，但与尚未销售的假冒注册商标的商品的货值金额合计在十五万元以上的。

……

销售金额和未销售货值金额分别达到不同的法定刑幅度或者均达到同一法定刑幅度

的，在处罚较重的法定刑或者同一法定刑幅度内酌情从重处罚”。因此，对于这种情况，司法解释是规定按处罚较重的量刑幅度处理，并且对另一部分作为酌情从重考虑的情节。

（一审合议庭成员：刘德芬、白良德、曾争志）

被告人卢云娟、方银春非法行医案

(非法进行胎儿性别鉴定是否属于非法行医)

许晓琳[①]

一、首部

1. 判决书字号:福建省厦门市思明区人民法院〔2013〕思刑初字第964号

2.案由:非法行医

3.诉讼双方

公诉机关:福建省厦门市思明区人民检察院,代理检察员萧作民。

被告人卢云娟,女,1981年2月15日出生于福建省永定县,公民身份证号码为×××,汉族,中专文化,无固定职业,家住厦门市思明区××里××号××室。因本案于2013年1月4日被刑事拘留,同年2月7日被逮捕。

辩护人杨先学,福建志远律师事务所律师。

被告人方银春,女,1979年11月14日出生于福建省云霄县,公民身份证号码为×××,汉族,中专文化,无固定职业,家住福建省云霄县××镇××村××号。因本案于2013年3月12日被刑事拘留,同年4月19日被逮捕。

辩护人黄勇清,福建自立律师事务所律师。

4.审级:一审

5.审判机关和审判组织

审判机关:福建省厦门市思明区人民法院。

合议庭组成人员:审判长许晓琳、代理审判员吴闽特、人民陪审员许莉。

6.审结时间:2013年9月9日。

二、诉辩主张

1.公诉机关指控:被告人方银春、卢云娟在未取得医师资格的情况下,经共同预谋,决定为孕妇抽取血样,并转交给广东省深圳市某机构以鉴定胎儿性别。7月30日至2012年11月25日间,被告人卢云娟以每例人民币5500元左右的价格,帮158名孕妇(其中包括卢云娟自己)抽取血样,连同鉴定费转交被告人方银春;方银春亦自行抽取了一名孕妇血样,而后,方银春将血样提交用于鉴定胎儿性别。卢云娟、方银春的共同行为导致4名孕妇因得知

① 许晓琳,思明法院法官。此案例收录于《中国审判案例要览》2014年卷。

怀女胎而流产。2012 年 11 月 25 日,被告人卢云娟在停放于本市思明区仙岳医院门口附近的闽 D×××××号小轿车内为孕妇抽取血样时,被思明区卫生局执法人员当场查获,所用的血常规试管、血样采集针等作案工具及当日收取的鉴定费人民币 23800 元被缴获。2013 年 3 月 12 日,被告人方银春主动向厦门市公安机关投案,到案后如实供述了上述事实。经厦门市卫生局认定,以采集孕妇静脉血方式进行非医学需要胎儿性别鉴定的行为,属诊疗行为。

庭审中,公诉机关进一步指控认定方银春自行抽取孕妇血样的行为导致 1 名孕妇因得知怀女胎而流产。

2.被告人卢云娟、方银春对指控的事实和罪名均无异议。被告人卢云娟的辩护人认为卢云娟的犯罪情节轻微,认罪态度好,请求法庭对其从轻处罚。

被告人方银春的辩护人认为方银春的主观恶性不大、行为的危害后果较小,且具有自首情节,悔罪态度良好,建议法庭对其从轻处罚并宣告缓刑。

三、事实和证据

福建省厦门市思明区人民法院经公开审理查明:被告人卢云娟、方银春未取得医生执业资格。卢云娟、方银春经预谋,决定采取为孕妇抽取血样并转交他人检测的方式,以鉴定胎儿性别牟利。2012 年 7 月至 11 月间,卢云娟先后在停放于本市思明区仙岳医院、五一广场及湖里区 SM 广场、水上乐园停车场等处的车辆内为 157 名孕妇抽取血样,并按每例人民币 5000 元或 5500 元的价格收取费用,之后,由方银春以每例人民币 4000 元的标准将血样及相关费用转交他人用于鉴定胎儿性别。其间,方银春自行为卢云娟及另一名孕妇抽取血样。4 名由卢云娟抽取血样的孕妇因得知怀女胎而流产,1 名由方银春自行抽取血样的孕妇因得知怀女胎而流产。卢云娟从上述行为中获利人民币 87500 元,方银春从上述行为中获利人民币 79000 元。经厦门市卫生局认定,以采集孕妇静脉血方式进行非医学需要胎儿性别鉴定的行为,属诊疗行为。

2012 年 11 月 25 日,被告人卢云娟在停放于仙岳医院门口附近的闽 D×××××号小轿车内为孕妇抽取血样时,被思明区卫生局执法人员当场查获,抽血所用的血常规试管、血样采集针、皮肤消毒剂、联系作案的手机及当日收取的费用人民币 23800 元同被缴获。2013 年 1 月 4 日,厦门市公安局思明分局治安大队在思明区卫生监督所将接受调查的卢云娟抓获归案,并于同月 29 日冻结了卢云娟在中国农业银行的存款(账户为××××)人民币 177059.88 元。2013 年 3 月 12 日,被告人方银春主动向厦门市公安局思明分局治安大队投案并如实供述了本案事实。

本案在审理期间,被告人方银春的亲属代为退缴违法所得人民币 79000 元。

上述事实有下列证据证明:

1. 被告人卢云娟、方银春的供述及辨认笔录、照片反映二人非法鉴定胎儿性别的时间、地点及手段等事实。

2. 证人(略)等人的证言及辨认笔录、照片反映卢云娟、方银春为多名孕妇抽取血样以鉴定胎儿性别的过程。

3. 医师职业注册联网管理系统查询资料反映卢云娟、方银春未取得医生执业资格。

4. 短信记录及截图反映卢云娟联系相关人员作案的情况。

5. 笔记本反映卢云娟对其抽血人员的记载情况。

6. 血常规试管、血样采集针、皮肤消毒剂、棉签、手机、人民币 23800 元及其扣押清单反映卢云娟作案所用的工具及被抓当日的非法所得情况。

7. 母血清筛选报告反映 158 名孕妇血样的检测结果。

8. 门诊病历材料反映 5 名妇女流产的情况。

9.《厦门市卫生局关于静脉采血鉴定胎儿性别有关问题的批复》、厦门市思明区卫生局出具的非法行医认定书反映卢云娟、方银春二人采集孕妇静脉血方式进行非医学需要胎儿性别鉴定的行为属诊疗行为。

10. 银行账户查询及冻结存款材料反映警方对卢云娟相关账户的冻结情况，暂存款专用票据反映方银春的家属代为退赃情况。

11. 有关到案经过及侦查工作的情况说明反映本案二被告人到案及侦查情况，户籍信息反映二被告人的自然身份情况。

四、判案理由

福建省厦门市思明区人民法院经审理认为：被告人卢云娟、方银春未取得医师执业资格，非法行医，情节严重，其行为均已构成非法行医罪，结伙作案部分系共同犯罪。公诉机关指控的罪名成立，应予以支持。被告人卢云娟到案后能如实供述犯罪事实并当庭自愿认罪，具有一定悔罪表现，可对其从轻处罚。辩护人有关对被告人卢云娟从轻处罚的意见可予采纳。被告人方银春犯罪后能自动投案并如实供述犯罪事实，系自首，且通过家属退缴违法所得，具有一定悔罪表现，可对其从轻处罚。辩护人有关对被告人方银春从轻处罚的意见可予采纳，但请求宣告缓刑的意见显然忽视了被告人一伙采集血样所用工具来源不明、涉案孕妇众多而对公共卫生秩序造成相当程度的危害等情节，不予支持。

五、定案结论

福建省厦门市思明区人民法院依照《中华人民共和国刑法》第 336 条第 1 款，第 25 条第 1 款，第 67 条第 1 款、第 3 款及第 64 条的规定，作出如下判决：

1. 被告人卢云娟犯非法行医罪，判处有期徒刑 9 个月，并处罚金人民币 5000 元。

2. 被告人方银春犯非法行医罪，判处有期徒刑 7 个月，并处罚金人民币 4000 元。

3. 冻结在案的被告人卢云娟的中国农业银行存款人民币 177059.88 元，其中人民币 87500 元作为违法所得予以没收，人民币 5000 元用于充抵罚金，剩余款项发还给被告人卢云娟。

4. 扣押在案的违法所得人民币 102800 元予以没收。

5. 扣押在案的血常规试管 36 支、血样采集针 14 支、安尔碘伏皮肤消毒剂 1 瓶、医用棉签 6 袋及诺基亚牌 2322 型手机、三星牌 GT-S3970 型手机、三星牌 S5570 型手机各 1 部予以没收。

六、解说

本案涉及非法鉴定胎儿性别并导致妇女引产的行为是否应当判定为非法行医罪的问题。我国《刑法》第 336 条规定了非法行医罪,但没有明确界定非法行医罪行为的标准。2008 年 5 月最高人民法院公布了《最高人民法院关于审理非法行医刑事案件具体应用法律若干问题的解释》(以下简称《解释》),细化了刑法关于非法行医罪的认定标准,明确了主体和客观方面,使该罪名的认定有了清晰的参照标准。根据该司法解释,非法行医罪的主体、严重情节、损害程度都有了可量化的操作标准①。

1. 本案中采集孕妇静脉血方式进行非医学需要胎儿性别鉴定的行为是否为非法行医行为

《解释》规定:具有下列情形之一的,应认定为《刑法》第 336 条第 1 款规定的未取得医生执业资格的人非法行医:"(一)未取得或者以非法手段取得医师资格从事医疗活动的;(二)个人未取得《医疗机构执业许可证》开办医疗机构的;(三)被依法吊销医师执业证书期间从事医疗活动的;(四)未取得乡村医生执业证书,从事乡村医疗活动的;(五)家庭接生员实施家庭接生以外的医疗行为的。"

本案中的被告人卢云娟、方银春以采集孕妇静脉血方式进行非医学需要胎儿性别鉴定的这一行为已经厦门市卫生局认定,属诊疗行为,而诊疗行为属于医疗活动的一个环节,故本案被告人卢云娟、方银春的行为属于从事医疗活动的行为。卢云娟、方银春未取得医师执业资格从事医疗活动的行为属于《解释》规定的未取得医生执业资格的人非法行医的情形之一,因此,本案中卢云娟、方银春的行为属于非法行医。

2. 非医学需要胎儿性别鉴定行为应否规定为犯罪

虽然我国《刑法》没有规定将非医学需要胎儿性别鉴定行为纳入非法行医罪,但是在我国其他法律法规已明确规定禁止非医学需要胎儿鉴定。早在 1995 年我国就颁布了《母婴保健法》,对非法鉴定胎儿的行为做了禁止性规定,第 32 条就规定"严禁采用技术手段对胎儿进行性别鉴定,但医学上确有需要的除外"。2002 年国家计生委颁布的《关于禁止非医学需要的胎儿性别鉴定和选择性别的人工终止妊娠的规定》第 3 条规定,非医学需要的胎儿性别鉴定和人工终止妊娠的行为在我国是被严令禁止的。此外,《中华人民共和国人口与计划生育法》《计划生育技术服务管理条例》《中华人民共和国母婴保健法实施办法》等法律法规也禁止非医学需要的性别鉴定和选择性别的终止妊娠行为。从非医学需要胎儿鉴定行为对社会的影响来说,非医学需要胎儿鉴定行为将导致我国人口结构畸形,男女比重严重失衡,同时使孕妇身体健康受到严重危害,具有严重的社会危害性。结合《宪法》尊重和保障人权、《刑法》的精神原则及非医学需要胎儿鉴定的社会危害性来说,非法进行非医学需要胎儿鉴定应当入罪。

---

① 张道许:《非法行医案件中行政执法与刑事司法的衔接——兼评最高人民法院有关司法解释》,载《行政法学研究》2012 年第 2 期。

3. 本案不属于非法进行节育手术罪

《刑法》第 336 条第 2 款有关非法进行节育手术罪的相关规定，尚未取得医生职业资格的人擅自为别人进行终止妊娠手术或者与此相关的手术的，除单处或者并处罚金之外，可能被处以有期徒刑、管制或者是拘役，严重危害人身健康的更有可能被判处十年以上有期徒刑。非法进行节育手术罪的行为表现为未取得医生执业资格的人擅自为他人进行节育复通手术、假节育手术、终止妊娠手术或者摘取宫内节育器的行为。

从客观上说，本案中卢云娟、方银春采集妇女血样进行非医学需要胎儿性别鉴定的行为后果是导致 4 名孕妇流产、终止妊娠，但这是犯罪行为之外的、间接发生的行为后果，而非两被告人的实行行为，且两被告人亦未给 4 名孕妇进行中止妊娠手术。从主观上来说，4 名孕妇在知道胎儿性别后去进行堕胎与否，不是两被告人的主观意志所能决定的，是超出两被告人的主观意志范围之外的结果，也不是两被告人的犯罪目的。

无论主观之于客观，还是客观反映主观，两被告人既没有终止妊娠手术的行为，也没有希望孕妇堕胎的主观动机，因此，本案不属于非法进行节育手术罪。

综上所述，被告人卢云娟、方银春未取得医师资格证而采取孕妇血液进行非医学需要胎儿鉴定，属于未取得医生执业资格的人非法行医。两被告人的行为危害了不特定人群的生命健康权，擅自采取医疗器械进行抽取血样，孕妇健康、卫生没有保障，某种程度上给社会公共卫生带来了一定损害。两被告人的非法行医行为间接导致 4 名孕妇因获知所怀是女婴后堕胎，情节严重，并危及妇女的身心健康，带来了严重的不良社会影响，具有严重的社会危害性。根据《刑法》第 336 条的规定，未取得医生执业资格的人非法行医，情节严重的，处三年以下有期徒刑、拘役或者管制，并处或者单处罚金。

被告单位厦门丸酷斯商贸有限公司、被告人骆立新等三人销售假冒注册商标的商品罪

倪宗泽[①]

一、案情简介

2011 年 9 月,被告人骆立新、白高元、丁伟共同成立了厦门丸酷斯商贸有限公司,以厦门市湖里区××路××号五楼作为销售点并租赁××社××号之一四楼作为仓库,销售“耐克”运动鞋。2012 年 1 月至 2013 年 9 月间,被告单位厦门丸酷斯商贸有限公司为了谋取非法利益,购进明知是假冒“耐克”运动鞋销售给知名电商,销售金额共计人民币 30551048.4 元。2013 年 10 月 16 日,公安人员从厦门丸酷斯商贸有限公司抓获被告人骆立新、白高元、丁伟,并从该公司及仓库查获贴有“耐克”品牌商标的运动鞋共计 13472 双,查获的“耐克”鞋经注册商标所有人耐克(中国)体育有限公司鉴定,均系假冒注册商标的商品。吊牌价共计人民币 9953516 元。

二、裁判结果

经审理认为,被告单位厦门丸酷斯商贸有限公司销售明知是假冒注册商标的商品而予以销售,其中已销售金额为人民币 30551048.4 元,尚未销售的假冒注册商标商品货值金额共计人民币 9953516 元,均系数额巨大;被告人骆立新、白高元、丁伟在被告单位厦门丸酷斯商贸有限公司实施犯罪过程中起决定作用,系单位犯罪直接负责的主管人员,被告单位厦门丸酷斯商贸有限公司和被告人骆立新、白高元、丁伟的行为均已构成销售假冒注册商标的商品罪。依法判处被告单位厦门丸酷斯商贸有限公司罚金人民币 1000 万元;并对骆立新等 3 名被告人均判处有期徒刑 5 年 6 个月,并处罚金人民币 200 万元。

三、典型意义

随着消费观念的转变,网上购物在整体消费中占比越来越大,电商平台售假极大损害了消费者的合法权益,也侵害了商标权人的利益,严重破坏了市场秩序。本案涉案金额巨大,案情错综复杂,且涉及知名电商,社会影响大。思明法院公开公正审结此起案件,严厉惩处

---

① 倪宗泽,思明法院法官。此案获评 2015 年度福建法院十大典型案例,并被中国外商投资企业协会优质品牌保护委员会评为“2014—2015 年度知识产权保护最佳案例”。

了售假犯罪分子，有力地维护了消费者的合法权益，净化了网络购物环境，规范了市场秩序。该案件涉案金额高，所涉品牌影响力大，该案被中国外商投资企业协会优质品牌保护委员会评选为“2014—2015年度知识产权保护最佳案例”，这是福建省基层法院的案例首次入选该国家级的荣誉。以该案为基础撰写的《思明法院反映知名电商平台售假问题严重应重视》信息被福建省委采用，该案所反映的电商售假问题在打击假冒伪劣产品案件中具有突出的代表性。

曾某故意伤害案

——未成年人故意杀人主观故意的认定

方晋晔、林鸿①

裁判要点

本案是一起未成年人弑父的案件。未成年人心智尚未发育成熟,其"主观故意"应综合发案原因、双方关系以及行为发展过程等进行综合分析,不能仅凭伤害的部位在没有更多的证据证明的情况下即予认定。

相关法条

《中华人民共和国刑法》第232条、第234条第2款

案件索引

一审:福建省厦门市思明区人民法院〔2014〕思刑初字第1165号(2014年12月3日)

基本案情

公诉机关厦门市思明区人民检察院。

被告人:曾某,家住福建省厦门市思明区××路××号××室。

辩护人纪娟,福建信海律师事务所律师。

厦门市思明区人民检察院指控称:2013年12月9日23时40分许,被害人曾飚在厦门市思明区××路××号××室住处,因与其妻子褚惠容感情纠葛,夫妻双方发生争执并相互扭打。被告人曾某在旁见到褚惠容被打,心生恼怒,遂使用单刃刀连续捅刺被害人曾飚,造成其颈部、背部七处受创。被害人曾飚随即被其家属送往厦门市中山医院抢救,后因抢救无效于次日3时10分死亡。被告人曾某则在家中拨打110报警,自称杀害了被害人曾飚。经法医鉴定,被害人曾飚因身体多次被单刃锐器刺伤,造成右侧颈内动脉断裂等致大出血死亡。

---

① 方晋晔,思明法院法官。林鸿,思明法院法官。此案例收录于《人民法院案例选》2016年卷。

被告曾某对指控的主要事实无异议，但辩称其主观上并没有杀死其父曾飚的故意，仅是想制止父母之间的扭打行为，情急之下做出的伤害行为。辩护人纪娟认为被告人曾某的客观行为具有防卫性，系防卫过当，主观上对其父之死既不希望也不放任，并没有故意杀人的主观故意，应认定为故意伤害罪。同时，被告人曾某系未成年人，还有自首情节，请求法庭对其减轻处罚并适用缓刑。

法院经审理查明：被害人曾飚与妻褚惠容婚后育有一子即被告人曾某，一家三口与曾飚父母曾仙发、郑淑惠共同居住在厦门市思明区××路××号××室。2013年下半年，曾飚夫妻因感情不和经常争吵并拟定离婚协议，欲待曾某初三毕业后正式分居，并由褚惠容抚养曾意。2013年12月9日晚，曾飚夫妇因感情问题再次发生争执。22时许，褚惠容至曾飚房间欲与曾飚继续理论时见曾飚把门反锁，遂跑到厨房拿出两把刀。被告人曾某看到后跟进厨房将刀夺下，并将一把水果刀藏至右裤口袋内。此时，曾飚冲进厨房与褚惠容继续争吵，被告人曾某欲劝开二人，遂挥拳击打曾飚左下巴部位。见曾飚退后，褚惠容则冲上前与曾飚扭打至客厅。被告人曾某见状遂持该水果刀连续捅刺曾飚，造成曾飚受伤倒地，颈部、背部七处受创。被告人曾某呆愣在原地，褚惠容、曾仙发、郑淑惠随即拨打120并将曾飚送往厦门大学附属中山医院救治。次日0时14分，被告人曾某在家中拨打110报警称杀害其父曾飚。3时10分，曾飚因右侧颈内动脉断裂致大出血抢救无效死亡。

裁判结果

福建省厦门市思明区人民法院于2014年12月3日做出〔2014〕思刑初字第1165号刑事判决：

(1)被告人曾某犯故意伤害罪，判处有期徒刑5年。

(2)扣押在案的作案工具水果刀一把予以没收。

一审判决后，公诉机关没有抗诉，被告人未提出上诉，判决已发生法律效力。

裁判理由

法院生效裁判认为：被告人曾某持械故意伤害他人身体，致一人死亡，其行为已构成故意伤害罪。被告人曾某案发后自动投案并如实供述自己的罪行，系自首，依法可以从轻或者减轻处罚。被告人曾意犯罪时系未成年人，依法应当从轻或减轻处罚。综上，鉴于被告人犯罪时属于未成年人，在归案后又自愿认罪并真诚悔罪，结合考虑被告人曾某犯罪的起因，动机及情节，本院决定对被告人曾某依法减轻处罚，但因被告人曾某的行为造成了一人死亡的严重后果，不符合适用缓刑的条件，辩护人关于对被告人曾某适用缓刑的意见不予采纳。

案例注解

案件的事实控辩双方并无争议，被告人持水果刀连续捅刺被害人，造成被害人颈部、背部七处受创致死。如果被告人是一名成年人，双方也非亲属关系，那么成立故意杀人罪无可非议。但是，本案被告人是一名刚满15周岁的初三在校学生，死者又是其亲生父亲，能否简单地以行为手段推出被告人具有杀人的主观故意？合议庭认为，对未成年人客观行为的分析，应充分考虑其人格和行为的特殊性，依照未成年人心智特征来判断，而不应依据成年人的标准。本案被告人主观故意的内容，应结合具体案情，从犯罪的起因，使用的犯罪工具，打击的部分，打击的力度，犯罪的时间、地点、环境，行为人对被害人是否有抢救的意愿或行为，有无预谋犯罪，以及行为人与被害人之间的关系等多方面加以综合分析、判断。

1. 从父子感情关系来看未见父子之间有更多的积怨。本案审理过程中，合议庭引入了合适成年人机制。两名合适成年人在会见被告人及其母亲、爷爷奶奶、老师后认为，被告人曾某案发前系厦门×中初三学生，在校期间对老师有礼貌，与同学关系不错，性格有点内向，成绩中上。从小因为父亲对其较为严厉，母亲则较为宠爱，故与母亲的关系更好，但案发之前父子之间仍是正常相处。

2. 从案发的过程来看，本案系偶发性犯罪，而非被告人蓄意为之。面对扭打在一起的父母，被告人曾某亦试图用挥拳击打曾飚左下巴部位的方法分开二人，阻止父母之间的冲突。在分开无效，其父又打了其母一个耳光，其母与其父拉扯在一起，其担心其母被打，才在情急之下，使用此前从母亲手中夺下的水果刀对父亲实施捅刺。

3. 从被告人的案后表现来看。案发后，被告人呆愣在原地，这符合被告人事后对其彼时心理活动的描述，也符合未成年人的心智特征。"当时更多的是想保护母亲不受伤害，至于这么做会有什么后果没有去想。"

本案被告人系刚满15周岁的未成年人，未成年人的心智特征与成年人有较大的差异，其心智发育程度、社会责任感远远低于成年人。在审理过程中不能按照成年人的标准，仅凭伤害的部位系颈部、胸部等致命部位，在没有更多的证据证明的情况下即认定其具有故意杀人的主观故意。虽然本案的发生存在偶然性，但相关的认定思路对于今后在区分故意杀人及故意伤害致人死亡时提供了一个很好的思路。

（合议庭成员：审判长许晓琳，代理审判员方晋晔，人民陪审员俞水荣）

侵权人主体不明情况下车辆所有人责任的法律认定

——李颖诉张温德机动车交通事故责任纠纷案

曾臻[①]

案件基本信息

1. 判决书字号

一审：福建省厦门市思明区人民法院〔2015〕思民初字第48号（2015年8月20日）

2. 案由：机动车交通事故责任纠纷

3. 当事人

原告：李颖

被告：张温德

基本案情

2014年10月4日11时50分，闽C×××××驾驶人驾驶被告张温德所有的闽C×××××车辆沿沈海高速公路由厦门往泉州方向行驶至沈海高速公路（下行）2272公里900米处追尾碰撞何加生驾驶原告所有的闽D×××××车辆，造成闽D×××××车辆损坏。闽C×××××驾驶人下车查看现场后又驾驶该车逃离。福建省公安厅交通警察总队泉州高速公路支队一大队对本次交通事故做出《道路交通事故认定书》，认定闽C×××××驾驶人承担事故全部责任，何加生无责任。原告因本起事故支付施救费200元、闽D×××××车辆维修费5651元。

本案在审理过程中，原告向法院申请调取闽D×××××车辆驾驶人何加生及被告张温德2014年10月9日在泉州高速公路支队一大队所做的询问笔录。被告张温德在询问笔录中陈述，其系闽C×××××车辆的车主，保险现已过期，该车辆2014年4月份时因为欠款抵押给朋友林景明，事故发生后其跟林景明联系，林景明否认车辆在他那里。被告还陈述，事故当天其人在厦门，不是肇事车辆驾驶人，接到朋友电话称交警打电话到家里后才知道发生交通事故，目前并不知道闽C×××××车辆在哪里。何加生在询问笔录中陈述，事故当天，其一人驾驶闽D×××××车辆，事故发生后，肇事车辆驾驶员等人有下车查看，其有看清驾驶员长相。何加生当庭确认被告与事故当天肇事车辆驾驶人并非同一人，被告亦

① 曾臻，思明法院法官。此案例收录于《中国法院年度案例》2017年卷。

未在肇事车辆上。

案件焦点

对当事人在诉讼中主张法定抵销权的审查及法定抵销权的溯及效力。

被告对原告上述账号的处罚行为是否具有正当性。

法院裁判要旨

福建省厦门市思明区人民法院经审理认为：机动车的运行对其周围环境（人和财产）具有高度危险，开启、控制和支配这一“危险源”运行的车辆所有人、管理人和使用人应当承担相应的民事责任。

被告张温德是闽C×××××车辆所有人，系最初的危险源开启者和最初的风险控制者。被告在询问笔录中自述将肇事车辆抵押给案外人林景明，但未提供相应证据，本院不予采信。闽C×××××车辆驾驶人在本案交通事故中导致原告所有的闽D×××××车辆损坏并负事故全部责任，但该驾驶人逃逸，实际侵权行为人不明。被告作为肇事车辆所有人，自认事故发生前在自愿的情况下将该车辆交付他人占有使用，但在事故发生后却陈述不清楚车辆在哪里，亦无法清楚陈述车辆占有使用人身份信息，致使无法明确该车辆的实际风险控制者，放任风险的产生。事故发生后，被告本应当因其交付他人占有使用车辆的先前行为积极协助提供占有使用人的身份信息或其他后续车辆使用信息，但被告在事故处理期间和诉讼期间均未能准确提供车辆使用人的身份信息。被告的行为导致本案无法确定肇事车辆驾驶人身份，原告无法向驾驶人即实际侵权人主张其全部合法权益，故本院认定被告的行为具有过错，与原告的损害后果之间具有因果关系，被告应对原告的损害后果承担相应的赔偿责任。本院酌定被告的责任比例为50%。此外，被告作为投保义务人，自认肇事车辆保险在本案交通事故发生时已过期，应在机动车交通事故责任强制保险（下称交强险）财产损失责任限额范围内承担赔偿责任。原告要求被告赔偿车辆维修费5651元、施救费200元，共计5851元，有事实和法律依据，本院予以支持。原告关于要求被告赔偿误工费、交通费及油费的诉讼请求，缺乏证据，本院不予支持。综上，被告首先应在交强险财产损失责任限额2000元的范围内承担赔偿责任，再对保险范围外的损失承担50%的赔偿责任，即2000元+（5851元－2000元）×50%＝3925.5元。

福建省厦门市思明区人民法院依照《中华人民共和国侵权责任法》第19条、第48条、第49条，《中华人民共和国道路交通安全法》第76条，《最高人民法院关于审理道路交通事故损害赔偿案件适用法律若干问题的解释》第1条、第15条、第19条，《中华人民共和国民事诉讼法》第64条第1款、第144条之规定，判决如下：

（1）被告张温德于本判决生效之日起十日内赔偿原告李颖损失3925.5元；

（2）驳回原告李颖的其他诉讼请求。

法官后语

1. 空缺的救济

《中华人民共和国侵权责任法》第49条规定，“因租赁、借用等情形机动车所有人与使用人不是同一人时，发生交通事故后属于该机动车一方责任的，由保险公司在机动车强制保险责任限额范围内予以赔偿。不足部分，由机动车使用人承担赔偿责任；机动车所有人对损害的发生有过错的，承担相应的赔偿责任。”

另，《最高人民法院关于审理道路交通事故损害赔偿案件适用法律若干问题的解释》(下称《解释》)第1条规定，“机动车发生交通事故造成损害，机动车所有人或者管理人有下列情形之一，人民法院应当认定其对损害的发生有过错，并适用侵权责任法第四十九条的规定确定其相应的赔偿责任：(一)知道或者应当知道机动车存在缺陷，且该缺陷是交通事故发生原因之一的；(二)知道或者应当知道驾驶人无驾驶资格或者未取得相应驾驶资格的；(三)知道或者应当知道驾驶人因饮酒、服用国家管制的精神药品或者麻醉药品，或者患有妨碍安全驾驶机动车的疾病等依法不能驾驶机动车的；(四)其他应当认定机动车所有人或者管理人有过错的”。

根据前述规定，因租赁、借用等情形机动车所有人与使用人不是同一人时，发生交通事故后属于该机动车一方责任的，若此时使用人身份无法确定的，将导致受害人因实际使用人不明无法向其索赔；而所有人并非直接侵权人，受害人也难以证明车辆所有人具有《解释》第1条所罗列的过错行为，难以证明所有人对事故的发生具有过错，受害人亦无从通过所有人处取得救济。

显而易见，受害者这种救济的空缺状态绝不符合法律的精神。然而，现实生活此类情况屡见不鲜，甚至，个别机动车所有人甚至利用前述规范的空缺，有意隐瞒实际使用人身份进而掩饰其在选定实际使用人时存在的过错，规避法律责任的承担。

2.交通事故中所造成损害的动态理解

当前主流的法律观点认为，交通事故中的损害主要仅指交通事故所造成的受害人的人身与财产损失。若仅从交通事故造成的结果而言，似乎言之成理，并无大碍。从哲学上而言，这种理解忽略了损害的动态性。站在更宽广的角度去观察，可以发现，在交通事故造成受害人的人身与财产损失迟迟无法得到及时的救济，也是一种损害。换言之，损失的延续、蔓延乃至扩大也是损害的一种状态。事实上，在另一个范畴的侵权法实践中，法律已经肯定这种动态的损害：当患者前往医疗机构寻求治疗，而医疗机构未予以及时救济时，医疗机构承担赔偿责任的重大原因即是其未及时救济的不作为导致患者既有人身损失的持续、蔓延，乃至扩大。

因此，因租赁、借用等情形机动车所有人与使用人不是同一人时，发生交通事故后属于该机动车一方责任且使用人身份无法确定的，此时受害者的已发生损害因无法确定实际使用人从而取得相应救济赔偿，从而处于持续、蔓延乃至扩大的状态，也可以被认定为损害的另一种状态。

3.机动车所有人无法提供必要合理证据确定肇事使用人身份时的过错认定

如本案所示，本案机动车所有人宣称其将车辆交由他人使用，但却无法提供必要合理证据确定相应的车辆实际使用人。在该情形下,受害者因无法确定实际使用人身份从而向其索赔,其因交通事故造成的损害结果,将进一步持续、蔓延乃至扩大。在此意义上,机动车所有人无法提供必要合理证据的结果与此种动态性的损害之间具有因果关系。从风险控制的角度,机动车所有人在其将机动车交由他人使用时,具有充分的能力确定实际使用人的身份。因此其之前未保有确定实际使用人身份证据的行为或者虽保有后来丢失的行为,导致本文所述的动态性损害的发生,二者之间具有因果关系。从法律上而言,可以认定机动车所有人具有一定过错。

综上所述,因租赁、借用等情形机动车所有人与使用人不是同一人时,发生交通事故后属于该机动车一方责任且使用人身份无法确定的,若所有人无法提供必要合理证据确定使用人身份的,应当根据个案具体情况酌定机动车所有人具有一定过错,承担相应救济受害人的责任。

(合议庭成员:审判长陈永华,代理审判员曾臻,人民陪审员林翠勤)

处置绝当物的合法性判断

——张明诉成志忠、李育霖、黄文钦、福建中安信邦典当有限公司房屋买卖合同案

黄素萍、黄素梅[①]

案件基本信息

1.判决书字号

福建省厦门市思明区人民法院〔2015〕思民初字第8707号民事判决书

2. 案由:房屋买卖合同纠纷

3. 当事人

原告:张明。

被告:成志忠、李育霖。

第三人:黄文钦、福建中安信邦典当有限公司

基本案情

原告张明系厦门市思明区××路××号××室房产的原所有权人。2013年9月9日,原告及原告配偶林龙凤与第三人中安信邦典当签订了一份《房地产抵押典当合同》约定原告同意将其自有的或其享有处分权的房地产作为当物抵押给第三人中安信邦典当,第三人中安信邦典当收当后应向原告支付当金,原告在约定期限内支付当金利息、典当综合费用,偿还当金,赎回当物,双方同意,该当物作为原告向第三人中安信邦典当偿还本合同项下全部债务的担保。

2013年9月11日,原告、林龙凤共同公证委托第三人黄文钦、王晶漳就讼争房产其所享有的权利范围内委托办理相关事宜,包括转委托。2014年5月21日,第三人中安信邦典当将前述债权转让给被告成志忠,并签订一份《债权转让合同》。该合同未实际履行。2014年5月28日,第三人中安信邦典当向原告发出了一份《债权转让通知书》,请原告向被告成志忠履行全部偿债义务。2014年5月22日,第三人黄文钦将其所享有的受原告、林龙凤的委托代为办理坐落于厦门市思明区××路××号××室房产的相关事宜全部代理权限全部公证

① 黄素萍,思明法院立案庭庭长。黄素梅,思明法院执行员。此案例收录于《中国法院年度案例》2017年卷。

转委托给被告成志忠行使。同日,被告成志忠代原告与被告李育霖签署了一份《存量房买卖合同》,将讼争房产以 1300000 元(市场价值评估总价为 3128700 元)出售给被告李育霖,并办理了过户手续。2014 年 7 月 9 日,原告与被告成志忠、李育霖在本院主持调解,被告李育霖同意于 2014 年 8 月 25 日前返还原告"思明区××路××号××室房产",并协助原告办理上述房屋变更过户手续。

原告认为,两被告明知或应知违反法律规定,以明显低于市场正常价格,恶意串通,以 1300000 元的价格买卖诉争房产并办理过户手续,损害了原告的合法权益,属于《合同法》第 52 条(二)、(三)、(五)规定的无效之情形,故诉请确认讼争的《存量房买卖合同》(编号:00261053)无效,并返还讼争房产。

案件焦点

讼争的《存量房买卖合同》是否有效?

法院裁判要旨

厦门市思明区人民法院经审理认为:

首先,原告与第三人中安信邦典当签订的《典当合同》专用条款第 8.1 条约定的"在本合同第八条的绝当或原告其他的违约情况下,第三人中安信邦典当可以以任意价格和任意方式出售本合同项下的抵押物房产",该条款形式上虽非在债务人届期未履行债务时,抵押物直接归抵押权人所有,但事实上原告在签署《典当合同》后,时隔两日即公证委托第三人中安信邦典当职员即第三人黄文钦出售房产,第三人中安信邦典当、黄文钦在原告到期不履行债务时,有权自行出售房产以实现债权,该条款结合公证委托书本质上具有流质条款的属性,违反法律禁止性规定,应属无效。其次,《典当合同》约定,原告未在典当期限届满 5 日内赎当或完成续当即为绝当。本案中,2014 年 5 月 21 日第三人中安信邦典当将前述到期债权转让给被告成志忠,次日第三人黄文钦将受托的代理讼争房产的全部代理权限全部公证转委托给被告成志忠。被告成志忠即取得了讼争房产的处分权,可以不经原告同意直接处分(出售)讼争房产,原告实际上已丧失了对讼争房产所有权的控制。再次,被告成志忠依约受让债权以后,未支付相应的价款,《债权转让合同》未实际履行,且在与被告李育霖签订《存量房买卖合同》后才通知原告、催告债权。最后,《典当合同》确认讼争房产评估价值为 2405200 元,2014 年 6 月讼争房产的市场价值评估结果为 3128700 元,而《存量房买卖合同》约定的房产成交价为 1300000 元,该价值明显低于房产的评估价值和市场价值,被告李育霖主张房产成交价为 2600000 元并无相应证据证实。综上,被告成志忠与第三人黄文钦、中安信邦典当通过一系列债权转让、转委托、房屋买卖的合法形式,掩盖其将讼争房产低价出售以实现债权的非法目的,主观上存在恶意串通,客观上将讼争房产以明显低于评估价值和市场价值的 1300000 元出售给被告李育霖,显然损害了原告的合法权益,符合《合同法》第 52 条规定的无效情形,讼争的《存量房买卖合同》依法应认定无效。

被告成志忠与第三人黄文钦、中安信邦典当恶意串通,签订《存量房买卖合同》,以合法的债权转让形式掩盖低价出售房产实现债权之目的，损害了原告的利益，应属无效合同。被告成志忠代原告与被告李育霖签订的《存量房买卖合同》无效。故原告要求确认合同无效、有相应的事实与法律依据，本院予以支持。原告要求将讼争房产恢复至原告名下，因本院出具的〔2014〕思民初字第 9967 号民事调解书已就财产的返还及房产过户等进行了处理，被告李育霖也未提供其支付款项给卖方的相应证据，故对合同被确认无效后的财产返还问题，本院不予处理。据此，依照《中华人民共和国合同法》第 52 条、第 58 条，《中华人民共和国民事诉讼法》第 64 条第 1 款之规定，判决如下：

(1)原告张明与被告李育霖于 2014 年 5 月 22 日签订的(编号:00261053)《存量房买卖合同》无效。

(2)驳回原告张明的其他诉讼请求。

法官后语

到期支付本息、赎回当物，是典当的一种常态表现。但实践中，当户到期无法支付当金利息、偿还本金、赎回当物的情形屡见不鲜。在典当期限或者续当期限届满后，当户不能在 5 日内赎当或者续当的，即为绝当。[①] 典当行有权根据约定或法律规定处置到期绝当业务，实现担保物权：一是当物估价金额在 3 万元以上的，可以按照《担保法》的有关规定处理或实现约定由典当行委托拍卖行公开拍卖；二是绝当物估价金额不足 3 万元的，可以自行变卖或者折价处理。[②] 可见，典当行处理到期绝当业务，作为一项担保物权，其行使受到了一定的限制。

本案中，原告作为当户以自己所有的房产抵押给第三人中安信邦典当。在典当期限届满后，原告即未赎当也未续当，应视为绝当。第三人中安信邦典当为处置绝当业务，以“债权转让方式”转让给被告成志忠，被告成志忠与李育霖签订了《存量房买卖合同》，办理了过户手续，显然违反了法律禁止性规定：

一是第三人中安信邦典当未按法律规定方式实现担保物权。如前所述，本案讼争房产的价值显然超过 3 万元，《典当合同》并未约定由典当行委托拍卖行公开拍卖的，应按照《担保法》的有关规定处理。第三人中安信邦典当直接转让债权于被告成志忠，显然违反了《典当管理办法》的规定。

二是案涉的《典当合同》专用条款第 8.1 条具有流质条款的属性。《典当合同》专用条款第 8.1 条约定，绝当时，第三人中安信邦典当可以任何价格和任意方式出售本合同项下的抵押物房产。嗣后，公证授权第三人黄文钦(系典当公司职员)出售房产。虽形式上并未如流质条款——将抵押财产所有权转为债权人，但实质上原告已丧失了对讼争房产所有权的控制，后第三人黄文钦持该授权委托书处分讼争房产，其在实质上与“将其抵押财产的所有权转为债权人”法律效果相同。已然违反了物权法、担保法中关于禁止流质条款的规定。

三是本案一系列债权转让、转委托、房屋买卖行为违反了《合同法》第 52 条之规定。第

---

① 《典当管理办法》第 40 条。

② 《典当管理办法》第 43 条。

三人中安信邦典当、黄文钦主张以债权转让方式处置绝当物,但却在《债权转让合同》未实际履行,未收到任何价款的情况下,将出售讼争房产的授权转委托。被告成志忠在取得转委托的同日,立即与被告李育霖签订了房屋买卖合同、办理过户手续。若干份合同的签署时间衔接密切,一环紧扣一环,且房产成交价为1300000元,仅为市场评估价的40%,期间原告一无所知,有违常理。实质上,本案系第三人中安信邦典当在出现绝当时,充当"中介"功能,寻找到处置当物的买家后,采用债权转让、转委托、房屋买卖等合法形式,以低价尽快处置绝当物,实现债权,显然损害了原告的合法权益,属于《合同法》第52条"恶意串通,损害原告利益、以合法形式掩盖非法目的的情形",应当认定无效。

近年来,受宏观经济环境的影响,典当行业在蓬勃发展的同时,逾期、绝当现象也有所增多,典当行为保证资金链的运转,在出现绝当时,往往希望及时处置绝当物。但绝当物的处理,必须合法合规,切勿采取游走于"灰色地带"、违反法律禁止性规定的做法,妥善地处置绝当物,促进典当行业整体健康发展。

民事诉讼中对行政确认的认定

——王佳城诉大德润公司股东资格确认案

李莹[①]

案件基本信息

1.判决书字号

一审：福建省厦门市思明区人民法院〔2015〕思民初字第13171号（2015年11月18日）

2.案由：股东资格确认纠纷

3.当事人

原告：王佳城

被告：厦门市思明区民政社会事务中心

被告：厦门大德润化学有限公司

基本案情

1985年4月29日，长风化工厂成立。1989年9月12日，该厂由厦门市利元民政发展公司、厦门市开元区民政局出具《企业法人申请开业登记注册书》，重新申请注册，并于1993年6月18日更名为德润日化公司。1994年6月2日，厦门市开元区编制委员会发文同意设立开元民政企业管理办公室。

1996年3月30日，德润日化公司为进行公司化改制，向公司登记机关申请注册，注册资本100万元，股权结构为：法人股东厦门市开元区民政企业管理办公室占10%，自然人股东郭军辉占10%，公司法人代表陈炳南占80%。

1996年4月12日，根据验资报告显示德润日化公司各股东注册资本来源：陈炳南以1993年7月至1996年2月经营的个人企业德润日化公司的资产投入计80万元，厦门市开元区民政企业管理办公室1986年6月至1992年2月以投入资金10万元，郭军辉个人1996年2月以现金投入10万元。1996年4月16日，德润日化公司名称变更为大德润公司。

2005年12月23日，陈炳南、郭军辉与曾志强签订《股权转让协议》，约定陈炳南、郭军辉将分别持有的80%、10%股份转让给曾志强，曾志强承担股权转让前被告大德润公司的债权债务4207157.94元及解除劳动合同的员工的补偿款160836.18元。同日，陈炳南、郭军辉、厦门市思明区民政企业管理办公室签订《股东会会议纪要》，同意陈炳南80%、郭军辉10%

---

① 李莹，思明法院民二庭副庭长。此案例收录于《中国法院年度案例》2017年卷。

股份转让给曾志强,转让价格零,并同意股权转让协议中的有关公司债权债务承担的约定。随后,各方共同办理了股东变更登记。

2007 年 3 月 20 日,曾志强与刘宝俊签订《股权转让协议》,约定曾志强将其持有的被告大德润公司 90%股权以 90 万元价格转让给刘宝俊,并按照公司登记机关规定的程序,办理股东变更登记。

2013 年 11 月 6 日,刘宝俊与原告签订《股权转让协议》,约定刘宝俊将其持有的 90%股权转让给原告。同时,被告大德润公司召开股东会,并形成《股东会决议》,同意刘宝俊将股权转让给原告,随后也办理了股权变更登记。目前,被告大德润公司的股权比例为:被告民政事务中心持有 10%股份,原告持有 90%股份。

案件焦点

原告的诉讼请求,是否属于法院审理范围?

法院裁判要旨

福建省厦门市思明法院认为,《中华人民共和国公司登记管理条例》第 4 条规定"工商行政管理机关是公司登记机关",第 9 条规定"公司的登记事项包括:(八)有限责任公司股东或者股份有限公司发起人的姓名或者名称",第 26 条规定"公司变更登记事项,应当向原公司登记机关申请变更登记"。本案被告大德润公司前身为长风化工厂,1996 年该厂进行公司改制时,大德润公司各发起人的股权已在工商部门做初始登记。此后,被告大德润公司部分发起人股东的股权经数手转让,均依法办理股权变更登记。根据现有工商部门出具的大德润公司投资人及出资信息显示,原告出资 90 万元,出资比例为 90%,故原告持有大德润公司 90%股权已经工商登记机关确认,无须法院再进行司法确认。原告主张确认其享有大德润公司 90%股权,不属于法院审理范围,法院不予受理。

厦门市思明区人民法院于 2015 年 11 月 18 日,依照《中华人民共和国民事诉讼法》第 119 条之规定,做出〔2015〕思民初字第 13171 号民事判决:

驳回原告王佳城的起诉。

一审宣判后,双方当事人均未上诉。

法官后语

当代社会,随着行政权在社会公共服务领域的不断扩张,越来越多的民事活动被置于行政机关的管制和约束之下,而在民事诉讼中,也伴随着越来越多的行政行为的介入,对这些行政行为的认定,直接影响到民事诉讼的顺利进行。例如,一方当事人将行政机关的具体行政行为结果作为证据提出,而另一方当事人以其有效力瑕疵为由提出抗辩,或者一方当事人直接以行政行为结果为诉讼标的提起民事诉讼。行政确认是一种重要的具体行政行为,本文将主要围绕如何处理民事诉讼中遇到的行政确认进行分析,从而对处理该类案件有一个更清晰的认识。

1. 行政确认

行政确认是指行政主体根据法律、法规的规定或授权，依职权或依当事人申请，对一定的法律事实、法律关系、权利、资格或法律地位等进行确认、甄别、证明等的行政行为。

行政确认的形式有：(1)确认，如权属的确定；(2)登记，如工商登记；(3)认定，如交通事故责任认定；(4)鉴证，如对合同的鉴证；(5)证明。行政确认的内容一般有两种，一种是对法律事实的确认，另一种是对法律关系的确认，包括不动产所有权的确认、不动产使用权的确认、专利权确认等。行政确认行为的主要特征有：(1)特定性。行政确认的主体一般是特定的国家行政机关，或者是法规、法规授权的组织，其他组织不得作为行政确认的主体。(2)中立性。行政确认行为本身并不创设新的法律事实或法律关系，只是依据法律、法规对已经存在的法律事实、法律关系、法律地位的肯定性或否定性的确认。(3)法律性。行政确认行为在性质上属于具体行政行为，是法定机关针对法律、法规规定的需要确认的事项，依照法定程序做出的，其对权利、义务确认的结果具有法律效力。

2. 民事诉讼中的行政确认的认定

在民事诉讼程序中，当事人对行政确认的结果有争议时，法院应当如何处理？在法理上有两种观点，第一种观点认为：我国虽然不是西方式的立法权、司法权、行政权三权分立式政治体制，但是我国的行政权、司法权也是建立在分工与合作的基础之上的，行政确认权由宪法赋予行政机关享有，行政机关做出的行政确认具有公定力，因此基于对行政权力的尊重，法院在民事诉讼程序中应当避免对行政确认的审查，直接适用其结果。另一种观点认为，宪法赋予法院的裁判权是完整且不受外力干扰的，即使行政机关已经行使了确认权，法院亦可就同一事由再次行使，并且司法上的确认权在效力层级上要高于行政确认权，人民法院在民事诉讼中行使确认权，与其说是司法权对行政权的干涉，不如说是司法权对行政权的监督。

基于上述理论上的分歧，在处理具体问题时，形成了不同的路径模式：

(1)在民事诉讼中直接适用行政确认的结果，尊重行政行为的公定力。这种模式认为民事诉讼无权审理具体行政行为，它保证了民事诉讼的效率，但在行政确认有错误时，容易造成司法上的误判。

(2)中止民事诉讼程序，告知当事人先提起行政诉讼或行政复议，待行政问题解决后，再开启民事诉讼。

(3)由法庭在民事诉讼中直接对行政确认的效力进行司法再评价。这种方法可以全面性的处理行政争议和民事争议，但有司法权僭越行政权的嫌疑，且这种方法容易混淆民事诉讼和行政诉讼两种诉讼程序。

综合以上观点，笔者认为，行政权和司法权是两种不同性质的权利，二者在分工的基础上相互合作，基于对行政权的尊重，法院在民事诉讼程序中应当保持对行政确认最低限度的干预：

1.当事人对行政确认结果不服而提起民事诉讼的，不属于民事诉讼管辖范围。行政确认行为在性质上属于具体行政行为，当事人可提起行政诉讼或行政复议。

2.争议性的行政确认作为民事诉讼的证据或抗辩事由出现时：

(1)若当事人在民事诉讼程序中就该行政确认提起行政复议或行政诉讼，民事审判庭可以中止民事诉讼,待行政问题解决后再行解决民事问题。

(2)当事人未就争议性行政确认提起行政诉讼或行政确认,若该行政确认具有较大、明显瑕疵,法院可直接在民事诉讼程序中排除该行政确认的效力。所谓较大瑕疵,即实施行政行为的主体资格不合法,主体无法定职权或越权,程序严重不合法;所谓明显瑕疵,即普通人不需专业的行政知识及技术知识依一般的法律知识即可辨认的瑕疵。

(3)当事人未就争议性行政确认提起行政诉讼或行政确认,且该行政确认不存在较大、明显瑕疵的情形。为了确保行政权的权威性,避免司法权对行政权的过分干预,人民法院应当对行政确认结果予以尊重,对其效力加以采信。

本案中,原告持有大德润公司90%股权已经工商登记机关确认,但仍向法院提起民事确认之诉,要求法院再次就相同事项进行重复确认,其诉讼请求不属于法院审理范围,法院依法驳回原告的起诉。

公司决议无效的认定

——李至强诉永福贵公司公司决议效力确认纠纷案

曾燕珍[①]

案件基本信息

1.判决书字号

一审：福建省厦门市思明区人民法院〔2013〕思民初字第7970号(2015年1月26日)

二审：福建省厦门市中级人民法院〔2015〕厦民终字第1536号(2015年7月20日)

2.案由：公司决议效力确认纠纷

3.当事人

原告(上诉人)：李至强

原告(上诉人)：张湘琳

被告(被上诉人)：厦门永福贵投资有限公司

被告(被上诉人)：林加其

被告(被上诉人)：叶彦君

基本案情

2011年，林加其、叶彦君投资设立永福贵公司。2011年12月13日，李至强、张湘琳分别与林加其签订《厦门永福贵投资有限公司股权转让协议》，约定林加其分别将其持有的永福贵公司20%股权以400万元价格转让给李至强、张湘琳，李至强、张湘琳同意在协议签订之日起10日内各自将转让款400万元以现金方式一次性支付给林加其，并约定了违约金等事宜。2011年12月19日，永福贵公司工商登记的股权为李至强、张湘琳、林加其、叶彦君各享有股权20%、20%、40%、20%。

2012年10月17日，永福贵公司做出《厦门永福贵投资有限公司股东会会议决议》，决议内容如下：(1)同意以20256000元购买普定县嘉琪水泥有限公司50.64%股权，并成为普定县嘉琪水泥有限公司股东；(2)委派温耀盛同志代表厦门永福贵投资有限公司在普定县嘉琪水泥有限公司行使股东的权利。被告林加其、叶彦君在股东会决议上分别签字，永福贵公司亦加盖公章确认。2012年10月20日，永福贵公司与林加其签订《普定县嘉琪水泥有限公司股权转让协议》，约定永福贵公司向林加其购买普定县嘉琪水泥有限公司50.64%股权等

① 曾燕珍，思明法院法官。此案例收录于《中国法院年度案例》2017年卷。

事宜。

2012 年,林加其以李至强、张湘琳未支付股权转让款为由,向厦门市中级人民法院分别提起诉讼,请求判令解除李至强、张湘琳与林加其于 2011 年 12 月 13 日签订的《厦门永福贵投资有限公司股权转让协议》、返还公司股权协助办理股权变更工商登记手续、支付违约金等。2013 年 12 月 6 日,厦门市中级人民法院分别做出〔2012〕厦民初字第 1040 号、〔2012〕厦民初字第 1041 号民事判决,分别判令解除林加其与李至强、张湘琳于 2011 年 12 月 13 日签订的《厦门永福贵投资有限公司股权转让协议》,李至强、张湘琳应将其各自持有的永福贵公司 20%股权返还给林加其,协助办理工商变更登记手续,并分别支付违约金 40 万元。

李至强、张湘琳不服上述判决,上诉至福建省高级人民法院。2014 年 10 月 9 日,福建省高级人民法院做出〔2014〕闽民终字第 136 号、〔2014〕闽民终字第 135 号民事判决,判令驳回李至强、张湘琳的上诉,维持原判。现该两个案件已经生效,林加其已向厦门市中级人民法院申请强制执行,但永福贵公司的股权工商登记尚未变更。

另查明,2014 年 3 月,李至强以永福贵公司拖欠其借款未还为由诉至本院。2014 年 5 月 20 日,本院作出〔2014〕思民初字第 5608 号民事判决书,判决永福贵公司偿还李至强借款 100 万元及利息,驳回李至强的其他诉讼请求。李至强不服,上诉至厦门市中级人民法院。2014 年 9 月 15 日,厦门市中级人民法院做出〔2014〕厦民终字第 2303 号民事判决,驳回上诉,维持原判。

本案在审理过程中,法院向原告释明其主张的事实并不符合决议无效的情形,询问其是否变更诉求,原告未在法院指定的期限内提出书面变更申请,法院视为其坚持原诉求。

案件焦点

本案焦点在于,公司决议无效及可撤销的认定。

法院裁判要旨

厦门市思明区人民法院经审理认为,原告李至强、张湘琳曾分别与被告林加其签订《厦门永福贵投资有限公司股权转让协议》而工商登记为被告永福贵公司的股东,虽然双方签订的两份股权转让协议最终经一二审法院判决解除,但根据合同解除的法律后果,该协议并非自始无效,而是自协议解除后没有法律效力,故二原告有权基于协议解除前的股东身份提起诉讼确认股东会决议无效。三被告认为二原告并非永福贵公司的股东,无权提起本案诉讼的答辩意见,于法无据,本院不予采纳。根据《中华人民共和国公司法》第 22 条的规定,股东会决议无效的情形是指股东会决议的内容违反法律、行政法规的规定,但根据上述查明的事实,被告林加其、叶彦君于 2012 年 10 月 17 日做出《厦门永福贵投资有限公司股东会会议决议》的内容并未违反法律、行政法规的规定,而系违反了《中华人民共和国公司法》第 43 条有关股东会召集程序的规定,根据《中华人民共和国公司法》第 22 条的规定,该股东会决议属于可撤销的情形。原告经本院释明后仍坚持主张确认决议无效,与本院认定的事实不符,故对原告该项诉求,不予支持。对于三被告的答辩意见,本院予以采纳。

厦门市思明区人民法院依照《中华人民共和国公司法》第 22 条、《中华人民共和国民事诉讼法》第 64 条第 1 款之规定，判决如下：

驳回原告李至强、张湘琳的诉讼请求。

李至强、张湘琳持原审起诉意见提起上诉：(1)诉讼主体问题。经查明，2011 年 12 月 13 日李至强、张湘琳曾分别与林加其签订《厦门永福贵投资有限公司股权转让协议》，并经工商变更登记成为永福贵公司的股东。上述两份股权转让协议虽经生效裁判解除，但生效裁判文书认定合同解除的理由在于李至强、张湘琳未支付股权转让款构成违约，根据合同法的相关规定，该合同解除事由不属合同无效自始解除情形，故原审认定李至强、张湘琳有权基于协议解除前的股东身份提起诉讼确认股东会决议无效，程序上并无不当，被上诉人关于李至强、张湘琳无权提起本案诉讼的主张本院不予采纳。(2)讼争公司股东会决议是否存在无效情形。讼争的 2012 年 10 月 17 日《厦门永福贵投资有限公司股东会会议决议》决议事项为永福贵公司对外购买其他公司股权，该决议事项内容并无违反法律、行政法规的规定。另，公司股东会做出决议属于公司行为，而非股东个人行为。《中华人民共和国公司法》第 21 条适用主体为公司的控股股东、实际控制人、董事、监事、高级管理人员，其适用情形为相关行为主体违反相关法律规定而应向公司承担赔偿责任的情形，《中华人民共和国公司法》第 148 条适用主体为公司的董事、高级管理人员，其适用情形为相关行为主体违反其相关义务而应对公司承担责任的情形，上述法律规定均未涉及公司股东会做出决议的效力问题。据此，李至强、张湘琳主张被上诉人的行为违反《中华人民共和国公司法》第 21 条、第 148 条规定故讼争公司股东会决议无效的上诉理由不能成立，本院不予支持。另，李至强、张湘琳主张其未获得召开股东会议通知、股东会由两名股东组成存在虚假，该主张事由属《中华人民共和国公司法》规定的股东申请撤销股东会决议情形，与本案中李至强、张湘琳主张公司股东会决议无效的法律关系无关。根据《最高人民法院关于民事诉讼证据的若干规定》第 35 条的规定，诉讼过程中当事人主张的法律关系的性质或者民事行为的效力与人民法院根据案件事实做出的认定不一致的，人民法院应当告知当事人可以变更诉讼请求。经原审法院释明后，李至强、张湘琳仍坚持不变更诉讼请求，故原审法院对李至强、张湘琳该主张事由不予采纳程序上并无不当。综上，李至强、张湘琳主张讼争股东会决议无效的上诉理由均不能成立，其上诉请求本院不予支持。原审判决结果正确，本院予以维持。

厦门市中级人民法院依据《中华人民共和国民事诉讼法》第 170 第 1 款第(1)项之规定，判决如下：

驳回上诉人李至强、张湘琳的上诉，维持原判。

法官后语

公司决议一般有两种形式：股东(大)会决议和董事会决议。公司决议在程序及内容上应当符合法律、行政法规以及公司章程的规定，如有瑕疵，则公司决议的效力将会受到影响。

根据我国《公司法》第 22 条的规定，公司股东会或者股东大会、董事会的决议内容违反法律、行政法规的，决议当然、自始无效。例如，在公司弥补亏损和提取法定公积金之前向股东分配利润的决议无效；剥夺有限公司股东分配利润的决议无效；公司章程对转投资总额有限制,而公司对外投资超出该限制的决议无效等等。股东会或者股东大会、董事会的会议召集程序、表决方式违反法律、行政法规或者公司章程,或者决议内容违反公司章程的,该决议为可撤销决议,股东可以自决议做出之日起 60 日内,请求人民法院撤销。决议程序瑕疵一般表现为:

(1)通知瑕疵。我国《公司法》第 103 条第 1 款规定,召开股东大会会议,应当将会议召开的时间、地点和审议的事项于会议召开 20 日前通知各股东;临时股东大会应当于会议召开 15 日前通知各股东;发行无记名股票的,应当于会议召开 30 日前公告会议召开的时间、地点和审议事项。违反上述通知程序的,即产生通知瑕疵。

(2)召集瑕疵。我国《公司法》第 41 条规定,有限责任公司一般由董事会负责召集股东会会议,不设董事会的,由执行董事召集和主持,董事会或者执行董事不能履行或者不履行召集股东会会议职责的,由监事会或者不设监事会的公司的监事召集和主持;监事会或者监事不召集和主持的,代表1/10以上表决权的股东可以自行召集和主持。违反上述召集程序的,即产生召集瑕疵。

(3)表决瑕疵。我国《公司法》第 104 条规定,股东出席股东大会会议,所持每一股份有一表决权。但是,公司持有的本公司股份没有表决权。股东大会做出决议,必须经出席会议的股东所持表决权过半数通过。但是,股东大会做出修改公司章程、增加或者减少注册资本的决议,以及公司合并、分立、解散或者变更公司形式的决议,必须经出席会议的股东所持表决权的2/3以上通过。违反上述表决程序的,即产生表决瑕疵。

除了程序瑕疵外,决议内容违反公司章程规定的,股东也可自决议做出之日起 60 日内向法院提起撤销之诉。

本案中,被告未通知原告参加公司股东会,并在没有原告参加的情况下做出公司决议,决议程序存在瑕疵,属于可撤销决议,其决议内容并不存在违反法律、行政法规的情形,因此不是无效决议。另,公司股东会做出决议属于公司行为,而非股东个人行为。《中华人民共和国公司法》第 21 条适用主体为公司的控股股东、实际控制人、董事、监事、高级管理人员,其适用情形为相关行为主体违反相关法律规定而应向公司承担赔偿责任的情形,《中华人民共和国公司法》第 148 条适用主体为公司的董事、高级管理人员,其适用情形为相关行为主体违反其相关义务而应对公司承担责任的情形,上述法律规定均未涉及公司股东会做出决议的效力问题。原告主张其未获得召开股东会议通知、股东会由两名股东组成存在虚假,该主张事由属《中华人民共和国公司法》规定的股东申请撤销股东会决议情形,与本案中李至强、张湘琳主张公司股东会决议无效的法律关系无关。根据《最高人民法院关于民事诉讼证据的若干规定》第 35 条的规定,诉讼过程中当事人主张的法律关系的性质或者民事行为的效力与人民法院根据案件事实做出的认定不一致的,人民法院应当告知当事人可以变更诉讼请求。经原审法院释明后,李至强、张湘琳仍坚持不变更诉讼请求,故原审法院对李至强、张湘琳该主张事由不予采纳程序上并无不当。

仅有借条的情侣间借款事实应如何认定

——翁春玲诉杨贵龙民间借贷案

王瑛、李吟①

案件基本信息

1. 判决书字号

福建省厦门市思明区人民法院〔2015〕思民初字第8418号民事判决书

2. 案由:民间借贷纠纷

3. 当事人

原告:翁春玲

被告:杨贵龙

基本案情

原告翁春玲与被告杨贵龙原系恋人关系。2012年9月12日,被告杨贵龙向原告翁春玲出具一份《借条》,载明:“今借翁春玲人民币伍拾万整,此据。借款人杨贵龙2012.9.12。”对该笔借款是否实际支付,原告称已通过现金方式支付给被告,款项来源系原告的购房款,从借款日的半年前就开始从银行陆续支取20多万元现金存放家中,另有20多万元现金系原告从其母亲处取得。被告称原告未实际支付50万元借款,《借条》系因双方发生矛盾,在原告逼迫下,其作为罚款出具的;原告当时并无可借资金,且原告曾于2014年6月18日向其出具《保证书》确认双方互不亏欠任何财物。

2014年4月5日、2014年5月17日,翁春玲两次以被杨贵龙殴打为由向厦门市公安局何厝派出所报警,后经调解,双方均达成调解协议。

后原、被告感情破裂分手,原告向被告催讨50万元借款,被告均拒绝偿还。原告遂诉至法院,请求判令被告偿还借款50万元及利息。

案件焦点

原告是否已实际支付被告50万元借款。

---

① 王瑛,思明法院法官。李吟,思明法院法官。此案例收录于《中国法院年度案例》2017年卷。

法院裁判要旨

厦门市思明区人民法院经审理认为:根据“谁主张、谁举证”原则,原告作为出借人应就其已实际提供借款进行举证。根据原告所举示的银行账户及存款历史交易明细表,其名下四张银行卡在2012年9月12日之前的半年期间,虽有支取现金的记录,但所支取的款项数额并不固定,支取时间在频率上亦无规律,具体支取款项的情况与日常生活中定期储蓄的习惯并不相符;且四张银行卡内至借款前均有余款,原告另行陆续支取款项再以现金方式积攒购房款,亦有悖于一般生活经验;再者,根据原告的银行交易记录,其经常性地以转账方式支出、收取款项,在此情形下,原告选择以长期取现方式积攒购房款、再欲以现金方式支付购房款,也有违常理。另,根据被告提供的原告于2014年6月18日出具的《保证书》,原告确认“双方互不亏欠任何财物”,若讼争借款确已实际交付被告,在双方矛盾已较为激化的情况下,原告再做出上述确认,不符常情。综上分析,本院认定原告并未实际交付被告讼争50万元借款。本院认为,自然人之间的借款合同,自贷款人提供借款时生效。原告虽已提交了被告所出具的《借条》,但未能举证证明其已向被告实际提供了讼争借款,故仅凭在案《借条》,尚无法证明原、被告双方存在实际借贷关系,对原告要求被告返还借款及利息之诉讼请求,本院不予支持。

厦门市思明区人民法院依照《中华人民共和国合同法》第210条及《中华人民共和国民事诉讼法》第64条第1款之规定,做出如下判决:

驳回原告翁春玲的诉讼请求。

法官后语

恋爱关系期间,一方向对方出具借条,待恋爱关系破裂后,另一方凭借条起诉的现象日益增多。此类借贷纠纷涉及恋爱双方特殊亲密身份关系,往往具有当事人双方存在情感纠葛、欠债隐蔽性强、债务纠纷事实难以查明等特点。因此,对于此类案件的审理,首先,要审查基础法律关系。把握民间借贷法律关系成立的两个要件,即借贷合意之达成和款项实际支付之事实,综合认定双方是否形成实际欠款关系。其次,要严格把握案件细节。从审查款项支付时间、项目、数额等法律事实及款项支付目的、给付方式等细节着手,结合当地的交易习惯等因素,综合审查判断借贷事实是否已经真实发生。再次,要灵活应用证据规则。明确审理思路,合理分配举证责任。对数额较大欠款,应着重审查当事人经济来源、实际履行能力、款项来源及去向、款项支付目的等。并可依据案件的不同情况需要,依法传唤当事人本人到庭陈述经过及对质;或依法传唤一方当事人与己方证人“背靠背”到庭陈述经过,必要时依职权调查取证。

本案在仅有借条的情况下,根据“谁主张、谁举证”原则,要求原告就其已实际提供借款进行举证。并通过对原告提交的证据,结合案涉现金款项金额、出借人支付能力、日常交易习惯、借贷双方借款时及之后关系的演变等因素,运用逻辑推理、日常生活常理等,综合判定本案的借贷事实并未真实发生,原、被告双方不存在讼争借贷关系。

本案也为现实中情侣间的借贷起到了警示作用。当情侣之间真实存在借贷关系时，要保留书面证据，要求对方出具借条，款项支付尽量采取银行转账方式，保留好银行的流水和交易记录；如不存在真实的借贷关系，情侣应慎重考虑，最好不要以出具借条、欠条的形式表达忠实或爱意，避免合法权益遭受到自我伤害。

证明责任、债的清偿抵充以及公司内部行为的效力问题

——林艾乔诉厦门杏林斯太尔重型汽车有限公司、厦门锦集物流有限公司、林延生、林延和民间借贷纠纷案

邱瑛[①]

案件基本信息

1.判决书字号

厦门市中级人民法院〔2015〕厦民终字第 1078 号民事判决书

2.案由：民间借贷纠纷

3.当事人

原告：林艾乔

被告：厦门杏林斯太尔重型汽车有限公司、厦门锦集物流有限公司、林延生、林延和

基本案情

2010 年 2 月 6 日，原告林艾乔与被告斯[illegible]一份《借款合同》，约定斯太尔公司向林艾乔借款 584 万元；借款期限自 201[illegible]日；借款利息每月 6 万元，于每月 6 日支付；斯太尔公司应每月偿还借[illegible] 6 日支付；借款期限届满，斯太尔公司应一次性偿还借款本金 500 万元；[illegible]期还款，应支付逾期金额月利率 5% 的违约金；借款由锦集公司和林延生提供连[illegible]保。

同日，原告林艾乔、被告斯太尔公司与被告锦集公[illegible]签订一份《保证合同》，约定锦集公司经全体股东同意，愿意为斯太尔公司前述借款本息提供连带责任担保；担保期限至斯太尔公司全部付清本息时止，并有被告锦集公司的法定代表人林延和的签名。原告林艾乔、被告斯太尔公司与被告林延生签订一份《保证合同》，约定林延生为前述借款提供连带责任担保，担保期限至斯太尔公司全部付清本息时止。

同日，斯太尔公司和林延生向原告出具一份收条，确认收到原告林艾乔支付的 584 万元，款项转入林惠敏账户，部分收取现金。

2010 年 2 月 6 日和 2 月 11 日，原告林艾乔分别向林惠敏账户转账 300 万元和 180 万元，合计 480 万元。

2011 年 9 月 17 日，原告林艾乔与被告斯太尔公司签订一份《补充协议》，确认被告斯太

---

① 邱瑛，思明法院法官。此案例收录于《中国法院年度案例》2017 年卷。

尔公司尚有借款500万元未还，并约定应于2012年9月5日前还清；由于逾期还款，斯太尔公司应于每月6日前按月支付林艾乔补偿金及违约利息25万元；若斯太尔公司有分期提前还款，则按比例扣减补偿金及违约利息。

同时，原告林艾乔、被告斯太尔公司分别与被告锦集公司、林延生签订《补充协议之保证合同》，约定继续为斯太尔公司所欠的借款500万元提供担保，保证期限至斯太尔公司全部付清借款本息时止。

2010年3月8日、4月12日、5月10日、6月8日，被告林延生共计偿还原告80万元本金。2010年6月21日至2014年7月4日，被告分别通过林延生和林惠敏的账户共向原告林艾乔还款5524799元。

另查明，林惠敏原系斯太尔公司的财务人员。2010年5月19日，斯太尔公司另向林艾乔借款150万元。林艾乔于同日转账支付给林惠敏142.5万元。2011年9月17日，双方就该笔债务达成《补充协议》，约定该笔债务剩余本金100万元，最迟应于2011年12月31日前还清；斯太尔公司应每20日支付给原告5万元的补偿金及违约金；由锦集公司、林延生和林惠敏提供担保。

案件焦点

本案焦点主要有以下三个：一是证明责任的分配遵循“谁主张，谁举证”的原则，负有证明责任的当事人若无法提供相应的证据，将承担败诉的风险；二是债的清偿抵充的顺序问题，及确定的三种途径；三是公司对外担保的效力问题，公司的内部行为对外无对抗效力。

法院裁判要旨

厦门市思明区人民法院经审理认为：原、被告约定的借款本金虽为584万元，但原告提供的转账记录只有480万元，且被告斯太尔公司向原告出具《收条》当天，原告并未足额支付借款，故该《收条》并未反映真实的收款情况，原告不能证明其已实际交付余款104万元，故关于借款本金，应按480万元确认。审理中，原告确认2010年4月至6月支付的80万元系偿还借款本金，故2010年6月8日之后，剩余本金为400万元。

本案涉及产生于2010年2月6日、2010年5月19日，金额分别为480万元、150万元的两笔债务，根据《最高人民法院关于适用〈中华人民共和国合同法〉若干问题的解释（二）》第20条的规定，“债务人的给付不足以清偿其对同一债权人所负的数笔相同种类的全部债务，应当优先抵充已到期的债务；几项债务均到期的，优先抵充对债权人缺乏担保或者担保数额最少的债务，担保数额相同的，优先抵充债务负担较重的债务，负担相同的，按照债务到期的先后顺序抵充；到期时间相同的，按比例抵充。但是，债权人与债务人对清偿的债务或者清偿抵充顺序有约定的除外”。本案涉及的两笔债务均已到期，根据担保金额的大小，应当优先偿还150万元的债务。现原告主张的150万元债务还款额未超过双方的约定，总额共计1806666元，应当予以扣除。因此针对本案讼争债务，被告2010年6月8日之后已还款项为4203133元（6009799—1806666）。

被告锦集公司、林延和不能提供证据证明前述支付给黄少海的款项，与本案具有关联性，现原告对此不予确认，被告应当承担举证不能的不利后果。对于被告锦集公司及林延和主张的支付给黄少海的款项是用于清偿本案讼争债务的事实，不予确认。

被告锦集公司和林延生与原告签署的《保证合同》，系双方真实意思表示，内容不违反法律行政法规的强制性规定，应认定为合法有效，现被告斯太尔公司未依约还款，被告锦集公司与林延生应依约承担保证责任。因《保证合同》已加盖锦集公司公章，且有其法定代表人林延和的签字，原告足以相信承担保证责任是被告锦集公司的真实意思表示。至于是否经过全体股东同意，是被告锦集公司的内部管理问题，对外不具有对抗的效力，故被告以此抗辩，认为无须承担保证责任，缺乏事实与法律依据，不予采纳。被告锦集公司、林延生承担保证责任后，有权向斯太尔公司追偿。

该案宣判后，锦集公司提出上诉，厦门市中级人民法院做出〔2015〕厦民终字第 1078 号民事判决，驳回上述，维持原判。

法官后语

本案的第一个争议焦点是债权人在不能证明已经交付双方约定的全部借款时，争讼借款本金如何确定？此种争议的关键在于民事诉讼证明责任的承担问题，也即当具体的民事纠纷案件要件实事真伪不明时，法官依据民事诉讼证明责任之分配规则，直接判决负有证明责任的一方当事人败诉。理论界一直存有“肯定说”和“否定说”两种截然相反的主张。“否定说”以德国学者莫其、莱昂哈特为代表，他们或否认要件实事真伪不明的现象，或回避在该现象下出现的法律适用难题，认为“如果正确把握证明尺度的话，就可以完全排除证明责任；从而降低法院判决的错误率”[①]。我国传统民事诉讼法学理论采用此种观点，但在这一理论的影响下，实践中出现了不少有悖民事诉讼基本原则的做法，容易导致实质上不正确的霸道裁判。“肯定说”以德国学者罗森贝克、莱波尔特等为代表，他们认为案件事实真伪不明的现象是无法克服的客观存在，在案件事实真伪不明发生时，解决方案是证明责任的分配规则。

根据我国《民事诉讼法》第 64 条第 1 款之规定，在一般意义上证明责任的分配采用“谁主张，谁举证”的原则。《证据规定》第 73 条第 2 款规定：“因证据的证明能力无法判断导致争议事实难以认定的，人民法院应当依据举证责任分配规则作出裁判。”可见，我国当代在民事证明责任承担问题上采用“肯定说”。

本案原、被告之间签订的借款协议只能证明双方存在借贷合同关系，不能反映合同具体履行情况，而根据《合同法》第 210 条之规定“自然人之间的借款合同，自贷款人提供贷款时生效”。可知，民间借贷属于实践合同，借款合同载明的借款金额与实际履行的借款金额不一致的，应以实际为准。根据“谁主张，谁举证”的原则，原告应当对其已实际支付合同项下的全部借款承担证明责任，否则应承担不利后果。

本案的第二个争议焦点问题是债务的清偿抵充顺序问题，它是指债务人对于同一债权人负担数宗同种债务，而债务人的给付不足以清偿全部债务时的抵充顺位问题。根据这一

① 转引自[德]汉斯・普维庭：《现代证明责任问题》，吴越译，法律出版社 2000 年版，第 102 页。

概念，债务清偿抵充应同时具备以下三个要件：债务人对同一债权人负有数宗债务；债务须种类相同；债务人的给付不足以清偿全部债务。

抵充清偿顺序的确定有三种途径：一是基于当事人的协议，虽然无明文规定，但被认为是契约自由原则的当然结论；二是给予当事人单方指定，德、日、法、意均肯定了债务人的抵充指定权，在债务人未为指定时，赋予债权人负有一定条件限制的抵充指定权，体现了诚实信用原则；三是本案涉及的法定抵充，也即当事人既未达成抵充协议，亦未为抵充指定时，依据法律规定的次序进行抵充。

根据《最高人民法院关于适用〈中华人民共和国合同法〉若干问题的解释（二）》第20条的规定，我国的法定抵充为："债务人的给付不足以清偿其对同一债权人所负的数笔相同种类的全部债务，应当优先抵充已到期的债务；几项债务均到期的，优先抵充对债权人缺乏担保或者担保数额最少的债务；担保数额相同的，优先抵充债务负担较重的债务；负担相同的，按照债务到期的先后顺序抵充；到期时间相同的，按比例抵充。但是，债权人与债务人对清偿的债务或者清偿抵充顺序有约定的除外。"可见这一规定的终极目标在于确保债权的实现，明显侧重于对债权人利益的保护，符合我国经济发展的客观实际。

本案的第三个争议焦点是公司对外担保的效力问题，根据《公司法》第16条第1款的规定："公司向其他企业投资或者为他人提供担保，依照公司章程的规定，由董事会或股东会、股东大会决议。"规范了公司担保行为的法律程序，即须经董事会或股东会、股东大会决议。这是否意味着公司违反前述条款规定与他人订立的担保合同无效？

答案是未必。首先，该条款并未明确规定公司违反上述规定对外提供担保将导致合同无效；其次，公司的内部决议程序，第三人很难知晓，简单地认定为无效合同，违反了公平原则，有损善意第三人的利益，也不利于维护合同的稳定和交易的安全；最后，该条款并非效力性强制性的规定。

在本案中，《保证合同》已加盖锦集公司公章，且有其法定代表人林延和的签字，原告足以相信承担保证责任是被告锦集公司的真实意思表示，构成表见代表，应当由被代表人，即公司承担行为后果。是否经过全体股东同意，属于公司的内部管理问题，对外不具有对抗的效力。

侵权责任中的防卫过当、受害人过错及安全保障义务问题解析

——陈先智等诉吴建平等生命权案

朱晨[①]

案件基本信息

1.判决书字号

福建省厦门市思明区人民法院〔2014〕思民初字第7870号民事判决书

2.案由:生命权纠纷

3.当事人

原告:陈先智、杨美秀、韩晨静

被告:吴建平、邱迎春、厦门宇航物业管理有限公司(以下简称宇航公司)、厦门市银河商务酒店有限公司(以下简称银河酒店)

基本案情

吴建平系宇航公司的保安,被害人陈香英系银河酒店的前台主管。2013年7月4日上午,吴建平因工作琐事与陈香英发生纠纷。后陈香英及其男友邱迎春多次威胁欲教训吴建平,吴建平随即准备一把折叠刀藏于办公桌抽屉内。同日下午,邱迎春持砍刀与陈香英至银河酒店,邱迎春踹门进入监控室,举刀击砍吴建平。吴建平左手挡住砍刀,右手拿出折叠刀将陈香英捅伤后逃离现场。陈香英经抢救无效后死亡。经法院认定,吴建平系防卫过当,超过必要限度。陈先智、杨美秀系陈香英的父母,韩晨静系陈香英的女儿(韩晨静的父亲韩跃明与陈香英已离婚)。陈先智、杨美秀、韩晨静因陈香英死亡所受的损失共计553982元,银河酒店、宇航公司已赔偿110000元。

陈先智、杨美秀、韩晨静诉请赔偿损失。吴建平认为其不应承担赔偿责任。邱迎春同意承担一定的赔偿责任。宇航公司、银河酒店不同意承担赔偿责任。

案件焦点

行为人在遭受不法侵害时,针对并非正在对其实施暴力侵害的受害人进行防卫,致受害

---

① 朱晨,思明法院法官。此案例收录于《中国法院年度案例》2017年卷。

人死亡，超过必要限度，系防卫过当，造成不应有的损害，应对受害人的死亡承担适当的赔偿责任。受害人自身对其死亡的损害后果存在明显的过错和责任，应减轻正当防卫人的责任。公共场所的管理人未尽到合理限度范围内的安全保障义务，对受害人的死亡具有一定的过错，应在其能够防止或者制止损害的范围内承担相应的补充赔偿责任。

法院裁判要旨

福建省厦门市思明区人民法院经审理认为：侵害他人人身权益的，应当依法承担侵权责任。陈香英在与吴建平发生纠纷后纠集邱迎春教训吴建平，邱迎春、陈香英具有伤害吴建平的故意，吴建平在遭受邱迎春持刀砍击的不法侵害时，针对并非正在对其本人实施暴力侵害的陈香英进行防卫，致陈香英死亡，超过必要限度，系防卫过当，造成不应有的损害，应对陈香英的死亡承担适当的赔偿责任。考虑到陈香英自身对其死亡存在明显的过错和责任，应减轻吴建平的责任，吴建平应对原告因陈香英死亡造成的损失承担50%的赔偿责任即276991元。邱迎春受陈香英教唆持刀砍击吴建平，吴建平防卫过当造成陈香英死亡，邱迎春的持刀砍击行为是吴建平防卫过当的诱因，与陈香英的死亡之间具有一定的因果关系，邱迎春应对原告因陈香英死亡造成的损失承担25%的赔偿责任即138495.5元。事发时邱迎春持刀进入酒店，银河酒店、宇航公司作为公共场所管理人并未采取任何措施予以制止，未尽到合理限度范围内的安全保障义务，对陈香英的死亡具有一定的过错，应在其能够防止或者制止损害的范围内承担相应的补充赔偿责任即124645.95元，银河酒店、宇航公司已赔偿给原告的110000元应从中予以扣除。

福建省厦门市思明区人民法院依照《中华人民共和国侵权责任法》第16条、第26条、第30条、第37条等规定，作出如下判决：

1. 被告吴建平于本判决生效之日起10日内赔偿原告陈先智、杨美秀、韩晨静276991元；

2. 被告邱迎春于本判决生效之日起10日内赔偿原告陈先智、杨美秀、韩晨静138495.5元；

3. 被告厦门市银河商务酒店有限公司、厦门宇航物业管理有限公司于本判决生效之日起10日内在本判决上述第一、二项确定的范围内补充赔偿原告陈先智、杨美秀、韩晨静124645.95元（已支付的110000元应予扣除）；

4. 驳回原告陈先智、杨美秀、韩晨静的其他诉讼请求。

宣判后，各方当事人均未提出上诉，判决已发生法律效力。

法官后语

本案系一例司法实践中少见的因防卫过当引发的侵害生命权纠纷。其特殊之处不仅在于防卫过当致人损害案件本身的稀缺性，而且在于本案同时还涉及侵权责任中的其他两个法律问题，即受害人的过错与公共场所管理人的安全保障义务。

1. 防卫过当致人损害的责任承担

正当防卫是法律赋予自然人个人的一项重要的私立救济权利，具有现实性、必要性、针对性、目的性和合理性。正当防卫超过必要限度的,属于防卫过当。在审判实践中,如何把握防卫是否超过必要限度非常关键,应具体情况具体分析。一般情况下,应综合分析双方的强弱、手段、强度、在现场所处的客观环境和形势等因素,衡量防卫行为所保护的权益与防卫行为所造成的损害后果之间是否基本适应或相当。防卫过当造成不应有的损害,应当承担适当的民事责任。我国《侵权责任法》第30条对此做出规定。

具体到本案,从事件发生经过来看,邱迎春、陈香英主观上具有伤害吴建平的故意,客观上实施了持刀砍击吴建平的不法侵害行为,吴建平为使自己的人身权益免受现实的、正在进行的不法侵害,持折叠刀向前捅刺的行为就当时的客观环境和紧迫形势来看,具有防卫的正当性,也符合防卫的目的。但是,吴建平并未针对持刀砍击的邱迎春进行防卫,而是针对未持刀的陈香英进行防卫,超过必要限度,系防卫过当,造成陈香英死亡即不应有的损害,应承担适当的赔偿责任。

2. 受害人的过错与侵权人的责任免除

受害人的过错是侵权责任的免责事由之一,对于侵权人责任的免除主要体现在两个方面:一是部分免除,受害人对于损害的发生存在过错,可以减轻侵权人的民事责任。我国《侵权责任法》第26条对此做出规定。二是全部免除,即受害人对于损害的发生存在故意,全部免除行为人的责任。我国《侵权责任法》第27对此做出规定。

具体到本案,陈香英与吴建平因工作琐事发生纠纷后,先是用言语威胁吴建平,后教唆邱迎春教训吴建平,最后与邱迎春持刀砍击吴建平,陈香英的一系列行为无疑是吴建平正当防卫乃至防卫过当的诱因,陈香英教唆邱迎春持刀砍击吴建平的行为本身系不法侵害且涉嫌犯罪,陈香英既然实施了以上行为就应当预见到吴建平可能采取的防卫措施,也应当预见到其可能因吴建平的防卫行为而受到损害。陈香英对于其死亡的损害后果具有主观上的过错,陈香英的不法侵害行为与吴建平的防卫过当行为,均为陈香英死亡的原因,陈香英的行为与其死亡之间具有相当因果关系,故应减轻吴建平的责任。

3. 安全保障义务的合理限度

安全保障义务,是指从事住宿、餐饮、娱乐等经营活动或者其他群众性活动的自然人、法人、其他组织、应尽的合理限度范围内的使他人免受人身及财产损害的义务。我国《侵权责任法》第37条对此做出规定。

在第三人介入侵权的情形下,如果受害人之损害系由第三人实施的加害行为所致,而安全保障义务人又尽职尽责地履行了义务,该第三人为侵权人,其当然应对受害人之损害后果承担侵权责任。如果因第三人侵权导致损害结果发生,安全保障义务人有过错的,应当在其能够防止或制止损害的范围内承担相应的补充赔偿责任。安全保障义务人之所以承担相应的补充赔偿责任,是因为直接加害的第三人与安全保障义务人并不构成共同侵权。

具体到本案,银河酒店、宇航公司作为公共场所管理人,应在合理限度范围内尽到安全保障义务。事发时邱迎春持砍刀进入酒店,银河酒店、宇航公司并未采取任何措施予以制止,未尽到合理限度范围内的安全保障义务,对陈香英的死亡具有一定的过错,应在其能够防止或者制止损害的范围内承担相应的补充赔偿责任。

行政机关应当按照申请人要求的内容提供政府信息

——潘爱民诉厦门市国土资源与房产管理局案

王叶萍、林鸿[①]

案件基本信息

1. 判决书字号

一审:福建省厦门市思明区人民法院〔2015〕思行初字第8号(2015年2月27日)

二审:福建省厦门市中级人民法院〔2015〕厦行终字第34号(2015年5月13日)

2. 案由:其他行政管理行为——政府信息公开行政案件。

3. 当事人

原告:潘爱民

被告:厦门市国土资源与房产管理局

基本案情

2014年8月28日,原告潘爱民向被告厦门市国土资源与房产管理局邮寄《信息公开申请表》,申请公开厦门市莲前西路农科所职工宿舍房屋和土地进行征收和拆迁的安置补偿方案。2014年9月2日,被告受理了原告的政府信息公开申请,并于2014年9月18日向原告做出了受理号XM00115—00132的政府信息公开申请办理结果告知书。2014年9月23日,原告收到了被告做出的该告知书。2014年9月30日,原告不服该告知书,向福建省国土资源厅申请行政复议。2014年11月25日,福建省国土资源厅做出闽国土资复决[2014]33号行政复议决定,维持被告做出的政府信息公开申请办理结果告知书。

原告不服诉至法院,称被告做出的告知书以原告在诉讼中获得的两份民事主体签订的协议书代替政府信息,与《政府信息公开条例》第2条的规定不符;况且,该两份协议书是否就是安置补偿方案,从告知书中原告无法得出答案,原告的知情权并未得到满足,故被告的答复不符合法律规定。侵犯了原告的知情权,请求判令确认被告于2014年9月18日做出的受理号为XM00115—00132政府信息公开申请办理结果告知书违法,并责令被告重新答复。

案件审理过程中,被告于2015年2月11日做出《关于撤销受理号为XM00115—00132

① 王叶萍,思明法院行政庭副庭长。林鸿,思明法院法官。此案例收录于《中国法院年度案例》2017年卷。

的政府信息公开申请办理结果告知书的决定》,决定撤销受理号为XM00115—00132的政府信息公开申请办理结果告知书,并于2015年2月12日邮寄送达原告。

被告辩称,其做出的答复已经告知原告从其持有的两份协议书中直接获取所需信息,且符合《政府信息公开条例》第24条第2款关于答复时间的规定,因此,被告做出的答复符合法律规定。

案件焦点

本案系因政府信息公开范围而引发的案件。案件争议焦点是行政机关履行公开政府信息义务不符合公民要求时,人民法院是否可以依据《中华人民共和国政府信息公开条例》判决行政机关按照申请人要求的内容或者法律、法规规定的适当形式予以提供。

法院裁判要旨

厦门市思明区人民法院经审理认为:根据《政府信息公开条例》第4条及第21条的规定,被告作为《厦门市城市房屋拆迁管理规定》规定的厦门市拆迁管理部门,对原告申请公开的拆迁安置补偿方案的政府信息进行答复并说明理由,系其法定职责。

《中华人民共和国政府信息公开条例》第21条第(1)项规定:对申请公开的政府信息,属于公开范围的,行政机关应当告知申请人获取该政府信息的方式和途径。原告申请公开的政府信息系厦门市莲前西路农科所职工宿舍房屋和土地进行征收和拆迁的安置补偿方案,被告却答复原告可以从其持有的厦门市土地开发总公司与厦门市农业科学研究与推广中心签订的征地补偿协议中获取其所需信息。而从文义上理解,安置补偿方案与征地补偿协议应系两个不同概念的文本信息。被告在答复给原告的告知书中,并未说明安置补偿方案是否存在,或征地补偿协议与安置补偿方案是否存在关联性,因此,被告的答复并未准确回应原告的申请,不符合原告要求的内容,依法应予撤销。鉴于在案件审理期间,被告已自行撤销了其做出的答复,因此,已不具有可撤销的内容。但仍应依法确认被告做出的答复违法。

《最高人民法院关于审理政府信息公开行政案件若干问题的规定》第9条第2款规定:被告提供的政府信息不符合申请人要求的内容或者法律、法规规定的适当形式的,人民法院应当判决被告按照申请人要求的内容或者法律、法规规定的适当形式提供。据此,被告应对原告提出的政府信息公开申请重新做出答复。

综上,依照《最高人民法院关于执行〈中华人民共和国行政诉讼法〉若干问题的解释》第50条第3款、第60条之规定,判决如下:

1. 确认被告厦门市国土资源与房产管理局做出的受理号为XM00115—00132的政府信息公开申请办理结果告知书违法;

2. 被告厦门市国土资源与房产管理局应于本判决生效之日起15日内向原告潘爱民重新做出政府信息公开的答复。

一审判决后,被告厦门市国土资源与房产管理局不服判决,提出上诉,二审法院驳回上诉,维持原判。一审判决已发生法律效力。

法官后语

本案是一起关于拆迁管理部门办理政府信息依申请公开的诉讼案例。本案争议焦点是，厦门市国土资源与房产管理局受理政府信息公开申请后，是否做出了符合申请人要求内容的政府信息公开。本案被告行政机关的处理过程的确存在不当之处：

其一，内容答非所问，原告向政府机关申请某项信息公开，其重点是想知悉该信息所包含的内容，只有行政机关提供了相应信息的详细内容，才可以认定行政机关履行了信息公开义务。本案中，原告潘爱民申请公开的政府信息是厦门市莲前西路农科所职工宿舍房屋和土地进行征收和拆迁的安置补偿方案，厦门市国土资源与房产管理局却答复原告可以从其持有的征地补偿协议中获取其所需信息。而从文义上理解，安置补偿方案与征地补偿协议系两个不同概念的文本信息，即便征地补偿协议是根据安置补偿方案所制作，但二者也并非等同，无论是针对性还是全面性，均存在较大的差异。更何况行政机关也未就此进行合理的说明，从而造成申请人产生合理质疑，并诉诸法律。

其二，答复形式不当。根据《政府信息公开条例》第 26 条[①]，除了公开的信息客观真实外，行政机关还应当按照申请人要求的形式向申请人公开，在获取方式和载体形式上还应当尊重申请人的选择。本案中行政机关既并未明确安置补偿方案是否存在，也未在职权范围内说明征地补偿协议与安置补偿方案的关联性，更不符合条例第 21 条第(1)项的规定[②]。因此，被告的答复在形式和程序均不妥当。

其三，未及时采取适当的补救或救济措施。本案中行政机关既没有自行纠正告知内容，也没有根据《政府信息公开条例》第 21 条第(4)项[③]要求申请人做出更改或补正。未按照规范履行告知程序，也是造成具体行政行为被撤销的重要因素之一。行政机关在案件审理期间虽然自行撤销了其涉诉答复，但既未说明原因，也未以书面形式重新做出符合要求的政府信息公开告知书，依法应确认其已撤销的答复违法，并责令其根据申请人要求的内容，以适当的形式重新提供。

在司法实践中，各地行政机关对《政府信息公开条例》的相关法律精神理解不到位、程序不规范或不完整等情况屡见不鲜。本案的处理对今后类似案件的处理具有现实的借鉴和参考意义。

---

① “行政机关依申请公开政府信息，应当按照申请人要求的形式提供；无法按照申请人要求的形式提供的，可以通过安排申请人查阅相关资料、提供复制件或者其他适当形式提供。”

② “对申请公开的政府信息，属于公开范围的，行政机关应当告知申请人获取该政府信息的方式和途径。”

③ “申请内容不明确的，应当告知申请人做出更改、补充。”

三、论文

简论诉讼调解中的“事实”问题

——以诉讼调解和裁判的比较为基线

黄南清[①]

在我国的民事纠纷解决机制体系中,诉讼调解是与裁判并行的诉讼内纠纷解决方式。案件的事实问题——事实是什么,如何认定事实——是裁判是非解决纠纷的基础。为了使裁判符合人们对程序公正和实体公正的价值追求,法律将事实认定的过程和结论等事实问题纳为严格的关照和规范对象。诉讼调解的运行机理异于裁判,法官在诉讼调解中对事实问题的处理也往往异于裁判,如对案件事实的模糊化处理。诉讼调解中是否涉及(或能否避开)事实问题?在诉讼调解中如何认定事实?在调解与裁判缠杂并行的司法运行模式中,厘清这些问题对于促进诉讼调解的规范化具有重要的实践意义。

一、辨识:诉讼调解中的事实问题

(一)案件事实的多面性

从事实的角度来看,诉讼是对已经发生的、过去的案件事实的认知。已经发生过的案件事实不以人的意志为转移地客观存在着,诉讼活动的任务之一就是尽可能地去揭示客观存在的案件事实。然而,案件事实并不总是被毫无争议地直接地呈现在人们面前,在多数情况下,它呈现出多面性特征。

案件事实的多面性,首先表现为法官认定的事实和各方当事人主张的事实之间的差异性。对于当事人而言,其诉讼主张必然要以一定的事实为基础。“在整个诉讼过程中,当事人实现诉辩请求就是围绕着用证据证明其主张的事实来进行的。”[②]出于各种考虑,各方当事人在诉讼中所主张且呈现给法官的案件事实可能截然相反,可能与纠纷相关联也可能毫无关联,可能真实也可能虚假。在此情形下,法官要在当事人主张的事实中查明哪些是与纠纷有关的案件事实,在与纠纷有关的案件事实中查明哪些是真实的案件事实。从某种意义上

---

① 黄南清,思明法院法官。此文获得全国法院系统第二十三界学术讨论会三等奖。

② 洪浩主编:《证据法学》,北京大学出版社 2005 年版,第 155 页。

讲，诉讼的过程就是法官认定与纠纷有关的真实的案件事实的过程。当然，在民事诉讼中，当事人主张的事实与法官认定的事实之间有着密切的联系。如一方当事人对对方当事人主张事实的自认，在免除对方就此事实的举证责任的同时，对法官也具有拘束力，法官应将该事实直接认定为真实的事实，除非当事人的自认侵害了公共利益和他人合法利益。

案件事实的多面性，其次还表现为客观真实和法律真实之间的差异性。在客观世界中，外在于认识主体的客观存在的案件事实谓之"客观真实"。人们在诉讼中试图做到对案件的认识达至客观真实，这"不但可以确保裁判的正当性，而且可以使裁判者的内心获得安宁"。① 但是随着对诉讼认识论和诉讼价值论的认识不断深化，人们逐渐认识到，在诉讼中所能认定、所要认定的案件事实并不总是和客观真实相符，因为对客观真实的认识受到认识方法、手段等认识条件的掣肘，也受到自由、秩序等诉讼价值的制约。法律真实是法律上视为真实的事实，是通过正当程序认定的案件事实，体现了自由、秩序等诉讼价值在事实认定过程中独立的重要地位。经历了多年的论争，在对客观真实证明标准的反思中，人们逐渐确立了法律真实的民事诉讼证明标准。简而言之，法官在诉讼中认定的案件事实只需是法律真实，而当事人对案件事实的证明也只需达至法律真实即能被法官所采信。不过，对于亲身感知案件客观情况的当事人来说，若法官认定的案件事实与客观真实不相符，虽然法律要求他接受，他却未必认可。

民事纠纷不外乎事实层面上的纠纷和法律层面上的争议。案件事实的多面性反映出对立当事人之间在事实层面上的紧张关系，这种紧张关系构成了民事纠纷的全部或者部分，同时在一定程度上也反映出当事人（事实经历者）与法官（事实认定者）之间在事实层面上的紧张关系，这种紧张关系的处理方式影响了民事纠纷的解决程度。案件事实的多面性与民事纠纷的解决有着紧密的联系，民事纠纷的解决过程实际上是对案件事实多面性所引发的对事实问题的追问及回应的过程。

（二）不同纠纷解决方式下的事实问题样态

事实是什么？怎么样认定事实？对案件事实问题的追问和回应，是诉讼中对立当事人之间、当事人与法官之间相互对话的重要内容。不同的纠纷解决方式，对事实问题的追问和回应也有所不同。

1. 裁判中的事实问题

在纠纷解决体系中，裁判是最为权威、最为规范的纠纷解决方式。裁判的权威性主要表现为：当事人将纠纷提交给权威的法官强制裁断，法官则利用自身的权威地位做出具有强制力的裁判。根据三段论的演绎推理规则，权威的裁判结论，必须以权威性的案件事实作为小前提。法官做出权威性裁判，包含了对案件事实做出权威性认定的内容。对立当事人各自就所主张的案件事实提供证据并相互辩驳，法官则对证据进行审查分析判断，并结合经验法则对事实做出最终最权威的认定。因此，裁判中的事实是法官认定的事实而非当事人主张的事实。即使是当事人合意的事实部分，也需经过法官的确认和认可。当然，如前所述，虽然法律设计了种种制度来保障法官认定的事实尽力趋向于案件客观真实，但客观真实在更

① 张榕：《事实认定中的法官自由裁量权——以民事诉讼为中心》，法律出版社 2010 年版，第 89 页。

多时候代表了一种理想,而法律真实才是现实的。[①]

严格的规范性是裁判获得权威性的正当性依据,裁判的严格规范性主要表现为裁判做出过程的规范性和裁判结论的规范性,即导出裁判结论的诉讼过程必须符合程序法规范,且裁判结论必须符合实体法规范。法律对裁判的严格规范是通过对事实认定和法律适用的严格规范来实现的,过程和结果的严格规范性是裁判中事实认定严格规范性的必然要求。事实认定过程的严格规范性,要求事实认定主体必须保持中立性,要求在事实认定过程中严格遵守各项证据规则。事实认定结果的严格规范性,一方面要求法官必须而且只能对与纠纷有关的事实做出的认定,"必须"意味着法官不得拒绝裁判,"只能"意指如果法官对纠纷之外的事实进行认定并据此做出裁判,则有违背司法被动性之嫌。"审判只能根据可以纳入法律要件的事实对当事人提出的符合法律要求的具体诉讼请求进行裁判。"[②]事实认定结果的严格规范性,另一方面还要求法官对事实的认定必须而且只能达至法律真实的程度。如果法官不对已达至法律真实的事实做出认定,则会加重当事人的证明责任,亦有违法司法之嫌。

2. 诉讼调解中的事实问题

在民事诉讼中,诉讼调解是与裁判并行的纠纷解决方式。与权威、严格规范性的裁判相比较,合意和非严格规范性是诉讼调解最显著的特征。

就合意而言,裁判并不排斥且相反的应当尊重当事人之间的合意,这是以"私法自治"为根据的"处分原则"及"辩论主义"的体现。[③] 但是裁判中的当事人合意必须经过法官的确认和认可,缺乏法官确认和认可的当事人合意尚无法直接解决纠纷,纠纷的最终解决有赖于法官的权威性裁判。而在诉讼调解中,当事人的合意虽然也需在形式上接受法官的审查,但如何达成合意、达成何种合意,却完全取决于当事人,当事人的合意直接解决了纠纷,法官的权威不过是当事人达成合意的媒介而已。为了解决系争纠纷,对立当事人可能将系争外的事实一并纳入纠纷范围予以处理,也可能对系争纠纷相关的事实模糊化处理。如何处理,取决于当事人的权衡。可以说,当事人在诉讼调解中从各自主张到最终达成一致的事实是开放的动态事实,只要法无禁止,法官认定的事实应是当事人合意一致的事实。诉讼调解中的事实,既是法官认定的事实,同时也是当事人合意一致的事实。当然,这并不意味着法官的作用只能是消极的确认当事人合意的事实。在调解过程中,法官可要求当事人就所主张的事实提供证据,组织双方当事人质证辩驳,并将初步审查的结果告知双方当事人。基于对法官所具有的权威性地位的尊重和专业性知识的认可,当事人在权衡所主张的事实在法律上获得支持的可能性后,调解意愿及方案可能更趋于理性。至于法官对事实的初步审查(认定)对调解不成后的正式裁判中的事实认定的影响问题,可通过制度设计予以解决。

诉讼调解"非严格规范性"的含义有二:一是诉讼调解具有一定的规范性,二是诉讼调解的规范性远不如裁判。就第一层含义而言,虽然当事人有权就案件事实合意一致并要求法

---

① 张榕著:《事实认定中的法官自由裁量权——以民事诉讼为中心》,法律出版社 2010 年版,第 89~91 页。

② 傅郁林:《调解在民事诉讼中的角色》,载 http://www.procedurallaw.cn/msss/zdwz/200807/t20080724_50605.html,于 2011 年 5 月 2 日访问。

③ 邵明:《正当程序中的发现真实——民事诉讼证明法理之现代阐释》,法律出版社 2009 年版,第 55 页。

官予以确认，但其前提是，“在合意的过程中，双方当事人需要导入规范来支持自己所提合意条件的正当性，而合意的结果也需要经过规范的正当性检验，受到规范的强制性制约”[①]。在调解过程中，当事人对案件事实的合意，不应违背法律之禁止；法官在初步审查认定当事人主张的事实时，亦应遵守证据裁判原则等事实认定基本规则，不可为促成调解而有不诚信之举，如将根本不具有关联性的证据作为定案依据。就第二层含义而言，在诉讼调解中，当事人以合意之方式认定的案件事实，只要不违背法律之禁止，即可不考虑证据能力、非法证据排除等证据规则。在裁判过程中，受证据规则之限，裁判所认定之事实只能是法律真实，甚至可能与客观真实相反。如最高人民法院《民事证据规定》第 68 条规定，以侵害他人合法权益取得的证据不能作为认定案件事实的证据。在具体案件中，法官根据该非法证据排除规则对非法证据予以排除后，很可能对事实做出与客观真相完全相反的认定。而在诉讼调解中，因无事实认定规则之强制制约，加之系事件之亲历者，当事人对事实之合意，往往可达至客观真实。因此，法官在诉讼调解中的事实认定，应充分尊重当事人之合意，并不得有违背诚信之行为，同时亦应对当事人合意过程及合意结果进行合法性审查。

二、反思：我国有关诉讼调解事实问题的法律规范与实践

（一）我国有关诉讼调解事实问题的法律规范

现行法律有关事实问题的规范是以裁判为中心的规范。法律有关证据能力、证明标准、证明对象等证据规则的规定，是裁判中认定案件事实的依据和指针。而现行有关诉讼调解的法律规范，其内容则主要是调解的原则、组织、程序和效力等，并没有与裁判相区别的事实问题规范。正如《民事诉讼法》第 85 条所规定的：“人民法院审理民事案件，根据当事人自愿原则，在事实清楚的基础上，分清是非，进行调解。”即，诉讼调解应建立在事实清楚的基础上，这与判决对事实基础的要求并无二致。而如前文所述，诉讼调解中的事实问题与裁判中的事实问题存在差异，相应的法律规范理应有所区别。法律未将二者区别开，其根源在于事实探知理念的偏颇和调审关系模式的单一化。

事实探知理念是关于探知事实真相的可能性以及事实真相对行为正当化的作用的理念。事实探知理念是人们对民事审判制度构架和运作的基本认识和理解，必然在民事诉讼制度建构和运行中予以贯彻。长期以来，事实探知的绝对化是我国民事审判的一种基本理念，最突出的表现是“以事实为依据，以法律为准绳”指导理念在我国民事诉讼制度中的确立。如二审审查范围、再审启动事由的设计，充分贯彻了“以事实为依据、以法律为准绳”理念。作为民事诉讼的重要制度，诉讼调解也深受事实探知绝对化理念的影响。把“查明事实，分清是非”作为诉讼调解的前提条件，实际上是“以事实为依据，以法律为准绳”理念在诉讼调解中的贯彻。诚然，事实探知绝对化理念强调诉讼活动要建立在客观真实或尽可能接近客观真实的事实基础之上，以此制约法官在事实认定中的自由裁量权，确保诉讼活动的正当性，具有一定的合理性。“准确的事实，或者说尽可能准确的事实，不仅是诉讼调解顺利深

① 汤维建等：《民事诉讼法全面修改专题研究》，北京大学出版社 2008 年版，第 107 页。

人的基础,也是情理与法理应得的部分。”[①]但是,事实探知绝对化理念片面强调事实真相探知的可能性和重要性,具有局限性。“事实探知的绝对化作为一种民事审判的理念不符合民事诉讼的特性,也不符合人们认识事物的客观规律性。”[②]将裁判过程中对事实探知绝对化理念的贯彻当然地贯彻于诉讼调解,这样的事实探知理念的偏颇,是导致将诉讼调解中的事实问题等同于裁判中的事实问题的立法现状的原因之一。

调审关系在形式上是调解程序和审判程序的关系,实质上反映的是调解和裁判这两种差异甚大的审判权行使方式的关系。现行的调审关系模式是诉讼调解与裁判相互区别却又掺杂并行的调审合一模式,可以最大限度地发掘调解因素促成纠纷的解决。在这种模式下,法官既是调解员又是裁判员,诉讼调解贯穿于诉讼的每个阶段每个环节。就事实问题而言,为解决纠纷,法官在诉讼调解过程中难免要组织双方当事人举证质证确认案件事实;在调解不成的情况下,通过庭审正式认证证据认定案件事实并做出裁判。两种身份合一,程序又相互缠杂,二者的关系如此之紧密,以致立法似乎也没有必要对诉讼调解中的事实问题和裁判中的事实问题予以差异性规范。然而,单一化的调审关系模式下,法官在“审判权本位”的诉讼调解[③]过程中,可能会不自觉地考虑调解不成的情况下如何裁判的问题,可能会通过了解尽可能多的案件事实来弥补严格的审理程序下事实认知的有限性;或者在事实认定难以进行时强制性调解。当事人也可能会通过展示更多的与系争案件事实弱关联的事实,来弥补其在系争案件事实举证上的不足;或者在诉讼调解中隐藏事实证据以便在正式庭审中以“证据突袭”的方式获得胜诉。单一化的调审关系模式忽视了诉讼调解中的事实问题(尤其是在事实认定方面)对裁判的影响,而法律又缺乏对诉讼调解中的事实认定问题及其对裁判的影响的规范,最终损害纠纷解决的规范性和公正性。

(二)司法实践中的诉讼调解事实问题

如果说事实探知绝对化理念和调审合一的单一化模式是立法者良好愿望的体现,现行的诉讼调解事实问题规范反映了立法的理想主义,那么,司法实践现实对理想主义的背离,则进一步揭示了对诉讼调解事实问题予以有效规范的必要性和紧迫性。

关于法律应否将“查明事实,分清是非”作为诉讼调解的原则,学界存在着“否定说”“肯定说”和“相对肯定说”三种观点。[④] 持后两种观点的人,是将该原则作为法官权力制约的因素,以此防止事实不清、是非不分情况下“和稀泥”式调解对诉讼调解价值的扭曲。《民事诉讼法》第85条对“查明事实,分清是非”的强调,在实践中得到了肯定性回应。有法官认为:“‘以事实为依据,以法律为准绳’作为调解的原则始终不应失守。”[⑤]然而实践表明,有相当一部分当事人是在“事实未清、责任未明”的情况下即通过诉讼调解自愿、合法地解决了纠纷。

---

① 李文:《博弈与取舍:柔中有刚的诉讼调解》,载《人民法院报》2011年3月25日第6版。

② 张卫平:《事实探知:绝对化倾向及其消解——对一种民事审判理念的自省》,载《法学研究》2001年第4期。

③ 吴英姿:《法院调解的“复兴”与未来(下)》,载《法制与社会发展》2007年第3期。

④ 李浩:《完善调解制度的几点思考——兼谈民事诉讼法的修订建议》,载 http://www.procedurallaw.cn/msss/zdwz/200807/t20080724_50547.html,于2011年5月2日访问。

⑤ 李文:《博弈与取舍:柔中有刚的诉讼调解》,载《人民法院报》2011年3月25日第6版。

“事实未清、责任未明”的诉讼调解，也并非就必然影响到诉讼调解的价值实现。相反的，“如果一味强调事实清楚而进行严格调查，那即是一味浪费人力物力，忽略了调解本身具有的省时、省力、灵活、高效的价值，程序利益就得不到体现”①。“事实未清”的诉讼调解实践具有其理论和实践的双重合理性。而法律的相关规范屡屡被违反，反过来只能证明其法律规范的不科学、不严谨。应该说，法律对诉讼调解的事实问题的规范过于理想主义，算不上“有效”，因为其在纠正法官擅权的同时，也限制了诉讼调解功能的充分发挥。

当然，“事实未清”的诉讼调解并不意味着诉讼调解中不存在事实问题。诉讼调解是一个持续的过程，当事人起诉、应诉进而在法院的主持下进行调解，都会涉及相关的案件事实，即使双方当事人最终可能会在事实未清的情形下达成合意。“在调解中，法官对案件事实的判断有助于缓解交涉的随意化和陷入僵局的问题……缺乏基本判断的调解很容易为双方的力量对比所左右，或者变成‘和稀泥’、无原则的调解。”②诉讼调解中事实问题存在的必然性，使得对其予以有效规范具有现实意义。法律对事实问题的规范，实际上包含了对法官在诉讼调解中的自由裁量权的规制。缺乏有效规制，法官在诉讼调解中的行为容易从调解者异化为决定者来替当事人做决定，从而侵犯当事人的意思自治。尤其在调审合一的单一化模式下，法官身兼调解者和裁判者两种身份，其行为异化的可能性更大。法官在诉讼调解中以其对事实的判断要求当事人接受调解方案，而当事人出于对法官双重身份的敏感性，若其无法预知判决结果，则可能会违心接受。隐性强制调解现象在实践中时有发生并广受诟病，其症结在于调审合一的单一化模式下，法官拥有的事实认定和法律适用的自由裁量权难以受到有效规制。

综上，现行法律缺乏对诉讼调解中的事实问题的专门规范，事实探知理念的绝对化和调审合一的单一化模式分别是理念性原因和制度性原因。而诉讼调解的司法实践对带有理想主义色彩的法律规范的背离，具有某种合理性，同时也使得规范诉讼调解事实问题成为当务之急。

三、完善：对诉讼调解中事实问题的有效规范

实现对诉讼调解中事实问题的有效规范，除了明确诉讼调解中的事实问题规范之外，还需要更新事实探知理念并重构调审关系模式。

（一）更新事实探知理念

从国外的法律规定看，法官主持、参与下的调解（或称和解）并不以“查明事实、分清是非”作为诉讼调解的前提。国外的诉讼和解制度中，法律的要求和法官的重点都在于为当事人在和解中的意思真实自愿提供程序保障，而非调查案件事实。如日本的和解制度中，构成和解的要件包括实体要件（处分权等）和程序要件，并不涉及事实问题，和解前是否已查明事

---

① 第荣海、陈坚：《浅谈我国民事诉讼调解制度的现状及完善》，载 http://www.procedurallaw.cn/msss/zdwz/200812/t20081217_113904.html，于 2011 年 5 月 2 日访问。

② 蔡虹：《法院调解的正当性评估》，载《广东行政学院学报》2008 年第 1 期。

实,是否与案件事实相符并非问题所在。[①] 美国德克萨斯州最高法院于 2005 年 6 月 13 日发布的《调解员行为指南》虽然只是自律性规定,且适用于“不对争议事项作出裁决”的调解员,但其对案件事实问题的规定也反映了最高法院对相关问题的态度。在关于“调解过程”的规定中,“调解过程……不对案件的是非曲直作出裁决”。[②]

以事实探知绝对化理念指导民事诉讼立法,并将该理念渗透至诉讼调解中,导致现行法律对诉讼调解中事实问题的规范在实践中屡屡不被遵守。在民事诉讼中,由于人类认知能力的局限性、事实探知成本的制约、对当事人处分权尊重等因素,导致事实探知只能是相对的。在诉讼调解中,事实探知的相对性更加明显。虽然当事人在诉讼调解中基于纠纷解决的需要可能会和盘托出案件的事实真相,但调解的非公开性原则,以及对当事人处分权最大限度的尊重,使得法官并不必然了解其中的事实真相,更谈不上在事实清楚的基础上进行调解。因此,应以事实探知的相对化理念取代绝对化理念指导诉讼调解中的事实问题规范立法。诉讼调解不以查明事实分清是非为前提,法官对事实的探知应以当事人主张、合意的事实为限,不得以查明事实为由侵犯当事人对事实问题的处分权。

(二)规范诉讼调解中的事实问题

事实探知的相对化并不意味着诉讼调解中不存在事实问题。诉讼调解中的事实问题与裁判中的事实问题存在差异,相关的法律规范理应有别。

1. 关于“事实是什么”的规范。在裁判中,由于法律所能保护的当事人的利益仅限于法律限度和范围之内的利益,法官和当事人对案件事实的关注点只能是与当事人利益直接相关的案件事实。“审判制度……关注的是已经发生的案件事实,但是不探究不具有法律意义的某些生活事实。”[③]而诉讼调解则不然。诉讼调解中法官和当事人对案件事实的关注,是为了在一定的事实背景中达成利益的调和以解决纠纷,诉讼调解中的案件事实并不局限于与纠纷直接相关的事实。如果法官忽视或者拒绝回应当事人主张甚至已合意一致的其他事实,则无益于诉讼调解的顺利进行。事实上,如前文所述,当事人在诉讼调解中主张、交涉、合意的事实是开放的动态事实。因此,在诉讼调解中,法官所关注的案件事实,应以当事人主张、交涉、合意的事实为限,对当事人合意的事实应予尊重,应及时回应当事人主张的事实。

2. 关于“如何认定事实”的规范。裁判中,当事人负责举证质证,对案件事实的审查、认定是法官的职权,对于当事人争议的事实,由法官做出最终的权威裁决。在诉讼调解中,案件事实一般是在法官的主持之下由当事人自行认定,对于有争议的事实,当事人可以搁置也可以提交法官裁断,而法官的裁断尚需得到当事人的最终认可,否则诉讼调解就可能无法继续进行。因此,认定案件事实的主动权在于当事人,法官则如同催化剂一般促成双方整理、确定案件事实以解决纠纷,不仅不可强行裁断,而且应充分尊重当事人的合意。诉讼调解中的证据规则,只要当事人合意一致,亦可变更裁判中证据规则的严格规范性。在以非严格规范性为特征的诉讼调解中,当事人主导下的事实认定也呈现出非严格规范性的特征,随意性

① 宋朝武、黄海涛:《调解真实原则质疑》,载《法律适用》2005 年第 5 期。

② 蒋丽萍译:《美国德克萨斯州〈调解员行为指南〉》,载《人民法院报》2011 年 3 月 25 日第 6 版。

③ 肖建华、唐玉富:《法院调解的正当性》,载《理论与现代化》2009 年第 5 期。

较大。

事实认定由当事人主导，对当事人合意的事实应予尊重，这是诉讼调解事实问题法律规范的一面。规范的另一面是对当事人合意的事实进行合法性司法审查，因为当事人趋利避害的天性容易引发道德风险。“合法性”审查从学理上讲包括程序合法性审查和实体合法性审查，即当事人对事实的认定和所认定的事实，不应违背法律之禁止而侵犯社会利益和案外人合法权益。

（三）重构调审关系模式

现行的调审合一模式，既可能最大限度地促成纠纷的及时、彻底、权威性解决，也可能因裁判者和调解者身份合一而造成强制调解或裁判预断。改革的思路是既能最大促成调解，又能将负面影响降至最小。

关于调解与审判的关系模式的改革，学者们提出了两种“调审分离”意见：“调解程序与审判程序彻底分离，并用诉讼上和解替代法院调解”和“诉讼内调审分离”。[①] 第一种意见显示了改革的彻底性，但完全无视调审合一模式的优点，实际上并不可取。第二种意见在把调解程序设置为诉讼内的审前程序的同时，也剥离了作为裁判者的法官的调解职能，具有一定的可行性。但是，即使是在审判程序中，当事人亦有权进行调解。当当事人的调解意愿在审判程序中继续显露时，法官理应积极做双方的调解工作以促成纠纷的解决。不过此时调审合一的老问题也就随之出现了。第二种意见似乎回避了审判程序中的调解问题。如果将调解从审判程序中剔除出去，既是对当事人意思自治的不尊重，也不利于纠纷的及时解决。因此，第二种意见在实践中不具有现实性，也不尽合理。

其实，无论从历史还是现实的角度看，无论是过去还是现在的法官，主持调解工作并尽可能促成当事人达成调解协议都是其审判工作的重要内容。从比较法的角度看，法官调解者和裁判者的身份并不是截然分开的。“日本和我国台湾地区的法院民事调解程序中都规定，当事人调解不成又不明确反对（即消极同意）的情况下，法官（或调解员）可以对申请调解的问题事项直接作出决定。”“大陆法体制中的典型的调解性因素是法官促成和解的角色。促成和解活动发生在审判庭，并且和解法官与之后听审此案的法官为同一法官。”[②]法官的权威性和专业性使得其必然成为化解纠纷的重要社会资源，民众对法官的未来期待也必然包含了法官通过在审判程序中以诉讼调解及时解决纠纷的内容。从当事人的角度来讲，无论是在诉讼的哪个阶段，其以诉讼调解形式表现出来的意思自治都理应得到尊重和保障。基于上述认识，笔者认为对调审关系模式的重构，不应着眼于诉讼阶段的划分，而应着眼于法官调解者和裁判者的双重身份。实际上，如果当事人认为法官的双重身份对于公正解决纠纷并无实质性损害，法官在审判程序中兼任调解者也就因获得当事人认可而具有正当性，因为双重身份的获得是基于当事人的意思自治。同时，这也体现了对当事人程序自主选择权的尊重。

因此，笔者认为可对调审关系模式做如下安排：如果法官已就事实问题在诉讼调解过程

---

① 李浩：《完善调解制度的几点思考——兼谈民事诉讼法的修订建议》，载 http://www.procedurallaw.cn/msss/zdwz/200807/t20080724_50547.html，于 2011 年 5 月 2 日访问。

② 范愉：《诉讼调解：审判经验与法学原理》，载《中国法学》2009 年第 6 期。

中组织双方当事人举证质证,且双方当事人最终未达成调解协议,则在之后的审判程序中,当事人有权申请主持调解的法官回避;在调解不成而当事人又未明确反对参与调解的法官继续作为裁判者参与审判程序,则诉讼调解中的法官可继续参与审判;在审判程序中,法官可根据当事人的合意进行调解。该调审关系模式不是简单的"调审合一"或"调审分离",而是将模式的选择权交由当事人行使。这当中值得注意的是当事人行使选择权的时间,笔者认为应以法官是否已就事实问题做出初步判断或为初步判断做了准备为依据。一般而言,法官在诉讼调解中就事实做出初步判断是在其组织双方就案件事实进行举证质证之后。在对事实问题做出初步判断之前,则不存在影响裁判公正之预断的问题。

刑诉法修正后未成年人犯罪记录封存制度构建问题研究

李吟[①]

> 我们的精神往往能够抵御暴力和极端的但短暂的痛苦，却经不住时间的消磨，忍耐不住缠绵的烦恼。
>
> ——贝卡利亚[②]

现代刑法和刑法理论认为，保留犯罪记录必然导致曾经犯罪的人某些权益丧失、资格限制和名誉损害，从而对其学习、工作、生活等造成诸多影响，削弱他们重新做人的信心，延缓他们复归社会的进程。这种影响对于因一时过错而犯罪的未成年人尤为强烈。“不要因我的一次犯错而否定我的努力”成为许多失足少年内心的强烈呼声。综观世界各国的刑事立法实践，未成年人犯罪记录封存或消灭制度已然成为未成年人刑事司法的一种趋势。契合这股潮流及顺应我国刑法现代化的必然之需，未成年人犯罪记录封存制度的建立正作为我国刑事司法体制改革进程中的一大亮点而备受关注。

一、顺势选择：我国未成年人犯罪记录封存制度的基本概况

近年来我国学术领域对于建立未成年人犯罪记录封存制度的必要性和可行性已有翔实论述，主流观点认为该制度的建立势在必行[③]。各地试点的风起云涌、决策层的深入调研和立法上的重要突破，无不昭示着现时我国推进此项制度的建立业已具备了实践、政策、法律等基础。

（一）星火之势：未成年人犯罪记录封存工作的实践探索

从2003年河北省石家庄市长安区人民法院的率先试水，到上海、河北、重庆、四川、江苏、山东等地分别推出的“封存犯罪记录”“污点不入档”“出具前科消灭证明书”等模式或做法，近年来，我国各地法院对未成年人犯罪记录封存制度进行了大胆的尝试和丰富的探索。

---

① 李吟，思明法院法官。此文获得全国法院系统第二十四届学术讨论会三等奖。

② [意]贝卡利亚：《论犯罪与刑罚》，黄风译，中国大百科全书出版社1993年版，第47页。

③ 例如，中国政法大学教授樊崇义就从刑事基础理论的角度分析了推行该制度的可行性，其认为未成年人的年龄、生理和心理特征，是构建该制度最基础的理论。推行该制度符合我国少年司法“教育、感化、挽救”的基本方针，是宽严相济基本刑事政策的具体体现，并体现了和谐社会、和谐司法的要求，有利于预防犯罪和社会综合治理。详细内容参见李年乐、马磊、罗莹：《消灭前科开启光明——未成年人轻罪记录消灭制度专家论证会综述》，载《人民法院报》2010年7月21日第6版。

概括而言，主要体现为在适用对象、适用刑罚、考察期间、法律后果等方面存在共性[①]，并在免除未成年犯以后就业的前科报告义务，对法律规定以外的场合禁止公开披露其前科，参加特定的行业、升学、就业禁止歧视使其得到平等待遇[②]等方面取得一定突破和成效，为减轻未成年犯的心理压力，消除其被歧视感，平等参与和回归社会创造了条件。

（二）破冰之举：建立未成年人犯罪记录封存制度的明确政策及立法衔接

2008 年 12 月《中共中央转发〈中央政法委员会关于深化司法体制和工作机制改革若干问题的意见〉的通知》及 2009 年 3 月《人民法院第三个五年改革纲要（2009—2013）》中均明确提出“有条件地建立未成年人轻罪犯罪记录消灭制度，明确其条件、期限、程序和法律后果”。以上政策文件的出台，肯定了我国未成年人犯罪记录封存制度的先前实践探索，也指明了理论研究和刑事立法的方向。

在理论、实践基础上，法律的修订时机已然成熟。2011 年《刑法修正案（八）》第 19 条规定“……犯罪的时候不满十八周岁被判处五年有期徒刑以下刑罚的人，免除前款规定的报告义务”，从立法上对未成年人犯罪记录封存提供了明确依据。第 6 条规定：“被判处有期徒刑以上刑罚的犯罪分子，刑罚执行完毕或者赦免以后，在五年以内再犯应当判处有期徒刑以上刑罚之罪的，是累犯，应当从重处罚，但是过失犯罪和不满十八周岁的人犯罪的除外。”为未成年人犯罪记录封存的施行消除了部分立法障碍。2012 年修改后的刑诉法在“特别程序”中规定“犯罪的时候不满十八周岁，被判处五年有期徒刑以下刑罚的，应当对相关犯罪记录予以封存。犯罪记录被封存的，不得向任何单位和个人提供……”，标志着未成年人犯罪记录封存制度在立法上得以正式确认，这不仅是我国履行《联合国保护被剥夺自由少年规则》和《联合国少年司法最低限度标准规则》[③]（即《北京规则》）两个国际公约的国际义务，也为法院进一步扩大探索、深化少年司法改革提供了法律依据，如同一块敲门砖正式开启了我国全面统一建设未成年人犯罪记录封存制度之路。

二、运作困境：我国未成年人犯罪记录封存制度建立面临的现实冲突

诚然，未成年人犯罪记录封存制度在我国改革推进中已取得一定成绩，但由于刑诉法修

---

① 一是在对象上，主要适用于已满 14 周岁未满 18 周岁，实施了犯罪并被判处刑罚且刑罚已执行完毕的未成年人；二是在适用的刑种、刑度条件上，主要适用于轻罪；三是关于考察期，一般由做出判决的原审法院依照未成年犯所犯罪行的轻重及主观恶性，确定相应的考察期；四是在法律后果上，在记录封存条件成立后，由有权部门采取措施妥善处置与该前科有关的案卷及其他材料，被封存的犯罪前科不再记入户籍和个人档案。详细内容参见刘毅：《论未成年犯罪前科消灭制度的构建》，中国法律知识资源总库论文库硕士论文，第 26 页。

② 北京大学法学院教授陈瑞华于 2010 年 6 月 24 日未成年人轻罪犯罪记录消灭制度专家论证会上提出的观点，详细内容参见山东省高级人民法院刑一庭：《未成年人轻罪犯罪记录消灭制度专题探讨》，载《山东审判》2010 年第 4 期。

③ 《联合国保护被剥夺自由少年规则》第 19 条规定“释放时，少年的记录应封存，并在适当的时候加以销毁”；《联合国少年司法最低限度标准》第 21 条第 2 款规定“对少年罪犯的档案应严格保密，不得让第三方利用。……少年犯罪的档案不得在其后的成人诉讼案件中加以引用”。

改后仍存在立法缺陷，加之法律冲突、传统观念、管理方式等诸多因素制约，决定了这一制度在我国实践运行中势必遭遇困境和难题。

（一）法律层面：与我国现行相关法律规定相矛盾

一方面，我国部分民事、行政法律法规对因犯罪受过刑罚人员从事一定职业之资格与权利进行了限制或剥夺，如《法官法》第10条规定“下列人员不得担任法官：（一）曾因犯罪受过刑事处罚的……”；《警察法》第26条规定“……有下列情形之一的，不得担任人民警察：（一）曾因犯罪受过刑事处罚的……”；《商业银行法》第27条规定“有下列情形之一的，不得担任商业银行的董事、高级管理人员：（一）因犯有贪污、贿赂、侵占财产、挪用财产罪或者破坏社会经济秩序罪，被判处刑罚，或者因犯罪被剥夺政治权利的……”。此外，检察官法、执业医师法、教师法、公司法等亦都有类似规定，立法上的摩擦使得对未成年犯复归社会的保护无的放矢。

另一方面，我国《档案法》第10条规定“对国家规定的应当立卷归档的材料，必须按照规定，定期向本单位档案机构或者档案工作人员移交，集中管理，任何个人不得据为己有。”犯罪记录作为必须归档的重要人事资料理应遵照上述规定，但如此又与修订后《刑诉法》中第275条“犯罪记录被封存的，不得向任何单位和个人提供”[①]的规定相冲突。因此，在我国相应的犯罪记录登记、查询制度尚处于起步阶段[②]的情况下，虽然修订后的《刑事诉讼法》已对未成年人犯罪记录封存制度予以确认，但未对其法律效力予以明确，且主观的犯罪记录封存并无法改变犯罪事实的客观存在，故囿于上述法律法规的约束，实践探索中该制度的运行只能是在法律限度内做边缘化的尝试。

（二）观念层面：受社会公众的天然排斥

报应文化观念贯穿我国古今刑法的立法始末，“杀人者死伤人者刑”“恶有恶报善有善报”等意识根植于民众内心并在潜移默化中左右民众思想与行动。在此观念视界下，犯罪并受过刑罚者承受因犯罪的不利后果并深受内心煎熬被认为是其咎由自取、罪有应得，同时也是刑罚的惩罚和威慑作用的体现，是国家和社会自我防卫的需要。因此，犯罪记录封存制度在一定程度上颠覆了传统的因果报应价值观，引发民众对社会防卫能力减弱的担忧，并受到社会公众的盲目排斥和质疑，从而始终抵消着该制度的实际运行效果。此外，因为修订后的《刑事诉讼法》关于封存启动形式、时间、责任追究等程序要件及封存适用的限制条件等规定均缺失，故如何既发挥制度建立对于扩大未成年人回归社会的“出口”以吸收和化解部分社会不和谐因素这一积极作用，又充分考虑被害人的感受及社会公众的承受能力以避免制度设计的消极影响，最大限度地平衡个人权利保护与社会控制之间的冲突，在实践中又成为一大难题。

---

① 该条中虽以但书形式规定“司法机关为办案需要或者有关单位根据国家规定进行查询的除外”，却未对有关单位予以明确或限定，例如若在涉及升学、入伍、就业尤其是公务员、参军事宜中，有关单位仍可以对未成年人犯罪记录进行查询，则不免有违该制度的设计初衷。

② 2012年5月10日，最高人民法院、最高人民检察院、公安部、国家安全部、司法部联合发布了《关于建立犯罪人员犯罪记录制度的意见》，就建立我国犯罪人员犯罪记录制度的重要意义、基本要求、主要内容（包括建立犯罪人员信息库、信息通报机制、信息查询机制、未成年人犯罪记录封存制度等）提出了相关意见，为该制度在我国的建立设定了明确基调，也为制度的实践运行迈出了坚实的一步。

(三)技术层面:与当前社会管理模式不协调

现实中,未成年人犯罪记录封存制度与我国的户籍、人事、政审、档案制度等密切相关。例如,对掌握未成年人犯罪信息最为全面的公安机关而言,其按照工作规定有义务向外调单位披露包括未成年犯罪人的刑事处罚纪律的相关信息。又如农村未成年犯进城务工会产生流动性人口个人档案管理衔接的问题;受过刑事处罚的学生在高考报名时要提供所犯错误的事实、处理意见、本人对错误的认识及改正错误的现实表现等翔实材料,并对其真实性负责等。因此,实践中,未成年人犯罪记录封存制度的运行,已不只是法律问题,而且是一个深远的社会问题,除应对制度的法律效力立法明确外,还需要完善一系列相关配套的衔接机制,并加强与相关部门的协调配合,才可能保障制度在具体实施过程中不"断层"。

三、理性反思:我国未成年人犯罪记录封存制度的法律构建

(一)概念界定:以修正后的刑诉法为导向

目前各地在实践中对制度所使用的名称各不相同,有前科消灭、前科封存、犯罪记录归零等各种称谓,而中央政法委和最高人民法院在相关司法体制改革文件中的提法均为未成年人轻罪犯罪记录消灭制度。新修改的《刑事诉讼法》第275条的规定"犯罪的时候不满十八周岁,被判处五年有期徒刑以下刑罚的,应当对相关犯罪记录予以封存"则将制度名称明确为未成年人犯罪记录封存制度。对此,笔者认为,为更好地保障该项制度在实践中的正确运行,有必要对该制度概念做重新界定,以下主要通过与前科消灭制度相比较加以阐释。

1. 犯罪记录与前科

犯罪记录是对犯罪事实及其刑事判决的一种纯粹记载,客观真实地承载、提供和传达行为人的犯罪事实及其承担的相应的法律后果等历史信息。而前科作为一个法律术语,是法律法规基于行为人的犯罪事实及其相关法律后果等记载所做出的一种否定性的规范性评价。笔者赞同于志刚教授对犯罪记录与前科的关系论证①:犯罪记录和前科之间的关系是一种特殊的前提与结果、被评价与评价的关系。犯罪记录是作为规范性评价的对象存在的,它是前科制度的存在基础和前提;而前科则是作为一种评价结论出现的,它是依据法律规范对犯罪记录进行规范性评价而得出的结论。

2. 封存与消灭

封存是对犯罪记录及法律状态和记录的一种在一定期限内的有限度保密和不予披露,非经法定授权或依法定条件任何单位和个人不得查阅。消灭,是旨在对于犯罪记录予以抹消,以达到回复消除之前的法律状态和地位的目的。因此,封存可视为一种附条件的相对的"消灭",其有查询、解封的现实可能;而消灭则是物理意义上的彻底消除及法律地位的绝对注销,无法重新恢复。

---

① 于教授认为,法学界对于"前科"和"犯罪记录"有着普遍的混淆性认识,导致相关研究存在严重的方向性偏差,研究视角的多重错位更是导致了研究结论的非科学性。详细内容参见于志刚:《犯罪的规范性评价和非规范性评价》,载《政法论坛》,2011年3月第29卷第2期。

3. 犯罪记录封存制度与前科消灭制度

前科消灭制度是指曾经受过法院有罪宣告或被判定有罪的人在具备法定条件时，国家抹消其犯罪记录，使其在规范上的不利益状态消失，恢复正常法律地位的一种刑事制度[①]。而根据修正后的《刑事诉讼法》，笔者认为对犯罪记录封存制度的概念可做如下定义，对于曾经受过刑事处罚、刑罚宣告的犯罪人员，在符合一定的法定条件时，在一定时期和空间内对其罪刑记录予以档案封存，非经法定事由或依法律规定，不可予以公开和借阅、复制等以降低不利犯罪人之未来正常生活可能性的一项法律保护制度。可以说，前科消灭制度是犯罪记录封存制度的最终趋势，犯罪记录封存制度是一种有条件、有限制的前科消灭制度，现时的建立是通向前科消灭制度建立的一个过渡阶段。契合我国当前社会环境和法治背景，犯罪记录封存制度的全面建立和有序优化，相较之前科消灭制度更符合改革形势并更具优越性，其一方面因为犯罪记录与社会认可之间联系的非绝对性，有利于为失足未成年人营造宽松的社会环境和舆论氛围；另一方面因为犯罪记录并非绝对消灭，能够满足社会公共防卫的需求、有效平衡公共利益与个人利益，从而可在适度发挥规范性评价作用的同时亦对非规范性评价在一定程度上进行合理掌控。

（二）制度优化：从刑诉法立法缺陷出发

如前文所述，修正后的《刑事诉讼法》仅对未成年人犯罪记录封存制度予以确立，而对实体要件规定较为粗糙，程序问题则基本未涉及，因此为减少乃至消除各地试点改革的分歧，除了正视和合理解决法律之间的冲突问题，及时修正相关部门法并构建系统健全、前后一致的法律体系外，在厘清犯罪记录封存制度内涵的基础上，理应从刑事诉讼法的完善上对相关要件和法律效力予以明确和统一。

1. 实体要件

（1）适用对象

修正后的《刑事诉讼法》将犯罪记录封存制度的适用确定为犯罪时未满18周岁且被判处5年以下有期徒刑、拘役、管制、单处罚金等刑罚和免于刑罚处罚的情形，但并未规定任何限制约束条件。笔者认为，犯罪记录封存在减缓未成年犯重归社会的后顾之忧的同时，在某种程度上也可能降低其对自身犯罪行为社会危害性的认识从而未能在刑罚中得到深刻悔过，则罪与刑的不对称性或使得刑罚在发挥遏止未成年犯特别是部分顽劣未成年人犯罪的功能上不够有效，故必须对未成年人犯罪记录封存的适用范围给予一定限制。从宽严相济原则出发，鉴于国际惯例[②]与现实国情，应例外地将危害国家安全犯罪、严重危害公共安全犯罪、毒品犯罪、严重暴力犯罪等主观恶性较重的犯罪类型和情况予以排除适用。此外，规定中“犯罪记录”体现出适用的情形即为刑法上的犯罪，因此明确排除了一般违法及治安行政处罚、劳动教养、少年收容教养等情形的适用。

---

① 彭新林：《前科消灭的概念探究》，载《刑法评论（2008年第1卷）》，法律出版社2008年版，第116～117页。

② 如《匈牙利刑法典》第70条第2款规定：凡因违反管理秩序的犯罪（国事罪），以及军职犯罪和侵犯劳动人民利益的犯罪而被判刑的人，法院不得消灭其前科；美国加利福尼亚州《加利福尼亚福利制度规则》第707款第b项规定，如犯有谋杀、企图谋杀、故意杀人、纵火、抢劫、性犯罪等犯罪的，不能封存其前科。

(2)适用时间

犯罪记录封存应当在刑罚执行完毕后经过一段考验时期方可适用[①]。对此，《刑事诉讼法》尚未明确[②]。从实现制度价值的角度出发，根据我国刑法的规定和未成年犯重新犯罪周期的调查显示[③]，结合未成年人自身存在的易感性及价值观和人生观尚未成型而具有较强的可塑性等有别于成年人的特点，笔者认为，可依刑期对未成年人犯罪记录封存的时间条件进行分段设置：对于免予刑事处罚的，在做出决定后 6 个月；对于被判处有期徒刑或拘役并宣告缓刑的，在缓刑考验期满时；对于被判处管制、拘役、单处罚金的，在执行期满后 1 年；对于被判处 3 年以下(含 3 年)有期徒刑的，在执行期满后 2 年；对于被判处 3 年以上 5 年以下(含 5 年)有期徒刑的，在执行期满后 3 年。此外，若封存犯罪记录对未成年犯显得尤为重要的，经特别申请且获批后[④]，可不受此限；有突出表现的可以申请缩短年限，但最短不能少于原期限的1/2。

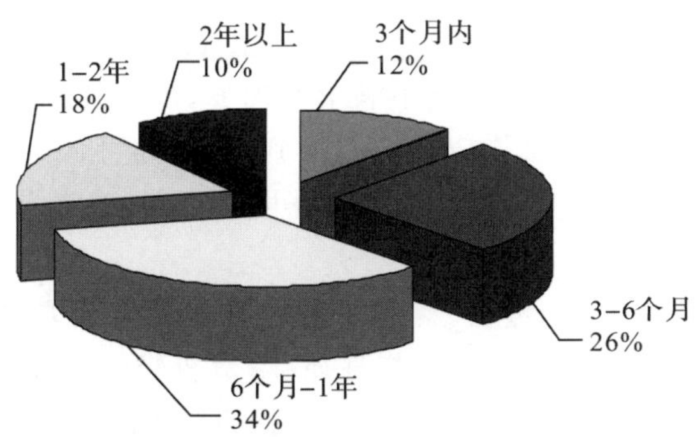

未成年犯初犯刑满释放与重新犯罪的间隔时间

---

① 贵州大学法学院魏红教授认为，未成年人轻罪记录在免于刑事处罚的判决做出后或刑罚执行完毕后自行消灭，无须考验期间。对此，笔者认为，定罪量刑是法律对犯罪规范性的谴责，如果即时封存，不利于发挥该否定的规范性评价的作用，一定程度上也有损司法权威的严肃性，而且考虑该制度在我国的初步设立，因此仍有必要对记录封存予以一定的时间限制。详细内容参见魏红：《探析未成年人轻罪记录消除司法探索中存在的问题》，载《贵州大学学报(社会科学版)》2011 年第 29 卷第 1 期。

② 国外的通常做法是设置一定时间的考验期，考验期的长短往往与罪行的轻重、罪犯的主体特征相适应。例如，英国《1947 年前科消灭法》规定：原来被判处罚金的，需经过 5 年；原来被判处 6—30 个月监禁者，需经过 10 年；青少年犯罪的，需经过 7—10 年；被判处轻微刑罚的，需经过 1 年。因此，对于考验期应有合理设置，若设置过长，不利于未成年犯顺利回归社会；若设置过短，则不利于对未成年犯进行改造，减少了对其心理的威慑作用。详细内容参见张涛、薛燕升：《建立未成年人前科消灭制度之国内外法比较分析》，载《当代法学论坛》2011 年第 3 辑，第 95 页。

③ 在 2010 年 8 月底以上海市未成年犯管教所在押少年犯为研究对象并以其中有过两次以上犯罪经历的少年犯为重点调查样本的一项调研中发现，90%的少年犯重新犯罪发生在判处非监禁刑或刑满释放后前两年。详细内容参见上海市第一中级人民法院少年审判庭课题组：《未成年人重新犯罪的实证分析及对策研究——以上海市未成年犯管教所在押少年犯为研究样本》，载《犯罪研究》2011 年第 3 期。

④ 例如初中、高中毕业升学、毕业后的首次就业等情形，但需对申请程序有特别规定，并加强对相关事实的审查核实。

(3)悔改条件

悔改条件，即未成年犯在考验期间悔过改正的表现。为保证记录封存的有效性、稳定性和威慑性及促进未成年犯改过自新、重归社会目的的实现，只有在考验期间表现良好，确有悔改表现的才能适用犯罪记录封存，因此该条件也是能否适用封存的实质要件和重要凭据。对于该条件的具体设定，笔者认为，一般而言，在考验期内，未成年犯服从生效的判决或裁定，未发生违反法律、行政法规的行为，即可视为其确有悔改表现。参照我国刑法中关于撤销缓刑、假释的基本标准，若未成年犯在考验期间有重大突出表现，如立功、见义勇为等行为，亦可认为其有悔改表现，并可缩短对其相应的考验期限。

2. 封存程序

对于犯罪记录封存的启动程序，笔者认为现阶段在我国可适用自动启动封存形式[①]。主要理由如下：

第一，修订后的《刑事诉讼法》显示的立法导向。《刑事诉讼法》修订后第275条第1款明确规定："犯罪的时候不满十八周岁，被判处五年有期徒刑以下刑罚的，应当对相关犯罪记录予以封存"。依此，即满足"犯罪的时候不满十八周岁，被判处五年有期徒刑以下刑罚的"这一法定条件的未成年人犯罪记录均应且必须得到封存，亦可认为对符合未成年人犯罪记录封存的适用对象和范围的情形，法律已经默示许可和确定，因此无须再附加新的程序设定条件和特别方式。

第二，从适用情形限为轻罪的考量。我国刑法对于轻罪与重罪没有明确的划分标准，理论上认为，轻罪一般指罪行较轻的犯罪，是指性质、情节较轻的犯罪行为[②]。故从《刑事诉讼法》中关于"犯罪的时候不满十八周岁，被判处五年有期徒刑以下刑罚的"的规定可认为封存制度适用的即是轻罪的标准。而目前世界大多数国家对轻罪记录均采用自动封存或自动消灭。因此，在前文所述已对轻罪范围做进一步限制的基础上，结合未成年人犯罪的社会危害性、人身危险性较低的因素，对其轻罪记录在满足条件的情况下予以自动封存，可以说在有效预防犯罪、维护公共安全和充分保障犯罪人人权两者之间寻求到了最佳平衡点。

第三，可更好地实现制度的社会效果。因封存程序为依法律规定自动启动，则未成年犯无须再履行额外程序和办理其他手续。这不仅能避免烦琐的申请步骤，减少申请人的奔波和麻烦，而且可节约司法资源，提高司法效率，同时缩小犯罪记录的接触面，在最小范围内防止未成年人犯罪记录的变相公开或其隐私的非正常扩散，从而最大限度地实现制度预期的社会效果。

在启动主体上，因为对犯罪记录的封存是一种司法权力运作行为，所以该行为的行使主体应当是法院。笔者认为，我国未成年人犯罪记录封存的程序可设置为：由做出刑罚判决或裁定的法院对经过考验期满并满足法定条件的未成年人犯罪记录做出封存决定书后，送达

---

① 此形式的适用是针对我国当前的未成年犯罪记录封存制度，若日后制度发展受适用范围加以扩大等因素影响，则增加申请封存等形式、设置特别程序或进行有别有序的差异化处理亦不可避免，此需另行再做探讨。

② 杨春洗、高铭暄、马克昌、余叔通：《刑事法学大辞书》，南京大学出版社1990年版，第395页。

当事人及其所在学校、户籍所在地派出所，并向隶属于司法部的犯罪记录统计和查询信息中心[①]报备，相关档案由法院封存保管。

3. 法律效力

诚如前文所述，就目前而言，犯罪记录封存是对犯罪记录的一种有条件的、相对的消灭，而并未改变客观事实。因此，未成年人犯罪记录封存产生的法律效力主要表现在以下方面：(1)法律评价的改变，未成年人犯罪记录被封存后，其对社会公开的户籍、学业、人事等各种档案中不再有其犯罪或刑罚的记载，其有回避就前科问题向任何单位、个人陈述的权利；(2)法律义务的免除，即在入伍、就业、升学时犯罪记录报告义务的免除；(3)法律地位的恢复，因前科被剥夺的民事、行政上的权利自行恢复，职业资格禁止或限制得到解除，本人有获得一切社会公正待遇的权利。

此外，刑法修正案(八)在规定累犯条件时的但书“但过失犯罪和不满十八周岁的人犯罪的除外”，明确了未成年人不成立累犯，故对于被封存犯罪记录后再次犯罪的人是不构成累犯的，因此，犯罪记录在封存后亦无解封的必要。

四、完善建议：我国未成年人犯罪记录封存制度构建中的必要因素

(一)基础建设：犯罪记录登记查询制度的建立

完整而有效的犯罪记录登记、查询制度，是制定有效刑事政策、调整刑事立法的数据统计渠道和经验来源之一，是保障犯罪人员合法权益、促进其再社会化的积极方式，也是犯罪记录封存制度运行的基础和前提。通过设立隶属于司法部的犯罪记录统计和查询信息中心[②]，负责犯罪记录的整理、登记、保存，并成为向有关单位提供犯罪记录信息的唯一专门机构，非经法定程序和条件不得泄露犯罪记录。特别是在未成年人犯罪记录封存后其接受有关部门或单位查询时，除特定法律规定，不能再提供有犯罪记录的证明，从而可以最大限度地保护未成年犯的隐私，减少社会公众不当的自发评价和由此引发的对未成年犯的社会歧视。

(二)社会复归：社区矫正制度的推行

对未成年人犯罪记录封存是为了更好地预防、减少和杜绝未成年人犯罪及保障其更快复归社会。而与社会矫正制度的有效无缝对接，则是实现这一目的的有力举措。社区矫正制度，是指不将被判处短期自由刑的未成年犯罪人拘禁于监狱或一定的场所，而仅仅强制其向国家机关或其他的公益团体提供一定时间的无报酬劳务的刑罚替代手段[③]。在当前我国

---

① 对于该中心的设置及职能将于下文中予以阐述。

② 根据《关于建立犯罪人员犯罪记录制度的意见》，当前我国由公安机关、国家安全机关、人民检察院、司法行政机关分别建立犯罪记录信息库，并由上述部门分别负责受理、审核和处理有关犯罪记录的查询申请。但这是基于我国犯罪记录制度以及有关工作尚处于起步阶段的现实状况出发，笔者认为，待条件成熟后，仍需成立本文所指的全国统一的犯罪记录统计和查询信息中心，方可保障制度的有序运行及其意义的有效实现。

③ 熊瑛：《构建未成年人前科消灭制度应然与实然的冲突与平衡》，载《法治研究》2010 年第 10 期。

已有多地开展了该项制度的试点工作并取得了实效。因此,在对未成年人犯罪记录封存之后,应大力推行社区矫正制度,在已消除社区群众排斥和歧视的情况下一方面关注和考察未成年矫正人员的日常生活情况、思想道德的转化,对其加强心理健康教育,防止其再次步入犯罪的深渊;另一方面对其进行有针对性的指导和援助,如适当组织文化知识学习、职业技能培训、公益服务等集体活动,并积极为其升学、就业等提供必要帮助,从而确保未成年犯能重新回归正常的社会生活。

(三)理念转变:社会宽容环境的营造

在犯罪记录封存制度建立的过程中,若仅靠制度优化而缺乏宽容的社会文化氛围为支撑,是无法达到帮助未成年犯重返社会融入社会的目的的。而社会宽容环境的营造中,公众对犯罪、犯罪人观念的转变是至关重要的一环。在信息化时代,应充分运用舆论力量,通过宣传互助思想,传播帮教典型,引导公众树立现代刑法观,淡化报应主义观念,弘扬人文关怀精神,在潜移默化中改变社会对犯罪人员的歧视和排斥心理,为未成年犯回归社会营造宽容有善的良好社会环境。

结　语

每个误入歧途的未成年人都是折翼天使,在他们为自己的犯罪行为付出相应代价后我们更应一如既往地善待他们。兼具良善与公正的未成年人犯罪记录封存制度正是实现这种平等对待的必由之路。因此,应进一步加快该项制度的立法完善,推进制度的统一全面实施,重视和寻求相关配套举措,发挥整体联动的合力,同时转变社会公众固有报应观念,消除偏见歧视,让未成年犯在一个和谐、宽容、文明、进步的社会中重拾自我、平等成长,让折翼天使重新展翅飞翔。

论抵押房产强制拍卖“除去”租赁权的法律适用

刘建发[①]

抵押权是担保物权,不以转移财产的占有为目的,抵押权在债务人不履行到期债务或者发生当事人约定的实现抵押权的情形时,抵押权人有优先受偿权;租赁权是用益物权,以占有财产并使用收益为目的;两者可以兼容在同一房地产上,但在抵押人不履行债务、抵押权人实现抵押权时,有可能影响承租人继续租用该抵押物的权益,从而引起抵押权与租赁权的冲突。如何妥善解决这一对矛盾,是实务中的一大难题。

一、抵押房产拍卖中租赁权障碍困扰司法实务

(一)强制拍卖中抵押房产涉及长期租赁关系现象突出

由于我国目前银行储蓄存款利息较低,证券市场疲软,我国城市居民将大量财产投入房地产市场,房产成为大多数家庭主要的财产。房产是融资的主要担保物,也是法院强制拍卖的主要标的物。以笔者所在的法院为例,2012 年度该院共移送拍卖案件 45 件,涉及房产拍卖的案件共 25 件,房产拍卖共占拍卖案件总数的 55.55%。在 25 件房产处置中,房产设定抵押的案件共有 22 件,占比 88%。所有设定抵押房产的拍卖中,存在租赁关系的有 5 件,所有的租赁关系都在 10 年以上。这些租赁合同可以分为两类:一是“先抵押后租赁”,共 3 件,占 60%;二是“先租赁后抵押”,共 2 件,占 40%。

(二)民间借贷纠纷“以租代偿”模式助推长期租约大量存在

所谓“以租代偿”,是指民间借贷纠纷中,债务人为偿还债务,将自有不动产交由债权人出租使用收益,将出租所得抵偿债务的现象。从债务清偿的角度看,债务人在无力清偿债务的情况下,以房产出租所得还债,是实现房屋价值最大化的一种正常现象。然而由于我国资本市场尚不发达,银行、证券融资渠道有限,大量中小企业需要通过民间融资取得资金,由此引发大量民间借贷纠纷。债务人在无力清偿债务的情况下,若房屋暂时无法处置,多数债权人会要求债务人签下形式上与一般租赁合同无异的长期租赁合同抵偿债务。债务人在债权人逼迫下往往予取予求,由此长期租赁关系大量产生,甚至出现一房多租的现象,给法院强制拍卖带来很大的阻力。

(三)虚构、倒签租赁合同现象时有发生

2013 年度上半年,笔者所在法院执行局在处理两起拍卖案件中,发现案外人有虚构、倒签租赁合同的重大嫌疑。其中一起拍卖中,案外人在法院张贴清场公告后提出异议,认为其

---

① 刘建发,思明法院法官。此文获得全国法院系统第二十五届学术讨论会一等奖。

已在房屋抵押前与被执行人签订20年租期并已支付了部分租金为由要求继续承租房屋。经调查，异议人与被执行人就该房屋在市工商局另有一份经备案的租赁合同，签订日期晚于抵押日期，异议人并无法提供日期在先的租赁合同支付完毕租金的凭证，法院据此对时间在先的租赁合同不予采信，裁定驳回异议人的异议。

在另一起拍卖案件中，执行人员在对房屋现场查封时发现，被执行人房屋系毛坯房，经向物业调查，该房屋已在抵押之后出租给案外人刘某，并提供了一份案外人刘某与被执行人签订的租赁合同复印件作为证明，该租赁合同期间签订在抵押之后，刘某在法院初次给其做笔录时承认上述租赁事实。但此后刘某以其已在抵押合同成立前另与被执行人签订了一份长达30年的租赁合同并已交清30年租金共计300万元为由向法院提出执行异议。法院经审查后认为，刘某所提交的租赁合同与其初次在法院所做陈述以及法院向物业公司调查情况不一致，其提交的转账凭证未能体现付款用途，一次性支付巨额租金也不符合交易常理，故对刘某所提交的后一份租赁合同的真实性不予采纳，裁定驳回其执行异议。

二、租赁权处置难题成因分析

（一）租赁权公示制度欠缺妨碍租赁关系审查

1. 法律、法规未建立起租赁权公示制度

我国《合同法》第229条规定："租赁物在租赁期间发生所有权变动的，不影响租赁合同的效力。"理论上将该条文归纳归为我国的"买卖不破租赁原则"。《物权法》第190条规定："订立抵押合同前抵押财产已出租的，原租赁关系不受该抵押权的影响。"上述条文赋予了租赁权具备对抗所有权、抵押权的效力，对于租赁权的成立应当具备怎样的条件，则没有明确的限制规定。从上述条文的字面意义上看，只要成立租赁合同，承租人是否占有租赁物、租赁合同是否备案登记都不影响租赁权的对抗效力。这使得被执行人通过与案外人合谋签订虚假的长期租赁合同以规避执行的违法成本极低、效益高，使得实践执行中虚假租赁合同屡屡出现。

2. 租赁备案登记不具有民法上物权登记对抗效力

从租赁登记的效力而言，我国对房屋出租采取登记的方式，并非物权法意义上的公示方式，其目的并不在于给转让出租房屋的受让人提供信息渠道，让受让人方便了解受让房屋的真实权利状态。[①] 租赁备案登记更多地体现为行政管理的需要，如居民迁移落户、拆迁安置、计划生育、人口普查等，违反租赁合同登记备案登记规定的，将承担行政责任。

（二）执行法院对租赁关系是否具有实体审查权存有争议

对于抵押权人主张拍卖物上的租赁关系存在虚假或倒签情形的，执行法院是否有权实体审查的问题，一种观点认为执行法院无权实体审查，抵押权人对租赁合同关系本身是否有效提出质疑，乃至要求解除租赁关系，需要另行起诉解决；另一种观点则认为，执行法院应有权对租赁合同进行实体审查，审查结果不服，可以再行提起当事人异议之诉或案外人异议

---

① 黄周炳：《我国租赁权物权化及其公示模式选择》，载《江西社会科学》2009年第8期。

之诉。

对于抵押后租赁的房屋的处理,一种观点认为:对于抵押物上设定租赁权的,因租赁关系影响抵押权实现的,法律规定可以降价再行拍卖乃至以物抵债,只要最终的成交价格足以清偿抵押债权即可;而另一种观点则认为只要是抵押后设定租赁权的,均应认定为影响抵押权实现,法院均一律予以"除去"后拍卖。

(三)租赁权"除去"欠缺程序规范

《最高人民法院关于人民法院民事执行中拍卖、变卖财产的规定》第31条:"拍卖财产上原有的租赁权及其他用益物权,不因拍卖而消灭,但该权利继续存在于拍卖财产上,对在先的担保物权或者其他优先受偿权的实现有影响的,人民法院应当依法将其除去后进行拍卖。"该规定确立了司法拍卖程序中的租赁权"除去"规则,在先抵后租事实经审查确定的情况下,为实现抵押权可以除去拍卖物上的租赁权。该规定较为原则,对于租赁权"除去"应当具备什么样的条件,如何"除去"租赁权,租赁权"除去"如何救济等目前均无有效的指导意见,法院执行工作人员往往各有不同理解,使得实务中乱象丛生。

三、完善租赁权"除去"的程序构造

对于强制拍卖中的租赁障碍,一方面固然可以通过建立实体法上的租赁权公示制度加以解决,另一方面通过完善现行的租赁权"除去"的程序规范,可以解决实务中面临的相当部分的租赁障碍,为统一执法尺度提供参照。

(一)设定"除去"租赁权的条件

根据台湾学者吴光陆先生的归纳,租赁权除去应符合以下条件:(1)须抵押权设定后成立之租赁权等权利;(2)须租赁等用益权利有效;(3)须影响抵押权;(4)须抵押权人声请;(5)由执行法院以执行处分除去;(6)须在拍定前除去。[①] 笔者认为,条件(5)属于除去租赁权的方式、条件(6)属于符合租赁权"除去"条件后租赁权除去的时间要求,不在适用租赁权"除去"的条件范畴内。

1. 前提要件:租赁权须有效

有效租赁权成立,是除去租赁权的前提条件。租赁关系不存在或租赁关系无效则不待"除去",可径以妨碍执行直接予以强制执行。

租赁关系不成立的情形主要是"承租人"无法提供有效租赁关系证明占有租赁物的情形,实践中常见的情形为被执行人因负债房屋被债权人侵占的情形。在此情形下,房屋占有人因未与被执行人签订租赁合同,法院在执行中可依法通知占有人限期搬离房屋交付法院拍卖,拒不配合,可予强制执行。

租赁权无效的情况具体如下:

(1)虚构或倒签的租赁合同不能设定有效的租赁权

对于实务中层出不穷的虚构、倒签租赁合同问题,只有真正建立起租赁权公示制度,方

① 吴光陆:《强制执行法》,台湾三民书局2012年版,第366页。

能有效解决。对于租赁权公示制度,目前有两种模式:一是以日本为代表的"登记对抗主义",二是以德国为代表的"占有对抗主义"。[①]我国台湾地区"民法典"第425条第1款规定,"出租人于租赁物交付后,承租人占有中,纵将其所有权让与第三人,其租赁契约,对于受让人仍然继续存在"。但该法对适用情形做了特殊规定,其第425条第2款规定,"前项规定,于未经公证之不动产租赁契约,其期限逾五年或未定期限者,不适用之"[②]。从台湾地区的规定来看,是一种"折中主义"的做法。结合我国的现实,笔者认为台湾地区的做法可资借鉴。

对于执行法院对于租赁合同是否具有实体审查权法院、执行法院能否对抵押物上的租赁关系予以实体审查的问题,笔者认为,执行法院的执行机构应有实体审查权。理由是:第一,《最高人民法院关于执行权合理配置和科学运行的若干意见》(法发〔2011〕15号)规定了执行局应设立执行实施和执行审查部门,并区分了执行实施权和执行审查权,从最高人民法院的规定上看,执行审查权由法官行使,采用合议制,审查和处理的是执行异议、复议、申诉以及决定执行管辖权的移转等审查事项,性质上更加接近审判权,故由执行局审查部门行使实体审查权并无法律规定上的障碍问题。第二,执行审查部门对租赁合同的审查是通过执行裁定的方式予以认定的,不具有既判力,当事人可通过案外人异议之诉或当事人异议之诉将案件进一步通过审判程序进行审查。第三,促进执行程序更为高效运转,减少恶意诉讼的产生。执行程序前置审查,可以避免将所有实体争议问题均进入审判程序。事实上,经过执行程序审查后,当事人再另行提起诉讼的仅有一小部分。

执行法院在认定房屋租赁关系虚假或属倒签情形的,执行实施部门可要求承租人限期搬离房屋交付执行,若有异议应通过执行异议程序主张。

从实务操作层面,鉴于目前我国租赁公示制度尚未建立起来,拍卖前的调查对于有效核实租赁关系真实性至关重要,实务中通过拍卖前迅速做第一手调查可以有效甄别虚假租赁合同。第一,及时实地查看租赁物现状,制作房屋现状笔录和照片;第二,重视向掌握租赁关系信息的中立第三方的调查,要重视向房管登记机关、房产所在地居委会、物业公司、工商部门做调查;第三、分头向被执行人、租户做调查,及时取得第一手笔录。

(2)查封之后签订的租赁合同不能成立有效租赁权

《最高人民法院关于人民法院民事执行中查封、扣押、冻结财产的规定》第26条规定:"被执行人就已经查封、扣押、冻结的财产所作的移转、设定权利负担或者其他有碍执行的行为,不得对抗申请执行人。第三人未经人民法院准许占有查封、扣押、冻结的财产或者实施其他有碍执行的行为的,人民法院可以依据申请执行人的申请或者依职权解除其占有或者排除其妨害。"查封后被执行人将房屋出租给第三人,法院依法解除其占有,是否系属"除去"租赁权?笔者认为,由于法院的查封是基于国家的公权力对被执行人的财产采取的控制性执行措施,具有对世性效力,查封后的物品被执行人的物权权能均受限制。第三人未经法院允许的占有,属于无权占有,法院依法可以依据查封的效力直接强制解除第三人的占有,无须通过"除去"租赁权的方式。而"除去"租赁权的前提必须租赁权合法有效,"除去"租赁

① 黄周炳:《我国租赁权物权化及其公示模式选择》,载《江西社会科学》2009年第8期。

② 肖迪:《对租赁权对抗效力的反思》,载《企业家天地》2011年第5期。

权后,承租人对租赁物的占有由"有权占有"变"无权占有",承租人拒不配合搬离租赁物,法院方可依法予以强制执行。

2. 时间要件:租赁权须成立在抵押之后

关于租赁权的成立时间,有两种判定标准:一是租赁合同签订日,二是租赁房屋实际交付或登记、公证日。我国大陆地区的合同法、物权法均未明确规定租赁权应当公示才成立,实务中通常采用的第一种标准,即租赁合同签订之日起租赁关系即成立,但简单采用此种标准将大大增加抵押人与案外人合谋签订虚构租赁合同的风险,对抵押权人极为不利。

我国台湾地区"民法典"第425条规定:"出租人于租赁物交付后,承租人占有中,纵将其所有权让与第三人,其租赁契约,对于受让人仍继续存在。前项规定,于未经公证之不动产租赁契约,其期限逾五年或未定期限者,不适用之。"采用的是第二种标准,该标准将租赁权进行物权化构建,承租人主张优先购买权,其租赁权应当通过持续占有和公证的方式公示后才有对抗效力。依台湾地区法律,虽租赁合同签订在抵押之前,但标的物若在法院执行中尚未交付或虽经交付但嗣后丧失占有的,承租人无权主张"让与不破租赁"。超过5年的长期租赁合同或者未定期限的租赁合同需经公证方有对抗效力。

笔者认为,由于租赁权是否成立关系到抵押权人利益的保障,执行程序对于租赁关系的审查,应当依照形式与实质相统一的原则适度从严审查,应当结合租赁合同登记备案、租赁物交付、占有以及租金支付等状况进行综合考察。发现租赁合同存在虚假签订、倒签租赁合同重大可能而承租人无法做出合理解释、提供有效证据的,执行法院可以否认租赁合同的有效性。

3. 实质要件:租赁关系须影响抵押权实现

关于须影响抵押权的要件,拍卖规定第31条规定"拍卖财产上原有的租赁权及其他用益物权……该权利继续存在于拍卖财产上,对在先的担保物权或者其他优先受偿权的实现有影响的",如何理解"对在先的担保物权或者其他优先受偿权的实现有影响的"这句话?我国台湾地区杨与龄教授认为,所谓"有影响","指抵押权设定后发生之用益物权及租赁权,使不动产价值减少,致抵押权所担保之债权,不能依抵押权设定时之权利状态而受清偿而言"[①]。台湾吴光陆先生则更进一步指出,所谓对抵押权实现有影响,系指"因租赁权等权利之存在,致抵押物第一次拍卖时未拍定"[②]。最高人民法院2010年编写出版的《法院执行理论与实务讲座》一书中,时任最高人民法院执行局复议监督室副主任范向阳认为,通过先进行拍卖判断租赁权是否影响拍卖不可行,先行拍卖程序繁杂,和执行经济、效率背道而驰,可通过不动产的估价程序进行概算来判断租赁权及用益物权负担的影响。[③] 笔者认为,由于影响抵押物流拍的因素往往不只是是否存在租赁关系,不动产所在地理位置、环境景观、市场走向、周边不动产交易是否活跃等多种因素均可能影响抵押物能否拍卖成交,房产评估的价格也仅能作为拍卖的参考,拍卖第一次流拍的现象实务中大量存在,因此以抵押物第一次拍

① 杨与龄:《强制执行法论》,台湾三民书局2005年版,第493页。

② 吴光陆:《强制执行法》,台湾三民书局2012年8月修订二版,第366页。

③ 范向阳:最高人民法院《法院执行理论与实务讲座》载《不动产执行》一文,国家行政学院出版社2010年10月第1版,第336~337页。

卖未拍定的方式来确定虽然简单，但未必科学，采用评估价格估算的方式是可行的。结合拍卖司法解释，拍卖成交价不得低于评估价6.4折，变卖不得低于评估价的1/2，实务中可参考房屋评估价的1/2是否足以清偿抵押债权，若不足，则可认定为租赁影响抵押。当然以上标准并不固定，租赁期限长短、租金数额高低、承租人的资信状况等因素都可能影响到成交。在租赁权对抵押实现是否实现难以确定的情形下，法院应当做出有利于抵押权人的解释。对于拍卖而导致承租人不利益的，应由承租人自行承受风险和损失，当然承租人可向出租人另行诉讼主张违约赔偿。

4. 启动要件：以抵押权人申请为原则，法院依职权启动为例外

关于须抵押权人声请的要件，理论上仍有不同看法，杨与龄就认为，除去租赁权，“得由执行法院依债权人之声请或依职权为之”。[①] 笔者认为，应赋予执行法院依职权除去租赁权的权力。理由是：(1)在同时涉及抵押权和普通债权人均存在的情况下，拍卖物处置的价格不仅影响到抵押债权人，而且影响到普通债权人的利益；(2)由于我国大陆地区未要求租赁权成立需登记或公示制度，租赁权的设定缺乏公示，这给债务人与部分恶意签订长期租赁合同对抗执行提供可乘之机。在恶意签订租赁合同的情形下，租赁权的设定本身就违法，法院应可依职权予以除去租赁权。在未除去租赁权拍卖价格满足抵押债权实现而不足以清偿普通债权人的情况下，法院可依法予以除去租赁权。

(二)“除去”租赁权的方式

对于如何除去抵押物上的租赁权，目前实务中还有不同做法，广东省佛山市中级人民法院在佛山市南海区九江农村信用合作社与佛山市顺德区俊朗发展有限公司等借款合同纠纷执行异议案中(〔2008〕佛中法执二字第32号)(案例引自北大法宝司法案例数据库)，以书面通知书的形式限令有关承租人在15日内迁出所承租的房产。笔者所在法院在执行此类案件中，曾发出类似的通知书，直接寄达有关租户，另外还有以张贴公告的形式要求租户搬离。我国台湾地区强制执行法则以“裁定”方式做出，“该裁定并无既判力及溯及效力”。“但为避免影响拍卖之安定，当事人亦不得另行提起诉讼，请求确认其权利仍属存在，以阻止执行。”[②]

(三)被“除去”租赁权人的权利救济途径

以上以执行通知或执行公告的形式除去租赁权在性质上，系执行处分行为，“除去”租赁权的后果，即在于存续于拍卖物上的租赁权消灭，法院可以对标的物在无负担状态下进行拍卖，买受人在拍卖成交后可以取得不带租赁的完整的物的所有权。[③]承租人若有异议，可以通过执行异议程序予以解决。

当事人、利害关系人的合法权益因强制执行受到侵害的情形大致有以下两种：一是因执行方法、措施、具体执行程序等违反法律规定侵害其程序上的利益，属于“执行行为异议”；二是因强制执行侵害到被执行人或案外人实体法上的权利，属于“案外人实体异议”。这两种情形所侵害的权益不同，救济的方法也不应该一样。在第一种情形下，当事人、利害关系人之间并不存在实体权利义务争议，只是因为执行程序上的瑕疵侵害了其程序上的利益，因

① 杨与龄：《强制执行法论》，台湾三民书局2005年版，第493页。

② 杨与龄：《强制执行法论》，台湾三民书局2005年版，第493页。

③ 谢在全：《民法物权论》(下)，中国政法大学出版社1999年版，第609～610页。

此，其救济方法应该是一种程序上的救济，即赋予当事人、利害关系人提出异议的权利，请求法院执行机构对违法的执行行为予以更正或撤销；在第二种情形下，由于被执行人或者案外第三人对申请执行人的请求存在着实体上的争议，因此，其相应的救济方法也应该是一种实体上的救济，即赋予被执行人或案外人提起诉讼的权利，请求人民法院的审判机构对有关实体争议进行审理，并做出裁判排除强制执行。①

承租人所提执行异议，就其直接对象而言，乃是针对法院要求除去租赁权的执行行为，而其有权提出此类请求的权源则在于承租人对租赁物享有的租赁权，故此类执行异议兼有对执行行为和执行标的的异议。那么如何"识别"承租人的执行异议种类呢？有观点认为，对于执行程序中案外人异议标的的识别，借鉴德国诉讼法学家赫尔维希建立的尸体请求权基础上的传统诉讼标的理论、罗森贝克的以基础事实和诉的声明为双重识别要素的"二分肢"的诉讼标的识别理论，"可以采取基础权利＋异议目的来判断，而非单纯从异议理由来识别，即只要案外人提出异议所依据的基础权利是阻止执行的实体权利，异议的目的是排除对执行标的物的执行，则其为案外人实体异议。除此外的其他异议，除非法律另有规定，则纳入执行行为异议"②。上述识别标准可资借鉴，从承租人所提的执行异议，其请求权基础在于基于租赁关系产生的租赁权，其异议目的在于排除法院对执行标的的执行，应认定为"案外人实体异议"，承租人对法院除去租赁权不服，可提起"案外人异议之诉"。

（四）除去"租赁权"与承租人的优先购买权

《合同法》第 230 条规定："出租人出卖租赁房屋的，应当在出卖之前的合理期限内通知承租人，承租人享有以同等条件优先购买的权利。"承租人的此项优先购买权是否在拍卖程序中同样适用，理论上有争议③。《最高人民法院关于审理买卖合同案件若干问题的解释（征求意见稿第二稿）》第 52 条规定："在依据强制执行程序（拍卖程序）或者破产程序出卖标的物时，优先购买权人主张优先购买权的，人民法院不予支持。"该司法解释明确否定了执行程序中对于优先购买权的保护。但 2012 年 3 月 31 日通过的司法解释最终删除了该规定，故仍应依照拍卖规定第 14 条、第 16 条的规定保护承租人的优先购买权。

1. 除去租赁权后，承租人是否仍享有优先购买权？

在租赁权因影响抵押权实现被除去的情形下，承租人的优先购买权是否也被一并"除去"？在租赁权被法院裁定"除去"的情况下，则优先购买权是否丧失了前提基础，成了无根之木、无源之水？笔者认为在租赁权被除去的情况下，优先购买权并未消灭。理由如下：首先，"除去"租赁权系执行处分行为，系法院依职权去除物上权利负担。租赁权虽系债权，但具有一定的物权效力，租赁权被除去后，承租人不能向买受人主张对标的物占有、适用的权利，但其与出租人（所有权人、抵押人）之间的租赁合同关系仍然存在。因出租人在租赁物被查封、拍卖后无法履行交付租赁物的主要义务，承租人有权主张解除合同，并要求损害赔偿。简言之，承租人的优先购买权依附的是租赁合同关系而非带有物权属性的租赁权，法院除去的是租赁权而非租赁合同关系本身，这符合物权、债权区分理论的基本精神。其次，保护承

① 王飞鸿、赵晋山：《民事诉讼法执行编修改的理解与适用》，载《人民司法·应用》2008 年第 1 期。

② 范向阳、朱元清：《论执行程序中案外人异议标的的识别》，载《人民司法·应用》2013 年第 11 期。

③ 肖建国：《强制拍卖中优先购买权的保护》，载《人民法院报》2005 年 3 月 30 日第 B02 版。

租人优先购买权无损标的物拍卖价值，无除去之必要。承租人以同等条件优先购买抵押的租赁房屋，不会影响抵押权人实现债权，不论租赁关系成立在抵押权成立之前或之后，均不会与抵押人实现抵押权发生冲突。依据最高人民法院拍卖法的有关规定，承租人行使优先购买权采用的是“跟价法”，所谓“跟价法”是指由法院通知优先购买权人直接参与竞买，优先购买权人和竞买人一起竞价，实行价高者得。这种做法将优先购买权人视同一般的竞买人。因此，优先购买权人要行使和实现其优先购买权，必须同其他竞买人一样，按照拍卖公告的要求，进行竞买登记，交纳拍卖保证金，举牌竞买。这与我国台湾地区优先购买权实行的“询价法”不同，依照台湾地区强制执行法，不动产经拍定或交债务人承受时，执行法院知有优先承买权权利人者，得依法通知其于法定期限内表示愿否优先承买。无法定期限者，则应在执行法院所定期限内行使优先承买权。优先承买权人于接到通知后，逾期未表示者，其优先承买权视为放弃，执行法院得交由拍定人承买。尽管两种方式存在差异，但优先购买权强调的是“同等条件”下的优先购买权，同时基于优先购买人与拍卖物之间特殊的关联，优先购买权人取得购买物的意愿更强烈，事实反而可能会推动拍卖价格的上涨。

2. 承租人优先购买权拍卖程序中受侵害的保护

在除去“租赁权”后，执行法院若未依照《拍卖规定》第 14 条在拍卖日前 5 日内通知承租人到场参加竞拍，拍卖程序是否有效？

对该问题，应首先从优先购买权的性质分析入手。2009 年 9 月 1 日施行的《关于审理房屋租赁合同纠纷案件具体应用法律若干问题的解释》第 21 条规定：“出租人出卖租赁房屋未在合理期限内通知承租人或者存在其他侵害承租人优先购买权情形，承租人请求出租人承担赔偿责任的，人民法院应予支持。但请求确认出租人与第三人签订的房屋买卖合同无效的，人民法院不予支持。”最高人民法院民一庭认为承租人的优先购买权性质为债权，并将承租人的优先购买权作为强制缔约请求权予以保护。对优先购买权的损害，承租人享有损害赔偿请求权，也享有强制缔约请求权，两种请求权竞合，承租人可以选择一种请求权予以主张，但承租人不能以出租人侵害其优先购买权为由，请求确认出租人与第三人签订的房屋买卖合同无效。

在强制拍卖情况下，依照国内通说强制拍卖公法说，法院应为出卖人。若执行法院未单独通知优先购买权人到场参加拍卖，参照上述租赁合同纠纷的司法解释，优先购买权人在一般买卖中尚不能主张买卖合同无效，何况买受人通过公信力更高的拍卖程序获得拍卖标的物，故承租人应无权主张拍卖无效。那么，承租人是否有权以法院未通知到拍卖现场为由主张国家赔偿？笔者认为，鉴于除去租赁权，法院应以裁定或通知方式通知承租人，且拍卖公告经粘贴现场并在报纸上刊登，难谓承租人对拍卖程序不知情。故拍卖程序中的优先购买权应由承租人积极行使，承租人本身也有义务积极了解拍卖进程，因未及时了解信息参加拍卖会，后果应由其自行承担。执行法院虽未另行单独通知优先购买权人到场竞拍，虽程序有所瑕疵，但不影响拍卖的结果，承租人要求法院赔偿损失的，应当予以驳回。

（五）租赁权“除去”后的回复

执行程序非因拍定而终结，如撤回、债务人清偿，此时租赁权是否回复为未除去状态？台湾学者吴光陆认为，“除去租赁权之处分既附隶于执行程序，则在执行程序非因拍定而撤销（回）时，因除去处分失所附丽，当然不存在，租赁权等权利除去效果，即应回复”。

笔者认为，上述观点尚有不周延之处。由于除去“租赁权”属于执行处分行为，针对的是特定拍卖物上的权利，在租赁物被法院处置后，自然不应再由承租人对租赁物主张租赁权。法院处置的方式，不应限于拍卖成交（即“拍定”）的情形，还应包括拍卖流拍后的以物抵债以及通过变卖程序处置的情形。故在拍卖成交、以物抵债、变卖成交的情形下，租赁权人均无权主张回复权。在租赁物未被处置，而案件即已执行结案的情况下，如被执行人自动履行完毕、当事人达成执行和解并已履行完毕、申请执行人放弃执行请求要求撤回执行等情形下，自法院裁定解除对租赁物的查封之日起，租赁权人的租赁权应予以自动回复。

结语

租赁权“除去”规则，系司法实务中为保护抵押权人利益，在抵押权与租赁权冲突时采用的一项重要法律规则。正确适用租赁权“除去”规则，不仅有利于保证拍卖程序免受不当租赁干扰以顺利拍卖成交，也为承租人免受法院肆意“除去”租赁权的侵害提供了程序上的救济途径，具有重要的理论意义和实践价值。

当事人意思自治视角下民事执行和解制度刍议

徐美玲、赵国军①

和解是最适当之强制执行。

——西谚

一、反差:执行和解制度之价值

执行和解作为执行程序中的一项重要制度,既不是执行程序的前置程序,也不是执行程序的必经阶段,仅仅是执行程序启动后一种有别于法院强制执行的例外和变通制度。② 二者共同服务于民事审判与民事执行。民事审判和民事执行是民事权利确证和实现自身、显现自身存在的两种方式。③ 前者重在确认权利,后者重在兑现权利。二者旨在实现当事人的合法权益,维护司法裁判权威,某种意义上讲,后者更为重要。毕竟"观念上的权利",必须转化为当事人"实实在在的利益"。然而,由于来自法院外部如地方保护主义、社会征信体制不健全、联动执行机制不完善等因素,以及来自法院内部如"审执分立"模式下审判执行部门受不同考核指标驱动导致审判人员只管判案不考虑执行的思维方式④以及审判法官司法能力、当事人诉讼能力以及执行依据不确定性⑤等因素,大量生效法律文书难以执行,严重损害了当事人的合法权益,损害了人民法院应有的司法权威,造成"执行难"⑥,即"一种功能相当有限的法律程序直接面对过于复杂的社会现实,不得不处理远超过其制度容量的问题而引起的制度扭曲或制度紧张"⑦。为回应审执冲突下"执行难"困境的现实压力,当事人在执行程序中基于合意,达成和解协议,最终实现纠纷的解决。

在吴某合作协议纠纷执行案中,吴某与张某签订合作协议,共同投资设立一家公司,在公司已预登记但尚未正式登记的情况下,张某要求吴某退出合作项目。经审理,法院判决当事人双方继续履行合作协议书。执行中,执行局裁决科以"执行标的不明确,无明确给付内

---

① 徐美玲,思明法院党组成员、审委会委员。赵国军,思明法院法官。本文获得第四届中国执行论坛三等奖。

② 霍力民,《民事强制执行新视野》,人民法院出版社2008年版,第221页。

③ 肖建国:《审执关系的基本原理研究》,载《现代法学》2004年第26卷第5期。

④ 巫肇胜:《审判与执行协调运行机制探究》,载《广东广播电视大学学报》2011年第1期。

⑤ 尹衍春:《执行依据不确定性的影响与应对》,载《山东审判》第27卷总第202期;赵贵龙:《执行依据不确定性问题研究》,载《人民司法》2012年第19期。

⑥ 参见:1999年5月18日发布的《中共最高人民法院党组关于解决人民法院"执行难"问题的报告》。

⑦ 王亚新:《强制执行与说服教育辨析》,载《中国社会科学》2000年第2期。

容”做出裁定驳回吴某的执行申请,告知其可以另行诉讼。吴某遂提出执行异议,要求撤销该份裁定书。经听证协商,最终当事人双方及案外人三方达成执行和解协议,约定吴某退出合作项目,张某退回吴某投资款,并一次性补偿吴某一笔款项,同时负责偿付经由双方确认的公司筹建过程中所欠案外人的货款。双方对协议条款承担执行担保责任,同时若张某不履行和解协议,法院要求张某需另外再支付吴某一笔违约金,一并由法院强制执行。本案圆满执结。可见,执行和解具有重要制度价值,具体如下:

(1)补缺执行依据,调适审执冲突。案例中,执行依据的不确定性引发执行与审判关系的冲突,执行裁决部门经执行听证、协商,执行当事人与案外人基于合意,达成执行和解协议,重新对权利义务关系做出安排,该案得以顺利执结。

(2)补救程序正义,减轻当事人讼累。案例中,申请执行人与案外人在合意基础上达成执行和解协议,避免当事人启动申请再审程序,增加讼累,同时也避免执行裁决部门追加被执行人与原执行依据认定事实的冲突,消减审判权威。

(3)节约司法资源,增强执行实效。案例符合效率原则,节约司法资源。“一揽子”纠纷解决策略真正做到“案结事了人和”,因此,执行实务中遇到的重大疑难、信访执行案件大多以和解方式化解。

但同时,我们也注意到:在上则案例中,一旦任何一方不予履行执行和解协议,能否强制执行和解协议?能否执行和解协议中的担保条款?换言之,执行和解协议有无强制执行力?执行和解协议中的担保条款是否具有法律效力?尽管在我国《民事强制执行法草案》(第二稿)实际上已经突破了执行和解协议不具备执行力的模式。该草案第106条规定:“双方当事人可以约定协议代替原生效法律文书,一方当事人不履行和解协议的,对方当事人可以以和解协议作为执行名义,申请法院强制执行。达成此种和解协议须经执行法官裁定准许。和解协议效力做上述约定的,执行法院裁定终结执行。”[①]但遗憾的是,新修订的民诉法仍然未赋予和解协议的强制执行力,仅在一定条件下具有相应的程序效力和实体效力[②]。这势必影响执行和解制度功能的充分有效发挥,故执行实践中以和解方式执结的案件所占比重并不大[③]。

二、审视:执行和解制度之制约因素

1. 执行和解制度的存废之争

理论界就执行和解的存废有如下观点:(1)“废除说”认为执行和解是司法审判权威性低

---

① 沈德咏:《强制执行法起草与论证》(第1册),中国法制出版社2002年版,第171页。

② 《中华人民共和国民事诉讼法》第230条“在执行中,双方当事人自行和解达成协议的,执行员应当将协议内容记入笔录,由双方当事人签名或者盖章。申请执行人因受欺诈、胁迫与被执行人达成和解协议,或者当事人不履行和解协议的,人民法院可以根据当事人的申请,恢复对原生效法律文书的执行”。

③ 以东南沿海某基层法院2011年以来执结案件的统计数据为例,2011年执结案件4845件,实际执结3336件,自动履行案件412件,占比8.503%,执行和解的案件310件,占比6.398%。2012年执结案件4085件,实际执结案件3783件,自动履行案件323件,占比8.55%,执行和解的案件228件,占比6.05%。2013年1月至8月执结案件2460件,实际执结案件2068件,自动履行案件208件,占比8.45%,执行和解的案件164件,占比6.68%。

下的产物，是国家公权和私权享有者对义务承担者的让步与妥协。执行和解不符合现代法治理念，是对公正的司法秩序的破坏，应当予以废除。① (2)“保留说”认为执行和解是执行方式之一，执行和解作为一种法律行为，在一定条件下具有相应的程序效力和实体效力，但和解协议不具有强制执行效力。② (3)“完善说”认为执行和解协议不违背既判力，未危及审判权威性，但应完善，如可以赋予执行和解协议强制执行力。可见，持“废除说”观点实际上与坚持审判方式的改革应由“调解型”向“判决型”转变的观点如出一辙，僵化固守“国家裁判中心主义”。“保留说”观点从功用主义角度肯定其维护社会和谐等重要价值，但并不承认其具有强制执行力。“完善说”观点更进一步，不仅保留，还要完善，但对和解协议性质及效力尚存分歧。③

2. 立法层面

关于执行和解制度，我国现行法律及相关司法解释均有相关规定，但笔者认为尚存在以下四方面的制约因素：

一是在执行和解的定位上，一概否定执行和解协议之强制执行力。没有充分理解执行和解的本质，没有赋予当事人更大的选择权和处分权，没有结合执行和解协议内容来判定执行和解之性质、效力。

二是在执行和解的达成过程中，法院以“不介入”为原则。和解协议由当事人自行达成，法院仅仅将协议以笔录的形式记录下来，不审查、不参与，仅发挥“书记”的作用。

三是在执行和解的运行上，和解次数与期限不够明确。当事人完全可以利用没有和解次数的限制这一漏洞，达到拖延执行的目的；完全可以利用没有和解期限的限制，故意制造长时间的和解期限同样达到拖延执行的目的。

四是对虚假和解、恶意串通和解的惩戒制度缺位。现行法律及司法解释等规定并未对虚假和解及恶意串通和解损害申请执行人利益的行为予以规范，尽管 2012 年修订后的民诉法对虚假诉讼、调解行为以及恶意串通行为做出惩戒性的规定④，但并未对执行虚假和解和恶意串通和解行为予以规范。

3. 实践层面

一是受工作考核指标驱动，片面追求结案率。实践中，尽管法律规定，和解履行完毕才

---

① 转引自张立平、李佳：《论执行和解的法理基础》，载《甘肃政法学院学报》2008 年总第 96 期。

② 该观点也是目前立法界的基本观点。本次新《民事诉讼法》仍然坚持和解协议没有强制执行力的观点，依据是违背既判力，混淆诉讼调解和执行和解的区别。参见奚晓明主编：《中华人民共和国民事诉讼法修改条文理解与适用》，人民法院出版社 2012 年版，第 515~520 页。

③ 如张立平等在《论执行和解的法理基础》中谈到应肯定执行和解协议的合同效力，发生争议可就和解协议另行诉讼，而雷运龙在《民事执行和解制度的理论基础》指出应赋予执行和解协议的强制执行力，发生争议不需另诉，强制执行和解协议。上述观点，其根本分歧在于执行和解协议是否违背既判力，从而消减司法裁判权威。

④ 第 112 条规定“当事人之间恶意串通，企图通过诉讼、调解等方式侵害他人合法权益的，人民法院应当驳回其请求，并根据情节轻重予以罚款、拘留；构成犯罪的，依法追究刑事责任”。第 113 条规定“被执行人与他人恶意串通，通过诉讼、仲裁、调解等方式逃避履行法律文书确定的义务的，人民法院应当根据情节轻重予以罚款、拘留；构成犯罪的，依法追究刑事责任”。

可终结执行程序,但在结案率等考核指标压力下,和解协议一经达成便报结案,致“和而不解”现象时有发生。

二是法官能动“介入”、全面审查以及风险释明尚不到位。法官在当事人执行和解的过程中,缺乏引导,对和解协议未尽审查之职,没有对和解的权利、风险及后果予以告知,没有释明当事人的履行能力,对于和解的期限和次数没有加以限制,于是假借和解之名行规避执行之实以及串通和解损害第三人权益现象客观存在,严重影响执行和解制度重要价值的发挥。

三、正名:执行和解制度之定位

1. 关于执行和解的性质

关于执行和解的性质,中外法学界至今尚未形成统一的观点。目前主要有以下四种见解:私法行为说、诉讼行为说、并存说、两性说。上述各说的争论焦点在于关于执行和解系属“诉讼中和解”抑或“诉讼外和解”。针对这一问题学界主要存在两种观点。一种观点认为,在我国现行民事诉讼法律体系和司法构架中,执行中和解属于诉讼和解,是一种特殊的执行方式。[①] 另一种观点则认为,执行中和解与诉讼和解不同,除在适用阶段上有差别外(一个是审判程序,另一个是执行程序),在内容上也有区别:执行和解是对已经依法确认的民事权利的处分,审判中的和解是对尚未依法确认的民事权利的处分。[②] 在执行阶段达成的执行和解发生于诉讼系属之后,其当然应为“诉讼外之和解”[③],究其本质实乃普通的民事契约。[④] 笔者认为上述观点首先仅从和解协议达成所处的阶段为审判阶段还是执行阶段来做界分,忽略了审判程序与执行程序共同指向“纠纷解决”这一事实。其次,究竟是对已经依法确认的民事权利的处分,还是对尚未依法确认的民事权利的处分并不构成诉讼中和解与执行和解的质的分野,部分司法实务工作者也认为法律文书所确定的民事权利与其他合法方式设立的民事权利在本质上并无二致。[⑤] 再次,就诉讼外和解而言,其行为构造具有单一性,即仅具有普通法的私法行为属性,而对于诉讼上的和解而言,其行为构造就表现为私法行为和诉讼行为两个不同的阶层,私法行为为下层构造,诉讼行为为上层构造,[⑥]因此,“一个和解能否具备诉讼行为构造进而成为诉讼上和解,其关键在于国家公法意志是否介入当事人的合意过程、结果以及表现形式等方面”。[⑦] 若自始至终,仅由当事人依合意自行达成和解,法院作为公权力机关退居幕后,仅做“书记”的作用,那么该和解协议自然难以成为诉讼上和解。反之,则应为“诉讼上和解”。然而事实上,法院全程未“介入”执行和解协议的达成过程在执行

---

① 田玉玺、雷运龙:《论执行和解》,载《人民司法》2000 年第 6 期。

② 孙加瑞:《中国强制执行制度概论》,中国民主法制出版社 1999 年版,第 280 页。

③ 诉讼外之和解,诉讼外和解,本文若无特别说明,皆系同一含义多种表述。

④ 张立平、李佳:《论执行和解的法理基础》,载《甘肃政法学院学报》2008 年总第 96 期。

⑤ 张立平、李佳:《论执行和解的法理基础》,载《甘肃政法学院学报》2008 年总第 96 期。

⑥ [日]中村英郎:《新民事诉讼法讲义》,陈刚等译,法律出版社 2004 年版,第 418 页。

⑦ 汤维建、许尚豪:《论民事执行程序的契约化——以执行和解为分析中心》,载《政治与法律》2006 年第 1 期。

实践中极为罕见。因此，仅仅通过执行和解过程中国家公法意志是否介入来判明执行和解之性质并非一劳永逸，通过“诉讼中和解”与“诉讼外和解”的简单二分法对执行和解的定性尚不能接近问题实质。

故笔者以为，不仅需要通过“国家公法意志是否介入”以及“诉讼中和解”与“诉讼外和解”简单二分法，还需要结合执行和解协议的内容来判明执行和解协议之性质。因为执行和解为当事人意思自治原则在执行阶段的运用，究其本质系和解协议达成主体对达成和解的程序阶段、生效法律文书确认权利的实现程序的选择权以及实体权利和程序权利享有的处分权的体现。[①] 根据当事人达成的和解协议内容，笔者将和解协议分为效力法定型和解协议与效力约定型[②]和解协议两种类型。在现有法律框架下，大部分和解协议为效力法定型和解协议，或由当事人自行达成或由法院主持达成执行和解协议，任何一方当事人不予以履行时，当事人申请恢复执行原生效法律文书。

2. 关于执行和解的效力

由于对执行和解性质的认识不一，故关于执行和解的效力[③]，理论界至今尚未形成通说，主要有三种观点，分歧在于执行和解协议本身是否具有执行力。根据笔者前述观点，根据执行和解协议内容来判定其执行力，并提出相应救济途径，同时应充分尊重当事人在执行阶段中的意思自治、程序选择权以及实体利益处分权，因此，对于效力法定型和解协议，一经生效，在程序上，具有中止强制执行程序的效力。若履行完毕，在程序上，具有终结程序的效力；在实体上，具有消灭原执行名义的效力。若当事人未予履行或不完全履行时，则应恢复原执行名义，而非强制执行该和解协议或另行起诉[④]。有学者认为，不赋予和解协议强制执行力，浪费了司法资源，甚至损害了申请执行人的预期利益，最终损害司法权威。不可否认，实践中确实存在当事人利用执行和解转移财产、规避执行的行为，但这并非和解本身之过，而是我国强制执行力度不够之错。此外，该类和解协议并未改变原执行名义，往往是在申请执行人做出让步如放弃利息、违约金等权益的情况下达成。此时，强制执行和解协议或另行起诉不仅减损申请人利益，而且一定程度上浪费了有限的司法资源。

对于效力约定型和解协议，除具有程序上的法定效力外，在实体效力上，若当事人不履行或不完全履行和解协议时，法院应根据当事人约定强制执行和解协议，事实上，赋予了和解协议的强制执行力。有学者认为赋予和解协议强制执行力与生效法律文书的既判力发生了冲突，“任意的关系”不能变动为“强制的关系”，应恢复原执行名义。[⑤] 笔者认为根据和解

---

① 参见雷运龙：《民事执行和解制度的理论基础》，载《政法论坛》2010 年第 6 期。

② 不包括和解协议中载明“任何一方当事人不履行时，恢复强制执行原生效法律文书”的情形，因为不论是否载明该款内容，在现有法律规定下，一方不履行时，即可根据对方当事人申请，恢复对原生效法律文书的强制执行。

③ 即指执行力，强制执行效力的简称，是指当事人不履行生效法律文书确认的法律义务时，由特定的国家机关通过对义务人采取强制执行措施，迫使其履行完毕法律义务的效力。

④ 若和解协议中约定财产担保条款的，可以强制执行担保条款约定的财产，当然，若担保条款中约定人保内容的，此时应视为和解协议变更原执行名义，即更改型和解协议。

⑤ 方延：《基础与进路：民事执行和解研究》，载《重庆工学院学报（社会科学）》2008 年 10 月第 10 期。又如朱旭光：《执行和解制度的立法完善》，载《人民法院报》2001 年 3 月 29 日。

协议内容，赋予和解协议强制执行力并不违背生效法律文书的既判力，相反是对其的一种尊重。理由如下：

(1)执行程序具有契约化趋势。纠纷的“解决”，不仅仅在于一纸生效法律文书，更在于其载明的权利得以实现。司法的公信力也不仅仅在于判决的既判力，更重要的是从心理上解决当事人之间的纠纷，从而信服法院。当事人在纠纷化解中存在着不同程度上的合意，这种合意蔓延开来便形成了诉讼[①]中的各种选择机制，如诉讼和解、诉讼调解、执行和解。执行和解正是这种合意的产物，由此引发的执行权扩张完全在当事人合意范围内，由当事人合意予以主导，其目的在于实现以既判力为基础的权利义务。案例中，为保障民事权利的实现，当事人在和解协议中直接约定如若一方不履行，另一方应支付违约金，并约定由法院直接强制执行。

(2)权利实现方案[②]具有可选择性。既判力与执行力共同指向当事人权利的实现。执行依据确认的权利[③]，经由既判力范围厘定，执行力予以实现。若当事人自动履行，则执行力仅作为强制的后盾；若当事人通过合意方式，制订个性化的权利实现方案，则执行力仍作为强制的后盾；舍此，若强制执行，即为执行力应有之义。三种方案皆为权利实现方案。执行和解的客体并非执行依据中确认的权利义务关系，而应是对权利义务关系的实现方案。因此，执行对既判力范围的扩张，不应理解为执行权对既判力的突破，而是对权利实现方案做出的选择。执行和解协议约定之法律关系并未取代判决确认之法律关系，而仅是在承认判决确认法律关系的既判力和有效性的基础上约定的一个具体实现方案而已，二者系“目的”与“手段”的关系，执行和解协议本身仅为原执行依据实现的具体手段。因此，若执行和解协议未得到履行或发生其他争执，须在执行程序内部解决，不得另行提起诉讼。[④]

(3)既判力理论不排斥执行阶段权利义务关系的重塑性。既判力理论源自“一案不两诉”和“一事不再理原则”，其理论依据在于国家司法主义、遏制诉讼、诉讼经济主义、人权主义[⑤]，其本质功能一方面是禁止当事人重复起诉，另一方面在于要求法院不再受理同一诉讼理由的案件。既判力并不解决当事人对实体权利义务关系的争议。而且，确定判决的既判力并不排斥当事人就实体法律关系达成新的合意。当事人达成的执行和解协议仅就其实体权利义务关系做出新的安排，并不要求审判机关重新进行审理，因此并不与确定判决的既判力相矛盾。[⑥]

(4)执行权具有独立性。执行权虽派生于审判权，但其具有独立性。高效运行的执行权非但不会减损审判权威，相反会强化裁判权威；执行审查权与执行实施权的分权运行，可以修正审判程序瑕疵以及审判实体瑕疵，从而高效实现司法公正。如前述案例，裁判文书对执行工作带来直接影响，而执行裁决科通过听证、协商，达成和解协议的方式，保障了实体正义

---

① 广义的诉讼程序应包括审判程序和执行程序。

② 参考雷运龙:《民事执行和解制度的理论基础》，载《政法论坛》2010 年第 6 期。

③ 当然，实践中有的生效法律文书不仅确认权利，还确认了权利实现的方案，如判决、调解主文确定了履行标的额、履行方式、履行日期。

④ 参考雷运龙:《民事执行和解制度的理论基础》，载《政法论坛》2010 年第 6 期。

⑤ 参见王军:《判决的既判力》，载《中国民商法实务论坛》2002 年 4 月，第 198 页。

⑥ 谭秋桂、陈浩:《民事执行和解若干问题分析》，载黄松有主编:《强制执行指导与参考》(总第 14 辑)，法律出版社 2006 年版。

和程序正义。但从实体法角度而言，这种合意实质变动了执行依据所确定的实体内容，但“改变”执行依据与依据当事人合意变更执行依据所确认的权利义务关系是两码事。毕竟，执行力最终依附于既判力。即便赋予执行和解协议的强制执行力，其执行力也派生或依附于原执行依据，二者系“皮”与“毛”的关系，离开原执行依据，执行和解协议没有存在的依据。

四、探索:执行和解制度之完善

对执行和解协议的强制执行力一概不予以确认，这是片面的，也是与执行实践的丰富性不相符的。笔者以为，应坚持当事人意思自治原则，充分尊重当事人程序选择权以及实体程序利益的处分权，明确当事人可以约定和解协议的强制执行力。当然，对于效力约定型和解协议，基于其变更了执行依据所确认的权力义务关系，故应在立法、司法以及监督层面予以规制。

1. 立法层面完善规避虚假和解、恶意串通和解方面的规定

(1)不安抗辩权。对于“双务性”执行和解协议的履行，当一方当事人发现并有证据证明对方当事人存在转移、藏匿财产，或者其他丧失或者有可能丧失履行债务能力的情形时，无论是申请法院恢复强制执行原生效法律文书抑或强制执行和解协议，尚须等到当事人不履行和解协议那一时点，这显然不利于纠纷的最终解决以及当事人利益的实现。鉴于此，适当使用不安抗辩权是有必要的。当然，为防止当事人滥用不安抗辩权，必须规定当事人在行使该项权利时，除具备证据外，还应提供担保。

(2)执行和解协议撤销权。在履行执行和解协议过程中，申请执行人遇到下列两种情形:其一，执行和解协议达成后，申请执行人有证据证明在达成执行和解协议后，被执行人有恶意处分财产或其他可能使和解协议不能得到全面履行的行为，但被执行人提供可靠担保的除外;其二，被执行人在履行期限届满前明确表示不履行或不恰当履行和解协议的。笔者认为可以借鉴合同法中的不安抗辩权制度，通过立法或司法解释进一步细化申请执行人反悔执行和解协议的条件，以有利于实践中的操作。如规定申请执行人确有证据证明被执行人有经营状况严重恶化;转移财产、抽逃资金以逃避债务;丧失商业信誉以及有丧失或可能丧失履行债务能力的其他情形的，可以反悔执行和解协议，请求法院强制执行或对债权做出新的处分。[①] 事实上，此时申请执行人行使的是对和解协议的撤销权。

(3)执行和解协议中约定担保条款的权利。现行法律法规虽然有关于执行担保的制度规定[②]，但并未系属于执行和解制度。因此，若当事人未约定和解协议有强制执行力，一旦当事人申请恢复强制执行原生效法律文书，执行和解协议中的担保条款就失去了执行的依据。为防止被执行人利用执行和解转移、藏匿财产以及拖延执行，从而损害申请执行人的利益，应明确执行和解协议中可以约定担保条款。

---

① 李欣红、叶伶俐:《论申请执行人反悔执行和解协议的法律处分——由一起执行裁决案件引发的思考》，载《山东审判》2011 年第 1 期。

② 《民事诉讼法》(2012 年修订)第 231 条“在执行中，被执行人向人民法院提供担保，并经申请执行人同意的，人民法院可以决定暂缓执行及暂缓执行的期限。被执行人逾期仍不履行的，人民法院有权执行被执行人的担保财产或者担保人的财产”。

(4)建立惩戒制度。一方面,当事人可以约定一方不履行和解协议的惩戒条款。另一方面,将支付迟延履行利息或迟延履行金的惩罚措施适用于不履行和解协议的当事人。另外,将不履行和解协议、虚假和解以及恶意串通和解作为适用训诫、罚款、司法拘留以及追究刑事责任[①]的法定事由。这会对部分欲借执行和解协议逃避义务的被执行人有一定的威慑作用,对解决执行和解陷阱的问题会具有一定的效果。

2. 在司法层面规范法院在执行和解中的职责

考虑到当事人约定和解强制执行力系当事人实体、程序利益重要选择、重大处分行为以及执行和解制度之重要价值,故人民法院应能动"介入"执行和解协议的达成过程中,包括和解协议的主体启动、内容审查以及效力确认过程。

(1)风险释明。执行和解系当事人行使选择权、处分权的表现,是对当事人处分原则的尊重。法院不能无视当事人在执行程序中的合意。实践中,法院也并非仅发挥"书记"的作用,大部分的执行和解都是在法院的主持下进行。特别是对于如前述案例中的效力约定型的和解协议,执行权决不能无所作为,相反应发挥其能动作用。当事人在达成执行和解协议前后,执行权的实施者执行法官应该熟悉案情、全面把握纠纷的源起、裁判的内容,充分尊重当事人合意,能和则和,宜和则和,不强压和解;若当事人有和解的合意,应充分告知当事人和解复执期限的计算方法,避免因超过时效而导致申请执行权的丧失;告知当事人反悔和解协议的法律后果;全方位释明和解协议可能产生的风险、是否约定担保条款、是否约定不履行和解协议的惩戒条款、是否在执行和解协议中约定和解协议的强制执行力以及担保条款等情况,确保合意真实,源头上防止当事人借执行和解之名行拖延执行之实;此外,基于执行权行使的效率原则,执行和解协议的纠纷解决具有非诉性,若当事人不履行和解协议,应在执行程序内部解决,直接强制执行和解协议。对于不履行和解协议、虚假和解以及恶意串通和解等情形,应将其列为适用训诫、罚款、司法拘留以及追究刑事责任的法定事由,规避因不履行和解协议加剧执行权扩张,引发新的审执冲突。

(2)全面审查。当事人意思自治应有一定的边界,那就是法律的禁止性规定及公序良俗或社会公共利益,否则不构成执行和解协议,仅属于当事人在执行程序中的自行和解。[②] 对于当事人约定强制执行力的和解协议,法院要尽到全面审查义务,具体包括合法性审查与合理性审查两大方面,合法性审查主要针对和解协议是否具备成就条件。如主体是否适格,当事人意思表示是否真实,和解协议内容是否违法。一方当事人受欺诈、胁迫达成和解协议或当事人双方恶意串通达成和解协议,损害国家、集体和第三人利益或者社会公共利益以及违反法律法规强制性规定的,自始无效,应坚决恢复对原生效法律文书的执行。合理性审查包括两大方面的内容。一方面要考虑和解协议约定的执行措施应考虑合理性、必要性及可执行性。权利人可以自行约定权利实现方案,可以自行选择个性化的执行措施,但必须在必要的执行强度范围内运行,避免对债务人造成不必要的损害和不当的限制。同时,要考虑约定的执行措施同样会面临新的"执行难"问题,防止签订一些不切实际的和解协议,尽量避免"和而不解、和解复执"。另一方面考虑和解协议是否具有利益可期待性,如和解次数和期限

---

① 拒不执行判决、裁定罪,实践中该罪适用较难。

② 当事人仅向法院提交结案说明或者结案笔录。

应有限制。执行实践中，双方当事人出于各种动机和目的，反复达成执行和解又反复反悔，造成了司法资源的严重占用和浪费，不符合诉讼经济的原则。执行和解协议约定的履行期限也不得过长，变相消减裁判权威，损害当事人合法权益，也将大幅增加法院执行部门的管理成本。因此，一般只能允许当事人执行和解一次或者两次；执行和解协议的履行期限一般限制在3个月至6个月内，最长不超过12个月。[①] 以此防止执行法官出于完成结案指标或追求其他功利的动机，强压和解，违规和解。

(3)效力确认。执行裁决权不仅具有中立性、独立性特征，还具有效率性特征，因为"执行裁决权毕竟是从执行实施权中派生出的一种权力，对执行裁决权的行使不能与民事执行权的整体价值取向产生对立和冲突"[②]，故其运行应以类审判的方式运行，如案例二中采取执行听证方式，贯彻职能分离原则，执行过程中从事具体执行实施行为的机构或人员，不得作为执行听证合议庭组成人员从事听证和裁决的相关活动；贯彻公开和辩论原则，特别是对于"吸收"未经审判的事实或未参加诉讼的案外人的"双务性和解协议"，应参照民事证据规则充分举证、质证，并相互辩驳，以此保证执行裁决权公正、高效地确认执行和解协议的强制执行力。此外，在确认的形式上，笔者认为，执行裁决部门应制作民事裁定书，一经送达当事人即发生法律效力，对当事人产生拘束力。若经审查，不符合条件，经合理催告相关当事人后，条件仍不具备的，执行裁决部门对和解协议的强制执行力不予确认，则按照效力法定型和解协议的实体及程序效力处理。

3. 在监督层面强化检察监督

新民事诉讼法关于人民检察院有权对民事执行活动实行法律监督之规定，为检察机关对民事执行活动的法律监督提供了法律依据。由于民事执行检察监督的实质是检察权对法院执行权的制约，检察监督应限定在对法院执行活动的监督上，并应将法律监督限定在合法性监督上。[③] 同时要坚持依法监督、事后监督，即在不违背法律的前提下，在当事人用尽法院救济程序后检察院方可实施监督。

结语

当前，中国社会正处于转型期，各种矛盾纷至沓来，群众日益增长的司法需求和相对不足的司法资源形成强烈的反差。强制执行力有不逮的地方，便是执行和解发挥的舞台。本文以当事人意思自治为视角，为执行和解制度更好发挥其价值提供思路，希望有所裨益。

---

① 参见日本《民事执行法》第39条之规定。

② 童兆洪：《民事执行权研究》，法律出版社2004年版，第295页。

③ 谢利军：《民事执行监督范围与方式》，载《检察日报》2012年10月17日。

实体与程序:遗漏当事人发回重审制度的重构

——共同诉讼理论和实践再出发

刘远萍[①]

引　言

发回重审制度是指二审法院撤销原审法院判决,将案件发回原审法院重新审理的制度。[②] 2012 年修正的《中华人民共和国民事诉讼法》(以下简称《民诉法》)第 170 条将原判决“遗漏当事人”明文列举为“严重违反法定程序”的事项作为二审撤销原判、发回重审的法定理由。由于未明确何种情形为“遗漏当事人”,加之现行法律对“发回重审”的适用缺乏有效的制约,实践中出现二审法院对“遗漏当事人”认定的“泛化”倾向,即案件审理结果只要与某些案外人具有利害关系或牵连关系,原审未通知该案外人参加诉讼的,均以原判决“遗漏当事人”为由将案件发回重审。为避免案件因“遗漏当事人”被发回重审,一审法院在主体问题上秉持“宁滥毋缺”的原则,盲目依职权追加诉讼当事人或对于当事人申请追加诉讼主体不予甄别,在相当程度上消解了当事人的处分原则并架空了实体规范,妨碍了共同诉讼制度功能的发挥,引发司法公正和信任危机。本文以共同诉讼理论为基础,旨在从实体规范和程序规则上探讨应发回重审的“遗漏当事人”类型及裁判方式,以期对构建以当事人利益为中心的发回重审制度有所裨益。

一、遗漏当事人发回重审制度运行现状:基于一审法院视角的分析

案件改判发回重审率(以下简称发改率)是衡量一审案件质量的重要考核指标,从应然状态讲,发改率的设定是为了发挥审级制度在保障司法正确性上的作用。然而,该制度在实际运行中却显示出了多重弊端。为更好地分析问题,本文选取了因遗漏当事人被发回重审的 78 个案件作为样本[③],分析遗漏当事人发回重审制度的实践困惑。

(一)实体困惑:何种情形为“遗漏当事人”

何种情形、何种当事人应共同参加诉讼缺乏明确的判断标准。作为分析样本的发回重

---

① 刘远萍,思明法院法官。此文获得全国法院系统第二十六届学术讨论会二等奖。

② 王福华、融天明:《民事诉讼发回重审制度之检讨》,载《法学研究》2007 年第 1 期。

③ 78 个案件含笔者所在基层法院 2011 年至 2013 年的 42 个案件、北大法宝司法案例数据库 2010 年至 2012 年的 16 个案件以及 2014 年 1 月 1 日至 5 月 31 日中国裁判文书网上公布的 20 个案件。

审民事裁定书中均未就何为"必须共同参加诉讼"的当事人进行实体法上的阐述说理(详见图1),甚至未指明被遗漏的当事人。此外,二审法院对于共同诉讼人的认定时常出现不一致的情况。以提供劳务者受害责任纠纷这一案件类型为例,在存在多层分包的情况下,是否所有转包人均应参加诉讼,不同的法院存在矛盾的裁定。[①] 此种不一致大大削弱了二审法院统一法律适用审级功能的发挥。

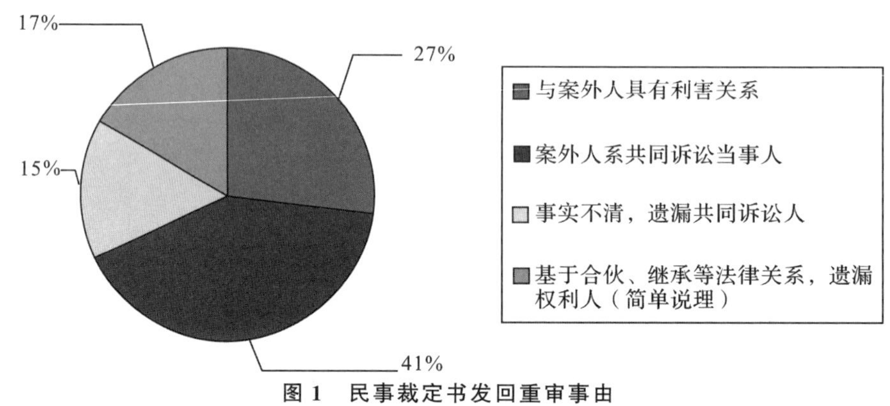

图1 民事裁定书发回重审事由

(二)程序困惑:审判权的异化与程序正义的限度

发回重审的裁定书往往并不说理,二审法院通常以内部函的方式就"遗漏当事人"的法律问题对重审程序的开展进行指导。在笔者所在基层法院被发回重审的42个案件中,仅有4个案件未随卷附内部函。在内部函中,二审法院不仅阐明需要追加的当事人及应适用的法律,甚至还包括如何裁判等实体问题,大大削弱了一审独立审判的地位,凸显了浓厚的行政色彩。

程序正义是民事诉讼法所保障的重要价值,"遗漏当事人"是重大的法定程序瑕疵,发回重审之目的在于保障当事人的审级利益。然而,程序公正不应仅仅体现在对当事人审级利益的保障上,当事人的程序处分权、对于诉讼效率的期待以及国家司法资源的合理配置等,都应成为程序正义的考量因素。实践中,发回重审案件因为久拖不决以及反复裁判,往往引发当事人的信任危机。

上述困惑集中反映了遗漏当事人类型案件发回重审中所面临的实体和程序问题。对实体基础缺乏清晰统一的认识,对发回重审缺乏必要有效的约束,程序失范加之不尽合理的评价机制,导致发回重审制度在遗漏当事人问题上偏离制度设立初衷。认真对待实体规范,健全程序机制,是发回重审制度良性运行的关键。

---

① 如在山东金禹王防水材料有限公司与王秀芝、陈雷生命权纠纷再审一案(〔2013〕东民申字第54号)中,人民法院认为,其他转包人与山东金禹王防水材料有限公司并非共同侵权行为,并非必要的共同诉讼。而在他案中,如(2013)泰民一终字第777号、(2014)佛中法民一终字第2312号,均以原判决遗漏当事人为由撤销原判,将案件发回重审。上述案例来源:中国裁判文书网,载 http://www.court.gov.cn/zgcpwsw/sd/sdstaszjrmfy/ms/201401/t20140114_222049.htm、http://www.court.gov.cn/zgcpwsw/gd/gdsfsszjrmfy/ms/201404/t20140403_699073.htm,于2014年6月7日访问。

二、遗漏当事人发回重审制度的实体基础:共同诉讼类型再梳理

"遗漏当事人"指向的是诉讼主体为多数的诉讼类型,即共同诉讼。理论上,将一方或双方为二人以上的诉讼主体纳入同一诉讼过程,即诉的主体合并称为共同诉讼。[①] 司法实践中,凡涉及连带债权债务、共有关系或基于相同事实依据不同法律规范基础需承担相应责任的纠纷,几乎毫无例外的都会面临多数诉讼主体的确定问题。

(一)共同诉讼依据:实体规范

为因应社会生活关系的复杂多样和不断变化发展,作为实体权利保障的民事诉讼制度也处于不断变化发展中。共同诉讼制度设置的主要目的一方面在于保障实体权利,在某些情况下,基于实体法律的规定,权利需要共同行使、义务需要共同履行。另一方面,则是基于诉讼经济和效率考虑,将某些具有牵连关系的主体纳入同一诉讼程序中,能够有助于纠纷的一次性解决及避免裁判冲突。[②]

区别于域外立法对共同诉讼类型的精细分类,我国《民事诉讼法》仅在第 52 条[③]对共同诉讼进行了规定。依据学界通说,"诉讼标的是共同的",为必要共同诉讼,此类共同诉讼要求共同诉讼人必须一同起诉或应诉,未一同起诉或应诉的,应予以追加,人民法院必须做出合一判决。[④] "诉讼标的是同一种类、人民法院认为可以合并审理并经当事人同意的",为普通共同诉讼,此类共同诉讼是一种可分之诉,当事人既可以单独起诉,也可以共同起诉,未合并处理并不构成违反程序规定。因此,在必要共同诉讼中,当事人和法院的意志都受到了程序法律的强制性规范。[⑤]《民诉法》第 170 条规定的"遗漏当事人"应指遗漏必要共同诉讼的当事人,本就未规定必须合并审理的普通共同诉讼案件自然不能以违反程序为由发回重审。因此,问题就衍生为,哪些类型案件为必要共同诉讼案件?

1. 理论纷争

共同诉讼问题为理论界不折不扣的"罗生门"。由于现行立法仅区分"必要共同诉讼"及"普通共同诉讼",域外立法中的"准必要共同诉讼"在我国立法中付之阙如,不少学者在借鉴域外立法的基础上对我国的共同诉讼理论进行了重构。主要观点整理如下:

---

① 张卫平:《民事诉讼法》,法律出版社 2009 年第 2 版,第 150 页。

② 张永泉:《必要共同诉讼类型化及其理论基础》,载《中国法学》2014 年第 1 期。

③ 我国《民诉法》将共同诉讼与第三人诉讼分为两个条文并行规定,狭义上讨论的共同诉讼并不包含第三人参加诉讼制度。而二审法院据以发回重审理由中的"遗漏利害关系人"即将第三人参加诉讼与共同诉讼相混淆。

④ 如张卫平:《民事诉讼法》,法律出版社 2009 年第 2 版,第 151 页;江伟主编:《民事诉讼法(第二版)》,高等教育出版社、北京大学出版社 2004 年第 2 版,第 111 页;章武生、段厚省:《必要共同诉讼的理论误区与制度重构》,载《法律科学》2007 年第 1 期等。

⑤ 卢正敏:《共同诉讼研究》,法律出版社 2011 年版,第 127 页。

表1

观点	主张	理由
扩张必要共同诉讼类型	扩张解释“诉讼标的共同”,鼓励和推动对有牵连关系的纠纷进行强制追加,未追加即构成“遗漏当事人”,违反法定程序。	民事诉讼具有公共性,当事人的处分原则不应成为唯一考量因素,还应兼及节约司法资源、纠纷解决一次性、防止矛盾裁判和保护案外人利益等公共政策。①
扩张普通共同诉讼类型	严格解释“诉讼标的共同”,诉讼标的牵连型诉讼应适用普通共同诉讼方式解决,可通过主张共通、证据共通等规则,避免矛盾判决。对于普通共同诉讼案件当事人未参加诉讼的,不构成违反法定程序。	强调合并审理的自主性,由当事人、案外人根据意愿自行决定合并其他当事人或主动参与诉讼。②
新设准必要共同诉讼类型	兼顾平衡当事人的处分权和解决问题的实效性,③虽然不要求一同起诉或应诉,但法院做出的判决对其他没有参与诉讼的利害关系人有拘束力。	现行立法并未规定,应通过构建既判力理论、争点效等理论与之配套。

上述分析可以看出,对共同诉讼概念缺乏共识导致无法将现实生活中大量彼此不同,而且本身极度复杂的事件以明了的方式予以归类④,造成了法律适用及其规范内容的混乱,这是司法实践无所适从的重要原因。

2. 寻求共识

民事诉讼法的目的之一在于实现民事实体法所确定的权利,无论是“诉讼标的共同”还是“诉讼标的牵连”的判断,均需以案件涉及的实体法律关系为基础。随着近年来学者对域外共同诉讼理论的研究借鉴,以实体法作为确定是否必要共同诉讼依据的观点得到了较多认可。⑤ 诚如台湾学者黄茂荣所言,一个后进的法律社会可能会过分地援引较富弹性的价值标准或一般条款来避免法律概念的僵化与逻辑的不当,以至于使法律的适用流于个人专断。⑥ 司法者漠视现行立法,片面追求大而不当的法律概念和价值判断,进而忽视对现行立法的解释适用是导致裁判混乱的重要根源。因此,共同诉讼理论和实践的再出发应建基在对现行立法的尊重、解释、梳理与系统化之上。

---

① 章武生、段厚省:《必要共同诉讼的理论误区与制度重构》,载《法律科学》2007年第1期。

② 严仁群:《自主合并抑或强制合并?——追问强制追加当事人之正当性》,载《南京大学法律评论》2010年秋季卷。

③ 胡震远:《我国准必要共同诉讼制度的建构》,载《法学》2009年第1期。

④ [德]卡尔·拉伦茨:《法学方法论》,陈爱娥译,商务印书馆2003年版,第319页。

⑤ 相关观点如“固有的必要共同诉讼,其共同诉讼人之间对诉讼标的是否具有共同的权利或义务,是由实体法决定的”,张卫平:《民事诉讼法》,法律出版社2009年第2版,第151页;“其(共同诉讼)特色在于以实体法为依据并忠实于实体法”,[日]高桥宏志:《重点民事诉讼法》,张卫平、许可译,法律出版社2007年版,第197页等。

⑥ 黄茂荣:《法学方法与现代民法》,中国政法大学出版社2007年版,第58页。

(二)司法者视角:现行立法的梳理与应用

以民事实体法律规定为基础,结合最高人民法院相关司法解释,作为多数当事人参加诉讼的可能形态存在如下几种主要类型(对应法律及司法解释见表2):

表2 我国现行立法及司法解释规定的多数人诉讼类型

类型	法律规定
多数债权人共有的权利或多数债务人共同的债务	《中华人民共和国物权法》第93条至第105条 最高人民法院《关于适用〈中华人民共和国民事诉讼法〉若干问题的意见》第45条、第47条、第54条、第56条
连带债权债务	《中华人民共和国民法通则》第35条、第52条、第67条 《中华人民共和国侵权责任法》第8条、第9条、第10条、第11条 《最高人民法院关于审理人身损害赔偿案件适用法律若干问题的解释》第5条、第13条 最高人民法院《关于适用〈中华人民共和国民事诉讼法〉若干问题的意见》第53条、第55条
诉讼标的牵连型	《中华人民共和国海商法》第252条 《中华人民共和国侵权责任法》第43条、第59条、第68条、第83条等
补充责任	《中华人民共和国侵权责任法》第34条、第37条、第40条 《最高人民法院关于审理涉及会计师事务所在审计业务活动中民事侵权赔偿案件的若干规定》第10条 《最高人民法院关于审理存单纠纷案件的若干规定》第8条
撤销权、代位权诉讼	《中华人民共和国合同法》第73条、第74条 《最高人民法院关于适用〈中华人民共和国合同法〉若干问题的解释(一)》第16条、第24条

1. 多数债权人共有的权利或多数债务人共同的债务。此种类型即学理上所谓的"公同共有"或"准共有"。[①] 主要类型为:(1)因合伙组织产生的诉讼;(2)数继承人继承未分割之遗产或请求死者人身损害赔偿的诉讼;(3)因共有财产或准共有财产提起的诉讼,含共同共有及按份共有两种情形;(4)因合同约定产生的共同债权、债务诉讼。

上述类型中,前三种类型基于权利的不可分性,应由全体当事人共同参加诉讼方为主体适格。现行司法解释亦明确前述类型需作为必要共同诉讼。第(4)类案件基于意定之债的属性,立法或司法解释并未明确规定,但参照有关共有财产权利的处理原则,一般将此类案件也作为必要共同诉讼对待。在立法或司法解释未做修订前,虽然理论上仍有争议[②],但此类案件作为必要共同诉讼类型在实践上基本能够取得共识。

① 黄立:《民法债编总论》,中国政法大学出版社2002年版,第602~603页。

② 例如,有学者认为,"基于实体法的规定,在多数情况下,共同享有的权利或者共同承担的义务,无需全体共同实施……共有关系的诉讼并非都必然是必要共同诉讼",张永泉:《必要共同诉讼类型化及其理论基础》,载《中国法学》2014年第1期。

2. 连带债权债务。连带债权债务以法定或意定为限。立法上规定的案件类型主要为：(1)因共同侵权行为(含共同危险行为以及《中华人民共和国侵权责任法》明确规定的本质为共同侵权的各种具体类型)产生的诉讼；(2)委托事项违法，被代理人和代理人应承担的责任；(3)意定连带债权债务，如因保证合同提起的诉讼。

实体规范赋予权利人请求部分或者全部债务人履行给付的权利，而《最高人民法院关于审理人身损害赔偿案件适用法律若干问题的解释》第5条则要求所有连带债务人应共同参加诉讼，由此造成了实体与程序的冲突。法律或司法解释并未对其他类型的连带债权债务人应否共同参加诉讼做出明确规定。司法实践一般将连带责任类型的案件作为必要共同诉讼案件对待，故部分学者认为有关连带债权债务需为必要共同诉讼的程序规定架空了实体法规范。[①]

3. 不真正连带债务(诉讼标的牵连型)。“诉讼标的牵连”一般是指复数的当事人分别与同一相对方当事人争讼的民事法律关系存在紧密的联系，[②]一般对应的案件类型即是学理上的“不真正连带债务”。在不真正连带关系中，一个法律关系的处理结果可能与另一法律关系具有一定的牵连性。此类案件，实体法律并未规定当事人必须共同行使权利、履行义务，从实体基础上看，并非必要共同诉讼。

4. 补充责任。补充责任主要发生在一个侵权行为造成的损害事实产生了两个相重合的赔偿请求权的情况下，法律规定权利人必须按照先后顺序行使赔偿请求权。[③] 权利人在起诉时，可以单独起诉第一顺位的责任人，也可以以第一顺位责任人和补充责任人为共同被告，但赔偿权利人单独起诉补充责任人的，补充责任人可以要求原告追加直接责任人为共同被告，只有在直接责任人确实无法确定的时候，才可以只以补充责任人为被告。

5. 撤销权、代位权诉讼。《中华人民共和国合同法》第73条、第74条分别规定了代位权诉讼以及撤销权诉讼。《最高人民法院关于适用〈中华人民共和国合同法〉若干问题的解释(一)》第16条、第24条对当事人的诉讼地位进行了明确规定。司法解释虽然规定了“人民法院可以追加为第三人”，但在实践上此二类案件人民法院一般均将受益人以及债务人作为必须共同参加诉讼的当事人，从理论上言，该做法较为妥当。

依据梳理，为法律适用以及裁判尺度的统一，对于法律或司法解释明确规定应为必要共同诉讼的情形，一审法院遗漏相关主体的，应属于“遗漏当事人”。在是否构成“必要共同诉讼”无法从实体法上获得圆满解释时，应从程序视角出发，考量共同诉讼合一判决、避免裁判冲突的制度功能，根据案件实际情况寻求纠纷解决的最佳诉讼结构。

---

① 卢正敏、齐树洁：《连带债务共同诉讼关系之探讨》，载《现代法学》2008年第30卷第1期。严仁群：《自主合并抑或强制合并？——追问强制追加当事人之正当性》，载《南京大学法律评论》2010年秋季卷。

② 段厚省：《共同诉讼形态研究——以诉讼标的理论为方法》，载陈光中、江伟主编：《诉讼法论丛》第11卷，法律出版社2006年版，第265页。

③ 张新宝：《我国侵权责任法中的补充责任》，载《法学杂志》2010年第6期。

三、遗漏当事人发回重审制度的程序规则:发回重审的制度化

一般认为,制度化的实践包含三个基本要素:一是角色分工;二是规则体系;三是程序性安排。① 二审法院的角色定位在于通过审级监督实现判决妥当(包含当事人权利的保障)和统一法律适用。下文着重从规则体系及程序性安排进行制度重构。

(一)规则体系:必要共同诉讼的认定

在实体法判断存疑的情况下,应从诉讼结构来考量某一案件类型是否构成必要共同诉讼,其判断基础就在于诉讼效率的实现与矛盾裁判的避免。

通常认为,将更多的当事人纳入同一诉讼程序中,有助于当事人提供更多的信息,法官可以据此获得更多有关案件事实的材料。但是,当更多的当事人被纳入程序,案件可能变得更复杂,当事人之间也可能存在矛盾对立,以至于人民法院需要支出更多的送达和信息甄别成本。因此,当事人提供的信息到某一程度后,查明事实及实现诉讼效率的目的反而无法实现。即信息量达到P值后(见图2),信息增加的边际效用是递减的。

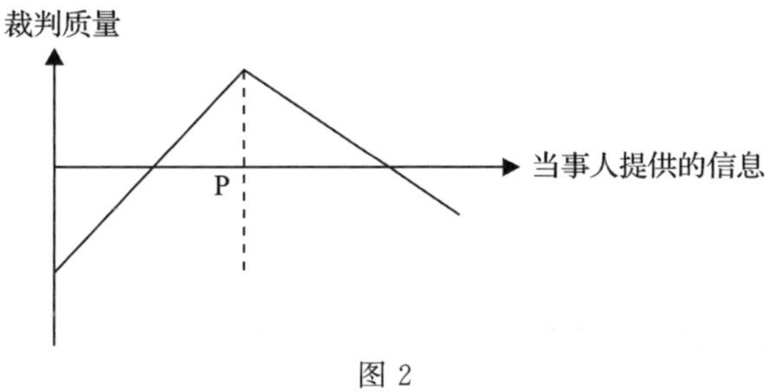

图2

从实用出发,某一案件类型是否构成必要共同诉讼,是否应追加特定当事人,应由法官根据P值的位置来评估。具体应考量如下条件:(1)诉讼主体的缺席是否影响本案当事人获得救济;(2)案件处理结果是否会影响缺席主体的权益;(3)诉讼主体的缺席是否可能导致矛盾的判决。② 如果对上述任一问题的回答是肯定的,那么二审法院就应当将该类案件列为必要共同诉讼的类型。

(二)程序安排:约束、选择与效力

1. 约束:二审法院的义务

约束机制构建的首要在于明确二审法官对发回重审的说理义务。最高人民法院在《关于规范上下级人民法院审判业务关系的若干意见》第6条第2款中明确规定,发回重审裁定"应当在裁定书中详细阐明发回重审的理由及法律依据"。从选择的样本来看,发回重审的裁定书没有说理的问题仍未改进。二审法院仍沿用"内部函"的形式对重审程序的展开进行

---

① Scott Shapiro, *Legality*, Cambridge, Mass.: Harvard University Press, 2011, pp.161—168, 172—176.

② [美]杰克·H.弗兰德泰尔、玛丽·凯·凯恩、阿瑟·R.米勒:《民事诉讼法》,夏登峻等译,中国政法大学出版社2003年版,第326页。

指导。说理的重要意义在于使“发回重审”的条件能够切实约束二审法院。在文书说理部分,法官需结合发回重审的条件,将内心的推理过程呈现出来并接受公众的检视。在裁判文书公开上网的压力下,二审法官不得不努力提升做出判断的谨慎性和准确性。

构建约束机制还应明确发回重审裁定书对于二审法院自身以及后续程序的效力。应当明确二审法院自身受裁定书所述理由的拘束。裁定书上对于上诉请求的归纳、事实的查明、法律适用的确定以及发回重审的具体判断,重审后的二审程序均应当尊重。以未来仍需处理相同案件的压力形成二审法官之间的相互制约,能够避免实践中出现的二审法院“出尔反尔”,防止权力的滥用,实现裁判的统一。

2. 选择:当事人的权利

民事诉讼是当事人为维护私权而提起的。自由与选择构成私权的重要内涵。作为实现当事人私权救济的诉讼程序,在仅涉及当事人私权利益的事项上,也应体现对自由选择的尊重,在诉讼过程中体现“契约化”的精神。①

发回重审制度所保障的审级利益也应允许当事人进行协商处分。二审法院只要能够给予当事人及利害关系人就其利益、责任或权利义务的相关事项充分陈述意见的机会,在当事人及利害关系人同意由二审法院裁判的基础上,应当径行裁判。现行立法规定,对于遗漏当事人的情况,二审法院可先行调解,调解不成再发回重审,该规则已经体现了立法对于当事人程序选择权的尊重。因此,应当进一步赋予被遗漏的当事人对于程序问题的意见表达权。

3. 效力:原审程序的存废

原审判决被撤销后,原审进行的程序,哪些还可以约束当事人?这是经常困扰审判实践的问题。例如,当事人在重审中能否增加或变更诉讼请求?当事人在原审中确认并记录在案的事实在新加入诉讼的当事人无异议的情况下可否直接认定?从诉讼效率以及诉讼诚信的角度考虑,发回重审并不能认为是案件的全部推倒重来。由于之前裁判文书说理的欠缺,一审法院无法明确原审进行的哪些诉讼行为被二审认定为违法,只能进行全面的“从头开始”的审理。在明确二审法院对民事裁定书的说理义务后,除了原审缺席的当事人拥有从头开始的权利外,当事人在原审程序中所为的诉讼行为,只要“不属于撤销原判决之理由所列的违法事项”,在重审中仍具有法律效力。②

四、遗漏当事人发回重审的裁判方法:以连带债务为例

(一)解说:裁判方法

限制发回重审已经成为我国民事诉讼改革的走向。是否遗漏当事人以是否必要共同诉讼的判断为基础,在实体考察的基础上,进一步从程序上衡量发回重审的正当性。

可以用一条横轴表示应否发回重审,两端为不应当发回及必须发回,在两端的中间,二审法院应个案判断,衡量当事人审级利益、诉讼效率、司法公正、司法成本等因素,仅在必要

① 江必新等:《民事诉讼的制度逻辑与理性构建——〈民事诉讼法〉再修改之思辨》,中国法制出版社2012年版。

② 陈杭平:《组织视角下的民事诉讼发回重审制度》,载《法学研究》2012年第1期。

且合理的情形下才发回。

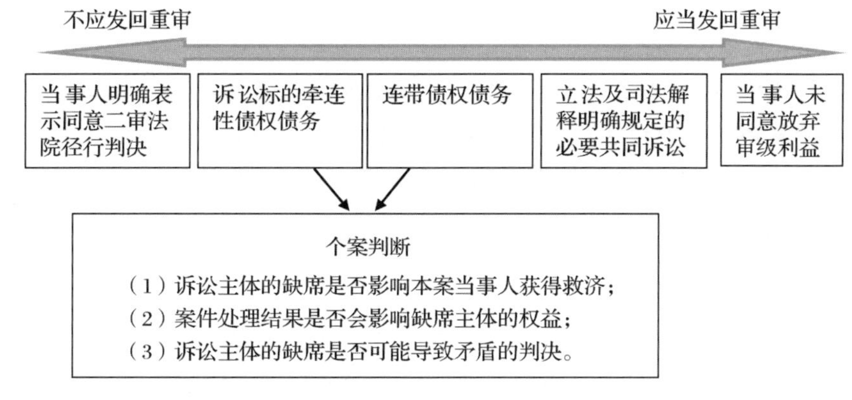

图 3

（二）应用:以连带债务为例

连带债务类型案件是否构成必要共同诉讼,立法及司法解释未予明确,司法实践中也无法达成共识,在经过实体规则上的检索后进入程序考量。

1. 规则体系:是否为“必要共同诉讼”案件类型

(1)连带债务人的缺席是否影响当事人获得完全的救济。债权人握有诉讼启动权以及主张对象的选择权,某一债务人的缺席系其选择的结果;对于其他连带债务人,某一债务人的缺席可能导致法院无法对连带债务人的内部关系进行一并处理,实际清偿债务的当事人须通过另一追偿权诉讼维护权利,然该不便利是其负担的债务性质本身决定的,其他债务人的缺席不会导致其无法获得救济。

(2)做出的判决是否会实际损害缺席债务人的权益。该判断与法律规定的连带债权债务的事项效力及判决的既判力理论密切相关。事项效力是指“连带债务人之一人与债权人间所生事项,对于他债务人是否亦生效力”。[①] 我国的现行立法对连带债权债务关系的事项效力以及判决既判力缺乏明确规定,部分立法及司法解释倾向于将连带债权债务作为一个整体看待[②]。《最高人民法院关于民事诉讼证据的若干规定》第 9 条也规定已为人民法院发生法律效力的裁判所确认的事实当事人无须举证。以此观之,在部分连带债务人缺席情况下的判决,势必对其权益造成影响。

(3)在当前既判力理论的建构下,如一债权人仅起诉一个连带债务人获得支持,在该连带债务人未能完全清偿债务的情况下,另行起诉另一连带债务人,基于主张共通、证据共通等原则的运用,法院基于自由心证会对共同的事实做出统一的认定。生效判决已经确定的事实,无须举证;此项事实,即使当事人未提出,法院也会予以斟酌,基本上能够避免矛盾判决的出现。

综合上述分析,考虑到我国现行立法尚不足以保障缺席主体的权益,此类案件宜作为必

---

① 郑玉波:《民法债编总论》(修订二版),陈荣隆修订,中国政法大学出版社 2004 年版,第 393 页。

② 如最高人民法院《关于审理民事案件适用诉讼时效制度若干问题的规定》第 17 条。

要共同诉讼的案件类型来看待，在遗漏当事人的情况下可考虑发回重审，但还应进行下一步的考量。

2. 程序安排：当事人的选择

在确定案件构成“遗漏当事人”的情形后，二审法院给予相关当事人就其利益、责任或权利义务事项充分陈述意见的机会，在案件当事人以及被遗漏的债务人同意由二审法院径行裁判的情况下，二审法院不应将案件发回重审。反之，则应发回重审。

结　语

我国发回重审制度在“遗漏当事人”情形下的适用现状直观地反映了共同诉讼理论以及发回重审制度本身在司法运行中存在的问题。不正常的发回重审制度在实体上侵害了当事人的权利处分权，在程序上影响了审级功能的发挥，忽略了当事人的程序利益，引发了诉讼的低效和当事人的质疑。加强对实体法律制度的关注，从程序运作上重视当事人的程序处分权，以规范发回重审民事裁定书的制作为中心推进去行政化改革，应该能够为发回重审制度的改造提供有益视角。

必要限定与合理适用:保险人说明义务的效力认定与规则构造

——《保险法》第17条在司法实务中的理解、适用与完善

欧阳群力、李少锋[①]

引 言

保险人是否履行、如何履行说明义务[②]是保险交易中最为突出的问题,也是保险合同纠纷案件审理中最具争议性的问题。作为我国保险立法上的"创新之举"[③],保险人说明制度在其建立之初便面临着理论界的众多质疑,有学者甚至主张废除该制度。[④] 司法实务中,围绕保险人说明义务的边界、说明方式、说明程度及认定标准等问题,亦存在大量争议。[⑤] 2013年6月,《最高人民法院关于适用〈中华人民共和国保险法〉若干问题的解释(二)》(下称"保险法司法解释二")施行后,这些争议和分歧仍未能得到有效解决。这些争议的出现,一方面是由于保险立法对于保险人说明义务确立的标准过高,导致保险人说明义务在实践中流于

---

① 欧阳群力,思明法院执行局局长。李少峰,原思明法院法官。此文获得全国法院系统第二十六届学术讨论会二等奖。

② 本文所称"说明义务"或"保险人说明义务",如无特别说明,均采广义上的表述,即同时包含"说明、提示和明确说明"三种义务。具体来讲,其概念均包含《保险法》第17条第1款所指的保险人对保险合同内容的说明义务,第2款所指的保险人对免除其责任条款的提示义务和明确说明义务。

③ 樊启荣:《保险契约告知义务制度论》,中国政法大学出版社2004年版,第309页。

④ 邹海林:《保险法》,人民法院出版社1998年版,第115~116页;李玉泉:《保险法》,法律出版社1997年版,第131页。

⑤ 来自司法实践的调研报告显示,在司法审判实践中,保险人说明义务问题,从1995年《保险法》制定后,历经2002年修改和2009年修订为现行《保险法》,并经最高人民法院于2009年和2013年两次对《保险法》相关问题做出解释和明确至今,该问题仍然争议不断。相关争论见:江苏省常州市中级人民法院课题组:《关于保险纠纷案件审理的调查报告》,载《法律适用》2008年第3期;福建省泉州市中级人民法院课题组:《关于保险合同纠纷审理中若干疑难问题的调研报告》,载《人民司法》2007年第15期;王世华、刘振:《关于保险合同若干问题的实践思考》,载《法律适用》2006年第7期;林海权:《关于保险案件审理的调研报告》,载《民商事审判指导》2008年第4期;何丽新、谢潇:《保险人明确说明义务对象扩张解释之检讨——评〈保险法司法解释(二)〉第11条第2款》,载《保险研究》2014年第1期;王静:《如实告知义务法律适用问题研究》,载《法律适用》2014年第4期。

形式。另一方面，司法机关与司法解释对立法本意与认定标准理解的不一致，[①]也是造成司法实践中认定标准不统一，并由此引发相似案件相反判决现象的重要原因。可见，基于平等保护合同双方当事人利益和维护保险交易安全稳定的需要，明确保险人说明义务的履行方式、范围、标准以及程度，是司法在保险合同领域实现纠纷解决功能的基本前提。

一、问题的提出：从相似案件相反判决说起

【案例一】 中国人民财产保险股份有限公司忠县支公司与周某等机动车交通事故责任纠纷案[②]

被告周某驾驶渝FM××××自卸货车，与相向行驶的何某驾驶的二轮摩托车相撞，造成两车受损、何某等死亡的交通事故。经交警部门认定，周某承担事故主要责任，何某承担事故次要责任。肇事车辆在被告中国人民财产保险股份有限公司忠县支公司投保了交强险和商业第三者责任险，本案事故发生在保险责任期间。诉讼中，原被告双方就保险公司商业险的理赔限额存在分歧。

法院经审理认为，该案机动车第三者责任保险条款第9条属于免除保险人责任的条款。保险人虽将该条款的文字进行加粗加黑，已经采取足以引起投保人注意的文字、字体做出提示，但对于保险人而言，该提示并不足以证实保险人已将该条款的概念、内容及其法律后果以书面或者口头形式向投保人做出了常人能够理解的解释说明。故该条款关于免赔率的约定对双方当事人不产生合同效力。该案二审维持原判。

【案例二】 重庆市某公共交通公司诉中国太平洋财产保险股份有限公司某支公司等机动车交通事故责任纠纷案[③]

叶某驾驶渝BL××××号货车与原告重庆市某公交通公司的客车相撞，造成原告客车受损，且叶某承担全部责任的交通事故。叶某驾驶渝BL××××号货车在被告中国太平洋财产保险股份有限公司某支公司投保了机动车交强险和100万元的第三者责任险，未投保不计免赔率。诉讼中，原被告各方对第三者责任险条款第9条(保险人不赔偿范围)和第20条(绝对免赔率)产生争议。

法院经审理认为，从机动车第三者责任险条款第9条和第20条的字面上看，保险人对免除保险人责任的概念、内容及法律后果已做出了常人能够理解的解释，根据保险法司法解释二第11条第2款的规定，应当认定保险人履行了明确说明义务，对中国太平洋财产保险股份有限公司某支公司的意见法院予以采纳。

上述两则来自司法实践中的真实案例，案由相同、案情相似，但其判决结果却恰好相反，

---

① 最高人民法院在不同时期对保险人说明义务的规范性解释在一定程度上存在差异，各高级人民法院的审判指导意见中，针对保险人说明义务的范围、标准等问题也规定不一。对此下文将以图表的形式进行详细论述。

② 案例来源于：中国审判法律应用支持系统·中国法院裁判文书库，重庆市第二中级人民法院2013年8月5日〔2013〕渝二中法民终字第00825号民事判决书。

③ 案例来源于：中国审判法律应用支持系统·中国法院裁判文书库，重庆市长寿区人民法院2013年10月24日〔2013〕长法民初字第05012号民事判决书。

且两案的判决均发生在2013年6月8日保险法司法解释二施行之后。仔细分析之后,我们不难发现两个案件的判决结果虽然相反,但审理依据却完全一致,均是依据《保险法》第17条和保险法司法解释二第11条的规定,对免除保险人责任的条款是否尽到明确说明义务进行司法认定。案例一中,一、二审法院均认为,保险人虽然对相关条款的文字进行加粗加黑做出提示,但该提示并不足以证明保险人已将该条款的概念、内容及其法律后果向投保人做出常人能够理解的解释说明,故该条款关于免赔率的约定不产生合同效力。案例二中,法院认为,从保险条款的字面上看,保险人对免除保险人责任的概念、内容及法律后果已做出了常人能够理解的解释,应当认定保险人履行了明确说明义务。两个相反判决的案例,反映出来的实质问题是,在审理保险合同纠纷案件中,究竟应当以何种标准来认定保险人的明确说明义务。

二、宽严皆失之困:保险人说明义务纠纷裁判现状与裁判效果

为了更为直观地把握司法实务中保险人说明义务纠纷裁判的现状,笔者对司法实践中的真实案例进行统计分析,以考察我国保险合同纠纷中涉及保险人说明义务纠纷案件的司法审判现状及其裁判效果,为保险人说明义务的效力认定提供司法实践的依据,也为保险人说明义务的规则构造提供实证研究的支持。

1. 实证分析:保险人说明义务纠纷司法裁判现状

通过对中国审判法律应用支持系统·中国法院裁判文书库的案例进行统计显示,自2013年6月8日(保险法司法解释二施行之日)至2014年6月8日一年的时间里,该文书库中各类保险合同纠纷案件534件(含上诉案件),其中涉及保险合同免责条款和提示说明义务(适用《保险合同法》第17条进行裁判)的案件212件,占保险合同纠纷的39.7%。在212件与说明义务有关的案件中,投保人胜诉205件,保险人胜诉仅7件,保险人败诉率高达96.7%。通过统计显示,在保险合同纠纷案件中,投保人只要提出保险人未尽提示和说明义务的主张,几乎都能够得到法院的支持。

表1 87件保险公司履行说明义务的方式与法院的裁判结果

保险公司履行说明义务的方式	法院裁判理由	法院裁判结果	案件数量
方式一:对免除责任条款进行黑体字等区别标注或设计“重要提示”“明示告知”等部分	保险公司既没有达到提示义务的要求,即使达到也没有解释说明	保险公司败诉	40件
方式二:对责任免除条款单独集中印刷,或设计“投保人声明栏”,投保人已签字表示已知晓理解其内容	保险公司仅进行了提示,没有解释说明	保险公司败诉	43件
方式三:设计“投保人声明栏”,并且向投保人口头解释了责任免除条款,投保人已签字表示已知晓理解其内容	保险公司进行了提示和说明,但说明的范围不全面,不符合《最高人民法院对明确说明问题的答复》的规定	保险公司败诉	3件

续表

保险公司履行说明义务的方式	法院裁判理由	法院裁判结果	案件数量
方式四：设计"投保人声明栏"，按照并且按照《最高人民法院对"明确说明"问题的答复》向投保人口头解释了责任免除条款，投保人已签字表示已知晓理解其内容	投保人提出没有理解责任免除条款的含义，保险公司仍未达到说明义务的标准	保险公司败诉	1件

有学者对保险法司法解释二发布前，《保险法》第17条的司法适用情况进行了统计分析，其结果与笔者的统计基本一致。[①] 该统计显示，保险人败诉的334件案件中，有87件保险公司证明已经履行了说明义务（见表1）[②]，但仍未获法院支持。

从前后数据的对比显示，保险法司法解释二虽然对保险人提示和说明义务进行了解释，特别是在较大程度上明确了说明的程序、方式和标准，但是该变化在司法实务中似乎并没有得到回应。与保险法司法解释二发布前的裁判结果相比，相关案件在事实认定和法律适用上几乎没有变化。

2. 履行困境：保险人说明义务履行无定法可依

保险人说明义务在我国《保险法》上体现为其第17条[③]的规定。该条文规定了保险人在保险合同订立时应当向被保险人说明合同内容，对合同中的免除保险人责任的条款应当"作出足以引起投保人注意的提示"，并对该条款的内容"向投保人作出明确说明"。《保险法》第17条第2款对违反上述明确说明义务规定了严格的法律后果：对免除保险人责任的条款"未作提示或者明确说明的，该条款不产生效力"。正是这一规定，引发了理论和实务界的大量争议，通过上文对司法实践大量案例的分析，保险公司因为《保险法》第17条第2款的规定，承受了大量败诉的风险。

通过对保险业务和司法实务的分析，我们发现，保险人在保险合同中均依照《保险法》第17条的规定做出不同形式的提示和说明。保险实务中，保险人提示义务的履行方式主要有以下几种（见表1）：从上文司法裁判的统计数据可以看出，在保险合同免责条款的效力判定上，司法实践中，不论当事人是否就"保险人未就免责条款做提示说明"作为抗辩理由，法院往往主动援引《保险法》第17条加以审查，并作出"免责条款未履行提示说明义务无效"的认定。实践中甚至出现，凡是涉及类似免责条款效力的问题，一律做出不利于保险人的判决。

---

① 该统计通过对北大法宝数据库的案例进行统计，自2009年10月1日新《保险法》实施至2013年1月6日，涉及保险人提示说明义务的相关案件348件。从判决结果来看，保险人胜诉的仅14件，投保方胜诉的多达334件，保险人的败诉率高达96%。参见罗璨：《保险说明义务程序化蜕变后的保险消费者保护》，载《保险研究》2013年第4期。

② 罗璨：《保险说明义务程序化蜕变后的保险消费者保护》，载《保险研究》2013年第4期。

③ 《保险法》第17条规定："订立保险合同，采用保险人提供的格式条款的，保险人向投保人提供的投保单应当附格式条款，保险人应当向投保人说明合同的内容。对保险合同中免除保险人责任的条款，保险人在订立合同时应当在投保单、保险单或者其他保险凭证上作出足以引起投保人注意的提示，并对该条款的内容以书面或者口头形式向投保人作出明确说明；未作提示或者明确说明的，该条款不产生效力"。

司法实践的这一做法,将合同争议双方的处理简单化,一定程度上损害了保险人的权益,也与避免国家干预契约效力的现代契约法精神相悖离。

三、裁判依据评述:保险人说明义务的履行现状与司法裁判标准

保险人说明义务的履行方式与司法裁判所依据的判断标准,对于保险人说明义务履行的效力认定至关重要。通过对现行《保险法》对说明义务的规定及相关司法解释、规范性法律文件对说明义务的不同解读,是明确相关领域司法裁判现状和构造相应规则的前提。

1. 保险人说明义务与我国《保险法》的规定

保险人说明义务起源于英国合同法中的最大诚信原则。英国 Mansfield 勋爵在 1766 年 Carter v. Boehm 案中确认了诚信义务对保险人的约束力,并认为保险人的说明义务是诚信原则的重要体现。[①]我国《保险法》中的保险人说明义务,是指保险人在保险合同订立阶段,负有将保险合同条款、相关专业术语及有关文件内容,向投保人提示、说明,以使投保人准确理解合同权利义务的法定义务。我国《保险法》在第 17 条规定了保险人的说明义务。从该条文的表述来看,保险人的说明义务至少包含以下三层内涵:从规范层面看,保险人的说明义务具有法定性;从制度层面看,保险人的说明义务属于先合同义务;从履行层面看,保险人的说明义务具有主动性。[②]《保险法》第 16 条和第 17 条的规定来看,保险人的说明义务是不以投保人的询问为条件的,保险人应当在签订合同时主动提示和说明。由此可见,当事人不得通过约定排除保险人的说明义务,保险人应于保险合同签订前或合同签订时,主动履行该义务。

2. 我国《保险法》说明义务制度的立法沿革

保险对于我国来说是“舶来品”,我国的保险立法也难免因此而存在较为明显的移植痕迹。尽管如此,我国的保险立法中仍然创立了一些特有的制度,[③]保险人说明义务便是其中重要一例。我国在 1995 年《保险法》制定时,便准确把握了现代保险交易的基本特点——因信息不对称、缔约能力不平衡、保险条款格式化和保险交易专业性导致投保人基于无知与误解缔结保险合同的可能,而创设了保险人说明义务这一制度。如本文开篇所述,这一制度自从其创设之时,就在学术界和实务界引发了各种争议。也正是这种争议,使人们高度关注历次《保险法》的修改和司法解释的出台,并力图从《保险法》条文的变迁中,寻找立法理念的更新与司法规则的完善。

我国现行《保险法》第 17 条关于说明义务的规定,与 1995 年《保险法》的规定相比,具有较大差异。(具体条文对比,详见表 2)2002 年为履行加入世贸组织的承诺,我国对《保险法》进行了第一次修改,但对保险合同法部分几乎未做修改,除了条文顺序外,对保险人说明义

---

① Mansfield 勋爵在该案中指出:“诚信义务对被保险人和保险人均有约束力,诚信义务禁止任何一方隐瞒其单方面所知道的信息,如果保险人隐瞒重要信息,被保险人同样可解除或撤销保险合同,请求返还保费。”

② 刘耀宏:《试析保险人明确说明义务的判断标准》,载《宜春学院学报》2011 年第 2 期。

③ 王海波:《制度衔接与规则协调——保险人说明义务制度另一种视角的评析》,载《保险研究》2011 年第 2 期。

务的条文也未做实质性改动。2009 年我国对《保险法》进行了第二次修订，形成现行《保险法》，在其第 17 条中规定了保险人的“说明义务”(第 17 条第 1 款)、“提示义务”和“明确说明义务”(第 17 条第 2 款)。2009 年修订的《保险法》，对免责条款的规定更加详细，也更为严格。除了在第 17 条细化对免责条款的明确说明义务之外，在第 19 条还对两类特定的无效格式条款进行了专门规定。

表 2　新旧保险法及现行保险法修订前后关于免责条款和说明义务的规定

原保险法（1995 年《保险法》）	现行保险法(2002 年《保险法》)	
	2009 年 2 月修订之前	2009 年 2 月修订之后
第 16 条第 1 款 订立保险合同，保险人应当向投保人说明保险合同的条款内容，并可以就保险标的或者被保险人的有关情况提出询问，投保人应当如实告知。	第 17 条第 1 款 订立保险合同，保险人应当向投保人说明保险合同的条款内容，并可以就保险标的或者被保险人的有关情况提出询问，投保人应当如实告知。	第 17 条 订立保险合同，采用保险人提供的格式条款的，保险人向投保人提供的投保单应当附格式条款，保险人应当向投保人说明合同的内容。 对保险合同中免除保险人责任的条款，保险人在订立合同时应当在投保单、保险单或者其他保险凭证上做出足以引起投保人注意的提示，并对该条款的内容以书面或者口头形式向投保人做出明确说明；未作提示或者明确说明的，该条款不产生效力。
第 17 条 保险合同中规定有关于保险人责任免除条款的，保险人在订立保险合同时应当向投保人明确说明，未明确说明的，该条款不产生效力。	第 18 条 保险合同中规定有关于保险人责任免除条款的，保险人在订立保险合同时应当向投保人明确说明，未明确说明的，该条款不产生效力。	第 19 条 采用保险人提供的格式条款订立的保险合同中的下列条款无效： 1. 免除保险人依法应承担的义务或者加重投保人、被保险人责任的； 2. 排除投保人、被保险人或者受益人依法享有的权利的。

3. 司法实务对《保险法》说明义务的不同解读

(1)最高人民法院不同时期的不同解读

除了《保险法》第 17 条的规定外，保险人说明义务纠纷案件裁判中，法院援引最多的法律规范是上文提及的 2000 年 1 月最高人民法院研究室答复和 2013 年 5 月施行的保险法司法解释二第 10 条、第 11 条的规定，以及各高级人民法院的相关指导意见。从上文的统计数据来看，虽然保险法司法解释二对保险人说明义务的履行进行了细化和明确，但从该解释发布前后的对比来看，司法实践对保险人说明义务的认定和裁判几乎没有变化。事实上，对于现行《保险法》中保险人说明义务的判断标准，最高人民法院先后有几种不同的解释(具体条文见表 3)。在 2000 年 1 月的最高人民法院研究室答复中对说明义务的界定，被认为是关于保险人说明义务最为严格的规定，对保险人说明义务实际上采用的是实质性说明标准。其后，在 2003 年《最高人民法院关于适用〈中华人民共和国保险法〉若干问题的解释(二)征求意见稿》[以下简称“解释(二)征求意见稿”]中对保险人说明义务进行了规定，从条文的对比来看,该规定与先前最高人民法院研究室的规定具有明显不同,放宽了保险人说明义务的履行标准。这一规定在保险人说明义务上采用的是程序性的说明标准,得到了保险实务界的高度评价和欢迎。

表3 最高人民法院不同时期对保险人"明确说明"义务的不同解释

《最高人民法院关于适用〈中华人民共和国保险法〉若干问题的解释(二)》(2013年5月)	第10条 保险人将法律、行政法规中的禁止规定情形作为保险合同免责条款的免责事由,保险人对该条款做出提示后,投保人、被保险人或者受益人以保险人未履行明确说明义务为由主张该条款不生效的,人民法院不予支持。 第11条 保险合同订立时,保险人在投保单或者保险单等其他保险凭证上,对保险合同中免除保险人责任的条款,以足以引起投保人注意的文字、字体、符号或者其他明显标志做出提示的,人民法院应当认定其履行了《保险法》第17条第2款规定的提示义务。 保险人对保险合同中有关免除保险人责任条款的概念、内容及其法律后果以书面或者口头形式向投保人做出常人能够理解的解释说明的,人民法院应当认定保险人履行了《保险法》第17条第2款规定的明确说明义务。
《最高人民法院关于适用〈中华人民共和国保险法〉若干问题的解释(二)征求意见稿》	第12条 保险合同订立时,保险人对保险合同中的免责条款在保险单等保险凭证上的显著位置以文字或符号等明显标志做出足以引起投保人注意的提示的,人民法院可以认定其履行了免责条款的提示义务。 保险人对于合同中有关免责条款的概念、内容及其法律后果以书面或口头形式向投保人做出一般人能够理解的解释的,人民法院可以认定保险人履行了《保险法》第17条第2款规定的明确说明义务。 保险人对是否履行了明确说明义务负举证责任。 投保人在相关文书上对保险人履行了符合前款要求的明确说明义务予以签字或者盖章认可的,人民法院可以认定保险人履行了该项义务。
最高人民法院关于审理保险纠纷案件若干问题的解释(征求意见稿)(2003年)	《保险法》第18条的"明确说明"是指,保险人在与投保人签订保险合同时,对于保险合同所约定的有关保险人责任免除条款,应当在保险单上或者其他保险凭证上对有关免责条款做出能够足以引起投保人注意的提示,并且应当对有关免责条款的内容以书面或口头形式向投保人做出解释。
最高人民法院研究室关于对《保险法》第17条规定的"明确说明"应当如何理解的问题的答复(2000年1月)	(《保险法》第17条所指的)"明确说明",是指保险人在与投保人签订保险合同之前或者签订保险合同之时,对于保险合同中所约定的免责条款,除了在保险单上提示投保人注意外,还应当对有关免责条款的概念、内容及其法律后果等,以书面或者口头形式向投保人或其代理人做出解释,以使投保人明了该条款的真实含义和法律后果。

2013 年 5 月施行的保险法司法解释二与之前的征求意见稿相比，在说明义务上，前者的第 11 条删除了征求意见稿中第 12 条第 3 款和第 4 款内容。但在保险法司法解释二第 11 条第 1 款、第 2 款，由征求意见稿中的“人民法院可以认定其履行了”说明义务，改为“人民法院应当认定其履行了”说明义务。保险法司法解释二第 11 条的条文与征求意见稿的条文相比，删除了宽泛的程序性说明要求的条款（征求意见稿第 4 款），但将“可以”改为“应当”，限缩了法官的自由裁量权，增强了司法认定和裁判的确定性，同时避免了在这一问题上从一个极端走向另一个极端。因此，笔者认为，从这一角度来看，保险法司法解释二第 11 条对保险人说明义务的规定是符合当前司法实务和保险业务要求的。

(2)各高级人民法院对保险人说明义务认定标准的差异

事实上，在 2013 年 5 月保险法司法解释二发布之前，各高级人民法院对保险人说明义务的认定标准存在较大差异（具体条文见表 4）。2011 年广东、山东和江苏三省的高级人民法院分别对保险人说明义务做出不同解读。广东省高级人民法院的规定与最高人民法院研究室的解释尺度一致，均坚持实质说明标准，但未对具体的认定标准进行说明。江苏省高级人民法院的认定标准与广东省高级人民法院的实质说明标准一致，但在语言的表述上，采取了更为中性甚至柔性的表述方法。山东省高级人民法院的规定与广东和江苏两省的规定相比，虽然对保险人履行说明义务的程序要求十分严格，但实际上采用的是程序性说明标准。这一解释理念与保险法司法解释二的理念相近。

表 4　各高级人民法院对保险人“明确说明”义务的不同解读

《广东省高级人民法院关于审理保险合同纠纷若干问题的指导意见》（粤高法发〔2011〕44 号）	保险人履行明确说明义务，原则上应当达到普通人通常情况下能够明白地知晓免责条款内容、含义和法律后果的程度。
《山东省高级人民法院关于审理保险合同纠纷案件若干问题的意见（试行）》（2011 年 3 月 2 日）	保险人在投保单、保险单或其他保险凭证上对免除保险人责任条款有显著标志（如字体加粗、加大或者颜色相异等），或者对全部免除保险人责任条款及说明内容单独印刷，并对此附有“投保人声明”或单独制作的“投保人声明书”，投保人已签字确认表示对免责条款的概念、内容及其法律后果均已经明了的，一般应认定保险人履行提示和明确说明主旬。但投保人有证据证明保险人未实际进行提示或明确说明的除外。
《江苏省高级人民法院关于审理保险合同纠纷案件若干问题的讨论纪要》（2011 年 1 月 7 日）	订立保险合同时，保险人对于合同中有关免除保险人责任条款的概念、内容及其法律后果以书面或者口头形式向投保人做出通常人能够理解的解释的，人民法院应当认定保险人履行了《保险法》第 17 条第 2 款规定的明确说明义务。 保险人在保险合同订立时采用足以引起投保人注意的文字、符号、字体等特别标识对免责条款进行提示，且投保人对保险人已履行了符合前款要求的明确说明义务签字或者盖章认可的，人民法院应当认定保险人履行了明确说明义务，但有相反证据证明保险人未履行明确说明义务的除外。
《浙江省高级人民法院关于金融纠纷案件若干问题讨论纪要》（浙法民二〔2008〕第 38 号）	应当允许保险人的证明手段多样化，除了投保人对已了解有关免责条款内容的声明确认外，诸如音像资料、证人证言等只要能够证明保险已履行明确说明义务的，人民法院也应予以认定。

四、问题与争鸣:司法裁判的效果分析及争议问题梳理

在上文数据梳理和裁判依据分析的基础上,通过对保险人说明义务纠纷裁判领域的分析,我们便能找准当前该领域司法裁判中存在的争议问题,为寻求保险人说明义务完善的对策奠定基础。

1. 裁判思维定式:司法判断的过度情感与伦理倾向

对于"被广泛用来规避法律规则,制作由相对人承担一切不利风险和不利益"的保险格式条款,[①]保险人说明义务制度自其创设以来,一直被寄予消解投保人在先合同阶段的知识与信息劣势的厚望。[②] 正是从这一理念出发,认为一般投保人对保险格式条款没有增加、删改的可能,对合同条款已经丧失了协商的空间;保险合同双方在缔约时的市场信息、专业知识及经济实力更是差异悬殊。因此,缔约时应尽可能倾斜保护投保人,以消除实质不公。[③]前文对司法裁判的数据统计显示,向处于弱势地位的消费者倾斜的理念,在司法实务中体现为背离法律条文的过度倾斜裁判。大部分法官认为,保险合同中,保险人处于强者地位,投保方系弱者,基于保护弱者的良法基础,依据这样的"情感思维定式",法官往往会做出不利于保险人的判决。[④] 事实上,裁判向投保人倾斜有其合理基础,这一倾向与保险条款的普遍格式化有关。[⑤]

然而,问题的症结在于,保险纠纷司法裁判实践中的这种判断理念,更多的是注重伦理和情感判断,而忽视证据规则的客观准确适用。同时由于裁判者个人情感倾向的差异,司法实务中的裁判标准便更加难以控制。[⑥] 这种带有过度倾斜的"情感裁判",使得大量本应生效的保险条款被确认无效,大量在保险技术原理计算之外的损失,最终由危险共同体来负担。[⑦]从社会总体利益的长远保护来看,大量累积的倾向性个案裁判结果,将不利于社会保障体制的健康发展,更不利于社会保险领域内公正秩序的构建,并最终损害这一法域内的一般正义。

2. 区分与协调:一般说明与特别说明的模糊性

我国自 1995 年《保险法》创设保险人说明义务制度之时,便确立了保险人说明义务一般

---

① [德]罗伯特·霍恩:《德国民商法导论》,楚建译,中国大百科全书出版社 1996 年版,第 96 页。

② 罗璨:《保险人说明义务程序化蜕变后的保险消费者保护》,载《保险研究》2013 年第 4 期。

③ [英]约翰·伯茨:《现代保险法》,陈丽洁译,河南人民出版社 1987 年版,第 137 页。

④ 正如一名审理保险案件的法官在分析保险合同免责的效力司法认定时所指出的:"一边是……等待赔偿款的老百姓,一边是制定保险格式条款的保险公司。此时的对垒孰强孰弱已十分明显,而投保容易索赔难,更是民众普遍感知的客观存在。同情弱者,保护弱者权利,避免案结事不了,这些因素在法官的考量中占有相当的分量。"见杨咏梅、荀文山:《保险合同免责条款无效与不生效》,载《人民司法·案例》2009 年第 10 期。

⑤ 保险条款的格式化,一则使保险人可以利用其单方拟定权做出有利于己方而不利于保险人的条款设计,二则格式化条款剥夺了投保人就具体条款和相关权利义务与保险人协商的权利。

⑥ 邵泽毅、赵凤强:《保险人说明义务的界分与厘定》,载《山东审判》2012 年第 5 期。

⑦ 罗璨:《保险人说明义务程序化蜕变后的保险消费者保护》,载《保险研究》2013 年第 4 期。

说明与特别说明的“分别机制”。[①] 2009 年《保险法》修订时沿用了这一立法模式，在第 17 条和第 18 条中对保险人说明义务从形式和内容上予以完善。[②] 基于条文的表述，保险人说明义务可以概括为：格式条款的“信息提供＋一般说明”规则和免除保险人责任条款的“提示注意＋明确说明”规则。

保险人说明义务“分别机制”的立法意旨在于，以对投保方利益影响程度或重要性不同为基础，将免除保险人责任的条款从其他保险格式条款中区分出来，对其设定更加严格的说明义务和更为严苛的法律后果。[③] 然而，由于“说明”与“明确说明”语义上的相同性，使得二者区分界限不明，导致分别机制实行中存在现实障碍，这一原《保险法》就存在的问题在新《保险法》中仍然延续。1995 年《保险法》对保险人说明义务的履行标准和履行方式均未做具体规定，仅从文字表述上以“说明”和“明确说明”做区分，而从语义上来说两者并无本质差异，因为“明确”乃“说明”应有之义。[④] 从立法本意来看，“说明”与“明确说明”是为了从程度上对二者做区分，但语义的相同性使得实践中难以真正实现对二者的区分。

3. 形式或实质：说明义务履行的判断标准

保险人如何正确履行说明义务是保险实务和司法实践中的一个核心问题之一。说明义务履行的判断标准有形式说和实质说两种观点，二者的本质差异在于保险人是否已经理解条款的含义。[⑤] 从条文的表述来看，我国《保险法》第 17 条显然是采用实质说明标准。但是，该条文并未规定“明确说明”的判断标准，并因此使得“明确说明”的标准在实践中存在多种不同解读。如前文所述，最高人民法院不同时期对“明确说明”的标准存在不同解读，各高级人民法院之间就相关问题也存在不同认识。

4. 说明义务的边界：说明的范围

说明范围是 2009 年《保险法》修改过程中最具争议的问题之一，也是当前司法实践中的焦点问题。[⑥]《保险法》第 17 条将明确说明的范围从“责任免除条款”修改为“免除保险人责

---

① 曹兴权：《保险缔约信息义务制度研究》，中国检察出版社 2004 年版，第 223 页。

② 形式上，将原来分开规定的两个条款合并成一个条文；内容上，区分规定了保险人缔约时的信息提供义务（向投保人提供的投保单应当附格式条款）、保险合同内容的说明义务（应当向投保人说明合同的内容）和免除保险人责任条款的提示注意义务（做出足以引起投保人注意的提示）与明确说明义务（以书面或者口头形式向投保人做出明确说明）。

③ 王海波：《论保险人说明义务“分别机制”的重构》，载《云南大学学报（法学版）》2010 年第 6 期。

④ 温世扬：《保险法订约说明义务之我见》，载《法学杂志》2001 年第 2 期。

⑤ 形式说认为，保险人只要以一定形式对相关保险条款进行提示（如黑体字、放大字体、颜色相异等方式），投保人在证明保险人已经履行说明义务的声明书上签字，就应当认为保险人已经履行了说明义务。实质说认为，保险人对于保险条款除了在保险单上进行提示外，还应当就相关保险条款的概念、含义、内容和法律后果向投保方进行解释说明，以使投保方理解保险条款的含义和法律后果。在实质说明中还可分为一般标准和个别标准，前者以具有一般知识的理性的人对保险合同条款的理解作为标准，只要保险人做出常人能够理解的解释说明时，就认为保险人已经履行了说明义务。后者是指保险人应当使每个不同的保险合同相对人明确了解相关合同条款的含义和后果时，才能认为保险人恰当地履行了说明义务。

⑥ 《保险法》将保险人的说明义务分为一般说明与明确说明两类，并把一般说明的范围确定为全部合同条款。对所有合同条款进行说明，在保险实务中并不具有现实可能性和操作性，因此在说明义务的范围这一问题上，对一般说明范围的争论较少，争议的焦点集中在明确说明的范围。

任的条款”，事实上扩大了保险人明确说明义务的范围。① 但是，何为“免除保险人责任的条款”，在理论和实践中仍然争议较大。

有学者主张免除保险人责任的条款是指完全免除保险人责任的条款，并不包括只减轻保险人责任的条款。② 有学者认为被表述在格式条款中“投保人、被保险人义务”或“赔偿处理”程序项下的免除保险人相应责任的条款是对保险人责任的合理限制，而不能被认定为免责条款，③不应随意扩大保险人的明确说明范围。有学者提出，免除保险人责任的条款应理解为保险合同条款中一切可限制(即部分免除)或免除(即全部免除)保险人给付责任的制度安排。④ 保险合同中“责任除外”“责任免除”等章节中规定的“显性免责条款”和“投保人、被保险人义务”“赔偿处理”等章节中约定的“隐性免责条款”均属于保险人应当明确说明的范围。⑤ 从理论界的学者和实践中实务人士的争论中可见，修改后的《保险法》第 17 条亦未能明确保险人说明义务的范围。

五、司法规则构造：保险人说明义务的效力评价标准与履行规制

基于上文的论述，笔者对保险人履行说明义务的方式、司法实践中说明义务履行的认定标准和《保险法》及其司法解释的完善等方面提出如下建议，以期对保险交易、司法裁判及立法完善能有所助益。

(一)保险人说明义务履行方式的法律规制

1. 保单通俗化：让保险条款“不言自明”

对保险人苛以说明义务的目的在于使投保人能够正确理解保险条款内容。然而严厉烦冗的说明要求让保险人背负沉重的义务，在衡量成本与收益后，保险人往往选择不说明或不完全说明并致使说明义务制度设立的目的不能实现。这一现状的形成让我们不得不换个角度重新思考，假若保险合同的用语不那么艰涩难懂，保险人是否还需要履行较重的说明义务。在这一背景下，保单通俗化就是在保险人说明义务制度之外对适当限缩保险人说明范

---

① 理论与实务界多数学者认为这一修改扩大了保险人说明义务的范围。见马宁：《伦保险人说明义务的履行方式与标准——以对我国司法实务的考察为中心》，载《时代法学》2010 年第 2 期；李寒劲：《保险人说明范围的再思考——兼评〈保险法司法解释(二)〉(征求意见稿)第 10 条》，载《湖北社会科学》2013 年第 10 期；刘建勋：《新保险法经典、疑难案例判解》，法律出版社 2010 年版，第 202 页；周玉华：《最新保险法条文释义与案例解析》，人民法院出版社 2009 年版，第 102 页。

② 周玉华：《最新保险法条文释义与案例解析》，人民法院出版社 2009 年版，第 102 页。

③ 龚贻生等：《论保险合同免责条款和保险人明确说明义务——〈保险法〉第十七条和第 19 条的理解和适用》，载《保险研究》2011 年第 9 期。

④ 马宁：《论保险人说明义务的履行方式与标准——以对我国司法实务的考察为中心》，载《时代法学》2010 年第 2 期。

⑤ 刘建勋：《新保险法经典、疑难案例判解》，法律出版社 2010 年版，第 202 页。

围的探索，[1]保监会等相关保险行政管理部门也做了一些努力。[2] 专业性和技术性强是保险条款的显著特点，对于大多数不具备保险和法律知识的投保人来说，根本无法完全理解全部合同内容。在制定保险条款时，将难以理解的专业术语，特别是保险人关心的保险责任、除外责任等内容，以通俗易懂的文字进行表述，让普通投保人通过阅读保险条款能够理解其含义。这一方面体现了对投保人的保护，同时也间接限缩了保险人的说明范围，保险人只要对投保人通过阅读通俗化保单后让不能理解的内容进行解释说明。

2. 集中列举：免除责任条款特别提示

为了便利于保险人做提示说明及投保方阅读的需要，建议在不影响合同条款行为逻辑的前提下，对保险合同中免除保险人责任的条款（包含全部免除保险人责任的“除外责任”或“责任免除”条款和部分免除保险人责任的条款，如“解除条款”和“终止条款”）进行集中列举，以放大字体、加黑、加粗以及颜色相异等颜色进行印制，并对上述免责条款另行印制较为详细书面说明送交投保方签收。这一方面方便投保方进行阅读和保险人集中进行提示说明，同时也具有证据方面的功能，以证明保险人对免除保险人责任的条款进行提示和说明。

3. 手抄＋签章：说明义务履行方式的完善

在司法实践中，保险人往往因未能提供其他证据而被认定未履行说明义务。这事实上是一个证明方面的问题，针对这一问题，笔者建议对于投保人的声明，不能仅仅设计签名栏，应当同时要求投保人将声明的文字抄写一遍，以证明投保人事实上已经阅读过并知晓声明的内容。建议具体条文设计如下“保险人已经就本合同中全部免除其责任的条款向我进行了说明和解释，我已经认真阅读并完全理解本合同中的全部条款的含义，并自愿签订本合同”，并在文末要求投保人亲笔签名。

（二）司法认定标准：主观与客观相结合

1. 说明范围——全部和部分免除、减轻保险人责任的条款

《保险法》第17条将说明范围由“责任免除条款”修改为“免除保险人责任的条款”，保险人说明义务的范围随之扩大。根据上文的分析论述，笔者认为保险人说明义务的范围不能仅仅限于传统的“责任免除”和“除外责任”等条款，还应当包含部分免除和实质上免除保险人责任的条款。具体来说应当包含：不负赔付责任的条款（全部免除保险人责任的条款）、限制保险人责任的条款和涉及特定效力的条款。[3] 对于这三类条款，保险人必须进行明确说明，以使保险人可以明了条款含义。

2. 说明程度——理性外行人标准

《保险法》未对说明的程度做出规定，保险法司法解释二则做出了“常人能够理解”的解

---

① 李寒劲：《保险人说明范围的再思考——兼评〈保险法司法解释（二）〉（征求意见稿）第10条》，载《湖北社会科学》2013年第10期。

② 在2004年保监会就制定了《推进人身保险条款通俗化工作指导意见》，其中规定寿险公司制定的人身保险条款使用的文字应浅显易懂，便于消费者理解产品特点。2009年颁布的《人身保险新型产品信息披露管理办法》中也规定，人身保险新型产品的信息披露应当采用通俗易懂的语言。

③ 保险合同中涉及特定效力的条款，即涉及保险合同生效、中止、解除和终止的条款。参见梁鹏：《新〈保险法〉下说明义务之履行》，载《保险研究》2009年第7期。

释,要求保险人对免责条款的说明应当达到常人可以理解的解释说明。由此可见,司法实践中对于保险人履行说明义务程度的判断,不是以投保人或者保险人的理解作为衡量标准,而是应当坚持理性外行人[①]的标准,即保险人说明义务的履行必须达到具有一般智力水平和知识水平的普通保险外行人可以理解的程度。这一标准既保护投保人利益又兼顾保险人的利益保护,是一种公正、客观的标准。

3. 认定标准——形式反观实质

具体司法实践中对保险人是否履行说明义务的判断标准应当坚持形式与实质相结合的认定标准,即区分保险业务与司法实务两种不同的行为样态:基于保险最大诚信原则和保险人自身证明的需要,保险业务应当坚持实质与形式并重的标准,但由于纠纷系事后产生,且现场不具有还原性,司法认定中应当坚持程序性标准。即在保单通俗化、保险人对免除保险人责任的条款进行集中印制和特别提示后,保险人以手抄形式表明其已经知悉并理解保险合同条款并签章的,根据"签字即同意"的契约法精神,法院应当认定保险人已经恰当履行了说明义务。

(三)立法建议:抽象提炼与具体列举相结合

现行《保险法》第17条在保险人说明义务方面的规定,相较修订前的《保险法》有了细化和明确,但是其"免除保险人责任的条款""足以引起投保人注意的提示"和"向投保人做出说明"等表述仍然比较模糊和抽象,给保险实践和保险纠纷司法审判带来了诸多问题。因此,笔者认为,在《保险法》第17条对保险人说明义务做出抽象提炼的基础上,还应当在《保险法》相关条文和司法解释中对具体方式和操作细则进行列举和规定。为此,笔者结合司法实践中存在的问题,提出如下立法建议:

1. 对《保险法》的修改完善建议

将《保险法》第17条第2款改为:【保单通俗化】"对保险合同中免除保险人责任的条款,保险人在订立合同时应当在投保单、保险单或者其他保险凭证上以通俗易懂的语言进行表述,作出足以引起投保人注意的提示,并对该条款的内容以书面或者口头形式向投保人作出明确说明。未作提示或者明确说明的,该条款不产生效力。"

增加一款作为第3款:【说明程度】"保险人对保险合同中免除保险人责任的条款的明确说明,应当达到常人能够理解的程度。"

增加一款作为第4款:【说明范围】"前款规定的免除保险人责任的条款,包含保险合同中约定的责任免除条款、免赔额、免赔率、比例赔付、解除合同等部分或全部免除保险人责任、减轻保险人责任的条款。"

2. 对保险法司法解释的完善建议

将《最高人民法院关于适用〈中华人民共和国保险法〉若干问题的解释(二)》第11条第2款改为:【保险人实质说明】"保险人对保险合同中有关免除保险人责任条款的概念、内容及

---

① "理性人"概念来源于英国侵权法中的基于理性人构建的框架和原则,不仅在侵权法领域积极适用,而且在其他领域如合同法、财产法中也广为盛行。在分析美国判例法中的合理期待原则时,就高度重视要以一个普通人的合理性对保险合同条款含义做出合理的期待。参见黄周炳、易健华:《我国保险合同"不利解释"实务之思考》,载《长沙理工大学学报(社会科学版)》2008年第1期。

其法律后果以书面或者口头形式向投保人作出常人能够理解的解释说明，并经投保人签字确认的，人民法院应当认定保险人履行了保险法第十七条第二款规定的明确说明义务。”

增加一款作为第3款：【司法形式审查】“投保人以手抄投保人声明、音频或视频等明确表示知晓保险合同免责条款内容并在声明书上签章的，人民法院应当认定保险人履行了保险法第十七条第二款规定的明确说明义务。”

结　语

保险格式条款是因应市场经济效率原则的需求而出现的，其权利义务定型化、经济行为类型化、缔约与履约便捷化的特点，促进了保险业的发展和社会风险共担机制的形成。然而，司法实践中出现的对格式免责条款效力认定的排斥、恐惧与偏离，实质是在对“弱者保护”的片面强调和“判决安全”的顾虑下，以说明义务为掩护，对立法精神和制度原意的背离。法律的作用和任务在于承认、确保、实现和保障利益，或者以最小限度的阻碍和浪费来尽可能满足相互冲突的利益。[①] 因此，司法实践中对于保险人说明义务的认定和免责条款效力的判定，不应一概加以排斥，而应重视对其规制，从而避免司法过程在追求一项正义的过程中陷入另一个不正义，从而最终损害被保险人的利益。

① [美]埃德加·博登海默：《法理学：法律哲学与法律方法》，邓正来译，中国政法大学出版社2004年版，第154页。

互补抑或相悖:案外第三人权利救济路径之厘清

——第三人撤销之诉与再审制度的整合与重构

李云、方晋晔[①]

当规范使得各种社会生活利益的冲突要求有一恰当的平衡时,这些制度就是正义的。

——[美]约翰·罗尔斯[②]

“形象系于公正,法威存乎民心。”司法是公平正义的最后一道防线,但实践中恶意诉讼现象频发,使我们不得不关注受生效裁判损害的案外人救济问题。2012 年修订的《民事诉讼法》(以下简称“民诉法”)[③]新增第三人撤销之诉,这样受生效裁判损害的案外人可通过公权监督和诉权救济两种渠道救济损害。然而,制度设计的本意在于保护案外人利益,但实务中案外人在申请再审与第三人撤销之诉之间难以取舍,法院也在当事人的摇摆不定中举步维艰——再审和第三人撤销之诉是先后有序还是并行不悖?审理结果如何决断?第三人撤销之诉之后,判决结果“非胜即负”,总有败诉一方上诉,而后又继续申请再审。在程序反复和诉讼周期延长中,利益产生重大变化,纠纷解决陷入“死循环”,进而引发诉讼的次生灾害。因此,厘清第三人撤销之诉与申请再审之间的界限,成为新民诉法带给我们的新课题。

一、样态:第三人撤销之诉与申请再审的救济重合

【案例 1】 甲因与乙的民间借贷纠纷诉至 S 区法院,法院判决乙偿还甲的借款(以下简称 A 判决)。A 判决生效后,甲向法院申请强制执行,要求查封拍卖乙的房产。执行过程中,案外人丁向法院提出执行异议,声称甲、乙借贷事实发生之前,乙已将房产转让给他,双方还因该房屋买卖纠纷诉至 S 区法院,法院亦判决认定该房产属丁所有(以下简称 B 判决)。

---

① 李云,思明法院法官。方晋晔,思明法院法官。此文获得全国法院系统第二十六届学术讨论会二等奖。

② [美]约翰·罗尔斯:《正义论》(修订版),何怀宏、何包钢、廖申白译,中国社会科学出版社 2009 年版,第 6 页。

③ 新《民事诉讼法》第 56 条第 3 款规定,“前两款规定的第三人,因不能归责于本人的事由未参加诉讼,但有证据证明发生法律效力的判决、裁定、调解书的部分或者全部内容错误,损害其民事权益的,可以自知道或者应当知道其民事权益受到损害之日起六个月内,向作出该判决、裁定、调解书的人民法院提起诉讼。人民法院经审理,诉讼请求成立的,应当改变或者撤销原判决、裁定、调解书;诉讼请求不成立的,驳回诉讼请求”。

S区法院做出了执行裁定(以下简称C裁定),解除了对乙所有房产的查封。甲不服,就B判决向S区法院既提出申诉,又提起了第三人撤销之诉,要求撤销B判决。S区法院经审理后判决驳回甲第三人撤销之诉的诉讼请求。甲遂以案外人身份向S区法院的上级法院提出再审申请,并表示一旦被驳回其再审申请或申诉,将向检察院申诉。[①]

民事裁判的效力不仅局限于当事人双方,有时还扩及案外人。由于诉讼欺诈、恶意调解等行为的存在,某些生效裁判可能损害到案外人利益。为此,最高人民法院《关于适用〈中华人民共和国民事诉讼法〉审判监督程序若干问题的解释》(以下简称《审监解释》)规定了案外人申请再审[②],而新民诉法亦设置了第三人撤销之诉。自此,案外人可通过申请再审或者第三人撤销之诉主张撤销生效裁判。“民事诉讼制度的发展一方面是扩大裁判上救济的范围,另一个方面则为追求程序的合理化。”[③]案外人救济方式不断增加,但与之同时,范围的扩大是否意味着程序的合理性?前述案例中,甲作为B判决的案外人,同时提起第三人撤销之诉和再审申请,二者可否同时受理?按照相关法律规定,甲在享有撤销之诉诉权的情况下,不能先行申请再审。但法律对申请再审和申诉的关系又未明确,那案外人的申诉之门是否参照申请再审相应关闭?在第三人撤销之诉经二审终审确定被驳回诉求后,案外人能否按照向上级法院申请再审—检察院申诉、抗诉的再审程序路径再走一遭?作为诉权的一种,第三人撤销之诉案件是否须再面临再审程序的检验?于是,司法实践面临着无解的司法困惑:一份生效裁判,多次审查、反复审判,再审程序已成为通常性程序;多头审查、诉访不分,引起再审案件管辖的多重化、多级化[④]。立法者希冀借助民事审判程序救济案外人权益,最后却付出诉讼效率低下的代价,其结果是:案外人无所适从,同样都是救济权利,不知何者才是最佳的选择;当事人无所适从,诉讼过程冗长拖沓,不知何时才有最终的结果;法官无所适从,若干裁判结果,不知哪份才为最后的依据。大量裁判处于非终局状态,严重损害了司法公信力。我们不禁思考:是否需要在审判监督与诉权救济中做出选择,以此平衡公平正义与既判力的冲突,维护当事人的合法权益?

---

① 该案例源于笔者所在法院审理的一个真实案件。为方便论述,本文对该案例做了简化和改编。

② 《审监解释》第5条规定,“案外人对原判决、裁定、调解书确定的执行标的物主张权利,且无法提起新的诉讼解决争议的,可以在判决、裁定、调解书发生法律效力后二年内,或者自知道或应当知道利益被损害之日起三个月内,向作出原判决、裁定、调解书的人民法院的上一级人民法院申请再审”。

③ [日]三月章:《日本民事诉讼法》,汪一凡译,台湾五南图书出版公司1997年版,第45页。

④ 此种多种管辖权交织主要表现如下:一是上下级法院的双管联管,即对同一生效裁判上级法院可以受理申诉和申请再审,下级法院也可以依职权或因第三人撤销之诉而进行审查;二是上下级检察院双管联管,即如果当事人向多级检察院多头申诉的,便可能导致上下级检察院为同一案件同时审查抗诉。

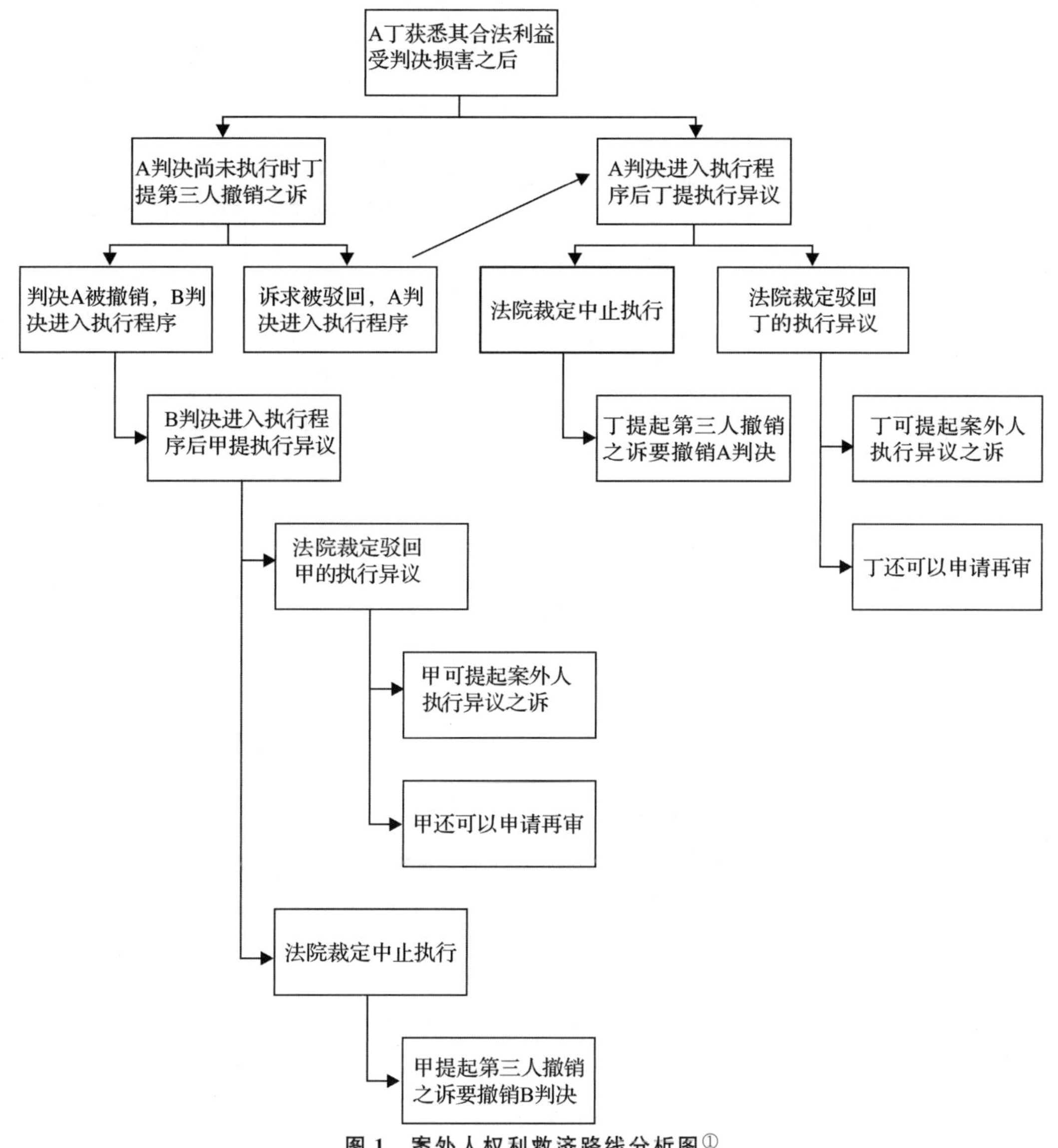

图1　案外人权利救济路线分析图①

二、解读:第三人撤销之诉与申请再审的立法现状

要比较抉择必须正本清源,从理论上厘清案外人申请再审和第三人撤销之诉,探讨二者的契合点,进而在实践中修正。

① 本图以前文所引案例为分析样本,在该案例中,丁可认定为系甲与乙的执行案中的案外人。相对的,甲又是丁与乙执行案中的案外人。

表1 申请再审制度与第三人撤销之诉的比较

救济方式	当事人申请再审	案外人申请再审		第三人撤销之诉
		执行程序外的案外人	执行程序中的案外人	
法律依据	新民诉法第199条、第201条	《审监解释》第5条第1款	新民诉法第227条、《审监解释》第5条第2款	新民诉法第56条
提起事由	符合新民诉法第200条规定的法定再审事由	对生效文书确定的执行标的主张权利、无法通过提起新诉讼解决	执行过程、执行异议一执行异议被裁定驳回一对裁定不服，认为原生效文书有错误	不能归责于本人的事由未参加诉讼，有证据证明生效文书的部分或者全部内容错误，损害其民事权益的
提起期限	在裁判、裁定发生法律效力后6个月内，或自知道或者应当知道之日起6个月内提出	在判决、裁定、调解书发生法律效力后两年内，或者自知道或应当知道利益被损害之日起3个月	在判决、裁定、调解书发生法律效力后两年内	自知道或者应当知道其民事权益受到损害之日起6个月
管辖法院	上一级法院或原审法院	做出原判决、裁定、调解书的人民法院的上一级法院	同执行程序外案外人	做出该判决、裁定、调解书的原审法院
审理程序	审判监督程序	审判监督程序	同执行程序外案外人	一审程序
裁判结果	判决	判决	同执行程序外案外人	判决
裁判效力	视原审级别而定	视原审级别而定	同执行程序外案外人	可上诉

从上述图表可以看出，第三人撤销之诉和当事人申请再审的制度框架，在申请事由、申请期限、管辖法院等方面是一致的，且有相同的法律功能，即为保护案外人利益而提供一种因未进入原诉讼而生效裁判又对它产生影响的救济途径，但在申请期限、申请事由、管辖法院有所不同。笔者认为，不同的根源在于法律对诉权和再审的不同价值理念。

案外人再审途径包括案外人申请再审、案外人申诉引起的法院依职权启动再审和检察院抗诉。也就是说，法院发现生效裁判损害案外人权益的情况主要有三种渠道：一是案外人在执行程序中提出异议，若符合案外人申请再审的事由，启动再审程序；二是在执行程序中，法院审查时发现生效裁判损害案外第三人利益，依职权启动审判监督程序；三是案外人向检察院提出申诉，检察院经审查后向法院提起抗诉，法院启动再审程序。但无论哪一种渠道，都须经法院审查是否符合法律规定的条件，即案外人申请再审本质上是基于作为裁判者的法院和作为法律监督者的检察院对原裁判有错待纠的审查认定。这种制度设计凸显了传统的“监督型为核心”再审制度的职权主义色彩，即案外人的诉讼主张有赖于监督方的诉讼利益：一方面生效裁判对法院的“拘束力”被监督所解除，使实质性既判力产生消极法律后果，而这些并不是当事人自由意志的体现，而是外化性监督的结果；另一方面，当监督进入再审后，必然把监督主张作为裁判考量的因素，引起诉的利益可能背离当事人意愿。

第三人撤销之诉是新民诉法赋予案外第三人的一种撤销生效裁判的诉权，只要符合形式要件即可进入实体审查。它重在纠正判决损害第三人利益的内容，原判决对当事人仍具有法律拘束力，并且“独立型案外第三人的撤销之诉可以与第三人利益事前救济机制相互配合，共同构成一个完整的第三人利益救济体系”。[①] 该制度完善了当事人和案外人的程序保障，通过诉权疏通案外人救济途径，体现了私权保障的理念。

透过前述表象差异看本质，案外人申请再审与第三人撤销之诉的价值理念演化至实现方式的差异：以审判监督为主要功能，其权力主体是国家机关，注重生效裁判在整个法律体系中的稳定；以私权救济为基本功能，其权利主体是当事人，注重当事人权益的自治保护。

三、研析：第三人撤销之诉与申请再审的价值定位

在从职权主义诉讼模式向当事人主义诉讼模式转变中，再审的价值功能将应从监督走向救济，那么，看似南辕北辙的两种制度可否殊途同归？

（一）再审程序之定位

“现代司法程序应当尊重当事人的程序主体地位，国家在司法程序运作过程中应确保当事人的主体性。”[②]当事人是直接受到裁判既判力影响的人，所以再审程序应由当事人主导。否则，必然导致忽视民众司法需求而漠视当事人权益，导致片面强调监督而错位公权力与当事人的诉讼地位，导致有错必纠而动摇生效裁判的既判力。立足于私权保护的再审制度应定位为诉权型再审模式：

1. 救济为主、监督为辅

审监程序的审查对象是业已确定的裁判，救济的是合法权益被错误裁判损害之人，要解决的是司法不公的问题，故司法的功能决定了审判监督的必要性及其走向。[③] 随着社会民主政治发展进程和社会主义市场经济对诉讼程序的要求，当民事再审程序诉权化后，监督功能逐步弱化，并为救济功能所取而代之。以监督性为再审程序的主导，可能导致再审启动的无序甚至滥启动，减损既判力的程序安定，造成司法资源的浪费；以救济为再审程序的主导，强调当事人申请再审的诉权属性，赋予权益受害人纠正违法行为的途径，在维护生效裁判既判力的同时，体现权利救济和人权保障。因此，救济性应是再审制度的主要功能。

2. 补充性的救济模式

所谓再审的补充性，就是相对于二审等其他救济途径而言，再审程序是一种补充性的救

---

① [法]让·文森·塞尔日·金沙尔：《法国民事诉讼法要义》（下），罗结珍译，中国法律出版社 2001 年版，第 1286 页。

② 刘敏：《当代中国的民事司法改革》，中国法制出版社 2001 年版，第 51 页。

③ 江必新：《审判监督制度的基本理念》，载《人民司法》2012 年第 13 期。

济方式，[①]它的启动应当受到严格限制。当事人能够用上诉、提出异议等这些常规方式寻求救济却没有提出，则会产生失权的效果，即不允许再以提起再审之诉或者申请再审的方式提出。[②] 再审程序的补充性规制了当事人纠纷解决的效率，既有利于充分发挥一、二审的程序功能，又有利于及时纠正错误，也有利于强化既判力的稳定性。

3. 复审性质的程序补救

再审程序以生效裁判的存在为前提，相较于一、二审来说，它至少是对案件的第三次或第四次审理。在这一程序启动前，已经有针对该案件的大量司法活动存在，这就决定了再审程序的审理、裁判方式以及审理程序均依其复审性质予以确定。[③]

（二）第三人撤销之诉之定位

新民诉法为第三人撤销之诉设定了框架，从法律规定看其不同于普通的诉：前者是基于诉讼或裁判的原因而产生，后者则是基于纠纷或权利受损的事实而产生；前者的诉讼客体是法院发生法律效力的确定判决，后者则是实体权利的请求；前者的诉讼目的是要求法院撤销原审确定判决的诉讼权利主张，后者则是解决当事人之间的争议纠纷。由此可见，第三人撤销之诉虽为了私权保护和权利救济，但制度本身不失公权监督和依法纠错。因此，第三人撤销之诉与再审程序的功能定位是契合的，本质是诉权型再审模式下的案外人再审之诉。[④] 在救济为主导的诉权型再审模式，如将第三人撤销之诉以渐进方式糅合进再审程序，既应合公众对实体正义的需求，又维护生效裁判的权威性，符合司法化解矛盾的运行本意。

四、衡平：第三人撤销之诉与申请再审的整合

第三人撤销之诉的出现是否意味着案外人申请再审历史使命的完成？对此有观点反对，认为“两项制度的差异决定了案外人撤销之诉制度不能简单取代案外人申请再审制度。相反，我们在审判实务中，应当顺应新民诉法的立法精神，充分尊重和保护案外人行使撤销之诉和申请再审的权利，并发挥两者的各自优势，最大限度地满足案外人维护自身合法权益的需要，从而切实维护中国特色民事诉讼制度的公正、高效、权威”。[⑤] 笔者认为，理论和现实亟须二者的整合，应废止案外人申请再审的规定，并将第三人撤销之诉作为再审诉权的一种类型。

（一）价值层面——规避冲突

美国联邦上诉法院首席法官爱德华兹所言“如果败诉方相信他们可以在另一地方或另

---

① 李浩：《再审的补充性原则与民事再审事由》，载《法学家》2007年第6期。

② [日]高桥宏志：《重点讲义民事诉讼法》，张卫平、许可译，法律出版社2007年版，第480页。

③ 江必新：《审判监督制度的基本理念》，载《人民司法》2012年第13期。

④ 再审之诉概念的使用在我国语境中恰恰意味着要把本来不一定其为“诉讼”的救济要求转化为诉讼请求，使一种原先对于诉讼制度来说是非常特殊或外在的因素变为诉讼内的一个有机部分。引自王亚新：《“再审程序”再辨析》，载《法商研究》2006年第4期。

⑤ 汪晖：《案外人撤销之诉制度与案外人申请再审制度之比较》，载《人民法院报》2013年5月22日第7版。

一级法院再次提起诉讼,他们就永远不会尊重法院的判决,并顽固地拒绝执行对其不利的判决。无休止的诉讼反映了,同时更刺激了对于法院决定的不尊重,从而严重削弱了法院体系的效率。"[①]优良的法律制度应该能够平衡各种法律价值,并能将不同的法律价值排列组合,达到法律效能产出的最大化。诉权型再审模式以牺牲民事诉讼程序的安定性和生效裁判的稳定性、冲击裁判终局性为代价,对因生效错误裁判而遭受权利损害的当事人予以补充救济,使公正与裁判稳定性形成一对矛盾。而第三人撤销之诉通过申请法院撤销这一补救程序改变错误的生效裁判,实现司法公正、树立司法权威。既然两种制度的价值和功能是一致的,又何必在制度设计上重复设置,引起程序适用的混乱?

(二)现实层面——诉讼效益

司法实践中,因各法院对案外人申请再审在范围和适用条件等关键问题上存在着较大分歧,故其适用情况并不理想。在再审制度的诉权化改造中,以完善的第三人撤销之诉取代案外人申请再审:赋予案外人权利的救济,但同时又不因此冲击生效裁判的既判力、干扰民事诉讼秩序;设计严格的程序,只有在裁判严重瑕疵时才突破既判力、防止诉权滥用。正如学者所言:"判决被确定后,如仅仅因为判断不当或发现新的证据就承认当事人的不服声明,则诉讼是无止境的;另一方面,从作出正确、公正的裁判的理想来看说,不管有什么样的瑕疵一律不准撤销已确定的判决,也是不合理的。"[②]这样,既尊重诉权自主性又发挥审判权的职权性,既淡化再审程序的职权色彩又使受错误裁判侵害的合法权益得到恢复,从而减少多方反复投诉、缓解审判终局性所受到的冲击。

五、重构:案外人权利救济路径

第三人撤销之诉作为诉权型再审模式下的案外人再审之诉,其依附于再审制度,第三人撤销之诉与申请再审的整合有待再审制度的完善。

(一)理念整合——确立再审补充原则

现行民事再审程序的构筑是以"实事求是、有错必纠"为原则的。完善案外人权利救济,必将建构诉权型再审模式,而这首先要更新司法理念,以"依法纠错""法律真实"奠定制度的基石。也就是说,为当事人提供充分的程序保障,将纠正错误的程度限定在依法所能达到的权利救济的最大限度。"只要达到程序保障的要求,就是当事者在制度上失去了就实体和程序两方面表示不满或再行争议的机会,从而获得正当性。"[③]其次,确立再审补充原则,引导当事人充分利用审级制度内的权利救济。案外人如果可以参加原审诉讼,或可通过异议、复议或者上诉的方式提出不服原生效裁判的理由而未提出,却通过再审诉权提出该理由的,不予支持,从而避免可上诉不上诉而再审的乱象。

(二)制度设计——构建再审之诉

诉权是再审之诉的依据。赋予第三人撤销原生效裁判的诉权,而撤销效力又限于对第

---

① 宋冰:《程序、正义与现代化》,中国政法大学出版社1998年版,第3页。

② [日]兼子一、竹下守夫:《民事诉讼法》,白绿铉译,法律出版社1995年版,第249页。

③ 李祖军:《论民事再审程序》,载《现代法学》2002年第2期。

三人产生不利影响部分，既兼顾裁判的稳定性，也实现对案外人利益的保护。新民诉法对第三人撤销之诉的条文规定较为简单，这为完善第三人撤销权之诉提供了较大空间。

1. 合理界定第三人

根据新民诉法第56条第3款的规定，第三人撤销之诉的适格原告应是同条第1款所指的有独立请求权第三人和第2款所指的无独立请求权第三人，且第三人未参加原诉讼须因不能归责本人的事由。这里，首先排除了原诉讼的当事人或具有相当于当事人地位之人；其次，必须具有撤销之诉的利益。因为第三人撤销之诉是否定生效裁判的既判力，故应实行从严解释。也就是说，这种诉的利益是“案件处理结果同他有法律上的利害关系”，具体包括判决既判力扩张、形成判决的对世性以及判决的反射效力等所带来的不利影响，而这种不利影响应是物质而非精神的，是现实而非潜在的；最后，强调案外第三人不能参加原诉讼是由于不能归责于自身过错的其他客观事由造成的。

2.审理程序

新民诉法对第三人撤销之诉的审理内容及裁判方式做了规定，但对审理程序却没有明确规定。笔者认为，立足于第三人撤销之诉的立法目的及程序设置，在法律无明文规定时，可参照当事人申请再审的有关程序性规定。首先，提起撤销之诉应当提交申请书。申请书包括当事人及代理人、申请撤销的生效法律文书的案号及内容、改变或撤销原生效裁判的具体请求、证明生效文书错误的事由及其证据等。其次，审查期限适用3个月期限。有观点提出：“第三人撤销之诉的受理审查期限可以参照适用新民诉法第204条第1款关于再审审查三个月期限的规定。”①笔者赞同此观点，毕竟第三人撤销之诉有别于普通民事案件，受理申请时要进行相应的实体审查，故可参照再审审查，以3个月期限为限，有特殊情况需要延长的由本院院长批准。最后，审理程序参照再审的审理程序。我国台湾地区的独立诉讼型的第三人撤销之诉，按其诉讼法规定，准用再审案件审理程序，而“再审之诉讼程序准用关于各该审级诉讼程序之规定”。但有学者对此予以反对，认为“如果依原确定判决的法院审级来确定第三人撤销之诉的审级和审理程序，实际上只考虑从了作为被告的原诉中当事人的利益，而未考虑作为原告的第三人的利益，对其显失公平。……因此，无论原确定判决法院级别为何，其在审理第三人撤销之诉时，都应适用第一审程序”。② 笔者认为，第三人撤销之诉是一种事后救济机制，程序设置不应过于烦冗，但仍应充分尊重第三人审级利益的保障。所以，参考我国台湾地区的做法是适当的，第三人撤销之诉可以参照新民诉法第207条的规定，另行组成合议庭进行审理。

3. 法律效果

这主要包括两方面：其一，第三人撤销之诉是否停止原生效裁判执行的效力。我国台湾地区第三人撤销之诉并不当然中止原判决之执行，但审理法官认为需要或者依照申请且提供担保之时可以裁定中止执行。③ 笔者认为，第三人撤销之诉本质为再审之诉，故可参照新

① 吴兆祥、沈莉：《民事诉讼法修改后的第三人撤销之诉与诉讼代理制度》，载《人民司法》2012年第23期。

② 肖建华主编：《民事诉讼立法研讨与理论探索》，法律出版社2008年版，第398～399页。

③ 邱联恭：《民事诉讼法修改后之民事法学(一)》，载台湾《月旦法学》2003年第9期。

民诉法第199条的规定，诉讼不停止原生效裁判执行。除非案外人（即撤销裁判诉讼的原告）与相关利害关系人（一般为撤销裁判诉讼的被告）在法院主持下达成协议且愿意提供担保，并在其败诉或中止执行的申请被认定为缺乏事实和法律依据而愿意给予利益受损方担保范围内的经济补偿时，才由申请执行人提出延期执行的申请，从而中止执行程序。其二，第三人撤销之诉与原诉当事人诉讼请求的处理。第三人撤销之诉必然影响原生效裁判当事人的权利。我国台湾地区的第三人撤销之诉以撤销裁判不影响当事人之间确定的效力为原则，只有在两案的诉讼标的系原当事人和案外第三人共同确定时，才对原当事人失去约束力。[①] 笔者认为，立足我国现有规定 [②]，避免立法的大章修改：如果第三人撤销之诉是撤销原裁判的全部，则原裁判在原当事人之间失去效力。原裁判应当终止执行，已经执行的，根据第三人的请求，可以执行回转；如果是撤销原裁判的部分，则被撤销部分对原当事人有法律效力，未被改变的部分对原当事人仍然有效。撤销之诉做出撤销判决后，原当事人是否需要重新提起诉讼，视情况而定，法院不应在撤销之诉中重新对原当事人的争议事项做出裁判。其三，第三人撤销之诉能否上诉。新民诉法对此并无规定，法国和我国澳门地区的立法例均赋予了当事人上诉权。最高人民法院立案二庭庭长郑学林认为，无论原审是一审还是二审，对于驳回第三人撤销之诉的裁定，以及驳回第三人诉讼请求的判决，第三人可以上诉；对撤销原裁判的判决，原审当事人可以上诉。[③] 笔者同意这样的观点，再审制度在救济实体权益的同时也应救济相应的程序利益，故有必要为第三人和原审当事人提供充分程序保障。

（三）规则限定——弱化公权程序启动权

既然案外人再审诉权被赋予“上诉”权利，故不宜过多设置公权力再审启动权，避免再审启动犹如再次行使“上诉”一般，不仅造成再审复查案件的激增，也无益于生效裁判的稳定和胜诉当事人权益的保护。在全球背景下，如果频繁以公权力自行启动再审程序，使生效法律文书不断被变更或撤销，势必导致我国法院的判决不被外国法院所承认或执行。[④]

法院依职权启动再审一直备受质疑，因为法院作为审判机关，未经当事人申请而启动再审程序，无论在大陆法系或是英美法系理论中都找不到依据，且这种制度由法院自己监督自己，从理论上看违背权力制约的原则，在实践中容易造成混乱。毕竟，当事人是案件的真正利害关系人，有权利自行处分诉讼权益，法院不应越俎代庖、破坏自己在诉讼中的中立地位。所以，法院再审启动权应予废弃。

检察院作为国家专门的法律监督机关，不宜将公权力过多地介入原本属于私权利的相

---

① 台湾“民事诉讼法”第507条规定：“法院认第三人撤销之诉为有理由者，应撤销原确定终局判决对该第三人不利部分，并依第三人之声明，于必要时，在撤销之范围内为变更原判决之判决。前述情形，原判决于原当事人间仍不失其效力。但诉讼标的对于原判决当事人及提起撤销之诉之第三人必须合一确定者，不在此限。”

② 《审监解释》第42条第2款规定，撤销原判决相关判项的，应当告知案外人以及再审当事人可以提起新的诉讼解决相关争议。

③ 郑学林、刘小飞：《民事诉讼案外人救济制度立法模式及制度构建》，载《人民法院报》2012年6月20日第5版。

④ 邵明：《现代民事再审原理论——兼论我国民事再审程序的完善》，载《中国人民大学学报》2007年第6期。

关领域[1]，故其启动再审权可保留，但应有一定的限制，即要区分公权和私权。属于公权范围的，即国家利益、社会公共利益受到侵害而国有财产管理人又不主张权利时，检察院应代表权利受到损害的国家、集体行使民事诉权，享有与对方当事人平等享有的民事诉讼权利；属于私权范围的，即对于不涉及公共利益的民事案件，案外人再审诉权是抗诉启动再审的前置程序。如果案外人在法定期间内不提起再审诉权，期间届满也不申诉的，检察院也不应以维护法律正确实施、确保司法公正为由强行对当事人自主处分裁判结果的权利进行干预。只有法院在审理时严重违反法定程序，检察院才可以以法律监督机关的身份行使再审启动权。

（四）事由细化——规范程序提起

案外人权利救济只有通过第三人撤销之诉，而该程序提起的法定事由也应有别于当事人申请再审。因为案外人提起的仅为撤销之诉，而当事人申请再审不限于此，故不能完全按照当事人的再审事由来确定。现有法律对于案外人申请再审事由并无具体规定，而新民诉法规定的第三人撤销之诉启动要件为“有证据证明生效裁判有错误”，但该“错误”是否需要做“实质”的限定，是否需要与当事人申请再审事由在制度上保持整体性，这是需要探讨的问题。有学者提出受诉人民法院的立案部门应就起诉是否符合诉讼要件进行审查，除应符合第56条第3款规定的诉讼要件外，还应符合新民诉法第119条和第124条规定的条件。[2]笔者认为，首先，要对案外人再审诉权的启动条件进行重新审视，改变用再审改判标准代替再审立案标准的做法，树立“可能有错”理念，即只要有证据表明生效文书可能有误即受理。这样不仅有利于理顺立案和审判环节，从而使审判监督走向良性循环，也使得程序提起更能体现再审诉讼的价值追求。其次，在确立“可能有错”作为立案标准之后，可通过司法解释进一步细化事由，将之与当事人申请再审相配套，使再审事由的制度设置更为科学合理。否则，“可能有错”只是一项原则，缺乏操作性，无论是法院或是当事人都可能因为对其理解和掌握尺度的不同而产生不同看法，从而造成司法实践中的新困惑。最后，“有错”的范围应限定于实体处理内容，而不应包括程序内容，即因事实认定和法律适用错误而导致实体处理错误。如果因一点小缺陷而使案件处于反复审理的不确定状态或投入较高的再审成本，从而使社会民众对司法产生怀疑，该方式是不可取的。[3]

---

① 江伟主编：《民事诉讼法》，中国人民大学出版社2013年第6版，第362页。

② 许可：《论第三人撤销诉讼制度》，载《当代法学》2013年第1期。

③ 邓自力：《对我国民事再审功能偏失的检讨——透视〈民事诉讼法〉修改后审判监督的司法现状》，载张卫平主编：《民事程序法研究》（第6辑），厦门大学出版社2011年版。

执行分配方案异议之诉中的虚假债权参与分配问题研究

——以新民事诉讼法第三人撤销之诉视角展开

刘建发、罗彬[①]

执行分配方案异议之诉,是2009年最高人民法院《关于适用〈中华人民共和国民事诉讼法〉执行程序若干问题的解释》第26条第2款确立的一项新的诉讼制度,是不服执行分配方案提出异议的债权人、被执行人,以对所提异议提出反对意见的对方当事人所提的诉讼。2011年2月最高人民法院《民事案由规定》新增"执行分配方案异议之诉"子案由。在分配方案异议之诉审理中,我们发现,通过虚假诉讼或仲裁取得生效判决、调解书、仲裁裁决、仲裁调解书来参与分配的现象日趋突出。2013年1月1日新民事诉讼法在第56条第3款增设第三人撤销之诉制度,目前第三人撤销之诉的核心和难点问题在于第三人的原告主体资格问题。对于通过虚假诉讼取得生效法律文书参与分配损害其他债权人利益的,其他债权人可否要求法院对生效法律文书予以实体审查,否定生效法律文书认定的事实?若法院在执行分配方案异议之诉中未能实体审查,债权人可否援用第三人撤销之诉的规定通过另行起诉方式予以救济?第三人撤销之诉与参与分配异议之诉两个程序之间如何衔接?本文试着对上述问题予以探讨。

一、问题的提出:执行分配方案异议之诉中假债权参与分配之困

(一)案例

原告A公司与被告陈某某夫妇等14人、B公司执行分配方案异议之诉[②]

原告A公司因与被告B公司委托经营合同纠纷,起诉至S区法院,要求被告返还抵押金300万元。诉讼中S法院于2010年7月冻结了B公司银行账户。该案终审判令被告B公司应返还原告A公司抵押金300万元。判决生效后,原告A于2011年7月向S区法院申请强制执行,S法院扣划了B公司已冻结账户内的执行款250余万元。

在上述案件审理过程中,2010年12月,陈某某(B公司法定代表人)、陈某(B公司副总经理,陈某某妻子)等14人就与B公司经济补偿金的纠纷向S区劳动仲裁委申请劳动仲裁,当日即达成仲裁调解书,B公司向陈某某等14人支付经济补偿金196万元。其中,应支付给陈某某、陈某两人的经济补偿金数额合计高达90万元。

---

① 刘建发,思明法院法官。罗彬,思明法院法官。此文获得全国法院系统第二十六届学术讨论会二等奖。

② 该案例来源于笔者所在法院。

陈某某等14人向S区法院申请执行并要求参与对划扣的250万元银行存款的分配。2011年7月,S法院制作了执行分配方案:(1)陈某某等14名员工申请执行的系工资债权,优先予以100%受偿,分配196万元;(2)申请人A公司申请执行的系普通债权,获得剩余的54万元。

A公司对分配方案提出异议,认为陈某某等14名员工与B公司的劳动仲裁案件属于虚假诉讼,相关的《仲裁调解书》应予撤销,陈某某等14人无权参与分配。陈某某等14人、B公司对A公司的异议提出反对意见。A公司遂以陈某某等14人及被执行人B公司为被告向S法院提起分配方案异议之诉,请求确认陈某某等14人对196万元执行款无参与分配和优先受偿权。

S区法院经审理查明,B公司在未与被告陈某某夫妻开办的另一公司C发生业务交易和债权债务的情形下,于2010年8月分两次将627万元款项汇给C公司,C公司随即将该款项中的95万元转至被告陈某某的个人银行账户,被告陈某某未能对该款项往来的原因做出说明。S法院据此认为,陈某某、陈某已从上述B公司支付的95万元中足额获偿了经济补偿金。其他12名员工的工资债权未获清偿,对B公司的财产享有优先受偿权。S法院判决:(1)陈某某夫妇无权参与B公司的执行款分配;(2)驳回A公司的其他诉讼请求。

宣判后,A公司、陈某某夫妇均上诉。×市中级人民法院进一步查明,陈某某等14人与B公司之间并不存在真实的劳动关系,劳动仲裁调解书认定劳动关系存在依据的事实不足。但××中级人民法院认为:陈某某等14人与B公司达成的仲裁调解书系生效法律文书,具有强制执行效力。虽然涉案的14名员工与B公司达成仲裁调解的事实依据不足,但本案审理的是执行分配方案的异议,执行所依据的法律文书的合法性不属于本案审理范围,故A公司以劳动仲裁调解书违法为由,请求确认涉案员工没有执行款的分配权没有法律依据。陈某某夫妇提供的证据不能证明B公司将巨款转至C公司再转至陈某某个人银行账户的合理原因,且C公司系由陈某某夫妇共同出资开办的企业,根据B公司将款项转至C公司,再转至陈某某个人账户的事实,可推定陈某某夫妇已从中足额取得了经济补偿金,两人要求参与B公司名下执行款的诉讼请求应予驳回。×市中级人民法院判决驳回上诉,维持原判。

(二)案例反思

本案系参与分配方案执行异议之诉,根据法院审理查明的事实,陈某某等14人与B公司之间并无真实劳动合同关系,生效的劳动仲裁调解书依据的事实不足。但法院认为其在分配方案异议之诉的审理对象为执行分配方案的异议,其审理范围不包括执行所依据的法律文书的合法性。本案审理中,法院依据查明的陈某某夫妇恶意通过关联公司转移被执行人巨额财产至其个人名下的事实,推断债权已受清偿为由驳回其分配请求,固然从实质公平的角度维护了A公司的合法债权。但对于有瑕疵甚至错误的劳动仲裁调解书本身,执行分配之诉并未审查,也未做其他处理。这就给我们带来一个问题:在分配方案异议之诉的审理程序中,债权人提出参与分配的债权所依据的生效法律文书系通过虚假诉讼或仲裁获得,要求否定其参与分配权利,法院对该法律文书认定的事实能否进行审查?若不能,合法债权人利益应如何救济?

二、理论争鸣:生效法律文书确认的债权事实能否成为分配异议之诉的审查对象

(一)域外既判力理论视角下的假债权审查争议

对于生效法律文书确认的债权事实,执行分配方案异议之诉可否实体审查的问题,我国台湾地区学者张登科归纳了两种观点:一种是“否定说”,认为不能审查,理由是:“一般债权人仅得就债务人现有之财产状况而受满足,不能进而干涉债务人与第三人之关系。债务人既受既判力之拘束,从而基于既判力之反射效力,原告不能主张既判力基准时以前之实体事由。”另一种是“肯定说”,认为可以审查,理由是:“债务人与特定之债权人勾结,很容易就假债权取得有既判力之执行名义,如以既判力之反射效力,而不许借分配表异议之诉将该假债权排除,将妨害执行,故原告仍得主张既判力基准时以前存在之实体事由。”张登科并认为,应采肯定说,理由在于“并无依据,足以说明债务人与特定债权人间之判决既判力或反射效力,得扩张至分配表异议之诉之原告”①。

(二)我国大陆学者对该问题的认识分歧

我国国内对于分配异议之诉的理论研究,目前尚比较匮乏。② 生效法律文书确认的债权真实性能否成为审查对象,一种观点认为不能审查,该观点从既判力理论出发,认为确定判决的既判力基准时“以当事人在庭审辩论终结时为准,在前诉辩论结束前已存在但未主张的事由,当事人在后诉中不得再主张,只有在前诉中存在合理原因而不知道事实的存在时,对于该事实的主张才可以不受既判力的遮断,可通过再审程序推翻原判决”。“其他债权人通过一些证据主张参与分配是虚假的,这些证据在前诉的口头辩论结束前已经存在,则应通过再审程序排除原执行依据的既判力。”③

另一种观点则认为可以审查。根据《最高人民法院关于民事诉讼证据的若干规定》第 9 条,“已为人民法院发生法律效力的裁判所确认的事实”属于免证事实。“本诉债权人在面对其他债权人持有的确定裁判、仲裁裁决、生效的公证文书时,受前诉被告债权人与债务人间诉讼的实体认定拘束。但本诉原告(债权人)可举证推翻,例如,其可在本诉中证明其他债权人伪造证据,或其他债权人与债务人恶意勾结假造债权;此时法院应据此作出相反认定,而不宜适用民诉法第 227 条第 2 句案外人申请再审的规定,因为申请再审在程序上较为困难,

---

① 张登科:《强制执行法》,台湾三民书局有限公司 2012 年版,第 534～535 页。

② 关于执行分配异议之诉的研究论文,笔者在 CNKI 上仅能检索到的文章有:(1)李世成:《论执行分配方案异议之诉的程序构造》,载《法律适用》2011 年第 9 期总第 306 期;(2)楼常青、楼晋:《论民事执行程序中分配方案异议之诉的运作》,载《上海政法学院学报(法制论丛)》2012 年 1 月第 27 卷第 1 期,(3)廖浩:《执行分配方案异议诉讼之解释论研究——以法律方法为视角》,载《研究生法学》2013 年 2 月第 28 卷第 1 期,(4)杨柳:《比较与借鉴:中德执行分配方案异议之诉的制度架构分析》,载《法律适用》2011 年第 8 期。

③ 楼常青、楼晋:《论民事执行程序中分配方案异议之诉的运作》,载《上海政法学院学报(法制论丛)》第 27 卷第 1 期。

不利于权利救济。”[①]

（三）对上述观点的评析

笔者认为，不宜在参与分配方案异议之诉的审理中，对参与分配的债权法律文书中确认的债权事实进行实体审查。理由如下：第一，基于我国的司法传统，“裁判相对性效力”的观念缺乏接受度。从域外司法情况来看，德国、日本、韩国明确规定了判决的既判力制度，我国台湾地区司法实践中也是认可判决的既判力制度。根据既判力制度，既判力原则上只作用于对立的当事人之间，裁判原则上只发生在对立的当事人之间发生效力，只是在例外情况下既判力才能向诉讼外的第三人扩张。我国大陆地区的民事诉讼法并未明确规定既判力制度，既判力制度更多的是存在于理论的研讨中[②]，裁判相对性效力更是难以被人所接受，出现先后两个冲突的生效裁判的现象是严格禁止的[③]。第二，“同案不同判”的担忧。尽管依据我国的“民事诉讼证据规则”，生效裁判确定的事实可以在对方当事人有相反证据的情况下予以推翻，但该债权实体法律关系是否存在是前诉判决给付内容的前提基础，若予以否定会动摇前诉判决的根基，进而推翻前诉判决。人们会质疑，何以前诉判决所做的债权债务关系成立的认定，在执行分配方案异议之诉中会不被认可。尤其是执行分配异议之诉要在执行法院受理，前诉（指确认债权债务关系的判决）与后诉（指分配方案异议之诉）为同一法院，同一法院出现同判不同案的判决，难以为社会公众所接受。第三，免证事实的反证应做区分。立法及司法解释确立免证事实，是为了减轻当事人的证明负担，提高诉讼效率。但若免证事实的反证将直接推翻前诉的判决结果，则可能引发前诉判决的改判问题。故在后诉中可以通过反证推翻的事实应当是与前诉判决结果无直接关联的“非关键性事实”。比如借款合同纠纷中，借条的真实性是确定借款关系存在与否的直接证据，因此若后诉在审理中发现有反证证明前诉的借条是虚假的，可建议前诉法院启动再审程序纠正前诉判决。

三、完善构想：第三人撤销之诉制度的引入

（一）分配方案异议之诉引入第三人撤销之诉的正当性与可行性分析

前述分析中，生效债权法律文书不应成为执行分配异议之诉的审理对象，那么对于有错误的生效债权法律文书，债权人应如何救济？

1. 再审制度的局限决定了其无法充分发挥对参与分配文书的纠错功能

分配方案异议之诉的债权人相对于其他债权人与债务人之间的诉讼而言，其地位为案外人，案外人提起再审应当符合《民事诉讼法》第227条及《最高人民法院关于适用〈中华人民共和国民事诉讼法〉审判监督程序若干问题的解释》第5条所规定的案外人申请再审的资格条件。而依该解释，有权提起再审的案外人，限于对“原判决、裁定、调解书确定的执行标

---

① 廖浩：《执行分配方案异议诉讼之解释论研究——以法律方法为视角》，载《研究生法学》2013年2月第28卷第1期。

② 张卫平：《中国第三人撤销之诉的制度构成与适用》，载《中外法学》2013年第1期。

③ 吴兆祥、沈莉：《民事诉讼法修改后的第三人撤销之诉与诉讼代理制度》，载《人民司法（应用）》2012年第23期。

的物主张权利”的案外人。应当注意,该条文的“执行标的物”不同于“执行标的”,这从该条文的第 2 款“在执行过程中,案外人对执行标的提出书面异议的,按照民事诉讼法第二百零四条的规定处理”的规定中就可以看出来,该条文第 2 款使用的是“执行标的”的概念。由于参与分配案件均为金钱债权,金钱债权的标的是给付行为,非特定物,故通常情况下并不存在所谓的“原判决、裁定、调解书确定的执行标的物”。由于不存在“执行标的物”,债权人主张对特定的执行标的物享有权利而提起案外人再审,不符合案外人再审的主体条件。

在案外人不符合再审主体资格条件的情况下,依照现行法律规定,案外人仅能向法院、检察院申诉,由法院依职权启动再审或申请检察院抗诉再审,程序的启动依赖于公权力机关的主动发起,这对于当事人的权利保障极为有限。张卫平教授就认为,我国大陆地区民事诉讼法的再审制度是在审判监督理论基础上建构的,与大陆法系国家的再审制度有很大区别。作为一种审判监督型的再审制度,法院再审程序的启动享有相当大的灵活性,是否启动,往往受政治和政策的影响非常大。[①] 真正通过再审纠正原判决的案件数量是极其有效的。

2. 第三人撤销之诉的可行性

2012 年我国民事诉讼法修订引入了“第三人撤销之诉”制度。第三人撤销之诉为错误的判决、裁定、调解书侵害案外人利益,指明了一条新的救济渠道。结合新民事诉讼法的修订,我们可以考虑在分配异议之诉程序中引入“第三人撤销之诉”,解决债权人受虚假债权分配而受损的救济缺失的问题。对于因假债权参与分配而受损的债权人,是否享有第三人撤销之诉原告资格呢?笔者认为答案是肯定的,理由如下:

(1)从立法目的解释出发,因假债权参与分配而受损的债权人享有诉的利益

本次民事诉讼法修改,之所以引入第三人撤销之诉,理由在于:“司法实践中当事人通过恶意诉讼等手段侵害他人权益的情况时有发生;特别是在法院加强调解工作后,一些当事人利用调解进行诉讼欺诈,损害第三人合法权益的现象日益突出。而原有的第三人参加诉讼和执行异议制度对第三人权益的保护仍然不够充分,因此,增加第三人撤销之诉是为对受到侵害而未能参加诉讼且案件也未能进入执行程序的第三人给予救济。”[②]有学者更进一步分析第三人撤销之诉确立的目的在于:“一方面是给以因故未能参加诉讼而没有获得程序保障,却可能受到判决既判力扩张效果拘束的第三人提供救济途径;另一个方面,则是防止第三人的合法权益受到他人通过利用诉讼审判骗取法院生效法律文书等方式的不当侵害。从比较法上看,第三人撤销之诉可见于法国和我国台湾地区的民事诉讼立法,且这些域外的程序设置之目的多侧重于上述第一个方面。但我国本次民事诉讼法修改新增加此项制度,很大程度上却是缘于侵害第三人利益的虚假诉讼频频发生、亟待予以遏制这种具有我国转型期社会特点的现实需求。”[③]

从第三人撤销之诉的目的出发,对于第三人撤销之诉适用的主体,应当既要符合“对当事人双方的诉讼标的,第三人认为有独立请求权的”“对当事人双方的诉讼标的,第三人虽然

---

① 张卫平:《第三人撤销判决制度的分析与评估》,载《比较法研究》2012 年第 5 期。

② 全国人大常委会法制工作委员会民法室编:《中华人民共和国民事诉讼法条文说明、立法理由及相关规定(2012 修订版)》,北京大学出版社 2012 年版,第 86~87 页。

③ 王亚新:《第三人撤销之诉的解释适用》,载《人民法院报》2012 年 9 月 26 日。

没有独立请求权，但案件处理结果同他有法律上的利害关系的"两类第三人的规定，还要符合立法关于遏制虚假诉讼的目的出发在案件审理中具体分析是否具有诉的利益，进而审查第三人是否具有诉讼主体资格。在参与分配的法律关系中，孤立地看，债权人对于被执行人与其他债权人之间的债权债务关系并无直接的法律关系，也不是案件的当事人。但由于参与分配关系的存在，这种闭合的内部债务关系因其他债权人债权的介入发生变动，债权人与被执行人之间生效的法律文书确定的债权事实会直接影响到他债权人执行款分配的数额。因债权人与被执行人恶意串通虚构债务，弱化被执行人偿债能力，对所有其他债权人都是一种潜在的损害，在参与分配的情况下，这种潜在的损害外化为实际的侵害，因此其他的债权人对于参与分配债权存在与否存在利害关系。

由于第三人撤销之诉是一种类似再审的特殊救济程序，[①]基于生效法律文书的严肃性与法律稳定性的考虑，第三人撤销之诉的提起要予以较严格掌握，防止随意攻击生效法律文书。[②] 对于第三人撤销之诉的原告主体资格，有学者分析认为："从目的解释的角度出发，应赋予诈害诉讼的被害人以未参加诉讼的有独立请求权第三人的身份提起第三人撤销之诉的原告适格。""在司法实践中，被害人并不知悉虚假诉讼正在进行之中，自然也就无法提起诈害防止参加之诉。从遏制虚假诉讼、保护第三人利益的立法目的出发，通过法律解释赋予诈害诉讼的被害人以未参加诉讼的有独立请求权第三人的身份作为适格原告提起第三人撤销之诉更能保护其合法利益。"[③]

笔者认为，基于参与分配关系产生的法律关系上的利害关系，受生效裁判参与分配导致其分配额受损的债权人，属于"案件处理结果同他有法律上的利害关系的"无独立请求权第三人，具备提起第三人撤销之诉的主体资格。这符合立法遏制虚假诉讼的目的，同时基于执行分配关系的具体情境限缩第三人的主体范围，不会导致第三人撤销之诉被滥用。

(2)第三人撤销之诉司法实践的发展，印证了赋予受假债权参与分配侵害的债权人原告主体资格的合理性。

自 2013 年 1 月 1 日新民事诉讼法实施后，第三人撤销之诉原告主体资格问题成为法院受理案件最大的困扰。笔者以"第三人撤销之诉"为关键词在 "北大法宝"数据库"司法案例"全文中进行检索，共搜索到 19 篇案例，其中 3 篇非属第三人撤销之诉案由，2 篇未涉及主体资格认定问题；剩余 14 篇案例中，法院认定原告有诉的主体资格的有 10 篇，应当予以受理；另有 4 篇则否认原告有诉的主体资格，不予受理。

在〔2014〕粤高法立民终字第 37 号上诉人欧阳楚理等与深圳市智明投资合伙企业等第

① 张卫平：《中国第三人撤销之诉的制度构成与适用》，载《中外法学》2013 年第 1 期。

② 王亚新：《第三人撤销之诉的解释适用》，载《人民法院报》2012 年 9 月 26 日。

③ 刘君博：《第三人撤销之诉原告适格问题研究》，载《中外法学》2014 年第 1 期。

三人撤销之诉上诉案民事裁定书中[①]，广东省高院认定："从欧阳楚理、李遥提起本案诉讼所提交的证据看，虽然欧阳楚理、李遥与智明合伙以股东出资纠纷为由提起的 13 号案并无直接利害关系，但因 13 号案民事调解书确认岭南公司同意向智明合伙支付 3200 万元作为对智明合伙在涉案《框架协议》项下的所有权益的购买和补偿，影响了该公司的偿债能力，并直接导致欧阳楚理主张债权的案件因 13 号案的查封行为而无法执行的后果。因此，13 号案与欧阳楚理、李遥有法律上的利害关系。"因而撤销了原再审裁定，指令原审法院对该案进行审理。该案审理中，对于利害关系人的界定，明显做了比较宽泛的界定，将对诉讼标的并无直接利害关系，因受判决而事实上间接受到影响的第三人认定为"有法律上的利害关系"，并因此予以受理。以上案例中，被执行人的财产仅是被查封控制尚未被实际处分，而参与分配异议之诉的审理中，被执行人的财产已经被处置而转为金钱，债权人之间关于被执行人财产的分割更为急迫，利害关系更为直接，依照"举轻以明重"的法律类推规则，应当赋予参与分配中受损的债权人提起第三人撤销之诉的主体资格。

（二）第三人撤销之诉对分配方案异议之诉的影响

执行分配方案异议之诉审理期间，债权人认为他债权人与被执行人之间的生效裁判损害其民事权益，因而另行提起第三人撤销之诉的，则执行分配方案异议之诉应中止审理或者继续审理。

第一种处理方式是中止审理，理由是：因第三人撤销之诉的审理结果对于执行分配方案异议之诉的审理有影响，根据《民事诉讼法》第 150 条第(5)项"本案必须以另一案的审理结果为依据，而另一案尚未审结的"应中止诉讼之规定，执行分配方案异议之诉应当中止审理。

第二种处理方式是继续审理，理由是：执行分配方案异议之诉不应因撤销之诉的提起而

---

① 案例来源于"北大法宝"数据库，该案基本案情为：2011 年 6 月，原告智明合伙以被告岭南公司、牟亚东未履行股权出资 1100 万元为由，起诉要求岭南公司立即履行对南岭股份公司出资 1100 万元的义务并支付违约金。当月，广东省清远中级人民法院做出 13 号案民事调解书，确认：岭南公司同意向智明合伙支付 3200 万元作为对智明合伙在《框架协议》项下的所有权益的购买和补偿。2011 年 7 月，广东省连州市法院做出民事调解书：岭南公司于 2011 年 8 月起分期偿还欧阳楚理欠款 146 万元。因岭南公司未履行，欧阳楚理申请执行，连州法院于 2011 年 8 月裁定终结本次执行，理由是智明合伙因 13 号案已申请法院查封了岭南公司包括工业用地等在内的主要财产，该院只能轮候查封而无法处置该工业用地，且无其他财产可执行。

2012 年，欧阳楚理、李遥因不服 13 号案民事调解书，以案外人的身份向广东高级人民法院申请再审。广东高级人民法院再审审查认为，欧阳楚理、李遥并非 13 号案的当事人，其在新《民事诉讼法》施行后主张其未参加诉讼，但已生效的 13 号案民事调解书损害其合法权益，其应通过另行提起诉讼的方式来请求改变或撤销该调解书，而不应以案外人的身份申请对该案进行再审，于 2013 年 5 月裁定：驳回欧阳楚理、李遥的再审中请。

2013 年 5 月 21 日，欧阳楚理、李遥依据新《民事诉讼法》第 56 条第 3 款的规定，向清远中级人民法院起诉，请求判令：撤销 13 号案民事调解书。清远中级人民法院审理后认为，欧阳楚理、李遥与 13 号案诉讼标的无直接利害关系，不是该案有独立请求权的第三人。欧阳楚理、李遥与岭南公司之间为一般债权债务关系，该债权债务关系与 13 号案争议的股东权利义务关系之间并无牵连关系，且 13 号案不涉及该债权债务关系的处理。因此，欧阳楚理、李遥只是 13 号案的一般案外第三人，也不是该案适格的无独立请求权的第三人，裁定驳回原告欧阳楚理、李遥的起诉。欧阳楚理、李遥向广东高级人民法院上诉，形成本诉。

中止审理，否则可能带来债权人滥用第三人撤销之诉程序权利，造成分配方案异议之诉久审不决的新问题。

笔者认为，上述问题的核心在于执行分配方案异议之诉审理中公正与效率的问题，由于第三人撤销之诉的审理结果会直接影响到执行分配方案异议之诉的诉讼标的与审理结果，若不中止审理而第三人撤销之诉原告胜诉，则执行分配方案异议之诉的审理结果将可能因此而改变，造成分配方案异议之诉结果的不稳定性，故原则上应当中止审理。为提高审判效率，笔者建议应规定受诉法院告知债权人（原告）限期提起第三人撤销之诉，逾期未起诉的，分配方案异议之诉应继续审理，债权人（原告）在分配方案异议之诉中仍以生效判决认定的债权虚假为由要求不予分配的，受诉法院不予采纳。

（三）第三人撤销虚假仲裁裁决问题

本文前面主要讨论了通过虚假诉讼获得的裁判文书在参与分配异议之诉中的救济问题。在文章开头中引用的案例涉及虚假仲裁参与分配问题，由于《民事诉讼法》第 56 条第三人撤销之诉的对象限于生效的判决、裁定、调解书，并不包括仲裁文书。仲裁包括劳动仲裁和商事仲裁。对于“一裁终局”的劳动仲裁裁决不服的，用人单位可在收到仲裁裁决书后依照《劳动争议仲裁调解法》第 49 条之规定申请撤销；对于商事仲裁，当事人可在收到裁决书后 6 个月内申请撤销。同时，《民事诉讼法》第 237 条第 2 款、第 3 款还规定了仲裁裁决不予执行制度。但对于虚假仲裁裁决或调解损害第三人债权的，现行法律并未赋予第三人申请撤销或不予执行的救济途径，实务中法院往往以虚假仲裁损害公共利益为由裁定不予执行仲裁裁决或调解书。[①] 债务人与他人恶意串通虚假仲裁侵害的直接对象往往只是其他债权人个别的利益，故有观点认为，“这种将个别案外人的权益扩张解释为公共利益的做法，过于牵强，充其量只是法律不尽完善情况下的权宜之计”，我国应参考法国“第三人取消仲裁裁决的异议”制度，构建我国“案外人取消仲裁裁决异议之诉制度”。[②]

笔者认为，依学界通说，我国大陆第三人撤销之诉制度的构建是借鉴了台湾地区的“第三人撤销判决”制度和法国的“第三人撤销判决异议制度”[③]，而法国“第三人取消仲裁裁决的异议”制度正是适用法国“第三人撤销判决异议制度”[④]，在我国业已建立第三人撤销之诉制度的前提下，可以考虑建立与之对应的第三人撤销仲裁裁决制度，为仲裁裁决侵害第三人利益的情形开辟新的救济途径。若今后建立起第三人撤销仲裁裁决制度，在参与分配异议之诉审理中，在虚假仲裁裁决参与分配已经到损害第三人的债权的情况下，应当允许第三人另行提起取消仲裁裁决的途径予以救济。

① 叶跃：《虚假劳动仲裁调解书应裁定不予执行》，载《人民司法·案例》2012 年第 24 期。

② 汪勇钢、陈伟君：《在幻象中寻求突破：虚假仲裁现象研究——兼议案外人取消仲裁裁决异议之诉制度的构建》，载《法律适用》2012 年第 1 期总第 310 期。

③ 张卫平：《中国第三人撤销之诉的制度构成与适用》，载《中外法学》2013 年第 1 期。

④ 汪勇钢、陈伟君：《在幻象中寻求突破：虚假仲裁现象研究——兼议案外人取消仲裁裁决异议之诉制度的构建》，载《法律适用》2012 年第 1 期总第 310 期。

结语

本文基于执行分配方案异议之诉的新类型案件的审理出发,对于虚假诉讼中常见的利用虚假诉讼获得生效法律文书来稀释债权、躲避债务这种常见的规避执行行为,以新《民事诉讼法》第56条第3款确立的第三人撤销之诉制度为契机,讨论了现行参与分配异议之诉制度的完善设想,并建议建立我国的第三人撤销仲裁裁决制度。执行分配方案异议之诉和第三人撤销之诉确立实践尚短,相关的制度还需在司法实践中不断完善,期待能有更多更深入的探讨。

前移、精细、评估：民事争点整理程序的三重路径

张晴[①]

一、回应质疑：争点整理程序的价值定位

争点整理程序是两大法系审前程序的核心内容，既是实体问题，也是程序问题。在我国无明文之界定，法学界较为统一的广义认识认为争点涵盖了事实争点、法律争点、证据争点和程序上的争点。[②] 争点整理的过程实际上是当事人之间、当事人与法官之间就以上分歧达成共识，法官予以阐述告知，乃至明确固定的过程。

具体而言，双方当事人在审前通过书面或口头方式提出事实主张、证据资料，并无保留地向对方和法官开示；法官在熟悉当事人已主张的要件事实、间接事实、辅助事实和证据资料的基础上，就存在的法律争点与当事人商讨，协助当事人排除无争议的事实、略去不必要的证据，使双方就实质性的争点达成共识。

（一）质疑一：争点整理是否增加实体价值？

争点整理程序在实践中操作不一，首要争议便在于大费周章地引入该程序是否能增加实体价值？我们不妨从一则现实案例来剖析：

A 向 B 借款 2 万元并约定利息，借款时间为 1 个月。A 同时找来 C 作为借款保证人，保证合同中约定在本金及利息不能还清之时，由 C 承担保证责任。借款到期后，B 多次向 A 索要欠款未果，但从未向 C 主张过权利。后因 A 下落不明，B 在保证期间届满后第二天将 C 起诉至法院，要求 C 承担保证责任。

本案中保证期间的最后一日恰逢星期日。B 认为依据法律对国家休息日的规定，保证期间时效的计算日应相应顺延，自己仍在期间内主张权利，C 应承担保证责任。C 则辩称，保证期间与诉讼时效不同，保证期间是除斥期间，不因任何事由中止、中断和延长，按照法律规定自己的保证义务应当免除。

在庭前准备阶段，法官召集了双方当事人共同协商整理争点，多次沟通后发现本案的争点不是借款和保证的事实，而是集中在"保证期间最后一日为节假日时可否顺延"的问题上。获悉最终争点后，法官据此当庭调解，释明告知双方保证期间是一种除斥期间，它是一种法定的权利存续期，不存在中断、中止、延长的情形。经过协商沟通，B 主动撤回起诉，并表示

---

① 张晴，思明法院审判管理办公室科员，此文获得全国法院系统第二十六届学术讨论会优秀奖。

② 齐树洁主编：《民事审前程序》，厦门大学出版社 2009 年版，第 84 页。

待找到债务人 A 后直接向其主张权利。[①]

本案中，审前的争点整理程序固定了案件焦点，明确了双方对于借款和保证的事实没有争议，争议焦点则是"保证期间最后一日为节假日时可否顺延"，这一争点的归纳既为庭审指明了方向，也为后续的调解过程奠定了基础。可见审前程序的完整性和争点整理的有效性可以从很大程度上促进庭审效率的提高，增加程序确实可增加现实价值，形成有针对性、快捷高效、和谐对抗的审理模式。

（二）质疑二：争点整理是否增加程序价值？

增加争点整理程序带来了诉讼环节的改变，强化了对诉讼程序的整合，不但不会阻滞原有诉讼程序的进行，反而"打通了关节"，促进集中审理和审前介入，增加了诉讼的程序价值。

1. 践行集中审理原则

台湾学者邱联恭即表示，"诉讼之本案审理应尽可能使程序集中化，并以一次言辞辩论期日即可终结为理想，此即所谓集中审理主义之要求"[②]。争点整理程序以促进一次言辞辩论终结为目标，且当事人和法官三方均参与争点归纳过程，更能接触到实质性的争点，效率远胜于法官自行阅卷而得到的初步争点或表面争点。

2. 解决"一步到庭"的困境

根据笔者的摸底调查发现，一线法官的审判经验普遍反映能够在审前进行争点整理的案件比例仅为 10%左右，大部分案件仍然采取"一步到庭"的审判方式。实践中审前阶段几乎是书记员一人的工作，法官出于中立性的考虑基本不主动参与到案件的争议中来，即使在目前追求调撤效果的价值指引下对审前介入有所加强，但对于获取实质信息而言仍显不足。加之案件纷繁复杂的审判压力使法官不得不面临庭上解决纠纷的现实，而当庭处理无疑对于法官的审判辨析技巧和总结评判能力的要求过高。当前对司法公正的期望如此之高，几乎使法官陷入"判则上诉上访，不判则案件积滞"的两难困境。争点整理程序则凸显了法官控制诉讼的司法理念，法官通过争点整理把握住案件的核心环节，有利于庭审过程的主动裁判，避免审前无实质审理直接一步到庭，并迫于结案压力当庭裁判的困窘，有助于诉讼程序的流畅进行。

（三）质疑三：争点整理是否增加法官和当事人的负担？

增加争点整理是否增加法官和当事人的负担是衡量该制度利弊的重要问题，从程序的运行顺序来看，不过是将庭审中必须进行的归纳讼争焦点的工作前置到审前，提前固化了争点，并无工作量的增加。

1. 提前明确和固定争点

案件审理的基础性工作莫过于对案情脉络的掌握，实证数据显示，囿于法庭审理时间性、程序性的限制，在没有律师辅助的情况下，65%的当事人难以将所需反映的案件事实准确、全面地呈现在庭审中，庭上大部分时间在重复起诉意见和答辩意见，另外对于法官总结

---

① 案例来源于中国法院网，http://www.xmcourt.gov.cn/pages/ContentView.aspx? CmsList=133&Cms ID=153，于 2014 年 5 月 10 日访问。

② 邱联恭：《程序制度机能论》，台湾三民书局 1999 年版，第 210～211 页。

的争议焦点持有异议或进行补充的占到30%。[①] 从技术角度上，局限于法庭审理阶段再进行焦点整理大大增加了法官直接客观公正地做出法律判断的难度，也使当事人处于自说自话的同义反复中；从经济角度上，争点整理程序启动便捷、程序并不复杂，总体而言经济成本和时间成本都符合理性人的选择要求。省略了规范式的庭审程序，又可以实现因案制宜和繁简分流，在当前司法资源有限的境况下，增设争点整理表面上增加了司法资源的投入，实际上可以将部分简单的案件阻挡在庭前，从而使工作重点落脚于疑难复杂的案件上，提高了司法资源配置的针对性，有效缩短了各类案件的审理周期。因此表面上增加了工作量，实则不过是提前进行，也是“磨刀不误砍柴工”的做法。

2. 防止争点扩散和突袭

审判实务中常常存在“越争越多”“越辩越乱”的问题，这种争点扩散或突袭的现象，源于当事人的法律知识缺乏、思维易受影响，或者在庭前隐藏拥有的证据、持有的观点，意图通过攻其不备的辩论以获取最后的胜利。争点扩散或许可能在法官的引导下戛然而止，但争点突袭将使庭审成为比拼诉讼技巧的战场，这种策略部署也许能增加胜诉的概率，但更可能将案件引入复杂化，对于获取实质正义并无助益。而争点整理程序要求双方当事人在审前必须展示其拥有的事实和证据，当事人可以对案件的整体情况有较为理性的掌握，同时由于准备过程详尽也可以更好地防止争点的随意扩散和对方突袭的可能性，减少诉讼攻击性，整理结果更贴近审判事实。

3. 促进自主纠纷解决

法官居中调解或促进当事人和解的最佳时机是在诉讼形成的早期和法官判断基本形成这两个阶段，此时当事人对抗性较弱，执拗于自身主观认识的意愿还没那么强，法官也不至于受到多重证据和多次言辞的干扰。相对应的，最能提高当事人纠纷解决意愿的时机便是诉前调解阶段和争点整理阶段，由于争点整理阶段存在暗示庭审实际效果的指引，从某种程度上可以助推当事人的理性判断。[②] 只需在该阶段输入易于达成共识的处分观点就可以直接进入争议问题的核心，无须在认定事实和法律规范方面浪费时间，是促进自主纠纷解决的可靠途径，本质上说还能减轻法官和当事人的工作量。

（四）质疑四：争点整理是否限制了法官恣意和徇私？

表面上看争点整理和法官主观作为没有直接关联，实则可以通过争点整理从程序上规制法官权能和徇私现象。

众所周知，法官恣意容易导致裁判不公和司法腐败，若在开庭时由法官整理和确定争点，并将该争点带入实体审查的过程，容易造成法官自由裁量的随意性。而争点在庭前的归纳直接指引了庭审的方向，整理的过程将争点的不确定状态逐步缩减、吸收、消化和固定。同时，三方均在庭前开诚布公地交换各自的观点意见，不是法官一人的决定，可以防止因法

---

① 笔者从所在法院的一审普通民事案件中随机抽取了20个案件，其中13个案件的当事人在法庭中多次重复自述观点，6个案件的当事人对法庭归纳的争议焦点持有异议或进行补充。

② 正如邱联恭教授所指，“争点整理有助于法官、当事人以及诉讼代理人、诉讼关系人认识该事件的案情全貌，更有机会寻得纷争发生的真正原因或解决纷争的应有取向，借此了解当事人各自处境，从而决定是否及如何成立和解”。

官自行公布争点引发徇私的嫌疑,也可使得当事人在实体和程序上对司法产生双重信任。

从对以上质疑的回应来看,争点整理程序具备了集中审理、固定争点、防止突袭、促进和解和限制恣意等重要功能,实例中也存在现实价值,因此在实务中构建体系化、制度化、本土化的争点整理程序显得尤为必要。

二、实然阙如:司法实践中的困局

当前我国的民事争点整理程序没有完备的制度建构,在2012年新修订的《民事诉讼法》和最高人民法院《关于民事诉讼证据的若干规定》中存在部分零碎的制度片段,现行的实践操作并不规范,存在脱离证据交换环节、效率低下和信息不对称等现象。

(一)争点整理与证据交换的背离

有学者认为,我国实践中的争点整理程序存在于最高人民法院《关于民事诉讼证据的若干规定》中第39条第2款的规定,"通过证据交换,确定双方当事人争议的主要问题"。[①] 由此可见,目前实践中的争点整理程序是附着于证据交换制度运行的。应当说,争点整理和证据交换密不可分,当事人在初次陈列主张后法官可以概括出初步争点,围绕初步争点进行证据交换,证据交换后将初步争点修正为真正的争点,再据此进一步寻求新的证据论证,通过如此反复将争点明确和固定,形成对案件有程序约束力的争点。

但在实践中,由于证据交换的实践操作不一,与争点整理的目的有所背离。有的法院将证据交换作为送达补充的简单交换,有的却将其作为开庭审理的替代而过度介入,造成了欠缺法律知识和诉讼技巧的当事人不再追求争点固定的目标,而法官急于走过场不注重实质意见获取,完成证据交换后就立即进入庭审等现象。本应紧密联系的争点整理与证据交换逐渐背离,获取并固定争点的目的无法依附证据交换得以实现。

(二)审前获取的实质信息沦为"沉淀成本"

美国法律经济学的代表人物波斯纳曾指出,"概率的评估乃是处理不确定因素的一种有用且理性的方式,当新信息注入时,人们应随之刷新有关概率的评估,而新信息对于人们最终决策的影响则有赖于证前可能性的判断"[②]。这意味着,审前争点整理程序获取的信息是进行概率评估的基础,理性地利用该信息将有助于庭审中的判断。换言之,倘若证据交换并未达到争点整理的目的,案件矛盾将悬疑不决带入庭审阶段,则审前进行的调解、开示等努力基本都化为乌有,法庭审理阶段会对案件脉络重新梳理、讼争焦点重新归纳,对证据也将逐一举证质证。可以说,审前所消耗的社会成本并不少,但基本都沦为了"沉淀成本",[③]着实可惜。

---

① 姜启波:《民事审前准备》,人民法院出版社2005年版,第192页。

② 理查德·A.波斯纳:《证据法的经济分析》,载《斯坦福法律评论》1999年版,第1514页。

③ 微观经济学中,"沉淀成本"是指已经发生的但无法收回的费用。假若争点整理程序没有达成合意,进入庭审后需要重新整合诉求、提供证据、固定争点、协调调解,在审前消耗的社会成本和个人成本均无价值体现,可以认为是无法收回的沉淀成本。

(三)信息不对称导致逆向选择问题

以一种微观经济学的维度来审视争点整理程序的进程,可以将争点整理程序看作是由双方当事人、法官组成的小型"市场",[①]且称之为"争点市场"——各方针对"以何种争点成交"进行"讨价还价"的博弈现场。倘若越过争点整理程序,当事人各执筹码直接在"庭审市场"中进行决策,往往因为对对方的论点不熟悉,也即信息不对称问题,造成各执己见的混乱。如果双方均存在信息不对称,加之我国目前不具备证据失权模式的制度保障,就可能产生逆向选择问题。

逆向选择常见于一方当事人知悉了对方的全部证据,同时选择性地隐藏自身拥有的有利争点、证据或规则,意图在庭审过程中突袭使用,这种"突然出击"的心理使当事人具备假意隐匿有利证据、不将全部证据在审前公之于众的逆向选择动机。如果此时法官按照不对等的信息进行庭审,似乎从程序上未确立起双方平等的地位,双方攻防的"武器"不平等,且判决结果倾向于选择"不诚信"的当事人,遵守规则全部开示证据的一方很有可能败诉。这样的激励机制导致各方均缺乏主动公开信息的动力,逐渐与法律规则背道而驰,对程序的遵从和认同更加无从谈起。

三、样本借鉴:台湾地区争点整理规则的实用性分析

台湾地区的争点整理规则规定于修订后的"民事诉讼法"中,规则基本将案件审理分为争点整理阶段与证据调查阶段,法院被要求集中的、有计划的审理争点,并在调查证据以前,先行整理掌握争点,以促进审理的集中化。[②] 台湾地区的争点整理程序主要以一次性解决纠纷、促进高效诉讼、诉讼经济为贯彻目标,用以合理分配有限的司法资源,与我国当前现状和旨在解决的问题比较类似,可将其作为分析的样本予以借鉴。

(一)相关规则特点分析

1. 法官职权主导和当事人自主整理

在台湾地区"民事诉讼法"的相关规定中,法院应在言辞辩论期前,使当事人整理并协议简化争点,必要时,"得定期间命当事人就整理争点之结果提出摘要书状……应以简明文字,逐项分段记载"。[③] 其主要特点表现在法官推动争点整理程序的职权较大,可以决定何时启动、整理期限、何时终结;当事人一般处于遵从的地位,但当事人自主决定争点归纳和证据佐证的实体问题,法官无法影响当事人的选择。

2. 法官行使晓谕争点的阐明权

台湾地区对于将争点晓谕双方的时间也予以明确,即法院在调查证据之前,"应将诉讼有关之争点晓谕当事人"[④]。此规定与日本诉讼法相类似,法官处于交锋中中立者和控制者

---

① 市场是富有效率的"看不见的手",运用市场的自由竞争、平等议价等手段可以实现"争点信息市场化"的结果。

② 邱联恭:《争点整理方法论》,台湾三民书局 2001 年版,第 5 页。

③ 参见台湾地区 2009 年修订的"民事诉讼法",第 268—1 条。

④ 台湾地区 2009 年修订的"民事诉讼法",第 296－1 条。

的角色,作用在于将当事人对争点不合规范的表达“翻译”为法律语言,从而使当事人更有针对性的准备。而法官充分行使释明权,晓谕争点整理的效力和程序的进展程度等内容,辅助当事人整理争点,并致力于达成一致共识。

3. 违反争点整理程序的制裁措施

对于违反争点整理程序的制裁,大陆法系国家的通常做法是承担失权的后果,台湾地区规定了“当事人意图延滞诉讼,或因重大过失,逾时始行提出攻击或防御方法,有碍诉讼之终结者,法院得驳回之。攻击或防御方法之意旨不明了,经命其叙明而不为必要之叙明者,亦同”[①]。即原则上不可以在庭审时提出未在争点整理程序中主张的事项和攻击防御的方法,通过强制性地使不遵守法律规则的一方承担不利的后果,促进当事人依照程序要求进行。

(二)实用性借鉴之处

1. 规范化的争点整理程序

台湾地区争点整理程序的纯熟得益于制度化的建设和完备的程序规制,“民事诉讼法”的规定相当谨慎严密,特别是对诉讼程序的价值加以确认,并规定了相应的配套流程,避免程序反复启动和证据随时提出主义,此举对于争点的固定具有强制力,也便于法官操作执行。

2. 法官与当事人权责分配明确

台湾地区的争点整理程序体现了法官职权主义和当事人主义相结合的特点,表现为:一是加强法院的争点整理规制权,通过法官的适时介入保证争点整理的科学、妥当,以确保全部流程高效规范;二是更多赋予当事人协商争点的空间,充分体现当事人处分权主义,力求充分发挥法院与当事人在争点整理上的协同功能,共同推动争点的达成。[②]

3. 争点整理的效力确立

台湾地区对于争点整理的效力确定为同时约束当事人和法官,且前诉确定的争点效,既判力及于判决主文的诉讼标的。[③] 这意味着在诉讼中确定的争点效力不仅局限在本案之中,对当事人后诉的案件可认为其是相对免证的事实,避免反复推翻和起诉,达到终局性强制解决民事纷争的目的。

4. 证据失权的配套措施

证据失权制度是一种强制性措施,与争点整理程序的结束密切相关。台湾地区的证据失权制度表现为在庭审中提出的未经争点整理的事项不予支持,这无疑对于证据的及时性、准确性和公开性提出了较高的要求。当然,严苛的证据失权制度应以强制答辩和证据开示为基础,失权也不能突破社会公平正义的良知底线,“意图延滞诉讼,或因重大过失”的考虑

---

① 台湾地区 2009 年修订的“民事诉讼法”,第 196 条。

② 黄湧:《我国台湾地区民事诉讼争点整理程序分析与借鉴——兼论集中审理与能动司法的契合》,载《法律适用》2010 年第 9 期。

③ 新堂幸司:《新民事诉讼法》,林剑锋译,法律出版社 2008 年版,第 492 页。争点效含义为:“在前诉中被双方当事人作为主要争点予以争执,而且法院也对该争点进行审理并作出判断,当同一争点作为主要的先决问题出现在其他后诉请求的审理中时,前诉法院对于该争点作出的判断将产生通用力,就是所谓的争点效。依据这种争点效的作用,后诉当事人不能提出违反该判断的主张及举证,同时后诉法院也不能做出与该判断相矛盾的判断。”

从主观方面对失权的前提进行界定，避免因追求效率而过分损失公平。

四、前移、精细、评估：构建本土化争点整理程序的三重路径

（一）前移路径：塔形结构下的当事人主义

1. 程序设置：争点整理程序前移

我国《民事诉讼法》中规定的证据交换和举证时限制度可以看作是争点整理程序的前提条件，是对证据随时提出主义的修正。争点整理程序可以依附于证据交换制度和举证时限制度的建立，只有在庭前阶段才能最大化彰显其提升效率和缩短审限的效用，最便捷的路径就是将其从庭中的归纳焦点环节前移到庭前。

实践中，可以将争点整理程序提前到举证期限届满之后，与证据交换交叉运行。从初步争点的确立，到围绕初步争点进行证据交换，再将初步争点修正为真正的争点，两种程序并行不悖，如此反复最终将争点明确和固定，并确定其效力，到了庭审过程法官只需列示争点，无须在庭中归纳，节约了诉辩的来回，加快了司法的节奏。

2. 整体架构："法官主导与当事人外包"的塔形结构

法官和当事人都是争点整理的主体，共同促进争点的达成。但从根本上必须确立起"法官主导、当事人外包"的塔形结构。如图 1 所示，法官处于"塔尖"位置，即法官可以发挥职权作用主导争点整理流程，具备启动程序和控制程序进展的权力；当事人则"外包"了争点整理的内容，构成"塔体"，即有权在法律许可范围内自主支配民事权利和诉讼权利，例如提出诉讼标的、提出证据、否定他人主张、争点协商、实现和解权等程序和实体上的请求权和选择权，实现当事人处分原则的合理使用，避免法官对争点整理"全盘操控"，先入为主的产生实体上的预断。

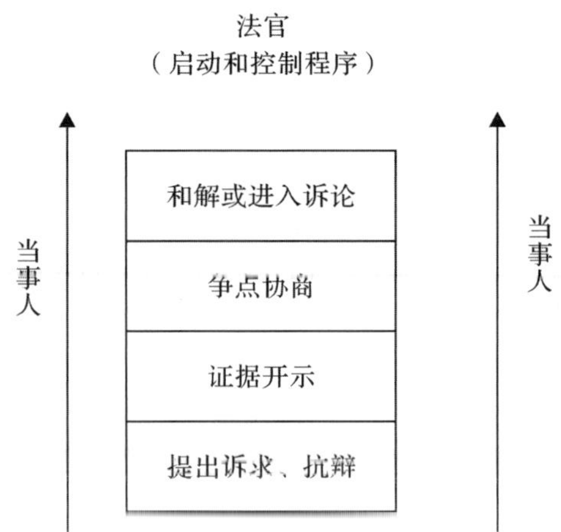

图 1 "法官主导与当事人外包"的权责分配结构图

3. 贯穿原则：辩论原则和集中审理原则

争点整理程序要求当事人在审前提出诉讼主张和相关证据，此为贯穿辩论原则的体现，前提是法院需以当事人提供的主张和证据作为裁判的主要依据。这意味着法院调查取证必

须限缩在合理范围内,因为这类证据效力通常强于当事人提供的证据,又不受证据失权效果的影响,倘若法院过度介入则容易破坏当事人攻防的平衡。

另外,我国民事诉讼设立的集中审理原则在实践中形同虚设,法院往往因为案件多而采取并行审理的方式,导致法官仅凭借书面记录裁判的情况屡见不鲜,且诉讼时限因此延长,裁判准确性也随之降低。从近年来司法改革的轨迹来看,实务的变迁已逐渐明确集中审理的走向,一旦经过争点整理,则必须要求言辞辩论集中于庭审,且以一次为最佳期限,杜绝审理的片段化和分割化。此外,还必须摒弃证据随时提出主义,突出争点整理的实效意义。

(二)精细运作:证据开示到合意趋同

1. 同步建立:证据开示制度

作为司法公开的一项具体化举措,证据开示制度用于诉讼一方从另一方获得与案件有关的事实情况和其他信息,主要目标即进行证据信息披露,公开化各方当事人掌握的资源。证据开示也是争点整理的同步程序,比之庭审过程的证据审查和举证质证,证据开示会带给当事人更多的"安全感"和"信赖感",各自都因为掌握了对方的主要情况更有针对性。也能促进双方对立情绪的缓和,减少不必要的证据和焦点争议,在一定程度上提高裁判结论的公正性和信服力。

2. 信息利用:平台共享资源

双方在争点整理过程中获取的信息如未总结利用,将在庭审过程中再次整理获取,实属资源浪费。如何增加信息的利用率?搭建证据开示共享的平台是利用先验信息的可行方法。这启发笔者产生了一个思路,如图 2 所示,从以往诉前调解、证据交换和争点整理后再增加一条信息利用渠道,即建立一个内部享有的、公开透明的小型"市场"——证据开示的平台——以实现争点信息在该平台上的共享。① 在这个信息平台中,当事人各方必须提交各自拥有的证据信息,同时也可以看到其他当事人提交的信息,未在此提交的证据庭审中将不予采用或是不予质证,增加经过证据开示共享的信息的实际价值。

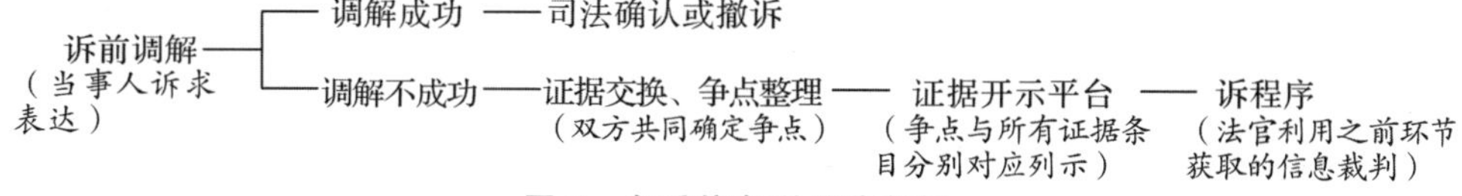

图 2 多重信息利用流程图

3. 争点走向:法官引导当事人合意趋同

经过争点整理程序后,有一部分具有和解可能的案件通过梳理,将被逐渐引入到一个合意趋同的轨道中来。在对证据反复主张、否定、再主张、再否定的过程,实际上就是当事人双方合意逐渐达成的时间轴。如图 3 所示,$F(x_1)$ 和 $F(x_2)$ 表示的当事人双方的合意随着程序的深入递进,通过 A 进程的争点整理从早先的意愿背离到最终的逐渐趋同,并在 B 进程的和解结果下达到二者的利益契合点,此时的总体社会效益最大,案件得到最妥善的处理。

① 笔者对于该平台存在以下设想:该平台的构建以信息化系统为基本架构,将每个案件所有的证据信息按照类型、证明对象、证据力等分类,并形成数据条目,以逐条录入数据库的形式建立。通过数据库运行有利于保存、共享、分析、保密以及事后评价,成为法院司法过程中的宝贵资源。

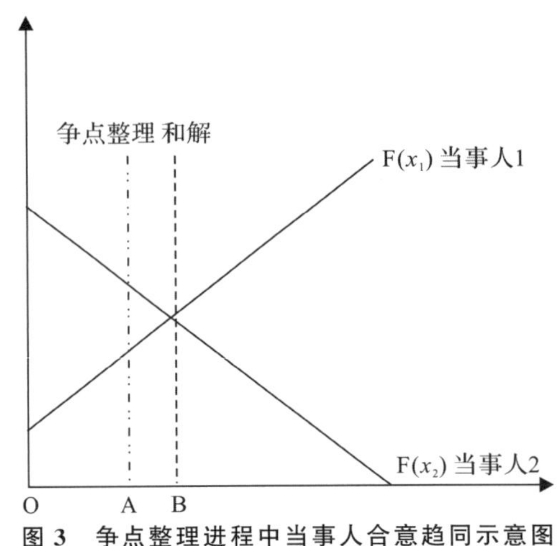

图 3 争点整理进程中当事人合意趋同示意图

(三)效力固定:争点归纳至早期中立评估

1. 争点整理的效力

争点确定的效力是审前准备程序完备的直接体现。争点整理程序通常存在审前判决、争点简化协议、调解和裁定等终结的方式,[①]整理结束后必须及时固定其效力以确定法律效果。台湾地区对于争点整理的效力确定为同时约束当事人和法官,我国的制度设计可以借鉴其相关规定,设置一定的限制幅度,即将当事人限定在最终争点的范围内辩论,当事人脱离争点之外的陈述法庭将不再采纳;同时将法官限定在争点确定的范围内裁判,法官不得主动探求未知的事实,避免徇私和偏颇,由此确立争点的拘束力。

2. 早期中立评估

早期中立评估是美国司法部实践的产物,其基本程序是在审前将当事人召集在一起,对案件涉及的问题由中立人提出无约束性的评估和现实评价。其充分利用了当事人依赖权威人士的心理,当事人在多数情况下会期望专业人士对该案在审判阶段如何处理做出提示,毕竟中立方比之律师更具专业性和客观性。作为连接审前和庭审的一个重要纽带,早期中立评估是通过预先运行法律框架内的规范对具体的行为模式做出不具备强制执行力但较为精确的预测。在争点整理之后,中立方可以根据已有信息提供给当事人较有参考性的评估报告,辅助当事人自行进行胜负判断,使当事人在诉讼早期做出对自己利益最大化的选择,引导其走向和解。

(四)相关配套措施

1. 调查取证权和证据失权制度

为促使争点整理程序有效运作,应保障和完善当事人获取证据的权利。例如,逐步赋予当事人合法的调查取证权,确保当事人权利不受侵害,并做到权责匹配。

而对证据的时效性也必须予以规制,无节制的证据随时提出主义将干扰正常的争点整

① 赵泽君:《民事争点整理程序研究》,中国检察出版社 2010 年版,第 208~227 页。

理进程。通过证据失权制度对诉讼行为加以时间限制,通常情况下当事人主张的事项若因不可归责的事由不能于准备程序提出的,当事人应负释明责任。由于失权制度是对诉讼效率和诉讼程序严谨性的追求,对实体公正有所损益,因此失权的要求不可过苛,应以不过度损害当事人的实体利益为原则。

2. 法官释明义务和心证公开

法官位居争点整理程序的“塔尖”位置,自然具有释明的义务。这种义务包括澄清定位不清的争点、除去不当争点和补充诉讼材料等,可以保障双方平等,并缩小当事人之间攻防能力的差距。[①] 释明义务的规定避免法官陷入过度干预和被动消极两种极端,意味着法官在争点整理过程中不可随主观意愿强加当事人,也不可不管不问随意处置,在实践中有利于法官寻求司法能动和司法克制的平衡,从而增加司法公信力和裁判认同感。

心证公开属于更深层次的释明义务,当事人通过心证的公开充分参与诉讼各环节,与法官进行信息上的交流,并可以从早期中立评估中获取利益选择权。在确认争点、促成争点协议达成、阐明法律见解等方面均可实现法官心证公开的配套推进。

3. 争点效遮断作用

争点的效力不仅及于本案,对后诉也需要产生一定的“遮断”作用——意味着争点既判力的延续——如当事人对争点予以争执,法院已就争点进行了审理和做出判断,后诉当事人不能提出违反该判断的主张及举证。同时争点既判力的适用具有遮断作用,也就要求当事人在诉讼时,应尽可能将攻击防御方法提出,法院如未审理过的法律事实要被遮断。

我国目前对于争点效的规定未明确细化,如要加强争点整理程序的实际效用必须要适当对争点的既判力进行规定,特别是针对实体上的真实性构建起争点效力的认定规则,以使当事人对于争点予以重视,适时提出证据进行攻防,也避免重复滥诉、同义反复的现象产生。

---

① 台湾地区民事诉讼法研究基金会:《民事诉讼法之研讨(四)》,台湾三民书局 1993 年版,第 172 页。

新三板股票司法变价实务研究

徐美玲、赵国军[①]

一、缘起:由一则执行案例[②]引出的思考

兴隆担保公司与吴某、刘某发生民间借贷纠纷,法院判令吴某、刘某偿还该公司欠款若干万元。诉讼阶段,法院应原告之申请,向中国结算深圳分公司发出协助执行通知书,在债权限额内冻结二被告持有的辉煌股份有限公司的股票若干份(含已质押的部分股份)。经查,该股票系新三板挂牌转让的股票;另查,该股票系高管股(有限售条件流通股),且存在另案轮候冻结情形。执行阶段,执行人员除通过口头(电话)、书面(函件)形式向中国结算深圳分公司以及证券公司营业部咨询外,再次前往深圳,直接向该司有关工作人员咨询股票变价事宜。其答复称,根据现行法律规定,该司的业务规则及业务指南,卖出该类股票需由主办券商即证券公司负责,且卖出股票前,法院须先行解冻。但是,在新三板股票目前仍采用协议方式转让[③]、交投不活跃的情况下,证券公司以某一价格报价委托后,无法确定何时能成交,或者以何种价格成交。若股票解冻后,在一定期限内未卖出,另案轮候冻结即转为首次冻结,本案将承担丧失首次冻结(首冻)资格的风险,进而丧失处置财产的主动权。故建议本案采取司法拍卖方式变价新三板股票。

那么,新三板股票为何不能像主板、中小板及创业板股票采取司法变卖方式,即由法院直接指令证券公司强制卖出,并将变价款直接划付至法院账户?哪些因素制约新三板股票的司法变价?变价新三板股票是否必须经由司法拍卖?若司法拍卖,是否必须对股票价格进行司法评估?拍卖保留价如何确定?

二、现状:新三板股票司法变价之实务障碍

股票,是指股份有限公司签发的证明股东所持股份的凭证,是股份的法定表现形式。股

---

① 徐美玲,思明法院党组成员,审委会委员。赵国军,思明法院法官。此文获得全国法院系统第二十六届学术讨论会优秀奖。

② 本案例为笔者经办的一则真实案例,为论述和说明需要,案情介绍中涉及公司名称、自然人名称处皆采用化名。

③ 按照新三板改革计划,第一步,推出协议成交系统(2014 年 1 月份内测,5 月份上线)以取代目前深交所的系统;第二步,推出做市商制度,5 月份内测,8 月份正式上线,现在已进行两次网上测试;第三步,推出集合竞价系统。

票与股权、股份之间是一种形式和内容的关系[①]。它是一种证权证券、有价证券、要式证券、风险证券、流通证券[②],具有可转让性,可以变换现钞,是一种财产权利,可以作为强制执行标的。理论上,新三板股票具有可执行性。实务中如何呢?

(一)查控难,制约股票变价方式

首先,根据《证券登记结算管理办法》第 14 条,最高人民法院、最高人民检察院、公安部、中国证监会联合发布的《关于查询、冻结、扣划证券和证券交易结算资金有关问题的通知》(以下简称《查询、冻结、扣划证券规定》)第 1 条、第 3 条之规定,人民法院查询机构或个人的证券账户等数据和资料(证券名称、证券代码、持股余额、持股变动记录、股份冻结情况或其他相关事项,如持有股份人是否为董事、监事、高管,持有股份是否为限售流通股或非流通股),证券登记结算机构以及证券公司应予以协助办理。

表 1

股票类型		主板股票	中小板、创业板股票	新三板股票
查询机构	股票账号信息明确	开户证券公司	开户证券公司	开户证券公司(主办券商)
	股票账号信息未知	中国结算上海分公司	中国结算深圳分公司	中国结算北京分公司[③]

自 2014 年 5 月 19 日北京正式启用全国股份转让登记结算系统(俗称"北交所"),新三板股票的登记结算机构由原来的中国结算深圳分公司变更为中国结算北京分公司,投资者账户基本信息包括司法冻结、质押等信息也将进行系统对接,为确保数据准确[④],在协助执行单位不接受网上办理仅限于柜台办理的情形下,执行人员需要往返于北京与深圳,甚至还要向证券开户的主办券商营业部调查[⑤]。

其次,非上市公众公司的非流通股由证券登记结算机构集中登记、存管;对于流通股,实行双层托管、存管和集中统一的登记体制,具体表现为投资者委托证券公司代为保管证券,证券公司再委托证券登记结算机构对存管的全部证券直接以投资者名义集中登记,因此,对该类股票无法实施实物扣押,而必须通过有关单位办理登记的方式予以冻结。对于非流通股、有限售条件的流通股以及办理质押登记的流通股,必须由证券登记结算机构办理冻结;对于无限售条件的流通股,证券登记结算机构和证券公司均可以办理冻结。人民法院可以根据新三板股票类型(是否系高管股、有无质押),选择主办券商或者中国结算北京分公司办理司法冻结手续。

---

① 范健、王建文:《证券法》,法律出版社 2010 年第 2 版,第 49 页。

② 江必新主编:《民事强制执行操作规程》,人民法院出版社 2010 年版,第 269~270 页。

③ 在正式启用全国股份转让登记结算系统之前,新三板挂牌股票的登记结算业务仍由中国结算深圳分公司办理。

④ 详见《中国结算北京分公司投资者业务指南》关于"查询"中的注意事项(1),第 12 页。

⑤ 详见《中国结算北京分公司投资者业务指南》关于"查询"中的注意事项(2),第 12 页。

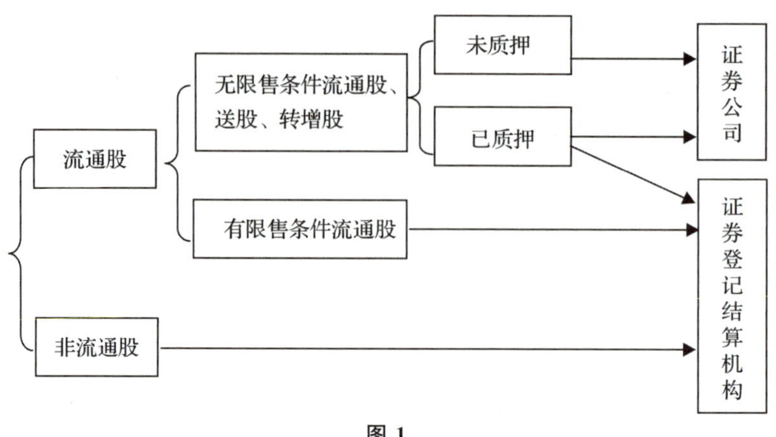

图 1

可见，在现有的传统查控模式下，从查控高效和实效角度来看，证券登记结算机构作为协助查询和冻结单位是人民法院的首选。然而，司法冻结的最终目的不是限制被执行人交易，而是股票变价。因此，协助单位二分、冻结种类单一可能会影响到新三板股票的司法变价。

（二）变价方式选择难，困扰执行实务

根据现行法律法规，股票变价方式包括两大类六个小类（如表 2），实务中，不外乎以下四种方式。

表 2

主体类型	变价方式
当事人主导	强制转让
	当事人自行变卖
	合意直接以物抵债
人民法院主导	司法变卖（委托/自行变卖）
	司法拍卖（委托拍卖/淘宝拍卖）
	流拍后以物抵债

1. 强制被执行人按照公司法有关规定转让股票，再将变价款支付给申请执行人。实践中，一方面，被执行人通常不予以配合，且法院不易控制变价款，财产容易转移；此外，转让还要受制于公司法有关转让的限制性规定。另一方面，股票受让方在得知股票存在司法冻结，特别是轮候冻结的情况下，要么不愿意买受，要么乘机压价，导致成交概率低，故该种方式可操作性不强。

2. 从交易效率的角度，司法变卖股票为首选。即由人民法院委托证券公司变卖股票，但要求待转让的股票股性活、市场上存在公开的交易价格；否则，当股票存在轮候冻结的情形，容易产生解冻后而不能限时成交，丧失首冻资格的不利后果，司法变卖受阻。

3. 从交易安全、程序安全的角度，法院采取司法拍卖为首选，但问题在于如何公正、客

观评估股票价格,如在新三板挂牌的企业都是高新技术企业,一般的投资者对其投资价值看不懂,需要具有专业知识的券商代其估值;此外就是成交概率,如流拍率高低、竞买人限制等。比如截至目前,全国中小企业股份转系统官方网站显示[①],新三板挂牌公司 940 家,总股本 386.9177 亿股,2014 年以来,成交 930 笔,成交股数 27179.4691 万股,成交金额仅为 28.5050 亿元 ,远远低于主板、中小板、创业板市场日成交金额。故司法拍卖也有障碍。

4. 以物抵债。一种是直接将股票抵偿给债权人,用于清偿被执行人的债务,这要求市场上存在公开交易价格或者评估价格。另一种是流拍后,经债权人同意,以物抵债给债权人。该种方式同样会遇到上述障碍。

三、分析:新三板股票司法变价之制约因素

(一)市场因素

新三板股票流通性较差、市场价格机制不成熟制约强制执行实践,影响股票变价的路径选择。

1. 新三板市场公众熟悉度低。新三板,全称全国中小企业股份转让系统,是经国务院批准设立的全国性证券交易场所,服务广大的中小微企业,为创业型、成长型、创新型中小微企业提供股权融资、债权融资、资产重组等服务,管理层有意将其打造成中国的“纳斯达克”,建设成为全国性的“成长创新板”。但由于其历史短,所以市场关注度不高。

2. 新三板市场的投资门槛较高。新三板是产权交易市场,是证券化了的股份交易市场,而不是股票交易市场。这和主板、中小板和创业板市场是不一样的。这个市场主要是企业法人、机构投资者之间的大宗交易,主要是为了企业资产重组、调整结构和上市做准备的市场。[②] 这将广大中小投资者拒之门外。

3. 新三板股票交投不活跃。在现有的协议转让方式下,系统只提供了一个交易平台,不进行集中撮合成交服务,有别于上海、深圳证券交易所的集合竞价和连续竞价,成交速度放慢,遇不到合适的交易对手盘就无法成交,使得新三板交易状况相对冷淡。做市商制度的缺失,无法代投资者估值,不利于实现合理的定价机制,投资者参与积极性不高,交投不活跃。上述三个因素最终导致新三板股票司法变卖遭遇障碍。

(二)法律因素

对新三板股票司法查控的规定散见于法律法规、司法解释等规范性文件中,缺乏统一、规范的强制执行法及具体的操作规程,法院执行通常会受制于协助单位的业务规则、业务指引或业务指南;对于新三板股票司法变价的操作规程,现行规定以及通行教材均属空白,这给基层办案人员带来了新的挑战。

1. 关于查控,现行法律法规笼统、原则,且滞后。就证券交易系统、证券登记结算系统

---

① 全国中小企业股份转让系统官方网站 http://bjzr.gfzr.com.cn/bjzr/bjlb.htm,2014 年 8 月 10 日访问。现官方网站已变更为 http://www.neeq.com.cn/index。

② 杨成万:《激活新三板,股份需要流动起来》,载 http://sbsc.stock.cnfol.com/xsbyw/20140210/16927119.shtml,于 2014 年 5 月 15 日访问。

而言，其自身的网络化程度以及技术水平高，但由于部门利益需要、司法机关与协助单位的协作机制不畅等因素，司法管理系统与协助单位管理系统尚未联网，相关法律规定依然停留在传统非网络查询条件下，显得滞后；股票查控的法律法规也较为笼统、原则，操作性不强。截至目前，尚未出台统一、规范的强制执行法以及网络查控证券的司法解释。实务中，协助单位按照其业务规则或业务指南协助法院办理查询、冻结事项，如中国结算深圳分公司、上海分公司、北京分公司分别出台相关业务指南、业务指引，就协助查询、冻结、轮候冻结、解冻、过户等协助执法事项的办理流程予以明确规定，总体来说是一致的，但还是有细微差别的。比如深圳分公司出台的业务指南规定了“不限制卖出(可售冻结)”的协助业务。尽管中国结算总公司出台了总的指导意见[①]，以便于协调协助冻结单位不一致的效力冲突，强化证券公司冻结效力的优先性，有意引导司法机关直接向证券公司申请办理冻结。但由于业务指南、业务指引分散、不统一，加之当前新三板股票尚处在新旧交易系统过渡期，协助单位从自身业务需要，设置了诸多办理冻结股票的条件和例外情形，比如柜台办理、有限售条件股票及质押登记股票必须到证券登记结算机构办理冻结等情形；此外，冻结类型单一，缺乏有助于股票变价的冻结种类，比如不限制卖出冻结[②]，证券代管机构(证券公司)、证券存管机构(证券登记结算结构)基于自身职能、职责要求，以及避险性考虑，天然地会将协助冻结与协助变价割裂开来。因此，在缺乏一种良好的、周全的冻结——变价一体化机制以及高效、客观的市场价格形成机制的情况下，当出现前述案例中解冻后无法即时成交导致丧失首冻资格的情形，司法变卖方式就会遭遇障碍。

2. 关于变价的法定操作程序，现行法律法规欠缺。(1)首先，司法拍卖问题。从《中华人民共和国民事诉讼法》[以下简称《民诉法》]第 242 条、第 247 条以及最高人民法院《关于人民法院执行工作若干问题的规定(试行)》(以下简称《执行若干规定》)第 46 条、第 52 条的规定中可以看出，除非控制的财产是金钱，否则控制的财产都需要变价，股票变价方式有：强制转让，拍卖、变卖，直接以物抵债。上述规定并未明确上述变价方式的顺位。实务中，通常将最高人民法院《关于人民法院民事执行中拍卖、变卖财产的规定》(以下简称《拍卖、变卖财产的规定》)第 2 条规定“人民法院对查封、扣押、冻结的财产进行变价处理时，应当首先采取拍卖的方式，但法律、司法解释另有规定的除外”理解为拍卖优先原则，并以最高人民法院《关于冻结、拍卖上市公司国有股和社会法人股若干问题的规定》第 8 条之规定作为股票执行拍卖优先原则的佐证，但忽略了但书“法律、司法解释另有规定的除外”，特别是“财产无法委托拍卖、不适于拍卖或当事人双方同意不需要拍卖”的情形。事实上，从《民诉法》第 247 条，《执行工作若干规定》第 46 条、第 52 条的规定联系起来看，对于股票的司法变价，并不必然得出拍卖优先结论。比如在《关于加强对上市公司非流通股协议转让活动规范管理的通知》证监发〔2001〕119 号中规定：证券交易所、证券登记结算公司、证券公司要积极协助人民

① 详见 2005 年《关于协助司法机关冻结流通证券有关问题的通知》。

② 指由证券公司等控制资金账户的单位协助执行冻结。冻结期间，证券持有人可以依法出售部分或者全部被冻结的证券，同时将所得资金转入相关资金账户予以冻结。目前该种冻结类型，仅在中国证券监督管理委员会及其派出机构查处证券违法行为时有权使用。详见《中国证券监督管理委员会冻结、查封实施办法》第 1 条、第 2 条、第 18 条。

法院的司法工作,对于法院裁决要求采用公开征集方式确定转让价格和受让人的上市公司非流通股的协议转让,应当尽先组织安排。(2)其次,司法评估问题。根据《拍卖、变卖财产的规定》第 4 条的规定,评估是原则,不评估是例外。《关于冻结、拍卖上市公司国有股和社会法人股若干问题的规定》第 9 条明确规定,对拟拍卖的上市公司国有股和社会法人股,应当进行评估。而对于上市公司的流通股因其流通性好,无须拍卖,仅需根据市场价格进行司法变卖即可,自然不存在司法评估的问题。那么,拍卖新三板股票是否一定要评估?从《拍卖、变卖财产的规定》第 4 条的但书来看,对于财产价值较低或者价格依照通常方法容易确定的,可以不进行评估;再参照《拍卖、变卖财产的规定》第 32 条第 2 款,人民法院决定变卖的条件之一即"当地市场有公开交易价格的动产",笔者以为,对于新三板挂牌公开转让的股票,尽管交投不活跃,但相比上市公司非流通股或者有限责任公司股权,仍然可以在市场上形成公正、客观的转让价格,新三板股票即使选择司法拍卖变价,也不必一定评估。

但是,在缺乏统一、明确的新三板股票司法变价操作程序的情况下,若出现前述丧失首冻资格风险的情形,法院将在效率、公正与安全的价值之间游移,最终不得不倾向于首选拍卖、评估优先原则,选择耗时耗力且易引发股市动荡的拍卖方式,而弃强制转让、变卖、以物抵债等方式于不顾;选择成本高、周期长的司法评估,而忽略公开挂牌交易价格。

四、建构:新三板股票司法变价之操作程序

(一)确立基本原则

1. 任意转让与强制转让并重。新三板挂牌的股份公司毕竟不同于上市股份公司具有规模大、资合性显著的特点,国家对新三板挂牌的中小微企业、创新型、成长型企业的大力扶持,在保护债权人利益的同时,需要考虑社会整体利益,坚持任意转让优先,鼓励公司内部股东协议转让。强制执行程序中的协议转让属于债权人与债务人即股东执行和解的范畴,只要双方当事人自愿且不违背公司法等有关法律规定,就可以在法院的主持下达成股权转让协议,依法履行有关股权转让的手续。[①] 在确保价格合理,能够控制变价款的情况下,坚持采取变卖方式,督促被执行人股东自行变卖或由人民法院委托证券公司变卖。即便采取强制拍卖方式,也要充分向公司以及股东落实告知义务、信息披露义务,力求在强制变价后,能够有利于公司稳定。

2. 强制转让优先于限制转让。股份自由转让原则是各国普遍坚持的原则,但为防止股市动荡、股票投机,损害其他股东利益或债权人利益,除了发起人股东在公司章程中约定转让限制条款外,公司法、证券法等实体法也对股票转让做出必要限制。一种观点认为对实体法中限制处分的股份,执行中可以冻结,但必须在限制解除后才能进行拍卖;另一种观点认为实体法中对股份转让的限制,仅系限制权利人的自由转让,为保护债权人利益,不能限制在执行程序中进行拍卖。[②] 笔者同意后一观点。事实上,最高人民法院执行工作办公室在

---

① 齐奇主编:《公司法疑难问题解析》,法律出版社 2005 年第 2 版,第 99 页。

② 杨与龄:《强制执行法论》,法律出版社 2002 年版,第 370 页。

2000年1月给福建高级人民法院《关于执行股份有限公司发起人股份问题的复函》[①]中也肯定了这一观点。《全国中小企业股份转让系统业务规则(试行)》(以下简称《转让系统业务规则(试行)》)2.8第1款也做出新三板股票转让限制规定,但是第2款“因司法裁决、继承等原因导致有限售期的股票持有人发生变更的,后续持有人应继续执行股票限售规定”之规定,同样承认限制规定不影响司法拍卖,但对受让人应当继受原股东的限制转让规定。

3. 协助单位的操作细则不得对抗强制执行法律法规。协助单位的操作细则,如证券登记结算机构、证券公司的业务规则或业务指南,其性质系非立法性的规范性文件,一定范围内具有约束力,但从效力位阶上不得对抗立法性规范性文件如强制执行法律法规。毕竟,司法冻结在于限制被执行人的交易行为,而非限制人民法院的强制司法变价,司法冻结应服务于司法变价。现行法律法规并未明确规定将解除冻结作为司法变价股票的前置条件。

4.“公开、公平、公正”三项基本原则。公开是指交易行为、标的、竞买活动均须公开,并事先做公开信息披露;公平指经法律允许的任何投资者均可平等参与;公正是要按照证券管理条例或《拍卖法》,禁止交易中介组织和人员参加直接或关联交易。依据“时间优先、价格优先、价高者得”的原则,即在公开自由竞价的前提下,按出价最高的购买价格达成交易[②]。因为,人民法院在强制变价股票过程中,职权色彩浓厚,程序公开、公平、公正有利于制约权力,维护当事人权益。

(二)完善新三板股票市场交易制度

新三板股票的协议转让的交易方式制约其流通性,进而影响股票变价。为完善市场定价功能,改善市场流动性,按照2013年1月31日公布并施行的《全国中小企业股份转让系统有限责任公司管理暂行办法》第24条之规定,新三板挂牌股票转让可以采取做市方式、协议方式、竞价方式。新三板挂牌公司只要符合相应条件,就可以在三种转让方式中任选其一作为其股票的转让方式。其中协议转让方式,要进行优化:一是降低单笔报价委托数量至1000股。二是增加未成交定价申报收盘自动匹配功能,引入做市商制度,即由两家以上的做市商为一家挂牌公司做市,做市商持续向市场提供买卖双向报价,并在其报价数量范围内按其报价履行成交义务;逐步上线竞价方式转让。概言之,就是让新三板股票的交易要像买卖主板、中小板、创业板的上市股票一样方便。我们有理由相信,随着新三板市场交易制度的逐步完善,新三板股票完全可以与上市公司的股票一样,采取司法变卖方式予以变价。

(三)完善新三板股票司法变价的相关立法

1. 完善司法查控的规定。随着执行信息化建设推进,“点对点”查询机制的协助单位逐步扩展到证券登记结算机构和证券公司,客观上要求最高人民法院与相关协助单位联合出台关于证券的网络查控规定,以便统一、规范、高效查控新三板股票,解决协助单位二分带来的司法变价难题。针对前文分析的冻结种类单一制约变价方式选择的问题,借鉴《中国证券监督管理委员会冻结、查封实施办法》关于证券公司可以办理不限制卖出冻结的规定,修改

① 详见最高人民法院执行工作办公室编:《强制执行指导与参考》(总第3辑),法律出版社2003年版,第201页。

② 褚宁:《从ST三联股权拍卖案例看股份有限公司股权拍卖的相关问题》,载《山东省农业管理干部学院学报》,2010年第27卷第5期。

最高人民法院、最高人民检察院、公安部、中国证监会《查询、冻结、扣划证券规定》的相关规定,增加证券登记结算机构、证券公司均可以办理不限制卖出冻结的规定。因此,新三板股票的登记结算机构即中国结算北京分公司的业务指南中关于协助执法事项也应该增加该项业务。至于不限制卖出冻结的证券类型,笔者认为应予以包括限售流通股。理由在于:所谓限售流通股是对股东任意转让的限制,并不影响法院强制司法变价,自然不应影响到服务于强制司法变价的不限制卖出冻结的证券类型。

2. 完善司法变价的规定。基于前述制约司法变价的法律因素,笔者建议:第一种思路是最高人民法院可以借鉴《关于冻结、拍卖上市公司国有股和社会法人股若干问题的规定》,出台明确、具体的《关于冻结、拍卖非上市公众公司股票若干问题的规定》;第二种思路是将散见于法律、司法解释中关于股票、股权司法变价的规定整合起来,结合新三板股票的特点,制定统一、规范的关于公司(包括上市公司、非上市公司)股权司法变价的规定;第三种思路是完善《拍卖、变卖财产的规定》,明确司法拍卖以及司法评估"但书"的内涵。如对"无法委托拍卖、不适于拍卖"以及"价格依照通常方法容易确定的"应以列举方式进行解释。我们认为,对于新三板挂牌公司的流通股,已经存在或者能够形成公开挂牌交易价格,并不适于拍卖。当然,交易价格的确定,伴随着该股票的成交,在动态博弈中实现。当前的问题在于该价格的形成机制不完善,交投不活跃、成交时间不确定,采取类似上市流通股的司法变卖方式操作难度大,特别是存在轮候冻结的情形。但这并不必然导致拍卖优先的选择结果。相反可以通过完善现行的查控模式、冻结制度以及改革现行交易制度等方式进行司法变卖。退一步讲,即便选择司法拍卖,我们认为公开转让的新三板股票也不必一定进行司法评估。理由在于,一是司法评估的周期长、成本高,而股票价格具有动态性、即时性,导致评估价格难以真实反映股票价格。二是股票价格会在市场博弈中实现。当然,对于新三板挂牌公司的非流通股,由于其非流通的特点,难以在市场上形成公开的交易价格,故必须坚持拍卖优先。

(四)制定新三板股票司法变价的操作规程

(1)查询。在证券公司、证券登记结算机构尚未完全上线执行网络查控系统的现实背景下,在强化被执行人报告财产责任的同时,应强调申请执行人的财产线索提供义务,人民法院在依职权调查时,可以开具律师调查令,由律师调查。协助查询单位可以是中国结算北京分公司,也可以是证券公司,查询范围应包括证券账户、证券代码、证券份额、证券账户开立的证券公司营业部、其他事项如是否为限售流通股或非流通股、是否已被质押或司法冻结等等。

(2)冻结。根据查询的股票类型情况,选取适于变价的冻结类型。如果是流通股,在时间、条件允许的情况下,优先选择不限制卖出的冻结类型;当然,如果情况特别紧急,或者冻结对象为非流通股,则以就近、便利冻结为原则。在现有的"柜台对柜台"的协助执行机制下,实务中应注意查询的准确性、全面性和一次性,与协助执行单位沟通要到位、有针对性,为选择最终便利变价的冻结类型打下坚实的基础,降低沟通成本,提升执行效率。

(3)变价。根据股票类型,如流通股或非流通股,以及股票冻结类型,如限制卖出冻结或不限制卖出冻结,结合被执行人是否存在主体规避的情况,依照前文所述的基本原则,选择合适的变价方式。

1. 变价流通股的情形

(1)若被执行人在法院采取强制冻结措施后,主动配合,则强制转让、当事人自行变卖、合意直接以物抵债等措施就有适用空间,且应该作为首选方式。

(2)对于被执行人存在主体规避的情形,法院强制转让,即强制被执行人自行按照公司法等规定转让股票的措施,显然无法奏效;双方约定市价或者按照市场交易价格,当事人自行变卖、直接以物抵债的措施也无法适用。根据冻结类型,变价方式如下:

一是对于不限制卖出冻结的流通股,变价方式应参照上市公司流通股的变价方式,即法院责令证券公司在合理期限内(30 日)强制卖出股票,并将变价款划付到法院指定账户,也就是人民法院委托变卖的方式。

二是对于限制卖出冻结的流通股,若不存在轮候冻结情形,依然可以采取前述上市流通股的变价方式;若存在轮候冻结情形,变价方式应采取拍卖、变卖方式。具体操作规程严格依照《拍卖、变卖规定》以及《执行工作若干规定》。由于挂牌交易的流通股存在且能够形成公开的市场交易价格,仅是由于冻结类型制约了其变价方式。因此,对拟拍卖或变卖的流通股,可以适用《拍卖、变卖规定》第 4 条之规定,依照“通常方法”(如通过做市商或竞价方式来形成交易价格)来确定价格,可以不进行评估。其他方面的程序与不动产拍卖程序基本相同,但应充分考虑流通股的特点,可以参照最高人民法院《关于冻结、拍卖上市公司国有股和社会法人股若干问题的规定》部分规定,如评估机构的选定、拍卖公告的登载刊物。

这里需要强调的是,由于流通股的价格是在动态博弈中实现的,但司法拍卖具有限时性,因此必须在一个合理期限确定股票拍卖保留价。笔者认为,基于股票价格的波动性以及拍卖的竞价性,应以股票冻结之日起到委托拍卖日止这一段期间的平均价格确定保留价为宜。

2. 变价非流通股的情形

对于非流通股的变价,因非流通股无法形成公开交易价格,故在应严格依照《拍卖、变卖规定》以及《执行工作若干规定》相关变价规定的前提下,参照上市公司的国有股和社会法人股变价方式,必须坚持拍卖优先。

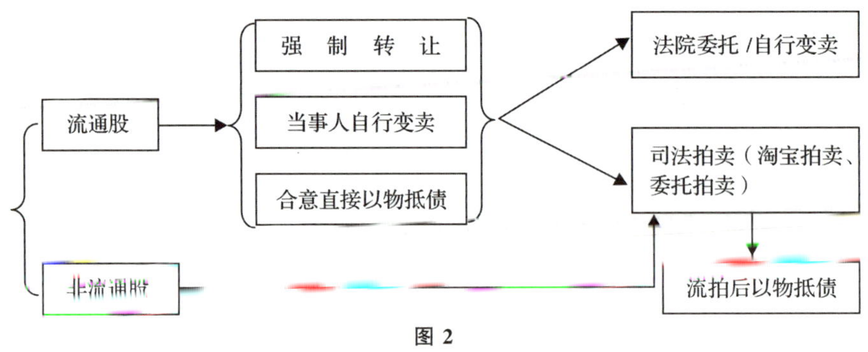

图 2

如何确定拍卖保留价?应以评估价为参照,来确定保留价。关键在于选定合适的评估机构,通常就是具有证券从业资格的资产评估机构。评估时,法院可以责令有关企业提供会计报表等资料;有关企业拒不提供的,可以强制提取;评估中,要从资产价值、盈利价值、成长性价值三个要素客观估值;评估后,应在法定期限内及时送达评估报告给相关权利人,以便公平、公正、公开确定拍卖保留价。

结语

随着新三板改革扩容,新三板市场必将成为我国资本市场的重要一极。新三板股票作为执行标的的案件也会越来越多,本文对新三板股票司法变价的实务操作做一初步梳理,抛砖引玉,希望对实务操作有所裨益。当然,对于司法变价中司法拍卖的程序规范尚需进一步研究。

法官业绩考评视角下案件评查机制的反思与重构

张颖[①]

公正不仅要实现，而且要以看得见的方式实现。

——法谚

引　言

案件评查，作为考量法官办案质量的重要手段，契合了法官业绩考评的内在要求。2010—2012年为期三年的"百万案件评查"及2012年"两评查"等全国法院自上而下开展的评查活动，都将"评查结果记入干警个人业绩档案""作为干警业绩考评的重要依据"等字眼载入活动方案。而在各地法院评查工作实践中，此类规定也成为常态。以笔者所在的S法院为例，其制定的《案件质量评查实施办法(试行)》规定：案件质量评查结果及其责任认定结果列入干警业绩档案，纳入业绩考评范围，并作为年度评先评优以及法官、书记员晋级晋职的重要依据；《岗位目标管理责任制》和《绩效考评暂行办法》同样规定："将案件质量评查结果纳入法官业绩考评，对瑕疵和不合格案件，不同程度地予以扣分，相应减少绩效工资。"随着各地法院案件评查机制的建立和发展，评查结果理所当然成为考量法官工作业绩的重要依据。然而，案件评查机制存在的种种问题导致其与法官业绩考评的现实需求脱钩，评查结果无法有效运用于法官业绩考评工作中。由是观之，在对案件评查机制重新审视的基础上进一步予以完善显得尤为重要。

一、剖面分析：案件评查机制之现状展示

近年来，各地法院相继出台规范案件评查工作的文件，明确了评查机构、人员、标准、范围等，并以此逐步开展形式多样的评查活动，评查机制逐步建立和发展。

(一)评查机构[②]趋于集中化，呈现两种组织模式

目前，最高人民法院对评查机构的设置无统一规定，各地做法不一，但大多经历了由分散化到集中化转变的过程，并主要采取两种组织模式。

① 张颖，思明法院法官。此文获得全国法院系统第二十七届学术讨论会二等奖。

② 2008年，S法院成立案件质量评定委员会，行使案件质量认定的决定权，但在2012年前，S法院案件评查职能主要由审判监督庭人员集中行使；2012年后，S法院出台《案件质量评查实施办法(试行)》，自此建立评查小组(由各业务庭人员组成)、案件质量评定委员会两层级组织模式。

(1)评查工作办公室(下称评查办)单层级组织模式。成立评查办，挂靠在审管办或审监庭，由其负责案件评查的全部事务，评查结果则由该部门人员采取合议制，根据少数服从多数的原则予以认定。此种组织模式主要在部分案件量少或经济落后地区法院采用。

(2)评查小组、案件质量评定委员会(下称质评委)①两层级组织模式。评查小组主要由业务庭部分人员组成，也有部分法院由评查办人员组成，主要职能是对案件进行评查，提出初步评定意见；质评委则是建立在各业务庭之上、审判委员会之下的一个临时性机构，由审判委员会专职委员担任主任，其他成员为各业务庭及相关部门负责人，主要行使评定案件质量的决定权，并对承办人不服评定提出的异议进行复核等。当前各地法院普遍采取此种模式。

另外，评查组织模式在一定程度上决定了评查程序的设置。单层级模式下的评查程序民主性受到质疑，而两层级组织模式在程序的设置上赋予了承办人申辩权，并将复议权交由质评委行使，即评查小组初评、质评委认定(一般仅对初评为瑕疵或不合格的案件进行重新认定)、承办人申辩，质评委复议。

(二)评查范围②趋于体系化，实际操作浮动较大

由于案件量、法官数等诸多因素影响，各地法院纳入评查范围的案件不尽相同，主要有三种模式：地毯式、重点式和三位一体式。“地毯式”评查是将当年已结案件全部纳入评查，这种方式在部分案件量较少、经济欠发达地区法院较为常见；“重点式”评查是仅对发回改判、信访申诉、上级督办等较为重要敏感的案件进行评查，案件量较多、案多人少矛盾突出的法院多采取此种方式。“三位一体式”评查，是采取日常评查、重点评查与专项评查相结合的方式，在“重点式”评查的基础上，根据结案数按一定比例定期开展日常评查，同时根据工作所需对已生效的某类型案件进行专门性评查。此种方式散见于多地法院评查文件中，实际操作时浮动性较大。

(三)评查标准③趋于精细化，具体内容设定繁杂

评查标准上，各地法院主要采取打分制或等次认定制。打分制是对案件实体和程序各环节设置相应地分数，最后以总分衡量案件质量；等次认定制则摒弃对案件逐项打分的方式，设置优秀、合格、瑕疵、不合格等几类质量等次，采取等次设置＋情况例举的方式，对每一等次项下的案件质量问题做详细的例举阐述，符合某一项下例举的则按该等次予以认定。从多地法院的评查文件来看，评查标准项下具体内容的设定试图涵盖审执工作全过程，项目繁多复杂。

---

① 在各地法院评查机构设置上，履行评定职能的二级机构名称不尽相同，如案件质量考评委员会、案件评查领导小组、案件质量评定委员会等，对于在案件评查中履行评定职能的二级机构，下文统称“质评委”。

② S法院建立了日常评查、重点评查、专项评查三位一体的评查范围模式，但2010年至今开展的13次评查活动，针对发改、信访等案件开展的重点评查活动9次，针对“以房抵债”等案件开展的专项评查活动4次，日常评查少有开展。

③ 2004—2012年，S法院采取的是打分制评查标准，由评查人员对被评案件逐一打分，以总分来认定案件质量；2012年后则采取等次认定制，案件质量分为合格、瑕疵、不合格三个等次。

(四)评查内容①趋于扩大化,事后评查仍是核心

2012年以前,案件评查主要是指结案后的质量评查。2012年,最高人民法院自上而下启动"两评查"活动,将关注点放在庭审与裁判文书两个重要节点上,推进了评查内容从事后向事中扩展,各地法院也逐步形成了结案后的质量评查、庭审评查、裁判文书评查相结合的评查内容体系,但结案后的质量评查仍是这个体系的核心。

表1 案件评查机制现状展示一览表

<table>
<tr><td>评查机构</td><td colspan="2">评查办单层级组织模式</td><td colspan="2">评查小组、质评委两层级组织模式</td></tr>
<tr><td>评查范围</td><td>"地毯式"评查</td><td colspan="2">"重点式"评查</td><td>"三位一体式"评查</td></tr>
<tr><td>评查标准</td><td colspan="2">打分制</td><td colspan="2">等次认定制</td></tr>
<tr><td>评查内容</td><td colspan="2">结案后的质量评查</td><td colspan="2">结案后的质量评查、庭审与裁判文书评查相结合</td></tr>
</table>

二、反思检讨:评查机制与法官业绩考评的现实背离

经过多年发展,各地法院案件评查工作取得了一定成效,但作为法官业绩考评的重要依据,评查结果无法有效运用,导致了两者在实际运行过程中的背离。

(一)评查机构权威性不足

"人们一般用互动的过程和形式,而不是用互动的结果来评价他们的法律经验。……人们在乎有没有中立的、诚实的权威,能让他们阐明自己的观点,能尊重他们的尊严。"②案件评查机制的有效运行,一定程度上取决于评查机构的设置。在单层级组织模式下,评查机构与业务庭平级,既是"运动员"亦是"裁判员",权威性自然不足。下文主要探讨目前普遍采取的两层级组织模式。

1. 质评委层级低于法官考评委员会。在两层级组织模式中,质评委是认定案件质量的最高机构,该机构的最高领导一般由审判委员会专职委员担任。然而,根据《法官法》和《法官考评委员会暂行组织办法》,法官业绩考评工作由法官考评委员会负责,法官考评委员会由本院院长、副院长以及有关部门的主要负责人组成,在层级上明显高于质评委,由此产生的问题是:由质评委认定的案件评查结果是否具有纳入法官业绩考评的权威性?

2. 评查小组人员"内部化"构成不合理。作为法院内部人员,撇开"自办自评"的情况,即使是评查他人案件,也难免会出现从轻处理、能过就过等"情面评查",加上有些评查人员顾虑"民主测评、级别晋升"时被他人"报复",很难得出公正的评查结果。另外,为实现一定程度的回避,评查小组之间实行的是交叉评查方式,有些评查人员跨类型审判业务不熟,容

① S法院制定了《案件质量评查实施办法(试行)》《庭审与裁判文书评查实施办法》等相关文件,力图实现审判过程与结果的全方位评查。但2012年至今开展的13次评查活动,仅在2012年最高人民法院自上而下启动的"两评查"活动中对庭审与裁判文书进行了专门评查。

② [美]帕特里夏·尤伊克、苏珊·S.西尔贝:《法律的公共空间——日常生活中的法律故事》,陆益龙译,商务印书馆2005年版,第57页。

易导致评查质量不高。而在评查程序的设定上,评查小组往往具有对案件质量进行整体过滤的权力,经评查小组初评认定为瑕疵或不合格的案件,才会在质评委会议上逐件研究讨论,而初评为合格的案件,一般直接由质评委会议确认通过。由此产生的问题是:那些初评为合格的案件,就真的不存在质量问题吗?由此得出的评查结果是否具有纳入法官业绩考评的真实性和客观性?

(二)启动主体趋于外部化

案件评查作为法院内部监督管理的一种重要方式,本因主要由法院内部自主启动,但实践中却多由政法委、上级法院等部署启动。

表 2 S 法院 2012—2014 年案件评查活动启动主体一览表

年份	评查活动	启动主体
2012 年	百万案件评查活动	最高人民法院启动,全国法院自上而下开展
	庭审与裁判文书“两评查活动”	最高人民法院启动,全国法院自上而下开展
	暂予监外执行案件评查活动	上级法院
2013 年	基层法院发改案件交叉评查活动	上级法院
	2012 年下半年发改案件评查活动	本院
	“三类重点”案件评查活动	上级法院
	2013 年第四季度案件质量评查活动	上级法院
2014 年	“以房抵债”案件及“带租约房产”拍卖案件专项清理活动	上级法院
	2013 年信访案件专项评查活动	上级法院
	发回重审、终结本次执行程序案件评查活动	上级法院
	执法大检查和执法督察	政法委

如上表所示,S 法院近 3 年来评查工作基本由法院外部启动。启动主体的外部化导致评查工作陷入“有启动就做、没启动就过”的尴尬境地,无法适应法官业绩考评日常化、常态化的工作需求;另外,由上级部门启动的评查,对法院而言,在评查结果的报送上必定经过深思熟虑,由此得出的评查结果往往因缺乏客观性而难以满足法官业绩考评的需求。

(三)评查范围设定不均衡

“地毯式”评查目标宽泛,缺乏针对性,往往是“轰轰烈烈走过场”“零零散散挑点刺”;“三位一体式”评查虽可见于多地法院评查文件中,但囿于案件量大、人力物力不足等客观原因,加上法院外部启动主体对评查范围的事先确定,日常评查和专项评查少有开展,而发回重审、改判及信访案件等“重点式”评查成为主要的评查对象,这些案件又基本集中在民商事类型上,刑事和执行案件少之又少。由此产生了两方面的问题:

(1)评查范围不均衡在实践中无法实现考评对象覆盖每一名法官的考评要求,对于评查数较少甚至为 0 的刑事、行政、执行法官,如何从案件评查的角度对其业绩进行统一考评?

(2)从评查角度看,刑事、执行法官案件质量问题较少,反而是办案数较多的民商事法官案件质量问题屡屡出现。由此导致的结果是:办案数越多、案件质量问题则越多,以此作为法官业绩考评的依据是否公平公正？

（四）评查内容选择缺失

在结案后的质量评查、庭审评查、裁判文书评查相结合的评查内容体系中，前者是这个体系的核心，对审判动态过程，如庭审能力、裁判文书制作能力、法律适用能力、与当事人沟通能力等方面较少开展评查。然而，有学者认为，法官业绩考评应将裁判过程与结果综合考量，建立一体化评价体系。① 也有学者认为，法官业绩考评的内容包括审理案件的能力、程序能力、说理能力、合作能力和创造能力。② 虽然对法官业绩考评的内容有不同定义，但可以确定的是，以结案后的质量评查为核心的评查内容体系无法全面反映法官的办案质量，评查工作难以满足法官业绩考评全面性要求。

（五）评查标准形同虚设

打分制或等次认定制评查标准，在具体内容的设定上较为繁杂。实际操作时，评查人员一般不会对照评查标准进行，而多是根据自己内心的尺度予以认定。另外，由于实体标准不易掌握易有分歧，而程序上的标准较易量化，导致评查工作主要停留在比较表浅的程序问题上，案件评查变相为档案评查。加上实践中案件情况纷繁复杂，评查标准不可能对所有问题全面覆盖，评查人员对标准的解读和理解也会出现不一致，进而影响评查结果的客观性和公正性，法官业绩考评的基础受到质疑。

有人把案件评查机制比作秤上的定盘星，定盘星不准，称什么都不准。正是由于其在运行过程中存在的诸多问题，导致评查结果往往具有非实质性特征。

表 3　S 法院 2010—2014 年案件质量评查结果一览表

年份	评查总数	合格数	瑕疵数	不合格数	瑕疵率
2010—2012 年	171	162	9	0	5.26%
2013 年	374	358	16	0	4.28%
2014 年	161	152	9	0	5.60%

以 S 法院为例，上表显示 5 年来 S 法院评查案件瑕疵率在 5%左右徘徊，不合格案件数直接为 0，值得一提的是，上述被评案件大多系发回重审、改判或当事人信访投诉等质量问题较为集中的案件。由此可见，作为法官业绩考评的依据，上述评查结果已然丧失了公正性和客观性要求。虽然“评查结果作为法官业绩考评的依据”已成为各地法院的工作常态，但实践中却难以操作，产生的后果即是案件评查机制与法官业绩考评的现实背离。

二、制度构建：重构案件评查机制的实现路径

最高人民法院“四五改革纲要”提出，要建立科学合理、客观公正、符合规律的法官业绩

① 冯海玲、徐鑫：《论分类管理视角下法官评价体系的重构——以法官塑造为着力点的分析》，载《山东审判》2014 年第 5 期。

② 蔡晖：《法官考评制度改革的若干问题探讨》，载《法律适用》2004 年第 8 月刊。

评价机制。案件评查机制的构建,必须以此改革方向为指导,实现评查结果在业绩考评工作中的有效运用。下面笔者从评查机构、范围、内容、标准等方面提出重构案件评查机制的相应思路。

(一)评查机构的层级设置:业绩考评的权威性保障

没有"级别"支撑的机构难以权威化,案件评查机构也不例外,这在国外对错案申诉的听证审查上也略窥一二。① 笔者认为,应当建立评查小组、质评委、审判委员会三层级组织模式,具体评查程序为:评查小组初评后,由评查办将初评意见反馈给承办人,承办人对初评意见有异议的可以提出申辩,质评委根据评查小组初评意见和承办人申辩意见对案件质量进行评定,如承办人对评定结论不服,可以向审判委员会申请复议。

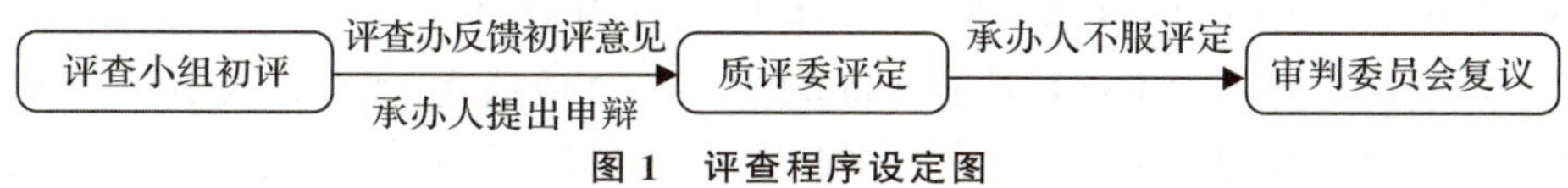

图 1 评查程序设定图

三层级组织模式强化了评查工作的权威性,在一定程度上保证了评查机构的稳定性。全国法院"四五改革纲要"已将审委会改革纳入范畴,在此背景下,将案件评查作为审委会职能转型后的主要工作方向,具有一定的可行性。同时,应当在此组织模式下,改变质评委与评查小组的人员构成。

1. 质评委人员构成"去行政化":案件评查作为法院内部自我监督管理的方式,在当前司法大环境下,具有案件质量评定权力的质评委人员构成,应当限于法院内部人员。但笔者建议,改变以往主要由法院中层领导担任委员的做法,采取"固定+选举"方式确定委员,淡化评查工作的行政化色彩,强化评查结果的客观公正性。固定成员为:审判委员会专职委员以及人事、纪检监察、审判管理部门的负责人,这些人员不具体分管审执业务,与被评案件无直接利益关系,往往能站在客观中立的立场参与评查;其他成员则由各业务庭自主推荐法官、经全院法官会议无记名投票的方式选举产生,上述成员采取不固定的方式,每年选任一次。

2. 评查小组人员构成"客观化":评查小组担负着案件初评的重要任务。在人员构成上,笔者建议借鉴英美法系国家引入"客观第三人"②的做法,在一定程度上解决法院内部人员"情面评查"带来的困境,充分发挥评查小组初评的过滤作用,最大限度地将存在质量问题的案件提交质评委研究评定,提升评查结果的客观公正性。具体可采取以下两种方式:

(1)建立公检法三家评查人员专家库,实行交叉评查机制。目前实践中公检法三家交叉评查的活动时有开展,但基本由政法委牵头组织,评查结果要向其报送,基于对评查结果的

① 对美国 13 个联邦司法巡回上诉法院辖区的相关错误案件或不合格案件申诉的审查或听证,由巡回法院司法委员会负责。该机构由上诉法院首席法官主持,会同相同数量的上诉法院和联邦地区法院法官代表组成,具有较高的权威性。参见最高人民法院审判管理办公室编:《审判管理研究与参考》,法律出版社 2014 年版,第 158 页。

② 美国加州法院法官监督评查组织为司法惩戒委员会,其委员由法官、检察官、公众代表及议会代表等共同组成,任期四年,通过外在客观第三人的介入,监督评查工作避脱了上下行政体制固有的顽疾。参见李昌超:《美国法官监督评查制度的特征及启示》,载《华北电力大学学报(社会科学版)》2013 年第 5 期。

利弊考量和相互博弈，评查结果的客观性难以实现。笔者认为，应当建议上级部门从法院评查机制中逐步退出，改变评查活动多由外部机构启动的现状，由公检法三家自主召开联席会议，组建评查人员专家库，建立相应的交叉评查机制。

(2)返聘退休法官担任评查小组成员。退休法官具有较强的业务能力和丰富的办案经验，能够胜任评查工作，同时与被评人员无利益关系，有效避免了内部人员评查的弊端，也能减轻一线法官的评查负担，实现评查工作的专业性和公正性。

目前，部分法院邀请人大代表、政协委员、律师代表等参与案件评查工作，笔者认为，案件评查涉及审执工作机密，案件卷宗亦不能对外公开，上述人员并不适宜参与具体案件评查，但对于公开开庭审理的案件，上述人员可采取听庭方式参与庭审评查。

(二)评查范围的理性设定：业绩考评的常态性保障

2014 年，全国法院受理案件数达到 1566.2 万件，[①]"地毯式"评查显然不切实际，如何以较少的投入实现较好的评查效果，是确定评查范围的关键。笔者建议，建立日常评查和重点评查相结合的评查模式，将以往专项评查融入日常评查工作中，实现对法官业绩的日常管理。

1. 提升日常评查的针对性。为提升日常评查的针对性，确保评查效果，笔者建议从以下两方面着手确定日常评查范围：

(1)改变将二审发回重审、改判案件作为重点评查对象的常规做法，将其纳入日常评查范围。因该类案件量较大，发改原因除实体或程序错误外，还涉及二审出现新证据、一审和二审法官理解不同等，笔者建议可由评查办负责对该类案件先行过滤，剔除掉新证据新情况及理解不同的案件后，将其他案件提请进入评查程序，后续评查工作按常规程序进行。

(2)因二审发回重审、改判案件主要集中在民商事类型上，实践中长期存在民商事案件评查多、其他类型案件评查少的问题。笔者建议在一定程度上增加执行、行政、刑事案件的日常评查数量。对这类案件，可以采取专项评查的方式，如执行案件终结本次执行程序的专项评查、行政非诉执行案件的专项评查等，以确保各类案件评查数相对均衡。

2. 将调解案件纳入重点评查范围：在二审发回重审、改判案件纳入日常评查的情况下，笔者建议将调解案件纳入重点评查范围。在当前大调解格局下，调解率成为重要考核指标，在"能调则调"理念的指导下，对调解案件的事实审查往往被忽略，将该类案件纳入评查的更是少之又少。然而，在审判监督程序中，调解案件进入再审的不在少数，这说明调解案件同样存在较多的质量问题，将其纳入重点评查范围势在必行。笔者建议，对于涉及大额财产转移类的调解案件、进入到强制执行阶段的调解案件、当事人存在虚假调解可能的案件都应纳入重点评查范围。

(三)评查内容的全面覆盖：业绩考评的全面性保障

实现法官办案质量的全面体现，关键在于改变以往以"结案后的质量评查"为核心的评

---

① 最高人民法院：《2015 年最高人民法院工作报告》，载人民网 http://legal.people.com.cn/n/2015/0313/c42510—26688031.html，于 2015 年 8 月 20 日访问。

查内容体系，在“全覆盖”[①]理念指导下，全方位反映法官办案质量，真正契合法官业绩考评的全面性要求。笔者建议在评查内容体系中增加对法官审判技能的评查，并对庭审与裁判文书评查做相应改良。

1. 审判技能评查。“现代法治社会不仅需要法律具有一定的安全性和妥当性，而且要求法律所有的正义价值在急剧变化的社会中得以全面实现。”[②]这种实现完全倚赖于法官的办案技能，因此对法官办案技能的评查，有助于全面反映法官的办案质量。笔者认为，该项评查内容包括：法官审理新类型案件的能力、运用法律精神创造性解决疑难复杂案件的能力、情理法结合化解社会矛盾的能力等。具体可采取法官个人申报、质评委讨论确定的方式进行；法官个人申报时，应填写《情况申报表》连同案件卷宗一并交评查办，评查办经形式审查后提交质评委讨论确定，符合申报条件的可以予以加分，该项内容不作为扣分项目。

2. 庭审评查。庭审评查在各地法院已逐步开展，主要采取由听庭人员打分或确定等次的方式进行。审委会委员参与听庭评查，是当前审委会机构改革的方向之一。笔者认为，根据听庭人员的不同，庭审评查的程序也应当有所区别，主要体现在复议机构上。具体构思如下图：

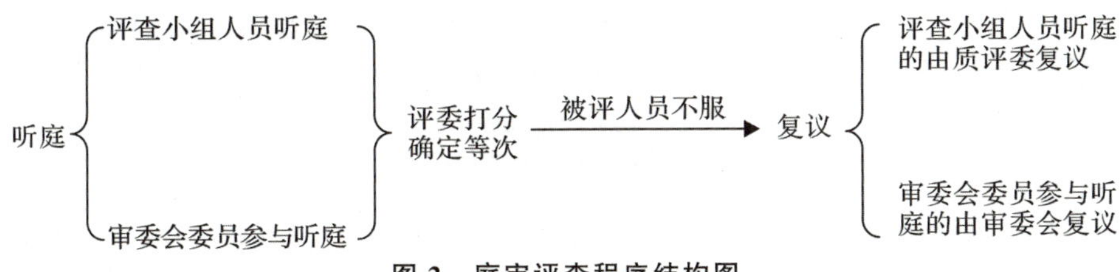

图 2 庭审评查程序结构图

质评委或审委会进行复议，应当根据听庭人员评查意见、结合庭审录像进行，该复议结果具有终局性。具体可采取一月一评一类型的方式进行，即每个月从民商事、刑事、行政案件中选取一类案件进行评查，评查对象要覆盖每名审判法官。需要强调的是，笔者建议加大对合议类案件的庭审评查，不仅要评查主审法官，还要评查合议庭其他成员，对其庭审分工、合作能力进行综合评估，这也契合了当前合议庭制度改革的现实需求。

3. 裁判文书评查。“法律文书是全面展现法官理解和适用法律的能力、说理能力、逻辑思维能力、文字表达能力的一个载体，也是考评法官能力的一个重要依据。”[③]裁判文书评查，有利于全方位反映法官的办案质量，同时也契合了当前裁判文书上网公开工作的内在要求。裁判文书评查可结合日常精品文书与精品案例评选工作进行，具体程序的设置与庭审评查相一致。

（四）评查标准的规范严格：业绩考评的公正性保障

严密、精准的评查标准是评查工作顺利开展的基础和保障。笔者建议采取“定性＋定

---

① 美国法院基本采取过程与结果一体化考评机制，将法官评估分为四个项目，即法官举止、法律能力、管理技能、工作态度，实现对法官综合能力的全覆盖。参见最高人民法院中国应用法学研究所编：《美英德法四国司法制度概况》，韩苏琳译，人民法院出版社 2008 年版，第 68 页。

② 王利明：《论中国判例制度的创建》，载中国政法大学网页。

③ 蔡晖：《法官考评制度改革的若干问题探讨》，载《法律适用》2004 年 8 月刊。

量”方式设置一套科学的符合司法规律的评查标准。在标准的设定上，应当分实体和程序两方面进行，因案件实体方面较难把握，因此标准设定不宜太细，要充分尊重法官的自由裁量权，评查人员可采取定性基础上的定量方式予以认定，即设置优秀、合格、不合格三个等次并规定相应的得分，由评查人员综合评定；对于具体明确的办案程序，则要克服评查可能带来的随意性，覆盖审判全过程，即采取定量方式，对管辖、送达、庭审等各流程设置相应的分数，最终以总分确定案件质量。由于各类型审判业务以及执行业务的工作程序和特点不尽相同，各业务部门在办理案件时需要涵盖的内容又有个性差异，故在具体标准的设定上，可参照下列结构图做相应的修改。

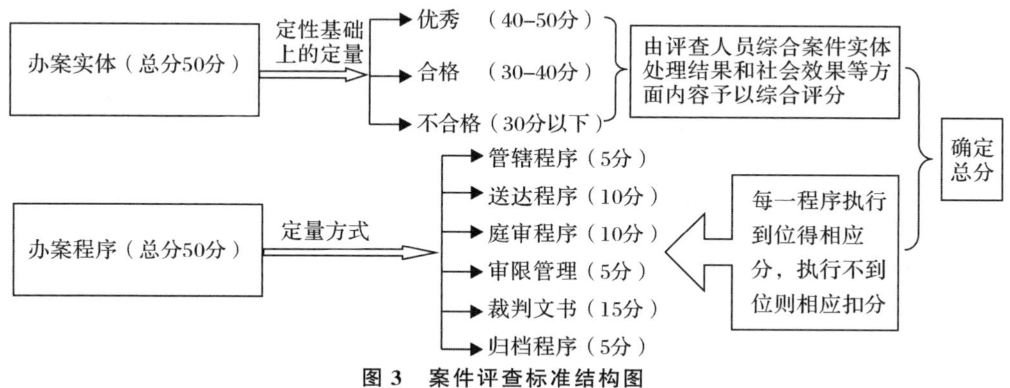

图 3 案件评查标准结构图

需要强调的是，案件评查应当建立优差同评的双向评定机制，同时设置相应的奖惩措施，实现评查工作的激励性，更好地契合法官业绩考评惩罚与奖励并行的功能定位。奖惩措施可采取精神与物质相结合、精神奖励为主的方式，精神方面有表扬和批评、全院公示和通报、“办案之星”等荣誉称号的评选等，物质方面可与办案绩效奖挂钩。

（五）配套制度的保障功能

基于以上对案件评查机构、范围、内容、标准的反思重构，契合法官业绩考评工作的案件评查机制基本确立。笔者认为，要确保该机制有效运行，仍需建立三项保障制度。

1. 评查人员回避制。“没有程序就没有制度，没有程序正义优先就没有现代法制意义上的制度正义。”①将确保程序正义的回避制度引入评查机制中，能够有效保障其客观公正性。实践操作与审判程序中的回避制度类似，即评查过程中，评查人员（包括评查小组成员和质评委委员）发现被评案件与自己存在利害关系，可提出回避申请，也可由案件承办法官申请其回避。存在利害关系的情形包括：（1）担任被评案件承办人或合议庭组成人员。（2）担任过被评案件其他程序的承办人，如被评的审判案件，评查人员在其执行程序中担任执行员，被评的刑事案件，评查人员在其侦查程序中担任侦查员等。（3）曾经系被评案件承办部门的部门长，且被评案件系其担任该部门长期间生效的案件。（4）与被评案件存在其他利害关系，可能影响案件公正评查的。因第（1）项至第（3）项情形较为明确，对评查小组成员的回

---

① 郑成良：《法律之内的正义——一个关于司法公正的法律实证主义解读》，法律出版社 2002 年版，第 188 页。

避可由评查办决定,对质评委委员的回避可由质评委决定;而第(4)种情形实践中较难把握,其回避申请应当由审委会决定。

2. 评查人员负责制。评查人员负责制,即评查人员对自己在各评查程序中提出的评查意见,均要签名确认,负责到底,如因被评案件的质量问题未被发现而造成其他后果或导致不良影响的,评查人员要承担相应的责任,具体的责任承担方式包括教育谈话、通报批评、扣减奖金或补贴等。建立"评查人员负责制",可以解决实践中"评好评差一个样""有时间就评、没时间就过"的评查工作误区,也能在一定程度上确保评查人员客观公正地开展评查。

3. 评查结果档案制。为每一名法官建立"评查档案",作为法官业绩档案的组成部分,对法官一定时期内案件评查结果进行实时跟踪记录,分类记入档案,并予以公示。同时,加强法院信息化建设,实现评查数据的智能化比较、分析、评估,将此作为法官业绩考评的重要工具,推进法官业绩考评的去行政化。[①]

结　语

法官业绩考评是新一轮司法改革的重点,作为考量法官工作业绩的重要依据,案件评查工作必将进一步强化。当前案件评查机制的法律缺失使得评查工作的正当性受到质疑,加上评查机制在实践中存在的运行障碍,进一步凸显了改革的必要性。如何进一步完善案件评查机制,推进评查结果在法官业绩考评工作中的有效转化,是当前司法改革语境下一个值得认真思索的问题。笔者试图从评查机构的设置出发,以评查小组、质评委、审委会三层级组织模式确保评查结果的权威性,并引入英美法系"客观第三人"做法,最大限度提升评查人员的"客观性",在此基础上对评查范围、内容、标准及相应的配套机制进行重构,力图解决实践中评查结果非实质性的功能障碍,构建契合法官业绩考评现实需求的评查机制。案件评查机制的完善,还有待最高人民法院在充分调研的基础上出台统一规范性文件,使评查制度走向定型化、成熟化。

① 王海清:《司法管理新常态下完善审判绩效考核的思考》,载《人民法院报》2015年5月13日08版。

“司法产品”的阈值

——法官合理办案数的实证测算

张晴、冯冰洁[①]

引言:“案多人少”命题的思辨

2014 年全国案件总量超过 1566 万件,[②]在案件量逐渐高启的同时产生了一个有趣的现象,许多法院形象地将“案多人少”作为法院工作的缩影,例如 A 地区提到法官年人均办案 300 件认为是“案多人少”,而 B 地区法官年人均办案 100 件也认为如此。但同样的“案多人少”背后,甚少有人注意到个中区别——其中隐含着三类“稀缺”:第一类人力稀缺,即法官在满负荷工作条件下也无法完成案件总量;第二类时间稀缺,即法官难以拥有完整的办案时间,在满负荷工作后无法完成案件总量;第三类资源稀缺,即法官既拥有完整的办案时间,也满负荷工作,但由于资源错配导致分配不合理,从而无法完成案件总量。

因此,在法官合理办案数无法探求之时,简单定论为“案多人少”为时尚早。究竟法官是否处于“满负荷”或“超负荷”状态? 一名法官的合理办案数应处于什么区间? 怎样的工作量才能兼顾公正与效率的目标? 不同地区法官的工作量是否同质? 穷原竟委,这些问题都指向一个最基础的原点——法官办案数的测算。

一、重新审视:传统测算方法的缺失

在确立第一批司法改革试点地区之后,各地均积极开展调研,法官员额的测算不再停留于理论层面,这些探索产生了一些有益成果,分析现有的实证资料大致可归类为四种测算方法:

第一种是抽样问卷调查法。如玄武法院课题组[③]通过发放数十份调查问卷以了解法官各工作流程的具体耗时。第二种是“专家法官”座谈法。如徐州法院课题组[④]选取 2—3 名法

---

① 张晴,思明法院审判管理办公室科员。冯冰洁,思明法院审判管理办公室科员。此文获得全国法院系统第二十七届学术讨论会二等奖。

② 《最高人民法院工作报告》,载《人民法院报》2015 年 3 月 13 日,第 2 版。

③ 周迅、李伟:《关于基层法院民事法官年合理结案数量的思考——基于正常条件下的实证研究》,载 http://www.njxwfy.gov.cn/www/xwfy/fydt8_mb_a39140211236.htm,于 2015 年 9 月 8 日访问。

④ 马荣:《基层法官饱和工作量实证研究与司法应对——以三名人民法庭法官年度工作量为切入点》,载《江苏法制报》2014 年 8 月 14 日,第 A05 版。

官作为调查对象,以其主观评价推算全体法官的一般工作量。第三种是流程环节分解法。如南京法院课题组[①]从11个法院中选择55名民事法官为样本,通过观察、问卷、访谈、录像监测对审判工作进行节点分类,并将其区分为核心审判工作和辅助性审判工作。第四种是案件权值法。以美国、加拿大等国家为代表,属前三种方法的数理演变,即事先测算某类案件平均耗时,再根据案件难度赋予不同案件不同权重(代表不同的审判负荷)。传统测算方法总体思路比较相似,可大致分解为以下步骤:

核心步骤一:个案平均耗时的计算

统计法官审理或执行一个案件所需的一般流程、特殊流程及其他工作的平均用时,并加以汇总。

核心步骤二:法官饱和工作量的计算

明确法官法定的实际工作时间,将这个总时长除以上一步骤得出的个案平均耗时。

用公示表示即为:

$$X = \frac{T}{\sum_{k=1}^{k=n} t_1 + t_2 + \cdots + t_k + \cdots + t_n} \tag{1}$$

X 代表法官办案数,T 为法定的实际工作时间,$t_1, t_2, \cdots, t_k, \cdots, t_n$ 则是单个案件各个流程所需花费的平均(估计)时间。案件权值法是在核心步骤的基础上加以演变:

演变步骤一:根据案件难度赋权

案件权值为审理单个该类案件的标准工作量,将所有类型案件的标准工作量和对应案件数量相乘再加总,计算全部的工作量。[②]

演变步骤二:整合影响因素建模

根据审判经验选取若干影响实际工作量的指标,对存在较强相关性的指标进行因子分析降维,以载荷较大的公因子与其他指标共同建立回归模型。[③]

以上方法通过细分各流程节点的大致用时,考量了一线法官的实际感受,有一定的可采性,但也存在一些不容忽视的问题。

(一)问题之一:抽样问卷调查法的代表性不强

抽样调查的前提要求所抽取的法官样本必须符合法院整体情况,由此计算的结果才能推断总体。但实践中却往往呈现出不同的主体性。

体现1:法官司法能力存在差异

每名法官的成长历程决定了其司法理念、审判经验、处事风格的不同,也导致了司法能力的差异。下图1反映了F省某法院不同专业等级、年龄段法官结案数与案件质效的相关性:发改率等反映案件质量的指标随法官专业等级的递进降低;平均审理、执行时间指数等

---

① 王静、李学尧、夏志阳:《如何编制法官员额——基于民事案件工作量分类与测量》,载《法制与社会发展》2015年第2期。

② 屈向东:《以案定编:通过审判工作量配置法官员额——基于案件权值模型的分析研究》,载《全国法院第26届学术讨论会论文集》,第313页。

③ 马凤岗、王珊珊、李超:《法官员额评估模型的建构及其运用——基于18个基层法院民事审判数据的实证分析》,载《全国法院第26届学术讨论会论文集》,第293~305页。

反映案件效率的指标随法官专业等级的递进上升。而结案数较多的法官年龄层次主要集中在中青年阶段，尤其36—45岁年龄段的法官结案数占比最高，为54.74%。

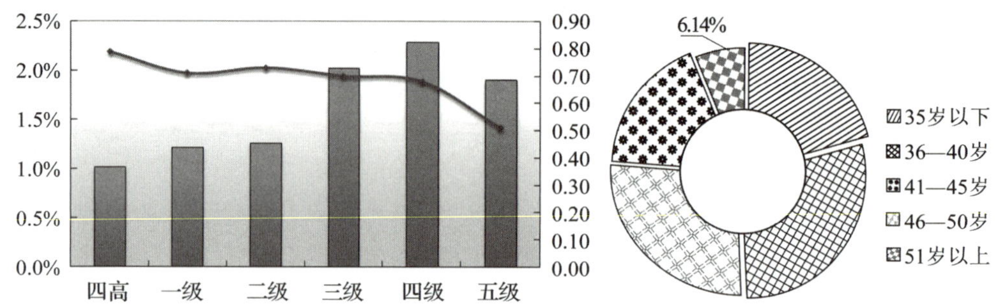

图1 不同专业等级、年龄段法官结案数与案件质效情况图

体现2:适用审判程序存在区别

传统方法大都考虑了案件类型的差异性，但对适用程序的区别则有所忽略。一般而言，简易程序和小额速裁程序的案件审判资源耗费较少、审判效率也较高，处理此类案件的法官年办案数相对较多；而普通程序的案件争点多元、法律关系复杂，再审程序的当事人矛盾纠纷较为尖锐，往往历经多审级裁判，处理这部分案件的法官办案数则受限。如果不对诉讼类型和诉讼程序区分计算，结果可能并无实际应用价值。

(二)问题之二:“专家法官”座谈法分析过程主观意味浓厚

体现1:答案的真实性不易体现

问答式的座谈调查本身带有一定的引导性，问题由调查者事先设计，包含了其有限的主观揣测。即使样本恰巧符合总体分布，但问卷和访谈获得的信息大多基于被调查者的主观感受和自我估算，实难保证结果的真实性。例如，有的被调查者容易受到“诱导”而填写数据，有的因为没有掌握准确的统计数据仅随意估算，有的甚至可能为了营造工作繁忙的假象而虚报数据，这些因素导致访谈的答案真实性难以保证，降低了调查结果的可靠度。

体现2:涵盖的相关因素不易识别

影响法官办案量的因素众多，仅在一次座谈中，调查者难以将可能产生影响的各方面因素都清晰地识别和整理，尤其是某些环环相扣、不易察觉的因素及其相互关系。例如审判外事务对实际办案时间的挤占、审判辅助人员配置、所处区域经济、科技智能化水平、结案季节性、案件密集度、社会关注度等。因此访谈得出的答案个性化色彩浓厚，虽对反映各方面的影响程度具有一定的参考价值，但这种粗略的统计方式仅以部分法官的描述为代表，实难反映队伍全况，直接用于测算则欠妥。

(三)问题之三:流程环节分解法过于机械零散

体现1:某些流程耗时难以估计

审理流程环节分解法不能完全反映实践中的情形。[①] 因为某些流程耗时难以精确量化，

① 流程环节分解法大致将法官处理案件的过程分为送达、阅卷、组织谈话、调查、保全、勘验、鉴定评估、组织调解、开庭、评议、查找相关资料、撰写法律文书、上诉案件移送、检查归档卷宗、息诉罢访等十余项工作。

甚至是否会出现都无法预知。假如,有的案件在立案时简单清晰,而随着审理的深入案情逐渐复杂,可能出现当事人申请举证期限延长、申请回避、根据案情需要转为普通程序、延长审限等情况;如果出现多次开庭、提交审委会讨论、关联案件上诉等客观情形,则更难以估计。测算时将这部分时间笼统归为其他审判环节进行概率估算并不合适,难免挂一漏万,计算难度大、准确性低。

体现 2:部分环节重叠难以考察

实践中有些审判工作可以交叉重叠开展,简单分解再逐一加总的方式显然有失偏颇,极易出现重复计算。例如,安排送达的同时,法官可以自行阅卷;在举证答辩期证据交换的同时,法官也可以组织当事人整理争点;而有些法官习惯于多案并行审理,不同案件不同流程可以同期进行,这也与分开测算的基本方法不一致。"化整为零"的思路受制于案件类型化和法官处理案件习惯差异的影响,实际操作性反而不强。

(四)问题之四:案件权值法公式复杂、应用不便

无论是因子分析、主成分分析还是回归模型,都应用了较为复杂的多元统计公式,既要求应用者主观选择相关变量,还需要对涉及的多重指标进行统计调查,更需要对模型是否成立加以检验,所得模型也因数据不同而随时变化,专业技术性强,造成应用不便。因而案件权值法暂时只能选择基础工作、社会经济、人员结构较好的法院评估试点,等调适成熟后再小范围向外拓展。对当前全国正全面紧迫推进法官员额制而言,该方法显然推进速度较慢、灵活性不足,结果亦难以复制推广。

二、实证建构:"大数据+系统论+区间估计法"的测算演练

(一)框架:系统论理念下的"大数据"应用

以往取样调查的目的是为了利用有限的数据尽可能反馈全面的信息,对于拥有海量历史数据、可以构建"大数据"[①]分析平台的现阶段,完全可以舍弃有限抽样。当前最高人民法院力推法院信息化建设,司法管理也应逐步运行到信息化、数据化的轨道上来。

本文运用系统论的理念建构实证测算体系,将全部办案数作为一个有机整体,遵循整体更重于部分,且不可分割的原则,[②]从更为宏观的层面着手,使用全数据的方法替代抽样推断,尊重客观司法现状,不再分解流程和列举离散的影响因素,实现"样本即总体"的完美蜕变。

(二)体系:社会统计学中的"区间估计"方法

1. 交叉学科方法的采用

具体方法上,本文提出一种新的思路——打破"大数据"背景下非结构化数据的屏障,创

---

① 大数据(Big Data),具有更强决策力和洞察力的信息资产与处理方式,其特征在于海量、高增长、多样化与价值。

② [美]弗莱蒙特·E.卡斯特、詹姆斯·E.罗森茨韦克:《组织与管理:系统与权变的方法》,傅严等译,中国社会科学出版社 2000 年版,第 130～132 页。

新性地使用社会统计学中置信区间估计(Confidence Interval Estimation)[①]的方法,根据数据的分布情况衡量给定可信程度下的双侧临界值。

测算方法大致归纳为四个步骤:(1)将案件分为刑事简易程序、刑事普通程序、民事简易程序、民事普通程序、行政、执行等六种类型;(2)对数据进行正态性检验;(3)若符合正态分布,则进行置信度为 99%的区间统计分析;(4)得出结论。

本文以 F 省某法院全部一线法官为样本(亦即总体)考察,根据某一期限内结案数的分布情况,计算达到一定置信度以上的法官办案数上下限的区间值,也即法官生产“司法产品”的阈值。

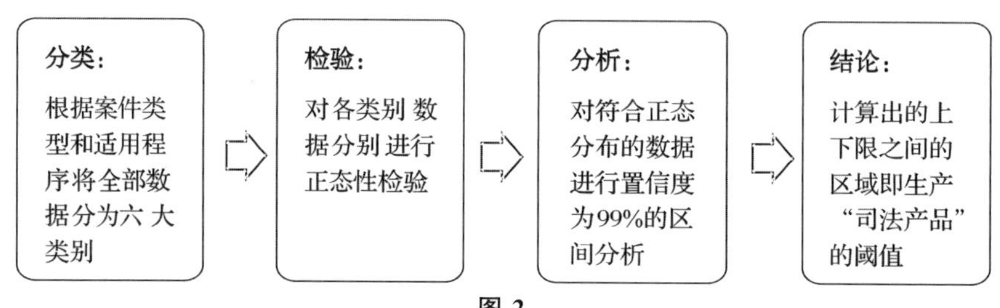

图 2

2. 全新测算方法的比较优势

采用区间估计方法具备全面、高效、客观的优点:(1)测算基础应用“大数据”技术,避免将审判流程片段化、零碎化和机械求和,考虑了案件的整体性和流程之间的可重叠性,更加科学真实。(2)测算原理采用分布检验和统计推断的方法,避免将法官个体的主观估算纳入统计过程,更加符合客观情况。(3)测算范围限定为特定辖区的法院,并以该院案件质量与效率处在合意值[③]的法官所对应的办案数进行统计。(4)测算过程简单快捷,内化涵盖各种相关因素,较好的消除不同主体、案件、地域之间的差异,从而更加符合特定法院的实际情况。(5)测算结果通常 1—2 天即可得到,并允许法官的办案量有一定弹性,结果是一个区间

---

① 区间估计:根据样本统计量,按一定的概率大小确定包含未知参数可能性范围的统计方法。

② 具体数理方法如下:假设样本服从 t 分布,则样本统计量 $T=\frac{\overline{X}-\mu}{\sqrt{\frac{S^2}{n}}}\sim t(n-1)$,置信度 $1-\alpha=100P_t(c_1\leqslant\mu\leqslant c_2)$,其中样本方差 S^2,样本均值 μ,置信下限 c_1,置信上限 c_2,对给定的 α,令 $P\left\{\left|\frac{\overline{X}-\mu}{\sqrt{\frac{S^2}{n}}}\right|\leqslant t_{\frac{\alpha}{2}}\right\}=1-\alpha$,则随机区间 $\left[\overline{X}-\frac{S}{\sqrt{n}}t_{\frac{\alpha}{2}}(n-1),\overline{X}+\frac{S}{\sqrt{n}}t_{\frac{\alpha}{2}}(n-1)\right]$ 以 $1-\alpha$ 的概率包含样本均值 μ,就是 μ 的置信度为 $1-\alpha$ 的置信区间,即置信下限 $c_1=X-\frac{S}{\sqrt{n}}t_{\frac{\alpha}{2}}(n-1)$,置信上限 $c_2=\overline{X}+\frac{S}{\sqrt{n}}t_{\frac{\alpha}{2}}(n-1)$。

③ 合意值(*Consensus Value*):用于判断审判质效的合理区间。将涉及案件质效的关键指标,如案件发改率、服判息诉率、平均审理执行时间指数、调撤率等处在可接受范畴的法官及其数据纳入统计,超出范畴的则视为不合理,予以剔除。合意值的内在机理在于推定一个成熟状态的法官若达到质效指标要求即有足够的能力掌控案件,其办案量就应属于合理范围内。

范围而不是唯一确定的值，其下限可以作为合理办案基础水平的参考，在案件总量与历史情况基本持平的情况下，法官结案水平不应低于置信下限，否则效率过低；置信上限可以作为结案的极限水平，一旦结案数超过上限，说明达到了饱和工作量，应根据情况及时消除超负荷工作对案件质量和法官办案积极性的不利影响。(6)测算方法的应用动态、灵活，具有推广意义，可实时应用于各地法院合理工作量的测算。

表1　两套测算方法六维对比评价表

<table>
<tr><th colspan="3">两套方法对比</th><th>传统测算法</th><th>区间估计法</th></tr>
<tr><td rowspan="9">六重维度</td><td colspan="2">测算基础</td><td>问卷、座谈、录像监测等抽样调查手段</td><td>“大数据”信息处理技术</td></tr>
<tr><td colspan="2">测算原理</td><td>运用算术平均或加权平均求和法</td><td>通过假设检验的统计推断法</td></tr>
<tr><td colspan="2">测算范围</td><td>随机选定的个别法官或专家代表估算办案情况</td><td>特定辖区法院的所有法官实际办案情况</td></tr>
<tr><td colspan="2">测算过程</td><td>耗时耗力，一次调研最快1个月才能得到结果</td><td>简单快捷，通常1—2天内即可得出结果</td></tr>
<tr><td colspan="2">测算结果</td><td>唯一确定的值</td><td>一个区间范围，允许法官办案量有一定弹性</td></tr>
<tr><td rowspan="4">测算方法评价</td><td>相关因素考量</td><td>无法囊括全部影响因素</td><td>内化涵盖各种相关因素，消除个体差异性</td></tr>
<tr><td>结果成因分析</td><td>涉及成因思考与分析，并直接反映在数据上</td><td>基于客观数据的相关性，不考察因果关系</td></tr>
<tr><td>结果普适意义</td><td>仅限于单次调查</td><td>动态、灵活，具有推广性</td></tr>
<tr><td>综合评价</td><td colspan="2">采用区间估计法实时、准确测算合理办案数量，同时辅以定期问卷、座谈以分析内部矛盾的深层次原因，形成双重合力。</td></tr>
</table>

(三)实例：以F省某法院数据为样本

1. 基础数据的确定

本文以F省某法院2012—2014年合意值以上的数据为基础，将影响法官办案数的法官个体、案件性质、地域、时间分配等多方面因素(亦称自变量)予以控制，按照适用程序的不同分成简易程序与普通程序两类，法官主体及其辅助人员的作用内化于测算的样本中。

2. 实证测算过程

以民事一审简易程序案件为例，利用统计软件E-views5.0及SAS9.1进行统计检验及区间估计。首先对民事法官审结的简易程序案件进行正态性检验，其Q-Q图[1]大致在对角

① Q-Q图：用于检验一组样本数据的正态性，其原假设为样本符合正态分布，当P值大于0.05时不能拒绝原假设。

线上波动，Shapiro-Wilk 统计量的 P 值大于 0.05。

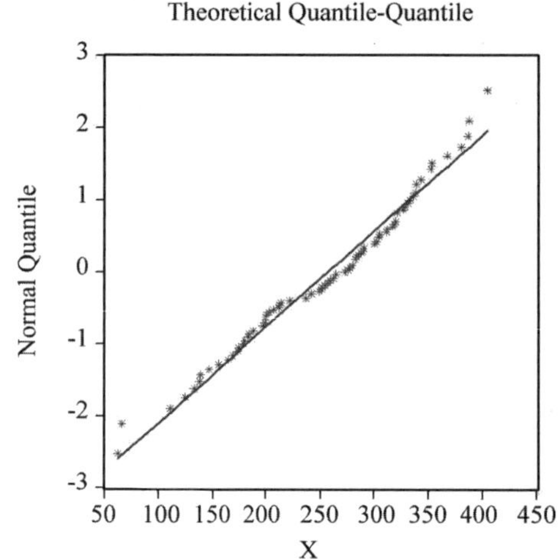

正态性检验		
检验统计量		P 值
Shapiro-Wilk	0.97842	0.1707
Kolmogorov-Smirnov	0.07334	〉0.150
Cramer-von Miles	0.09462	0.1339
Anderson-Darling	0.54692	0.1599

图 2　Q-Q 图及正态性检验结果

以上检验可以认为法官的结案数基本符合 t 分布，[①]再进行置信度为 99%的区间分析。运算结果如表 2 所示。

表 2　民事一审简易程序案件置区间估算表

指标名称	指标数值
样本容量 n	143
样本均值 μ	202.20
样本标准差 s	156.19
抽样平均误差	10.98
置信度 $1-\alpha$	0.99
自由度 $n-1$	142
t 分布的双侧分位数 τ	2.61
允许误差	28.68
置信下限 c_1	173.52
置信上限 c_2	230.88

结果显示，民事一审简易程序案件的置信下限为 173.52 件，置信上限为 230.88 件，即以 99%的概率认为法官每年办理民事一审简易程序的阈值在 173.52 件至 230.88 件之间。

经检验，其他各类案件结案数同样服从 t 分布。重复以上步骤，依次对刑事简易程序、

① t 分布是正态分布样本有限时的情况。若一组数据在 Q-Q 图中的点大致在对角线上轻微波动，则说明其正态性较好。

刑事普通程序、民事普通程序、行政[①]、执行案件分别进行统计分析,结果如表 3 所示。

表 3 各类案件置信区间估算表

指标名称	刑事简易	刑事普通	民事简易	民事普通	行政	执行
样本容量 n	35	26	143	64	10	59
样本均值 μ	78.89	31.85	202.2	75.14	46.7	220.14
样本标准差 s	47.93	21.91	156.19	88.12	20.68	114.55
抽样平均误差	5.4	3.88	10.98	10.17	3.03	7.72
置信度 $1-\alpha$	0.99	0.99	0.99	0.99	0.99	0.99
自由度 $n-1$	34	25	142	63	9	58
t 分布双侧分位数 τ	2.73	2.79	2.61	2.66	3.25	2.66
允许误差	14.72	10.82	28.68	27	9.84	20.56
置信下限 c_1	64.16	21.02	173.52	48.14	36.86	199.57
置信上限 c_2	93.61	42.67	230.88	102.14	56.54	240.7

(四)分析:阈值结论说明及验证

从以上分析可以得出 F 省某法院一线法官年办理各类案件的阈值:

刑事一审简易程序的合理区间为 64.16 件至 93.61 件;

刑事一审普通程序的合理区间为 21.02 件至 42.67 件;

民事一审简易程序的合理区间为 173.52 件至 230.88 件;

民事一审普通程序的合理区间为 48.14 件至 102.14 件;

行政案件的合理区间为 36.86 件至 56.54 件;

执行案件的合理区间为 199.57 件至 240.7 件。

根据计算结果,再回头检验 F 省某法院 2014 年的所有法官的办案数,约有 31.82%的一线法官实际办案数远超合理办案上限,这时法官“超负荷”是显而易见的,而这种“非常态”的“常态”显然也有悖常理。

(五)推广:测算方法的精度延伸

本文提出的合理办案数测算方法可以达致“授人以渔”之效:实证数据得出的结果不能完全照搬,但理论方法可以普适推广。同一法院不同年度,或是不同法院不同年度,都可以用于阶段性分析小结,无须在问卷调查、访谈、录像监测等问题上耗费时间和精力,只需将基础样本替换成待测法院的办案数据,输入已固定的运算公式中,其余步骤均与上述实例类似。这种能够用于类推、预测、动态衡量的方法实用性较强,在审判资源管理、人员配置机制、案件流程管理、案件质效提升、法官绩效考评等方面均有更为广阔的应用空间。

需要指出的是,区间估计方法的运用有赖于总体分布已知的情况,而当总体分布非正态

---

① 该处所指行政案件仅包括行政一审诉讼案件,不包括审查行政非诉案件。

时，美国学者阿圭勒等人发展了一种非参数估计法（Non-Parameter Estimating Function），[①]原理与基础模型相同但计算精度更佳，具体计算方法本文不再赘述。在实际应用中如果总体不能服从于正态分布，即可以通过非参数的估计法加以改进适用。

三、革故鼎新：对症下药突破“案多人少”桎梏

围绕测算得到的法官合理工作量，根据实际数据考察所辖法院“案多人少”的具体缘由和特征，并采取“一症一药”的方式疏解困局，保障“司法产品”最大化。

（一）缓解“人力稀缺”压力——强化类型化与专业化升级

理论上，法官员额数应与案件量呈现科学的正相关关系，[②]当超过30%的法官办案数高出合理区间上限，就可以认定这种情形属于“案多人少”的第一类，即“人力稀缺”型。而破局的关键就在于解决法官供给量不足的问题。

1. 法官员额供给随需求调整。以F省某法院为例，该院人数占所在地区的24%，案件量占比却高达37.35%。人案配比不均导致该院多年来均有较大比例法官超过合理办案上限的情况。为此，本文构建了“总供给—总需求长期均衡”的衍生模型（如图3所示），建议在制定员额时应注意横向对比，有所区别和侧重，对案件量超出合理区间的法院相应地增加法官配额。例如，一旦超过一定比例（如10%）的法官达到饱和工作量（Mb），就应及时补充审判人员（提升供给S，使法官边际投入程度提升至Mc），避免因过分追求结案导致案件质量下滑。

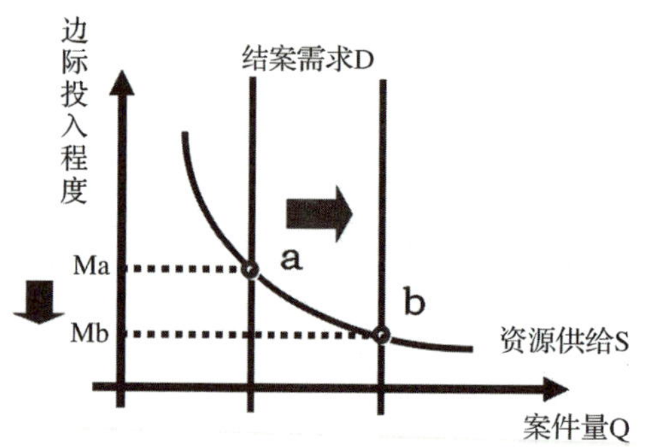

当结案需求D增长时，其与资源供给S的交点从a变为b，相应的边际投入程度从Ma降至Mb。

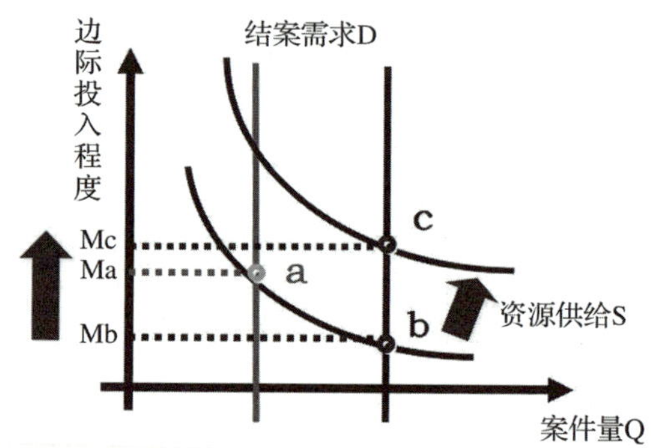

在此情况下，若资源供给S提高到合理水平时，其与结案需求D的交点将从b变为c，相应的边际投入程度从Mb增加到Mc。

图3 结案需求与资源供给变动的经济学表达（一）

2. 类型化法院的合理划分。员额调整可以在短期增加供应量，但“挤牙膏”式的扩编解决不了根本问题，更高层次的资源供给应从人力资源分类管理着手。在此问题上台湾地区

---

① ［美］阿圭勒·F.J.等：《应用非参数方法精确评估数字高程模型》（*Accuracy Assessment of Digital Elevation Models Using a Non-Parameter Approach*），载《国际地理信息科学学报》2007年第21卷第6期（*International Journal of Geographical Information Science*）。

② 许前飞：《关于建立中国法官定额制度若干问题的思考》，载《法学评论》2003年第3期。

与大陆类似：仅 2013 年案件总量就达到 300 余万件，法官人均办案超过 1600 件，台湾地区的司法改革形成了“案件对口、分类审判、整体管理”相对细化的层级布局。目前大陆也在重新明确四级法院的职能定位，探究知识产权法院、环境资源保护法院、涉台法院、自贸区法院等类型化的建立。本文建议解决人力稀缺要从宏观层面着眼于案件的管辖问题，通过合理区分不同案件的审判程序、难易程度、审理期限等，明确当事人的起诉方向，明晰法院受理的案件，提升收、结案专业性，简省人力投入。

3. 专业化审判格局的构建。在类型化法院的基础上，法官再进行专业化的分工，既能适时总结规律性的审判经验，也可以按照“职业惯性”提升审判效率，形成“术业有专攻”的审判格局。以 F 省某法院为例，该院根据案件分布的主要类型进行了审判团队改革，形成了劳动争议、房地产、婚姻家庭继承、交通事故、小额速裁和刑事专审、快审等专业化团队。根据 2015 年 1—9 月的实证数据检测，专业化法官的办案量基本接近阈值上限，表明专业化分工可以带来一定程度的效率提升。

（二）打破“时间稀缺”魔咒——纯化法官职能和提升信息利用率

尽管 80%以上的法官办案数处在合理区间内，但实际情况却因为达不到法定工作时长而致使积案不断递增，这种情形可以认定为“案多人少”的第二类，即“时间稀缺”型。破除时间局限的障碍，应以保证法定办案时间和提升单位时间效率为切入点。

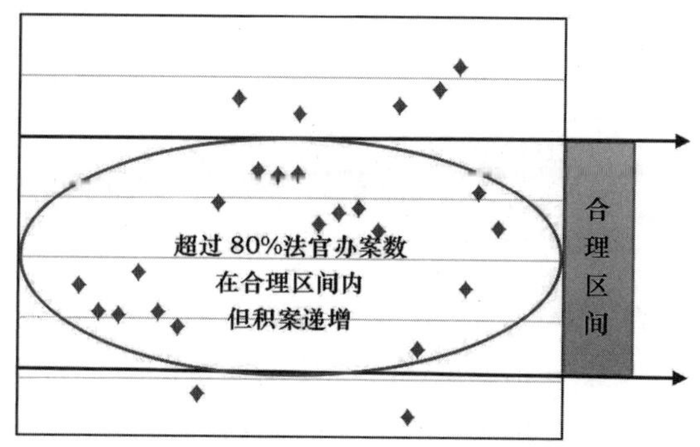

1. 法官司法功能的独立纯化。我国法官“难当”的一个重要原因就在于其被赋予了审判事务以外的诸多职能，司法制度的定位不当超越了法官独立、中立审判的基本功能。[①] 法官常常要参与社会综合治理、普法宣传、无讼社区创建等活动，挤压了法官的实际办案时间，导致法官分身乏术，难以全情投入审判工作中。本文建议在法官员额制改革中，应确立法官队伍独立的自治形式和自治原则，[②]保障法定办案时间。首先从法律层面重新明晰法官司法职责，定位于专职从事审判工作事务的人员，使其从过多的政治活动、宣传活动中剥离；其次要限缩行政机关、社会公众、舆论宣传对案件的干预，合力营造确保法官独立的外部环境，增加法官深层次自由心证，减轻裁判承受的外部压力。

① 杨晓玲：《法官审判工作极限研究》，载《法律适用》2011 年第 5 期。

② 徐卫东、徐岱、傅穹：《人性化考量下的台湾地区司法改革》，载《吉林大学社会科学学报》2005 年第 4 期。

2. 智能化信息技术的应用。围绕《人民法院信息化建设五年发展规划(2016—2020)》,法院以科技带动生产力提升的策略已成为大势所趋。科技的完善帮助人力在一定程度上解脱,同时赋予法官更多的可支配时间。本文建议在完善海量历史资料信息化的基础上,逐步实现全共享的办案数据“一键式”自动筛选和智能分析功能,推广应用裁判文书自动生成与上网软件,实时监控掌握审判各流程运转效率。通过自助生成数据表、对比图、弹出预警对话框等直观手段,及时评价短期办案效果与预测未来发展趋势,既能发现阻滞审判流程的耗时问题,也能准确研判工作量变化规律,有的放矢地进行前瞻性人案资源与司法保障方案调整。

(三)平衡“资源稀缺”状态——寻求司法资源最优配置

当出现办案数低于合理下限与高于合理上限的法官同时超过20%时,属于“忙闲不均”的情形,其属于“案多人少”的第三类,即“资源稀缺”型。产生这类问题的根源通常在于出现了“管理黑洞”,而最可行的破解方法就是平衡、科学地寻求现行资源下的最优配置。

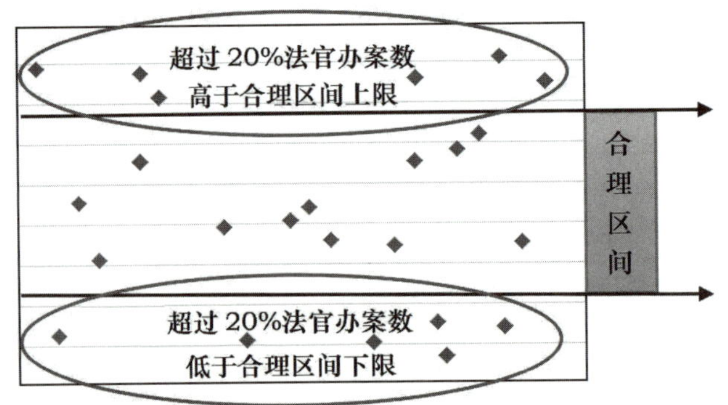

1. 精英法官团队的培育完善。为了优化法官队伍的结构,应根据法院实际组建一定数量的精英法官团队:熟识各类案件的审理流程、具备丰富的审判经验、明晰不同案件的法律适用、擅长各类案件的处理方式,其作用相当于法院内部的“应急队伍”。本文建议,在法院内部选择36—45岁之间、专业等级较高、具有跨领域审判经验的人员组成精英团队,日常可以设置专门性提升其法律专业素质和综合素养的研习机构,拓展涉猎领域的广度和社会经验的深度,进一步充实法院软实力。

2.“帕累托最优”[①]的动态调整。在法官供给总量既定的情况下,法院应更多地考虑如何降低审判成本,换言之应整合现有资源以提高司法效能——把最适当的人员安排到最需要的岗位上去,从而实现办案边际投入程度从 M_e 增加至 M_f。

① 帕累托最优是资源分配效率的最佳体现,在从一种分配状态到另一种分配状态的变化中,使各方均优于或不低于当前境况。

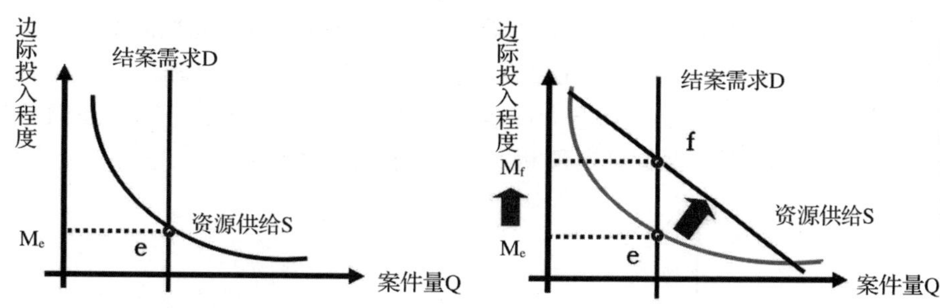

当资源供给S通过整合内部资源实现“帕累托最优”配置，其与结案需求D的交点从e变为f，相应的边际投入程度从M_e增加到M_f。

图 4 结案需求与资源供给变动的经济学表达(二)

本文建议，法院内部依据各业务庭的案件数量和案件难度，周期性的调整审判力量，确保向案件多、压力大的部门倾斜，以实现“帕累托最优”。例如，利用前文提到的精英法官团队进行灵活应对，及时配置到某些严重超出合理区间值的业务庭，发挥其全面和快速的效用，避免员额调整滞后于案件量变动，带来审判资源不确定等问题。

（四）重新审视“案多人少”的主观评价

事实上，法院系统关于“案多人少”的探讨，已经不仅是反映工作量的现状，甚至将其作为自身业绩的正面评价，主观上片面强调效率而淡化案件质量，着实令人担忧。对于“案多人少”孰优孰劣的问题，应当重新审视，并围绕法官合理工作量的阈值，建立以边际人力效用、边际时间效用及边际资源配置为效用评价标准的客观评价体系（如图 5），唯有三个维度的向量同时为正数时方可作为积极评价。

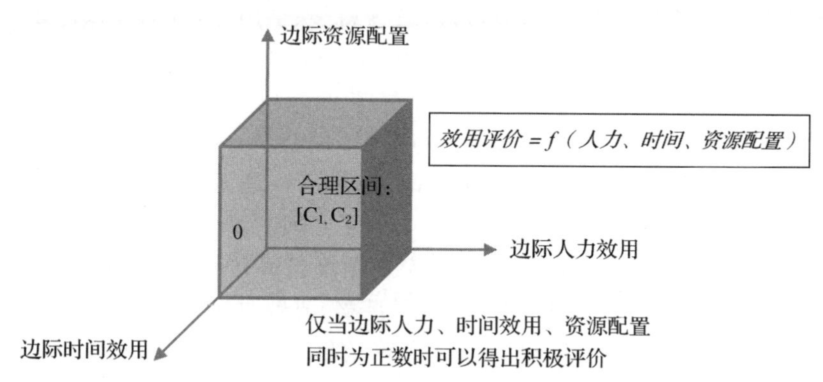

图 5 三维客观评价体系构建示意图

1.“超额累进”[①]的指标设定。法院系统的考核指标层出不穷，但办案数始终是业绩考评最重要的参考因素，往往结案越多的法官受到的褒扬越多。但经济学基本原理表明，任何事物都存在边际效用递减现象，结案并非越多越好，超过合理办案区间的结案数不应盲目肯

① 超额累进即针对不同区间采取不同的折算方式。置信区间以内的办案量按实际数计算，超额部分按超额数量折扣计算，超出部分案件越多，折算幅度越大。

定，[①]合意值外的工作量可能暗含影响案件质量和法官身心健康等隐性问题。本文建议围绕前文测算的合理工作量，设定“超额累进”的折算考核方法，对超出合理区间的案件数按照一定的比例折算(如超出20%，超额部分每个案件计为1/2件；超出50%，再超额部分每个案件计为1/3件)，避免法官陷入盲目崇拜和追求“结案能手”的误区。

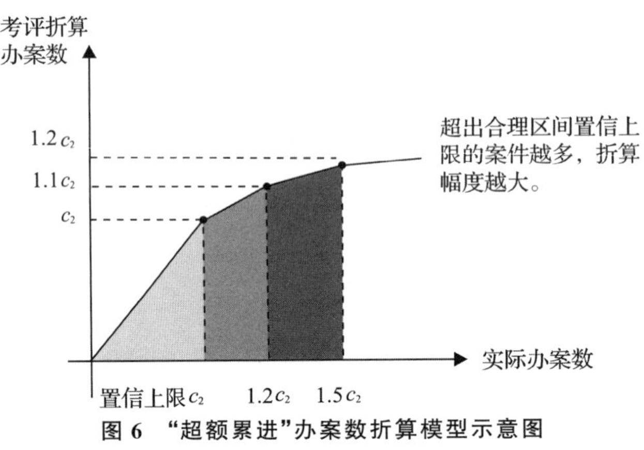

图6 “超额累进”办案数折算模型示意图

2. 质效绩效“二分法”的综合体系。现行的考评机制大多将法官办案指标等同于法官个人业绩。然而，片面强调质效考评将削减部分法官的积极性，甚至出现为数据的光鲜而弄虚作假的现象，造成结果与实际背道而驰。本文建议可以尝试探索引进法官评鉴、AHP模糊综合评价法、平衡计分卡等手段，从理念上将案件的质效考评和法官的绩效考评加以区分——质效和绩效“二分法”——指标数据用于检验和发现问题；而绩效评价充分考量法官的品格、个案的公正、民众满意度等参数，形成更为科学、全面、综合的考核体系。

结 语

对于法官员额制改革而言，实证研究不过刚刚蹒跚起步，仅凭一种方法、一套公式、一次调研实现对法官工作量的科学测算并不现实，不免落入一蹴而就的理想主义窠臼之中。传统测算方法的参考价值在于挖掘了案件量与影响因素之间的相关关系，而“大数据+系统论+区间估计法”的测算方法则另辟蹊径，立足从宏观角度打破传统“流程分解 & 时间求和”的定式思维。当然，仅仅停留于工作量的测算尚不足矣，要解决实际问题还需要将传统与创新方法两相结合——以区间估计法得出的弹性测算结果为原始依据，以问卷座谈等形式收集的调查信息作为分析相关原因的一手资料，再施以疏解人力、时间、资源稀缺困境的针对性策略，方可“药到病除”。

纵观全文的探讨，法官合理工作量应根据案件类别和适用程序的不同而划定，法院是否“满负荷”运转可依据超过合理区间的范围为衡量。由此纵深，测算结果不仅用以制定法官员额，还可结合办案数分布情况和超过上下限法官数的比例来评断各种“案多人少”状态的内在根源。本文的尝试不过推开“一扇窗”，对制度的修正方可打开“一道门”，因此未来的研究仍需秉持务实的态度，皓首穷经，以探求符合法院实际的解决之道。

① 毛天鹏:《关于限设法官工作量的探讨》，载《人民司法·应用》2007年第19期。

繁简分流视角下独任制普通程序构建的制度思考[①]

张颖[②]

法律的作用和任务在于以最小限度的阻碍和浪费来尽可能满足各种相互冲突的利益。

——[美]罗斯科·庞德

引　言

“普通程序适用合议制,简易程序适用独任制”的“等式性结构”是我国立法与司法的一大特色。[③] 在诉讼爆炸时代,这样的立法设计无疑增加了司法资源与司法需求之间的紧张关系,违背并抑制了审判组织形式与诉讼程序的功能定位与发挥。有学者认为,将审判组织形式与程序类型硬性、单一化捆绑的制度安排,是导致目前简易程序与普通程序之关系异化的深层原因。[④] 近年来,各地法院不断增加司法资源供给,试图在缓解案多人少矛盾的基础上实现审判权良性运行,但事实并非如此。解开普通程序与合议制的捆绑,在普通程序中实行独任制与合议制并行的“双轨”模式,即在诉讼程序类型上构建独任制普通程序,是保障当事人诉讼权利、实现司法资源优化配置、确保审判权良性运行的理性选择,国外诸多立法也为此提供了相应借鉴。

一、现状反思:“等式性结构”带来的三大问题

在基层法院超负荷运转的司法现状下,“等式性结构”导致简易程序正当性受到质疑、合议制功能受到冲击、司法资源配置受到影响等诸多问题。

---

① 独任制普通程序,即改变现行普通程序的审判组织形式,由审判员一人独任审理,其他程序设计与《民事诉讼法》规定的“普通程序”相同的一种诉讼程序。本文的讨论范围仅限于基层法院一审民商事案件中独任制普通程序的适用。

② 张颖,思明法院法官。此文获得全国法院系统第二十八届学术讨论会征文优秀奖。

③ 从国外立法来看,独任制与合议制的适用是按照法院的级别、案件的类型和争议标的额来确定的,与诉讼程序无关,其各自的适用范围由立法按照审级制度而明确确定,法院对此没有裁量权。参见傅郁林:《繁简分流与程序保障》,载《法学研究》2003 年第 1 期。

④ 潘剑锋:《中国民事审判程序体系之科学化革新——对我国民事程序及其相互关系的反思》,载《政法论坛》2012 年 9 月第 30 卷第 5 期。

(一)简易程序正当性受到质疑:立法本意与司法实践的“二元背反”

1. 立法上简易程序适用范围狭窄不清

“普通程序为主、简易程序为辅”是我国基本的民事诉讼程序运行规则。《民事诉讼法》将简易程序的适用范围限定于“事实清楚、权利义务关系明确、争议不大”的简单案件,适用范围狭窄且属于“概念式”立法。2003 年最高人民法院出台的《关于适用简易程序审理民事案件的若干规定》(以下简称《简易程序规定》)试图弥补“概念式”立法的不足,但多少显得有些力不从心。该规定第 1 条采用反向排除式,将起诉时被告下落不明等五类情形排除在简易程序适用范围之外,但这是否意味着除此之外的案件,均可适用简易程序进行审理,立法并未明确。2015 年出台的《关于适用〈中华人民共和国民事诉讼法〉的解释》(以下简称《民事诉讼法解释》)第 257 条对《简易程序规定》第 1 条的内容做了部分修正,但同样的问题仍然存在。同时,该解释第 256 条试图对简易程序的适用范围进行明确,但仍未从案件类型、诉讼标的等方面进行界定。

除此之外,《民事诉讼法》第 157 条第 2 款、《民事诉讼法解释》第 264 条、《简易程序规定》第 2 条第一款均赋予了当事人对适用普通程序审理的案件选择适用简易程序的权利,但在立法对诉讼程序适用范围界定不清的情况下,当事人程序选择权也无从行使。

2. 司法上简易程序适用率居高不下

为了适用独任制而无限扩大简易程序的适用范围似乎成为基层法院缓解审判压力的最好出路。加上实践中法院对于诉讼程序的选择具有裁量决定权,当事人对此又缺乏相应的制约,为简易程序在司法实践中大行其道创造了巨大空间。虽然《民事诉讼法》第一百五十七条将简易程序的适用范围限定得非常狭窄,普通程序作为基本诉讼程序的立法定位可见一斑,但从下表笔者所在基层法院来看,一审民事案件简易程序适用率基本达到 80%以上,司法实践中简易程序适用范围高度扩大化。

表 1 笔者所在基层法院 2011—2015 年一审民商事案件简易程序适用率一览表

年份/结案数	总结案数	适用简易程序结案数	简易程序适用率
2011 年	13094	9681	73.93%
2012 年	14507	12224	84.26%
2013 年	15249	13362	87.63%
2014 年	16394	13934	85.00%
2015 年	17135	14014	81.79%

(二)合议制功能受到冲击:形合实独与集体智慧的“自相矛盾”

普通程序与合议制的捆绑导致合议制在运行过程中的功能被虚化。以下图笔者所在基层法院为例,该院 2015 年收案数突破 3 万件,人均结案数达到 324 件。巨大的审判压力下,合议庭其他成员对待案件的审理无疑是“浅尝辄止”,合议制集体智慧的功能无法发挥。[①] 最

① 合议制适用中“形合实独”“审者与判者分离”等状况还受案件审批制度、案件承办人制度以及审判委员会等制度的影响,本文对合议制功能的讨论主要是在审判组织形式与诉讼程序运行的视角下进行。

高人民法院和江苏省高级人民法院联合发布的一份《关于审判组织改革的调研报告》也指出,立法上所规定的必须广泛适用的合议制在实践层面发生了严重的异化,呈现出“形合实独”的特点,即在合议庭成员共同参与、集体决策的表象下,是承办人一人唱“独角戏”,并在实质意义上决定了案件的最终处理结果。[①]

图 1 笔者所在基层法院 2010—2015 年法官人均结案数曲线图

(三)司法资源配置受到影响:案件难易与资源投入的“现实背离”

从资源配置理论来看,每个案件上投入的司法资源应当与其重要性、复杂性成正比,即审判资源的投入应当与案件性质、难度系数相挂钩。对于复杂案件实行合议制有利于发挥合议庭的“多眼功能”,提升案件质量,但对于简单和一般的案件,实行合议制无疑是审判资源的浪费。[②]

表 2 笔者所在基层法院 2011—2015 年一审民商事案件诉讼程序适用一览表

案件数/年份	2011 年	2012 年	2013 年	2014 年	2015 年
适用简易程序案件数	9681	12224	13362	13934	14014
适用普通程序案件数	3413	2283	1887	2460	3121
简易转普通案件数	1716	1944	1406	1822	2583
简易转普通案件数占普通程序案件数的比例	50.3%	85.2%	74.5%	74.1%	82.8%

从上表可知,基层法院适用普通程序审理的案件,75%左右是由简易程序转化而来的,这些案件,一部分是由于法律对简易程序的除外规定,另一部分则是由于案件量太大导致法官在审限内无暇顾及,真正因案情复杂而转为普通程序的少之又少。这些案件因立法上的

---

① 《关于审判组织改革的调研报告》,收录于江苏省高级人民法院《2003—2005 全省法院优秀重点调研课题汇编》,转引自李浩:《宁可慢些,但要好些——中国民事司法改革的宏观思考》,载《中外法学》2010 年第 6 期。

② 美国的一项心理学研究发现认为,群体决策的优势主要在于复杂问题中汇聚所有人的资源并纠正他人的错误,而对于容易的任务,增加群体的人数只能增加一个人能够独立解决问题的可能性。也就是说,对于较为容易的任务,群体决策并不比单人决策更具优势。这一发现从心理学角度支持了本文的观点。参见[美]斯科特·普劳斯:《决策与判断》,施俊琦、王星译,人民邮电出版社 2004 年版,第 182~184 页。

"等式性结构"而不得不组成合议庭进行审理,从而导致案件难易程度与资源投入之间的"现实背离",司法资源配置受到影响。

二、理性审视:独任制普通程序构建的基础

对上述问题的把脉问诊,关键是在繁简分流的理念基础上,使审判组织形式与诉讼程序的运行契合其相应的功能定位。笔者认为,在普通程序中适用独任制与合议制并行的"双轨"模式,构建独任制普通程序是诉讼程序改革的理性选择。下面笔者从应然与实然两个层面对其可行性与必要性进行论证。

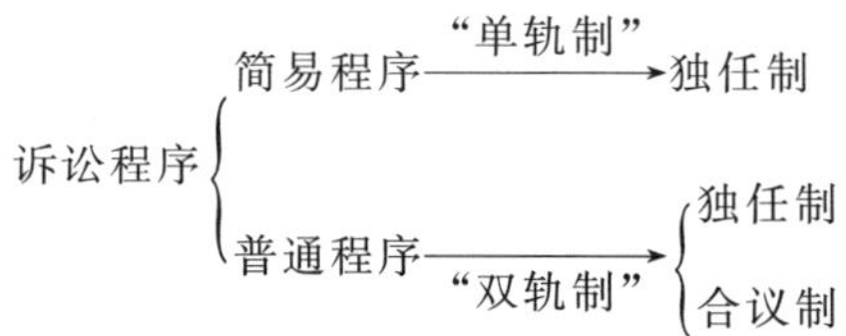

图 2 普通程序"双轨"模式运行图

(一)普通程序与独任制兼容的应然表达

1. 功能定位的理论基础

简易程序是对特定范围的简单案件简化诉讼程序、提升诉讼效率的一种程序设定,其功能定位是降低诉讼成本,加快诉讼进程,促进繁简分流,故其在审判组织形式上适用由审判人员一人审理的独任制无可厚非;普通程序是立法上民事审判程序的主体和基础,其功能定位是加大对当事人诉讼权利的保障、提升专业化水平和案件质量,将其与采用集体审判的合议制进行捆绑,再一次体现了立法对普通程序的重视。然而,由程序类型决定审判组织形式的制度设计,不符合审判组织的功能预设,审判组织的形式应当与案件的性质相联系,而不应当绝对化地与程序类型简单挂钩。[①] 普通程序保障当事人诉讼权利和案件质量的渴求并不必然需要合议制的补充,从基层法院审理案件类型来看[②],独任制可以作为最基本、最主要的审判组织形式而存在,在此前提下,对诉讼程序的选择则依据案件类型、难度系数等标准予以确定,以此契合审判组织形式与诉讼程序的功能定位。

2. 域外立法的相应借鉴

从英美法系和大陆法系的立法来看,独任制与合议制是根据法院审级、案件类型与复杂程度而通过立法明确规定其适用范围的,与案件所适用的诉讼程序无关。英美法系在当事人对抗主义的诉讼模式下,独任制是其审判组织的基本形式,其小额法院或限权法院(相当于我国的基层法院)普遍适用独任制,而究竟是适用简易程序还是普通程序,则由独任法官

① 潘剑锋:《中国民事审判程序体系之科学化革新——对我国民事程序及其相互关系的反思》,载《政法论坛》2012 年 9 月第 30 卷第 5 期。

② 审判委员会作为人民法院内部最高审判组织,承担着对疑难、复杂案件进行研究决定的职能,从笔者所在基层法院来看,2010—2015 年并无一审民事案件上审判委员会讨论的记录,由此可见,基层法院审理的一审民事案件从案情和类型方面来看难度系数并不高。

根据立法的规定予以确定。[①] 即使是在职权主义色彩相对浓厚的大陆法系国家,为解决法院超负荷运作而掀起的司法改革也进一步拓宽了独任制的适用范围。在德国和意大利四级三审结构中,基层法院一律适用独任制,其中少数案件适用独任制简易程序,多数案件适用独任制普通程序,合议制则主要适用于上诉案件和重要的一审案件。[②]

(二)独任制普通程序构建的实然依据

1. 诉讼程序正当性的重要保障

案件的繁简分流,绝不仅仅是扩大简易程序的适用范围以追求司法效率的简单变革。简易程序的适用在立法本意与司法实践的"二元背反"下受到越来越多的质疑。有学者认为,简易程序在司法实践中无限泛化的后果在于,使得一些原本重大、复杂的案件可能在审判组织与审判程序的双重软化之下,使当事人遭受未受充分程序保障的裁判结果,使裁判质量可能有所"折扣",使当事人的诉讼权未受认真对待,最终无法实现裁判的正当性。[③] 构建独任制普通程序,可以在简化审判组织的同时,使得一定范围内的复杂案件受到普通程序的规制,确保简易程序的适用符合立法与司法上的定位,推进各诉讼程序之间的适用与转换符合正当性要求。

2. 强化合议制功能的现实回应

合议制的实现是以国家对司法投入的资源充沛以使案件负荷量和法官的人数大体匹配为前提和保障的。[④] 但司法实践并非如此,在案多人少的压力下,理论界强化合议制功能的呼声显得力不从心。从审判组织形式与诉讼程序运行的视角来看,合议制功能的退化是司法资源供给不足时由普通程序与合议制的捆绑所带来的必然结果。合而不议的普通程序在不违背立法的同时实现了减少人员投入的双重目的,是案件重压下的司法实践对不合理立法的本能回应。因此,构建独任制普通程序,在适当分流的基础上可以有效发挥合议庭功能,强化合议制运行。

3. 优化司法资源配置的理性选择

审判资源的"平均分配"显然不切实际,根据案件性质和难易程度对司法资源进行有效配置、使不同性质和类型的案件各入其道是繁简分流的理念基础。简易程序的设置,是繁简分流理念的初步发展,但立法对简易程序做了一系列除外规定,司法实践中迫于审限压力而由简易程序转为普通程序的案件也不在少数,如果严格要求这些案件不论难易均组成合议庭进行审理,则是对繁简分流理念的桎梏。因此,构建独任制普通程序,综合考量诉讼程序整体结构,从案件类型、难度系数等方面明确独任制普通程序的适用范围,是繁简分流理念下优化司法资源配置的一种有效制度尝试。

---

① 傅郁林:《繁简分流与程序保障》,载《法学研究》2003 年第 1 期。

② 傅郁林:《繁简分流与程序保障》,载《法学研究》2003 年第 1 期。

③ 王聪:《审判组织:合议庭还是独任制?——以德国民事独任法官制的演变史为视角》,载《福建法学》2012 年第 1 期。

④ 蔡彦敏:《断裂与修正:我国民事审判组织之嬗变》,载《政法论坛》2014 年 3 月第 32 卷第 2 期。

三、微观层面:独任制普通程序构建的规则设计

独任制普通程序的构建,需要放入我国审判组织形式与诉讼程序的整体框架中,依赖于各环节程序设计与配套制度的相互协调,确保机制运行顺畅。下面笔者从这一整体性思路出发,对独任制普通程序的适用范围、程序转换、审理模式及配套制度提出相应的思路。

(一)界定各诉讼程序的适用范围

从诉讼标的额、案件类型等标准出发,对各诉讼程序适用范围重新进行划分,是确定独任制普通程序适用范围的基础。下面笔者对独任制简易程序、独任制普通程序、合议制普通程序适用范围的界定提出相应思路:

1. 从标的额进行划分

根据《最高人民法院关于调整高级人民法院和中级人民法院的管辖第一审民商事案件标准的通知》,因省级行政辖区不同,基层法院受理一审民商事案件的管辖标的有所不同。但笔者认为,从标的额上对各程序之间的适用范围进行划分,可以根据各省基层法院管辖标的额在一定幅度内做相应调整,具体标准由各高级人民法院确定后报最高人民法院备案。

以笔者所在F省基层法院为例,当事人住所地均在F省时,其管辖一审民商事案件的诉讼标的额为3000万元以下。从下表笔者所在基层法院2011—2015年一审民商事案件标的额统计来看,标的额在200万元以下的案件数所占比例较高,标的额在200万元以上800万元以下的案件数基本维持在15%～20%左右。为优化资源配置,保障当事人诉权,确保案件质量,笔者认为,标的额在200万元以下的案件,应当适用简易程序予以立案;200万—800万元的,应当适用独任制普通程序予以立案;标的额在800万元以上的,应当适用合议制普通程序予以立案。

表3 笔者所在基层法院2011—2015年一审民商事案件标的额统计表

案件数/年份	2011年	2012年	2013年	2014年	2015年
标的额在200万元以下的案件数	11099	12246	12849	13704	14228
标的额在200万元以上至800万元的案件数	1990	2254	2395	2684	2823
标的额在800万元以上的案件数	5	7	5	6	84

2. 从案件类型进行划分

在对诉讼程序从标的额进行划分的基础上,笔者建议将下列两类案件从简易程序中分离,不论标的额大小,均适用独任制普通程序予以立案。

(1)婚姻、家庭、继承纠纷

婚姻家庭和公民身份案件由于涉及公序良俗和第三人利益,金钱不再是确定成本收益的唯一标准,因而各国程序法对这类案件适用专门程序,且无论标的额大小,都享有至少一次上诉权利。[①] 笔者认为,此类案件涉及社会管理和资源分配,司法实践中此类纠纷带来的

① 傅郁林:《繁简分流与程序保障》,载《法学研究》2003年第1期。

虚假诉讼往往导致规避法律、骗取社会资源、损害他人利益的严重后果,故以普通程序对其进行程序规制实有必要。同时,此类案件难度系数不大,以独任制审理符合繁简分流的理念基础。

(2)人格权纠纷

人格权纠纷包含姓名权、肖像权、荣誉权、名誉权纠纷等,诉讼对象较为特殊,部分案件当事人为社会知名人士,判决结果往往容易在社会上产生影响,笔者认为以独任制普通程序进行审理较为适宜。

以笔者所在基层法院为例,自 2011—2015 年,上述两类案件平均每年保持在 900 件左右,采取独任制进行审理,不会消耗太多司法资源。

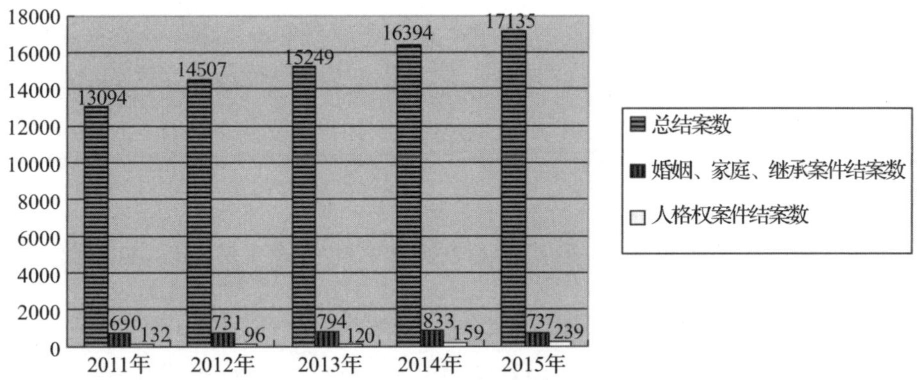

图 3 笔者所在基层法院 2011—2015 年婚姻家庭继承案件、人格权案件结案数与总结案数对比柱状图

3. 对现行司法解释关于简易程序除外规定的再思考

《民事诉讼法解释》第 257 条规定了六类不适用简易程序的情形,下面笔者逐一重新划分其适用程序:

(1)起诉时被告下落不明的

该类案件因在审理过程中需公告送达而从简易程序转为普通程序,从而适用合议制进行审理。实践中 90%以上的公告案件缺席判决,缺少双方当事人在证据及辩论环节的对抗,使得案件处理起来更为简单,但因加强了法官依职权对证据进行审查的要求,故笔者认为此类案件适用独任制普通程序审理更为适宜。

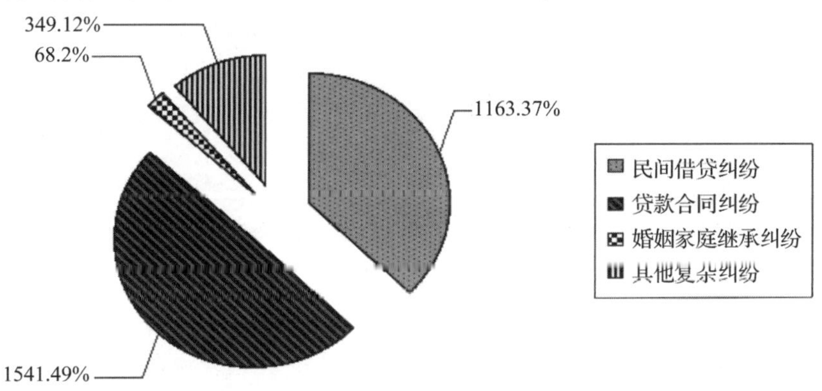

图 4 笔者所在基层法院 2015 年一审民商事案件适用普通程序类型分布图

从上图来看，在3121件适用普通程序已结案件中，民间借贷纠纷、借款合同纠纷与婚姻家庭继承纠纷所占的比例达到88%，而这些案件之所以适用普通程序，80%以上是由于当事人下落不明而从简易程序转化而来。若将此类案件纳入独任制普通程序的适用范围，必将大幅度减少适用合议制的案件数量，缓解司法资源供给不足的现状。

(2)发回重审的

发回重审制度是民事诉讼程序确立的一项重要制度，发回重审的原因包括原判认定事实不清、违反法定程序、遗漏当事人或诉讼请求等，是二审法院对一审案件依法监督的重要方式，为确保此类案件审慎对待，笔者认为按照当前做法，组成合议庭对其进行审理更有利于维护当事人权利、保证案件质量。

(3)当事人一方人数众多的

“一方人数众多”的案件更需要在程序上对当事人权利予以保障，对此类案件适用普通程序进行审理符合程序正当性要求，但参与诉讼的当事人人数与案件的复杂程度并不呈正比例关系，故笔者认为该类案件应当以独任制普通程序予以立案，如果发现案情复杂，应当适用合议制进行审理的，可依相关程序进行转换。

(4)适用审判监督程序的

适用审判监督程序的再审案件，因其不属于通常意义上的一审案件，故不属于本文的讨论范围。

(5)涉及国家利益、社会公共利益的

涉及国家与社会公共利益的案件，即公益诉讼案件，因其侵犯的利益对象有别于“普通第三人”，对社会的影响要远远高于一般的民事案件，《民事诉讼法》在级别管辖上对于在辖区有重大影响的案件均排除了基层法院的管辖权，体现了社会影响力与案件管辖的关联性。故笔者认为，对于此类案件应当适用合议制普通程序进行审理。

(6)第三人起诉请求改变或者撤销生效判决、裁定、调解书的

该类案件审理对象系生效判决、裁定与调解书，对法院生效判决的既判力、司法权威与司法公信力有一定影响，笔者认为适用合议制普通程序审理更为妥当。

综上，笔者认为，应当将上述六类案件中“起诉时被告下落不明的”“当事人一方人数众多的”两类情形纳入独任制普通程序的审理范围。

(二)明确各诉讼程序的转换规则

由于案件本身的复杂性、司法认知的渐进性和法律规定的模糊性，再加上法院的自利动机，不同程序的混同和误用所引发的程序之间的转换往往不可避免。[①] 三种诉讼程序按照各自适用范围立案后，在审判过程中需要转换诉讼程序的应当如何操作，这一问题主要涉及三个方面：

1. 诉讼程序能否逆向转换?

即合议制普通程序能否转为独任制普通程序或两种普通程序能否转换为简易程序?《民事诉讼法解释》第260条规定，已经按照普通程序审理的案件，在开庭后不得转为简易程序审理，即从立法上否定了逆向转换的可能性。笔者同样认为，诉讼程序的改革牵一发而动

① 许少波:《论民事简易程序向普通程序之转换》，载《法学评论》2007年第5期。

全身,应当渐进而为之,在程序转换上更应当谨慎。以普通程序立案的案件,其对当事人程序保障更为严格,如果允许法院在审理过程中依职权对程序进行逆向转换,一来会使当事人对程序保障的预期产生影响,司法公正与司法公信力将受到损害。二来程序间的转换需要经过申请、审批、通知等诸多程序,对司法资源的损耗不可避免,不符合诉讼成本与诉讼收益相对应的经济学原理。

2. 是否赋予当事人程序选择权?

在进入诉讼程序之初,案件的繁简当事人最清楚,赋予当事人程序选择权不失为保障司法公正与当事人诉讼权利的一大良策,法律也在一定层面上予以支持。[①] 但笔者认为,在当前司法背景下,赋予当事人程序选择权面临的弊端更为明显:(1)矛盾对立的双方当事人达成程序选择的合意很难,期间因沟通耗费的时间导致司法资源的浪费;(2)部分当事人在任何有权利缝隙的环节都选择"顽强抵抗"而获得相应的"机会利益",通过诉讼程序的选择拖延案件审理时间,转移财产,规避执行的现象不可避免;(3)在隐蔽的虚假诉讼中,双方当事人相互串通,程序选择权将赋予当事人可乘之机;(4)当事人选择权势必会弱化职权主义司法传统,在我国尚未形成对抗主义司法模式的情况下赋予当事人选择权难免会"水土不服"。

笔者认为,当事人程序选择权应当以程序异议权代替,即法院依职权确定诉讼程序后,当事人如果认为其不符合相关法律规定,可以向承办法官提出异议,由人民法院对异议进行裁定。具体在下文予以阐述。

3. 诉讼过程中程序如何转换?

笔者认为,案件审理过程中,对于适用简易程序的案件,如果认为应当适用普通程序审理的,应当先转换为独任制普通程序。程序转换规则主要涉及转换条件和审批权限两部分,下面笔者提出相应构思:

(1)简易程序转为独任制普通程序。简易程序转换为独任制普通程序,涉及的是两大诉讼程序类型的转换,应当更为谨慎。根据各诉讼程序的适用范围及特点,结合现行立法规定,笔者认为符合下列条件的,可以由简易程序转换为独任制普通程序:一是人民法院在审理过程中发现案情复杂,需要转为普通程序审理的;二是人民法院在审理过程中发现不属于简易程序适用范围的;三是当事人就案件适用简易程序提出异议,人民法院经审查异议成立的;四是其他不宜适用简易程序的。在审批权限方面,笔者认为应当按照当前司法实践的通常做法,由承办人申请、业务庭庭长审批、分管领导决定。

(2)独任制普通程序转为合议制普通程序。独任制普通程序与合议制普通程序是在普通程序这一诉讼程序下的转换,主要涉及审判组织人数的变更,当事人其他程序权利没有改变。合议庭人员的指定与分配是在部门内进行的,主要牵涉的是部门内审判人员的资源配置,而业务庭庭长具有部门内审判事务管理权,所以由业务庭庭长对此进行审批更为适宜。结合现行立法规定,笔者认为独任制普通程序转换为合议制普通程序的情况包括四种:一是案情复杂,应当适用合议制进行审理的;二是当事人对适用独任制提出异议,人民法院经审查异议成立的;三是审理过程中发现不属于独任制适用范围的;四是其他不宜适用独任制审

---

① 《民事诉讼法》第157条第2款、《民事诉讼法解释》第264条、《简易程序规定》第2条第1款均对当事人程序选择权做了相应规定。

理的。

为了维护程序的安定性，程序转换仅限一次，即由简易程序转换为独任制普通程序审理的案件，不得再转换为合议制普通程序。

根据上述对诉讼程序适用范围及转换规则的论证，笔者设计了如下运行图。

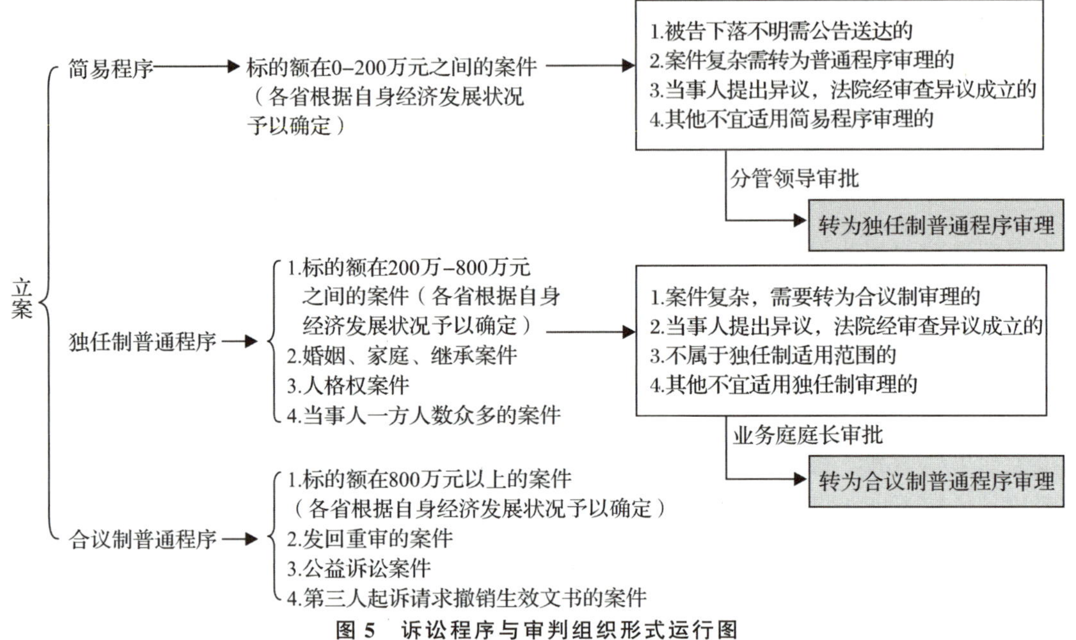

图5　诉讼程序与审判组织形式运行图

（三）独任制普通程序审理模式探究

1. 审判人员的确定。虽然始终面临着法官素质不高、独任制欠缺民主化和集思广益等诸多质疑，但我国近年来法官精英化改革为独任制普通程序的构建提供了一定的人才基础。因独任制普通程序的构建对法官职业素质提出了更高要求，笔者建议，应当进一步推进独任法官选任制度，明确独任法官的资质、准入标准，将适用独任制普通程序的案件交由独任法官进行审理，一定程度上确保案件质量。

2. 审理方式的确定。为确保案件质量，笔者建议借鉴美国“管理型法官”制度①，为独任法官配备一名“预备”法官，预备法官主要辅助独任法官从事庭前准备工作，如证据交换、争点整理等，提升案件质量的同时也有利于形成有效的权力监督。同时，“预备法官”的设置，可以为我国“员额制”改革下“未入额法官”协助办案提供一种有效尝试。

3. 审理期限的确定。《民事诉讼法》第149条规定普通程序的审限为6个月，并设置了2次延长审限的审批权限。独任制普通程序受普通程序的程序规制，保留其6个月的审限和

① 管理型法官行使的权力是程序管理权，就是监督当事人提出诉讼文件和发现程序，确定争执点，安排诉讼进度和时间表，对案件审理过程中的某些程序事项做出裁定，召开审前会议等。参见陈桂明、吴如巧：《美国民事诉讼中的案件管理制度对中国的启示——兼论大陆法系国家的民事诉讼案件管理经验》，载《政治与法律》2009年第7期。

合诉讼程序的运行规律,但应当去除其审限延长的规定,如果案情复杂,则转为合议制普通程序进行审理。

(四)相关配套制度的跟进

1. 设置相应监督制度:合议制本身追求通过合议庭下多名法官的平等参与共同决策,而发挥审判集体的智慧、防止法官个体独断,以促进司法公正。[①] 英美法系以独任制为主的审判组织模式的适用,有其"律师强制代理""当事人对抗主义"等予以保障,在我国尚未建立上述制度的情况下,为确保独任制普通程序适用带来的权力制约的消弭,必须设置相应的权力监督机制,确保独任制普通程序有效运行。

2. 强化法官培训制度:提升法官素质,是独任制普通程序适用的肥沃土壤。在当前法官素质整体不高,精英化改革举步维艰的现实下,必须强化法官培训制度,明确相应的培训内容、时间及模式,进一步加快法官职业化进程。笔者认为大陆法系将职业培训与法官遴选相结合的路径值得借鉴。[②]

结　语

波斯纳说过,司法改革无论如何冠冕堂皇,总是基于积案的压力,案件负担增长的压力导致法院体系发生简化或俭省。独任制普通程序的构建是在理性审视当前司法实践突出问题下对审判组织与诉讼程序改革的积极回应,然而程序改革的成功不可能"独善其身",其依赖于整个诉讼程序的综合改革和各个部分之间、配套制度之间的协调运作,必定牵一发而动全身。独任制普通程序的成功运行,需要在对审判组织与诉讼程序综合考量的基础上,对各程序之间的适用范围进行合理划分,准确界定相应的程序转换规则与审批权限,并就独任制普通程序的审理模式予以规范,同时设置相应的配套制度,使独任制与普通程序在司法实践中并行不悖。

---

① 蔡彦敏:《断裂与修正:我国民事审判组织之嬗变》,载《政法论坛》2014年3月第32卷第2期。

② 在大陆法系国家,职业培训与法官遴选程序是结合进行的。比如在德国,担任法官是需要经过很多程序的,首先法学院毕业后,参加第一次国家司法考试,通过后到法律部门实习培训两年,然后参加第二次国家司法考试,此次考试的通过率一般为10%~15%,通过后能成为法官,还需要在员额空缺时再次进行考试选拔。参见杜瑞芳:《从职业培训视角探索中国特色法官遴选制度》,载《法律适用》2008年第9期。

我国不动产司法强制拍卖税款“替缴式”模式的实践与反思

刘建发、罗彬、达珍 ①

司法拍卖是被执行人未履行生效裁判文书确定的义务，法院依照申请执行人的申请，对被执行人所有的财产以公开拍卖的形式所作的处置。涉及不动产的司法拍卖中，常见的“税负”包括印花税、契税、营业税、土地增值税、个人所得税等。司法拍卖中，买受人要办理不动产变更手续，除持有法院办理强制过户手续的协助执行通知书及执行裁定书外，还需被执行人及买受人提交过户手续所涉及税费的完税凭证。被执行人此前在该不动产上有欠缴税费的，还必须补缴税费后，买受人方可办理产权过户手续。在被执行人下落不明，或者被执行人拒不配合补缴欠税及缴纳过户税费的，法院如何确保买受人取得税收完税凭证，进而让买受人顺利办理不动产权属过户手续呢？这即是本文研究所涉及的不动产拍卖税费的缴纳模式问题，以下做具体分析。

一、不动产司法强制拍卖税款缴纳模式概述

（一）不动产司法强制拍卖的基础法律关系

不动产司法拍卖，是指被执行人拒不履行生效法律文书确定的义务，申请执行人依据生效法律文书申请法院强制执行，并由执行法院运用国家强制力对被执行人名下不动产做强制拍卖、变卖，并以所得价款清偿债务的司法活动。关于司法拍卖的性质，向有“公法行为说”“私法行为说”“折中说”②，我国大陆地区理论界及实务界采取“公法行为说”的较为普遍，台湾地区主流采“私法行为说”，如台湾“司法院”释字第 706 号解释认为，“强制执行法上之拍卖或变卖，系由执行法院代债务人立于出卖人之地位，经由强制执行程序，为移转拍卖或变卖所有权以收取价金之行为”。笔者认为应采折中说为宜，司法拍卖是兼具有公法与私法性质的复合行为。司法拍卖具有公法行为性质，主要体现在：(1)采取国家强制力，强制处分应属被执行人的私人财产，该强制处分权为法律明确授予，不具有协商性和对价性；(2)在拍卖成交后强制将被执行人财产过户至买受人名下，司法拍卖裁定具有变更物权的效果，买受人原始取得拍卖标的物的物权。除此之外，司法拍卖与一般拍卖并无太大差别，尤其在法院

---

① 刘建发，思明法院法官。罗彬，思明法院法官。达珍，西藏米林法院法官。此文获得全国法院系统第二十八届学术讨论会优秀奖。

② 陈桂明、侍东波，《民事执行法中拍卖制度之理论基石——强制拍卖性质之法律分析》，载《政法论坛》2002 年第 5 期。

与买受人关系方具有显著的私法行为性质特征时。但司法拍卖不是直线形的两面关系,而是三面关系(见下图示),即法院—被执行人—买受人,其中法院与买受人之间属于平等主体之间的私权交易行为,在法院与被执行人之间成立强制代理关系,法院处置被执行人财产的民事权利义务归属于被执行人。因此拍卖公告虽然直接约束的是法院和买受人,但其效果直接归属于被执行人和买受人。在买受人拒不履行支付约定的税费义务时,被执行人可要求买受人承担违约责任。

司法拍卖三面关系图示:

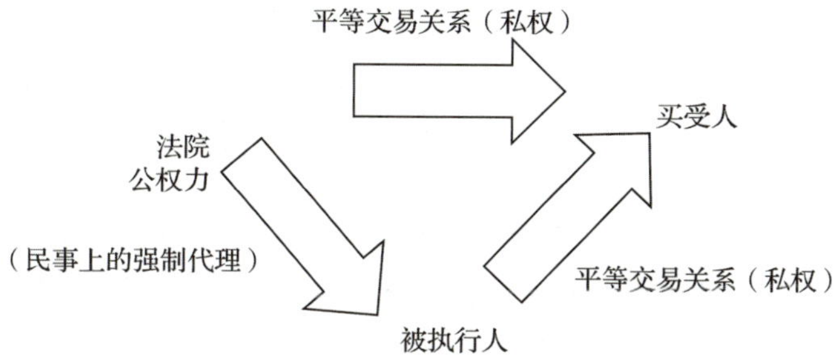

(二)不动产司法强制拍卖涉及的税收法律关系

司法拍卖中,法院虽然为出卖人一方,但法院拍卖系为执行生效判决需要代为处分被执行人财产,拍卖所得除执行费、诉讼费所得应收归财政外,其余款项均为暂收性质的款项,在款项分配发放前,均属于被执行人的财产。因此,在不动产司法拍卖纳税主体的确定上,应比照被执行人自行出售不动产确定纳税主体,法院不作为纳税主体承担纳税责任。根据国家税务总局《关于人民法院强制执行被执行人财产有关税收问题的复函》(国税函〔2005〕869号),人民法院的强制执行活动不具有经营性质,税务部门不能对法院的强制执行活动征税,对拍卖、变卖财产的全部收入,纳税人均应依法申报缴纳税款。

司法拍卖活动中,法院不作为纳税主体承担纳税责任,但有协助扣缴税费的责任。纳税人应为作为交易主体的被执行人及买受人,如被执行人作为不动产所有人以及出售方,应缴纳个人(企业)所得税、房产增值税("营改增"前为营业税)、土地增值税、契税等,买受人作为购买方承担契税及印花税。

(三)不动产司法强制拍卖税款缴纳模式的种类

不动产司法拍卖中,被执行人税费缴纳面临两大问题:一是被执行人下落不明,无法通知被执行人补缴欠税款项以及支付拍卖过户费用;二是由于被执行人财产被法院查封、冻结、扣押,失去了对财产的处分权,被执行人在拍卖成交后往往不愿配合买受人去缴纳其所应缴纳的税费。而根据我国"先缴税后办证"的政策要求,完税凭证为办理权属登记必备材料,买受人只有取得完整的完税凭证包括被执行人应缴纳税费的完税凭证,方可办理权属登记手续。在涉及被执行人应缴税费的负担上,存在三种模式:一是由被执行人负担并由被执行人自行缴纳税款,可称为"自缴式"。二是由买受人负担,替代被执行人缴纳,本文称为"替缴式",该种拍卖的典型表述方式为:"标的物过户登记手续由买受人自行办理,所涉及的一切税费均由买受人承担。"这是一种"净值拍卖"的方式,拍卖价款不含税,所有税费包括被执行人所应承担的各项税费、欠费均由买受人承担。三是税款由被执行人自行负担,买受人只承担契税和印花税，被执行人所承担税款由法院协助税务机关从拍卖所得款项中优先支付，这是实践中部分法院实施的新的征收模式。基于前面分析的司法拍卖的特性，被执行人自缴式基本不具有现实意义，本文主要讨论“替缴式”及“划缴式”的税费承担模式。

二、司法拍卖税费“替缴式”的合法性分析及合理性分析

（一）合法性分析

约定“税费全部由买受人承担”的约定是否合法，与税收法定原则是否冲突？笔者认为，执行法院在拍卖公告中与买受人约定，税费全部由买受人承担，并未改变被执行人的纳税主体地位，属于对税费承担的特别约定，未违反税收法定原则及法律强制性规范，依法具有法律效力。

1. 买受人“替缴式”税费承担模式未违反税收法定原则下的“纳税人法定”

2015 年 3 月修改公布的《立法法》的立法法将“税收”专设一项作为第 8 条的第 6 项，规定“税种的设立、税率的确定和税收征收管理等税收基本制度”只能由法律规定，确立了我国的税收法定原则。在该立法案的 2014 年 12 月送审稿二稿中，曾规定“税种、纳税人、征税对象、计税依据、税率和税收征收管理等税收基本制度”只能由法律规定[①]，尽管最终未将“纳税人法定”的内容写入立法法。纳税人的确定应依照我国现行税收征管法及有关实体法律确定。我国现行《税收征收管理法》第 4 条规定：“法律、行政法规规定负有纳税义务的单位和个人为纳税人。法律、行政法规规定负有代扣代缴、代收代缴税款义务的单位和个人为扣缴义务人。纳税人、扣缴义务人必须依照法律、行政法规的规定缴纳税款、代扣代缴、代收代缴税款。”上述规定确定了我国税法“纳税义务人”的概念及其职责。税收法定是税收立法和税收法律制度的一项基本原则，“纳税人”是一项重要的课税要素，应该依照法律、行政法规确定，不得随意更换。《中华人民共和国税收征管法》第 34 条规定：“税务机关征收税款时，必须给纳税人开具完税凭证。扣缴义务人代扣、代收税款时，纳税人要求扣缴义务人开具代扣、代收税款凭证的，扣缴义务人应当开具。”

在买受人“替缴式”税费承担形式下，买受人代替被执行人缴纳税费，税务机关开具的完税凭证对象体现的仍为作为纳税主体的被执行人。由于税务机关并非强制向作为非纳税主体的买受人征税，买受人所缴税款系基于拍卖约定自愿代缴，所开税费纳税主体仍为被执行人，故“替缴式”税费模式与税收法定原则并不冲突。

2. 纳税人法定并不排斥纳税人与第三人就纳税事项的民事约定

（1）买受人承担一切税费约定的性质——税收债务的第三人履行

我国人陆《税收征收管理法》尚未有明确规定第三人履行的法律条文。从法理上分析，司法拍卖中应由被执行人负担的营业税、土地增值税、企业（个人）所得税，通过司法拍卖公告约定由第三人（买受人）给付，从性质上，成立税收债务的第三人履行。税收债务的第三人履行存在外部效力和内部效力。

---

① 中国人大网，http://www.npc.gov.cn/npc/lfzt/2014/2014-12/30/content_1892183.htm，2016 年 6 月 10 日访问。

a.外部效力

《德国租税通则》第48条规定："(1)对稽征机关之租税债务关系之给付，得由第三人为之。(2)第三人得以契约承受第1项所规定之给付义务。"[①]台湾学者陈敏认为，德国税法之所以做出上述规定，"乃是由于就租税关系之给付而言，究由何人作成该给付，对债权人并无特别之意义，故可以由第三人给付，但第三人给付后，租税债务关系之请求权转移给第三人后，即丧失公法性质。""在税法内，不许可关于租税请求权之契约，但许可以契约加强租税请求权，惟经由法律行为设定之义务，成立私法之请求权，而非公法之请求权。"[②]台湾学者陈清秀认为，"税捐债务人得与第三人(尤其交易相对人)订立税捐债务的履行承担契约，约定由第三人代为履行税捐债务，此项约定为私法上契约，并不发生变更公法上税捐债务人的效果，但依私法自治契约自由原则，于私法上有其效力，如第三人不履行其代为缴纳税款约定时，税捐债务人得依民事诉讼途径迳诉请普通法院请求救济"[③]。我国大陆有学者亦认为"第三人与纳税主体以'履行承担契约'的方式受让其全部或部分税收债务，只会增强税收债权的获偿可能性而并无害处，因此应当予以承认。""税法上并不承认免责的债务承担的类型。因为税法主要是公法，依法定构成要件的满足而成立税收债务，不容纳税主体以私法契约的方式而改变其债务人的地位。因此，虽然允许第三人可受让纳税主体的税收债务而代为缴纳，但此种债务承担仅具有私法上的效力，第三人并不能取代税收债务人的法定地位，税收债务人也不能因此而免责。"[④]

因此，司法拍卖公告约定由买受人负担向税务机关缴纳被执行人所应负担的税费，成立税收债务的第三人履行，并不改变被执行人为法定纳税人的主体地位。税务机关在被执行人未履行纳税义务之时，可依据税法规定向被执行人征税，而不得强制向买受人征税。

b.内部效力

约定买受人承担原本应由被执行人负担的税费，并向税务机关履行，在买受人与出卖人之间成立合同关系。我国《合同法》第64条规定，"当事人约定由债务人向第三人履行债务的，债务人未向第三人履行债务或者履行债务不符合约定，应当向债权人承担违约责任"。在买受人未向税务机关清偿税收债务时，买受人应依照拍卖规定承担违约责任。

这里的问题是，司法拍卖的拍卖人是法院，并非作为产权人的被执行人，司法拍卖的公告如何约束被执行人与买受人，买受人与被执行人之间并无直接的合同关系。买受人违约未替代被执行人缴纳税费，被执行人能否要求买受人缴纳，进而，在被执行人缴纳了原应由自己承担但经拍卖公告特别约定转由买受人承担的税费后，可否向买受人追偿？笔者认为，基于司法拍卖前述"折中说"的理论，除法院强制处分被执行人不动产并过户买受人具有公权力特征外，在法院与买受人之间具有浓厚的私权关系特征，法院代为处分被执行人财产，法院与买受人税费负担约定的法律效果归属于被执行人。

(2)税务机关受领买受人给付不以税收债务人同意为前提

---

① 陈敏:《德国租税通则》，"财政部财税人员训练所"1985年版。

② 陈敏:《德国租税通则》，"财政部财税人员训练所"1985年版。

③ 陈清秀:《税法总论》，台湾翰芦图书出版优先公司2004年第3版。

④ 李刚:《税法与私法关系总论——兼论中国现代税法学基本理论》，法律出版社2014年版。

在约定买受人代付税款的情况下，买受人代被执行人向税务机关支付税款，税务机关是否可以拒绝买受人给付？我国大陆地区现行税收征管法并未对此做出规定。《德国租税通则》第48条规定："(1)对稽征机关之租税债务关系之给付，得由第三人为之。(2)第三人得以契约承受第1项所规定之给付义务。"该条文并未规定，债务人得对第三人之给付为异议，此点与《德国民法》第267条第2项不同。[①]《德国民法典》第267条规定："(1)债务人无须亲自给付的，第三人也可以履行给付。债务人的允许是不必要的。(2)债务人提出异议的，债权人可以拒绝接受该项给付。"[②]笔者认为，税收征纳关系的形成并非来自税务机关与税收债务人之间的合意，非属合同之债，而是属于法定之债。买受人代被执行人支付税款的，被执行人无权就代偿行为本身提出异议。鉴于买受人与征税对象之间存在利益关系，税务机关无合理事由，亦不得拒绝受领买受人的给付，否则势必影响买受人通过代偿行为取得完税凭证以顺利办理产权登记手续。但这不妨碍买受人主张被执行人所享有的税收的固有抗辩权，如买受人举证某项税费不应由被执行人缴纳或被执行人已缴纳完毕某项税费，可提出异议，税务机关应予以核实后征收税款。

（二）合理性分析

1. 简化法院拍卖流程，加快执行进度

民事执行是依照生效裁判实现债权人的合法利益，因此相对于审判而言，民事执行更为讲究公正前提下的效率问题。将应由被执行人负担的税费转嫁给买受人，法院所收取的执行款为"实收款项"，免去与税务机关就税费问题进行交接，减轻了法院的工作量，能更快地推进执行工作。由于税款计算具有专业性，需要与税务机关进行协作。含税拍卖的前提是税收标准要明确，由于我国拍卖所涉及的税种较多，政策调整较为频繁。加之各地税收政策不一，在跨地域拍卖被执行人财产时，税费情况调查将耗费执行人员大量的时间和精力。由买受人自行缴纳税款，可以简化拍卖流程，加快执行进度。

2. 税费由买受人承受在特定情况下更能确保税务优先权的实现

我国《税收征收管理法》第45条规定："税务机关征收税款，税收优先于无担保债权，法律另有规定的除外；纳税人欠税的税款发生在纳税人以其财产设定抵押、质押或者纳税人的财产被留置之前的，税收应当先于抵押权、质权、留置权执行。纳税人欠缴税款，同时又被行政机关决定处以罚款、没收违法所得的，税收优先于罚款、没收违法所得。"在被执行人房产因实现抵押权而被拍卖、变卖的情况下，拍卖过程中产生的税费均产生在抵押之后，税收的优先效力低于抵押权，则拍卖所得价款应优先支付抵押权，若有剩余再用于支付税款。在拍卖款不足以清偿抵押债权的情况下，则税款面临无法清偿的局面。而约定税款统一由买受人负担的情况下，买受人需在办证环节另行将所欠税款缴清，这将更为有利于税收债权的实现。

此外，《企业破产法》第113条规定，"破产人所欠职工的工资和医疗、伤残补助、抚恤费用，所欠的应当划入职工个人账户的基本养老保险、基本医疗保险费用，以及法律、行政法规规定应当支付给职工的补偿金"受偿顺序优先于企业所欠税款。在偿付所欠企业员工工资

---

① 陈敏：《德国租税通则》，"财政部财税人员训练所"1985年版。

② 《德国民法典》(第4版)，陈卫佐译注，法律出版社2015年第1版。

及社会保险费、补偿金之后,处置后的财产面临不足额甚至无法清偿税款的风险。而依照的买受人替缴式解决方案,财产处置的税款转嫁给作为案外人的买受人负担,反而增加了税款获得清偿的可能性。

3. 房产、土地办证“先税后证”确保买受人及时缴纳税款

我国《土地增值税暂行条例》第 12 条、《契税暂行条例》第 11 条规定,纳税人未缴纳土地增值税、契税的,土地管理部门、房产管理部门不得办理有关的权属变更手续。国家税务总局通过一系列文件包括:(1)《国家税务总局关于进一步加强房地产税收管理的通知》(国税发〔2005〕82 号);(2)《国家税务总局、财政部、建设部关于加强房地产税收管理的通知》(国税发〔2005〕89 号);(3)《国家税务总局关于实施房地产税收一体化管理若干具体问题的通知》(国税发〔2005〕156 号);(4)《国家税务总局、财政部、国土资源部关于加强土地税收管理的通知》(国税发〔2005〕111 号);(5)《国家税务总局关于个人住房转让所得征收个人所得税有关问题的通知》(国税发〔2006〕108 号);(6)《国家税务总局关于加强住房营业税征收管理有关问题的通知》(国税发〔2006〕74 号)等文件,明确细化了先税后证政策。前述国税发〔2005〕89 号文件第 6 条规定:“市、县房地产管理部门在办理房地产权属登记时,应严格按照《中华人民共和国契税暂行条例》《中华人民共和国土地增值税暂行条例》的规定,要求出具完税(或减免)凭证;对于未出具完税(或减免)凭证的,房地产管理部门不得办理权属登记。”

国税发〔2005〕156 号文件规定“对存量房交易环节所涉及的税收要实行‘一窗式’征收”,通过契税的征收实现对房产交易所涉及的所有营业税及城市维护建设税和教育费附加、个人所得税、土地增值税、印花税等相关税种一并征收。因此房产办证环节的税收管控,可以有效地防止税收流失。买受人取得法院出具的过户法律文书后,为取得房产产权证,就必须足额缴纳相应税费。相对于房产售价而言,税费所占购房款比例较低。由于司法拍卖通常要求一次性付款,无资力的买受人需要通过担保机构或民间融资方式获取资金购买,资金占用成本较高,买受人需要及时取得产权证办理抵押以便从银行获取贷款。在允许司法拍卖贷款的情形下,银行为管控放贷风险,也会及时督促买受人及时办理产权证以办理抵押。故买受人为及时办理权证,在我国先税后证政策的约束下,能够快速地缴纳税款,实现税款的及时入库。

三、买受人替缴式的弊端分析

(一)买受人角度分析

1. 隐性税负难以测算影响买受人成交意愿及悔拍,导致悔拍发生

司法拍卖税费转嫁式的情况下,由于房产拍卖价不含税费在内,买受人除了支付房屋拍卖款外,尚需支付税费。而税费的征收涉及专业的计算问题,买受人预估税负成本,除需要对税收政策有充分了解外,还有赖于执行法院对拍卖标的物的状况的充分信息披露,比如,标的物是否办理房屋产权(以确定是否需要多缴纳一手产权税费)、是否存在面积差(因面积差产生的税费差额)、产权购买时间(确定是否存在减、免征契税等税收优惠政策)等。在信息披露不完整的情况下,买受人对隐性的税收成本缺乏心理预期,难以对实际的购房成本进行预估,导致购买意愿降低,也易引发纠纷,导致悔拍情形发生。

2. 买受人无法以自己名义取得税收凭证，无法实现税收抵扣以及成本报销

由于司法拍卖关于税费负担的约定不改变被执行人为法定纳税主体身份，买受人虽代为缴纳税款，仍无法以自己名义取得完税凭证，导致买受人的该笔支出无法在自身税负上得以体现，实现税法上的抵扣。在我国房地产业全面推行营业税改为增值税的背景下，该问题变得更为突出。2016 年 5 月 1 日实施的国家税务总局《纳税人转让不动产增值税征收管理暂行办法》第 8 条规定，“纳税人按照规定从取得的全部价款和价外费用中扣除不动产购置原价或者取得不动产时的作价的，应当取得符合法律、行政法规和国家税务总局规定的合法有效凭证。否则，不得扣除。上述凭证是指：(一)税务部门监制的发票；(二)法院判决书、裁定书、调解书，以及仲裁裁决书、公证债权文书；(三)国家税务总局规定的其他凭证”。

(二)增加被执行人被税务机关二次执行的风险

由于司法拍卖不改变债务人作为纳税人的主体地位，将应由被执行人承担的税费转嫁给买受人承受，在买受人不支付税款的情况下，税务机关仍可以要求债务人缴纳税款，这将导致债务人的其他财产面临被税务机关二次处置的风险，增加了作为债务人的被执行人的负担。此外，依照我国《税收征收管理法》第 32 条之规定，“纳税人未按照规定期限缴纳税款的，扣缴义务人未按照规定期限解缴税款的，税务机关除责令限期缴纳外，从滞纳税款之日起，按日加收滞纳税款万分之五的滞纳金”。买受人延迟缴纳税款，被执行人(债务人)还可能被罚交税收滞纳金。债务人承担了原本应由其承担但依照拍卖公告转嫁给买受人承担的税款以后及由此产生的税收滞纳金，可以依照拍卖公告向买受人追偿，该追偿关系系因拍卖税款负担的特别约定所引发，实为税收“替缴式”的副产品。

(三)影响司法拍卖裁定效力及税务机关对税收的及时征缴入库

根据我国《物权法》第 28 条的规定，“因人民法院的法律文书导致物权设立、变更、转让或者消灭的，自法律文书生效时发生效力”。另根据《最高人民法院关于适用〈中华人民共和国物权法〉若干问题的解释(一)的理解与适用》第 7 条，“人民法院在执行程序中作出的拍卖成交裁定书、以物抵债裁定书，应当认定为物权法第二十八条所称导致物权设立、变更、转让或消灭的人民法院、仲裁委员会的法律文书”。

司法拍卖的执行过户裁定书送达后，物权发生转让的效果，买受人可以凭过户裁定书接受标的物，其房产占有、使用、收益均不受影响，仅处分权受到限制[①]。在买受人未及时代被执行人缴纳税款办理过户手续的情形下，通过“先税后证”政策控制税款的效果将打上折扣，税款的及时征收入库将受影响。

由于司法拍卖裁定书仅在事实上变更物权，但在买受人因税收问题未取得房屋产权证的情况下，买受人取得的房屋欠缺公示手段，在被执行人持有原房屋产权证及不动产已被解除查封的情形下，不动产还面临被再次转让以及被其他法院查封导致无法过户的风险，影响了司法的公信力。

---

① 《物权法》第 31 条：“依照本法第二十八条至第三十条规定享有不动产物权的，处分该物权时，依照法律规定需要办理登记的，未经登记，不发生物权效力。”

四、完善我国不动产强制拍卖税收征收模式的设想

买受人“替缴式”作为司法实践的普遍做法,蕴含着执行实务的实践理性,是行之有效的操作模式。从合法性角度分析,买受人替缴式并不违反法律规定,也为我国司法实践所认可。从保护税收优先权的角度,在抵押权与税收优先权冲突的情况下,在现行法律规定下更有利于税收的足额征收。但买受人“替缴式”的税费缴纳模式过于强调法院拍卖的效率,缺乏对买受人合法权益的保护,买受人替缴式的税费缴纳模式引发的问题应予以积极应对和有效解决。有鉴于此,笔者认为,对于未来司法拍卖被执行人税费承担模式的改革,应从以下几个方向进行努力。

(一)改进买受人替缴式

第一,司法拍卖公告对于被执行人税负约定由买受人承担的表述应当明确、直观、无歧义,并应在司法拍卖公告上做出足以引起竞买人注意的提示,并应竞买人要求做出明确说明。第二,强化司法拍卖前的税负调查工作。对于委托拍卖行拍卖的,应委托拍卖机构对税负状况进行调查,由法院自行拍卖的,应向税务机关或者委托专业第三方做调查,对于拍卖标的物价值较高,或者标的物在外地的更应做好税费调查工作。第三,强化司法拍卖公告的信息披露,保障竞买人的知情权。对于经过调查能够明确的被执行人欠税情况以及过户所需的税费数额,法院应在拍卖公告上予以公示。

(二)普遍推行“划缴式”

如上分析,司法拍卖被执行人税收由采用买受人“替缴式”对买受人显著不公,应予以改进。从长期目标来看,法院司法拍卖应朝向“划缴式”的方向迈进。只有采取买受人划缴式,才能一举解决对买受人不公的价值困境以及税务机关开具完税发票的现实难题。事实上,采取“划缴式”征缴税费模式已有其他地区经验可资借鉴。我国台湾地区“税捐稽征法”第6条规定:“税捐之稽征,优先于普通债权。土地增值税、地价税、房屋税之征收,优先于一切债权及抵押权。经法院或行政执行署执行拍卖或交债权人承受之土地,执行法院或行政执行署应于拍定或承受五日内,将拍定或承受价额通知当地主管机关,依法核课土地增值税、地价税、房屋税,并由执行法院或行政执行署代为扣缴。”[①]根据台湾地区“税法”,土地增值税、地价税、房屋税的征收相对人为土地、房屋的所有人,故台湾地区不动产拍卖税捐征收采取的事实上就是“划缴式”模式。

具体而言,法院采用“划缴式”税费模式的,应做好以下几方面工作。第一,在拍卖公告中明确采用“含税拍卖”模式,待拍卖成交后由法院协助税务机关将税收划付给税务机关。拍卖前由法院向税务机关报送拍卖标的的情况报备,核实拍卖标的物欠税数额以及过户费用(预先核定),并在拍卖公告中予以公示。第二,法院拍卖后应及时将拍卖标的、拍卖价款及拍卖成交人身份信息报送给税务机关,税务机关应及时核算税收数额书面反馈给法院,法院从拍卖款中划转税收款项给税务机关后,税务机关应及时向法院开具被执行人完税凭证

---

① 张建昭、张清主编:《财税法典》,台湾一品文化出版社2011年版,第5～39、40页。

交付买受人，或者依照法院指示直接向办理产权证的国土资源与房产管理部门交付完税凭证，以便买受人办理过户手续。

（三）加强法院、税务机关司法拍卖税收征缴的合作

无论是"替缴式"抑或是"划缴式"的税费缴纳模式，法院、税务机关均需加强税务协作。具体而言，第一，法院应与税务机关加强信息共享，实现司法拍卖涉税信息的及时报送，畅通被执行人欠税信息的获得渠道；第二，税务机关应对司法拍卖税费征收进行业务指导与征收合作，税务机关可采取委托征税代征的方式委托法院对拍卖标的进行征税；对于税款的征收入库，税务机关可派员驻点法院，专门办理司法拍卖标的物的征税管理和指导工作；第三，加强法院执行工作人员与税务机关工作人员的双向交流机制和培训机制，法院对于税务机关工作人员进行执行工作业务培训，税务机关对法院执行工作人员进行征税业务知识的培训工作。

（四）赋予司法拍卖过户环节征收的税收更高的优先效力

根据我国《税收征管法》第45条，税收优先权与抵押权根据产生时间的先后顺序确定优先权。严格遵循《税收征管法》第45条，若"划缴式"的税费缴纳方式，则抵押权案件执行中，抵押权必然优先于拍卖过户时才产生的土地增值税、房产营业税（营改增后为增值税）等相关的房屋过户税费，在抵押物不足以清偿抵押权的情况下，将出现税务机关征收不到税款的局面，而这一点恰为实施"替缴式"模式的优势所在。由于土地、房屋的增值往往是由于政府的公共投入，与房屋所有人本身并无直接关联，该部分增值应属于全体纳税人所享有，理应优先于抵押权。否则，在司法拍卖中，抵押权不足以清偿的情况下，会出现政府征收不到税款的情况，甚至诱发被执行人恶意设定高额抵押规避税费的道德风险。

我们全面实施"划缴式"，解决该问题有两种途径，一是要将拍卖过户环节产生的税收的效力提高，将不动产拍卖过户环节税收列为拍卖处置必要费用，优先于一切债权包括抵押权优先受偿；二是修改我国《税收征管法》第45条关于税收优先权的规定，借鉴台湾地区"税捐稽征法"的规定，提高不动产过户环节主要税种包括土地增值税、房产增值税的优先受偿顺位。在税收优先权上，台湾地区税捐稽征法赋予了不动产税收所涉及的主要税种土地增值税、地价税、房屋税以更高的优先效力，不但优先于普通债权，甚至优先于抵押权。

四、信息

厦门法院反映近期非法吸收公众存款案件多发亟待重视

备注:福建省高级人民政府《每日快讯》、市委《厦门特区快讯》第 123 期专刊、市政府《政务动态》(专报第 61 期)专刊采用。省委常委、厦门市委书记、时任厦门市市长的裴金佳批示:“所提建议很有针对性,也可行,在工作中吸纳落实。”市委常委、市政法委李伟华书记在《厦门特区快讯》(专报第 123 期)上做出批示:“转炳泉、新民副书记阅。”市政法委刘炳泉副书记批示:“请执法处、维稳处协同调研了解,全市此类案件总体情况并提出建议。”市政法委姚新民副书记批示:“已交执法处,按炳泉副书记批示办理。”厦门中级人民法院党组书记、院长王成全批示:“从审判执行动态中敏锐发现经济社会发展的苗头性、突出性问题,及时提供党委、政府以作决策参考,是认真履职,服务发展的具体表现。这个问题我讲过多次,希望中级人民法院各审判执行业务部门、审判管理等综合部门学习、借鉴。”

2016 年 1 月至 5 月,厦门两级法院受理非法吸收公众存款案件 12 件 22 人,案值总金额达人民币 47 亿余元,与 2015 年收案 5 件 5 人相比,呈激增态势。案件特点:一是高息揽储案值巨大。被告人均以高息、高回报为诱饵,以月息 3 分以上利率等条件吸收大量社会闲散资金,上述案件个案值最高 17 亿元,最少也有 400 余万元。二是受害人员多范围广。多数案件非法吸存持续时间较长,受害人多则数千人,且受害人涵盖社会多个阶层,既有转业军人、企事业单位工作人员,也有离退休人员、家庭主妇。三是以合法形式掩盖非法目的。被告人多以公司形式运作,拥有工商部门颁发的营业执照、租用气派的办公场所,包装个人履历背景,通过花样繁多的项目,为从事非法吸储活动披上“合法外衣”,欺骗性极强。四是实际追赃率极低。被告人被控制时名下财产极为有限,案件追赃率平均不足 10%,给被害人造成巨额经济损失,极易引发群体性事件。五是案情复杂审理难度大。相关案件证据多,且牵扯大量民事借贷纠纷案件,案件审理周期长,被害人维权难。

建议:一是依法对相关犯罪从严惩处,完善案件线索移送与行政执法、刑事司法衔接制度,在金融机构和土地、房屋行政管理部门建立查扣财产绿色通道,重点做好赃款赃物查控追讨工作,防止被告人转移赃款非法获利;二是深化融资体制改革,完善金融机构风控机制,降低中小企业融资门槛,拓宽投资和融资渠道,从源头上预防非法集资违法犯罪行为;三是司法行政管理部门牵头组建非法集资危机处置中心,探索建立危机干预与心理疏导工作机制，做好对被害人心理抚慰工作，减少社会不稳定因素；四是加强反非法集资集中宣传行动，开展以案说法，增加群众理性投资观念和风险防范意识。

（思明法院 汪漳龙、林鸿）

基层法院反映电商网购平台售假问题应予重视

备注：最高人民法院《最高人民法院简报》、省委信息刊物《八闽快讯》、省政府信息刊物《政讯专报》、福建省高级人民法院《每日快讯》先后以《专报》形式专刊采用该信息。省政府郑栅洁副省长批示："请工商局重视此事。"这是2015年省领导首次对法院系统信息做出批示。

2013年以来，思明法院受理14件涉电商平台网络售假案件，总涉案标的金额7547.6万元（75476087.25元），涉案被告人数34人，涉及淘宝网、唯品会、名鞋库、"微信微店"等知名电商销售平台，被侵权品牌涉耐克、阿迪达斯、匡威、安踏等知名品牌。案件具有如下特点：一是涉案金额大，仅审理的在"淘宝网"平台销售假冒"匡威"鞋案金额达4000余万元，在"唯品会""名鞋库"平台销售的假冒"耐克"鞋案件销售金额达3000余万元。二是销售范围广。通过互联网零售方式，假冒鞋品的销售范围遍及全国27个省、自治区、直辖市，受害人数众多。三是共同作案多。6个案件被告人之间组成分工明确的犯罪团伙。如被告宋明等人在龙岩武平成立专门公司，在厦门市思明区、湖里区与福州市仓山区租赁办公及仓库，团伙成员分别负责生产、进货、仓储、销售、搬运、物流、接待、财务及后勤等多个环节，其中被告人徐军还购买设备生产假鞋29万多双。四是假冒产品来源集中。犯罪分子所销售的假鞋，主要来自福建和广东两省，我省莆田、晋江、厦门、福清等地成为假冒产品的重要来源地。其中，莆田和晋江两地占全部假鞋货源的78%。五是法律关系复杂。此类案件普遍案中有案，除销售假冒注册商标的商品罪外，14个案件中有5个案件牵涉到虚开增值税发票、伪造公章、伪造授权、非国家工作人员受贿罪等众多经济犯罪类型。

主要原因：一是立法空白，电商销售平台与传统零售行业差异大，相关法律规定滞后，以致电商平台成为假冒产品的重要销售渠道。二是境外品牌持有人生产管理与市场销售策略存在漏洞。耐克、匡威等运动品牌在我国市场实施实体店和网络两套独立销售体系，网络销售合法授权范围极小。市场需求大而难以获得合法授权，客观上为假货泛滥提供了空间。三是电商企业管理不规范。未获得授权的电商平台只能从线下采购实体店货源，对供货商是否有合法授权审查松懈。个别电商企业采购人员收受回扣，对货物来源的控制更是处于放任状态。四是我省部分地区生产监管缺位。我省晋江、莆田地区集中大量鞋业工厂，大量企业长期为人代工。由于产能过剩，对订单合法性审查不严，政府部门监管不力。五是网络销售存在监管真空。政府部门对电商行业一般仅审查其网络经营许可证和工商营业执照，对具体销售的商品的许可文件和实际销售货物审查不严。对消费者投诉网络售假的问题,工商部门要求消费者到电商平台注册地投诉,维权成本高企阻碍了投诉和问题及时查处。

建议:一是省政府牵头开展专项调研,总结我省各地出台的鼓励电商业发展的政策实施情况和存在问题,借鉴国内外先进地区的好做法,最终由省人大颁发《福建省促进电子商务发展规定》,支持电子商务健康发展。二是建立电商平台品牌店的"授权链"制度。要求电商行业对销售产品的来源及是否有明确授权等问题做完整记录,电商平台负责证明其销售商品的合法来源,核实加盟店铺的经营者主体身份以及品牌授权,形成完整的"授权链"。三是加强对电商平台售假打击。监管部门可在进一步提高行业准入门槛的基础上,畅通群众投诉渠道,改变12315属地负责制的做法,实行首问负责与行政部门内部移送处理机制,对平台的销售的产品无法说明来源的,一律视为假货,明确追究平台企业及加盟店铺连带责任。四是完善实体生产监管网络。省政府出台生产监管规定,借鉴海关审查进出口商品授权情况的经验,改变九龙治水的既有格局,集中授权某一部门对辖区生产性企业的知识产权授权情况履行检查职责,建立许可备案制度和公开查询平台。五是建立网络销售统一监管体系。国家指导行业龙头企业及行业协会共同建立网络销售"云监管平台",指导企业完善内部管理,建立严密的采购供应和销售监管网络,在各企业销售平台接入政府部门监管终端,推广电子标签技术,建立动态联网数据库,工商、税务、质监部门加大对电商平台销售、物流、纳税、售后等薄弱环节的检查、监控力度,确保商品来源流向全程可追溯。

(思明法院 李缘缘、林鸿)

厦门市思明区法院反映教育培训机构倒闭事件频发

备注:省委信息刊物《八闽快讯》、省政府信息刊物《政讯专报》、市委《特区快讯》、市政府《政务动态》先后以《专报》形式专刊采用该信息。省政府分管教育工作的李红副省长在阅读信息后做出批示:"请省教育厅深入调研了解情况。"2015年,省领导共对全省法院系统做出三次批示,这是其中的第二条。

2014年以来,思明法院受理了以厦门七星音乐岛文化传播公司、苏州达路文化传媒等公司为被告的教育培训合同纠纷136件。上述公司主要经营民办教育培训,通过返利、折扣等营销手段吸引家长预交大量培训费后,因经营不善破产倒闭,受害学生家长诉至法院,要求被告返还培训费用,诉求金额190多万元,据媒体报道,近期厦门还有精英小舞台、钢琴世家等多家连锁培训机构陆续停业,拖欠学生学费及教师工资近千万元。涉及学生上千人。因被告企业没有可执行财产,家长维权无果而四处投诉,造成恶劣社会影响。

主要原因:一是有关法律法规缺失。目前尚无关于经营性民办培训机构的管理规定,参照适用的相关法规不够完善，对行业准入门槛和教学培训资质未做明确规定。二是监管机构缺位。民办教育培训行业主管部门涉及工商、教育、民政、卫生等，一些培训机构只在工商部门注册，多数超登记范围经营，规避教育、民政等部门行业监管。三是培训费收支失范。民办教育培训行业的“行规”是预收培训费，大多仅提供收据或会员证、上课凭证而未开具正规收费发票，严重违反财务规定。上述案件案发时均资不抵债，大量预收学费去向不明。四是行业经营“轻资产”。民办教育培训机构注册登记地多为民宅，使用场所和钢琴等多为租赁，学校自有资产少，管理混乱，授课教师多为兼职，难以保证教学品质。五是企业盲目扩张。七星音乐岛培训学校等在厦开办多家分校，多所分校未办理工商营业执照，因经营不善分校倒闭，引起家长围堵。

建议：一是省教育行政主管部门牵头调研，推动以地方立法形式促使教育培训产业健康发展；二是明确部门履行教育培训产业监管职责，提高准入门槛，定期巡查教师和场所资质，堵塞管理漏洞；三是实施预收费监管制度，民办教育企业设立受监管预收费账户，按照教学进度适度提前支取并定期接受审计；四是引入专业保险和担保机构，对一定规模的企业要求强制投保或提供相应担保，保障意外发生之时学生的合法权益；五是指导建立行业协会，建立行业诚信企业和黑名单名录，定期更新名录和发布风险警示。

（据福建高级人民法院信息材料 王昕、林鸿供稿）

厦门市思明区人民法院
反映胡萝卜假种子危害巨大亟待规范

备注：中共福建省省委《八闽快讯》、福建省人民政府《政讯专报》、市委《特区快讯》、市政府《政务动态》专报件专刊采用。省政府郑晓松副省长批示：“请省工商局阅。请会同有关部门加大对种子市场的整治力度，打击不法行为。”

日前，思明法院连续受理两件特大生产、销售伪劣种子罪案件，不法分子向农户销售假冒胡萝卜品种“坂田七寸”商标的种子，涉案金额300多万元，造成95户种植户直接经济损失450多万元，受害种植户在案件侦办期间聚众至市政府机关上访，社会影响恶劣。据悉，检察机关还将移送数件该类案件。

上述案件暴露出胡萝卜种子产供销环节问题主要有：一是国内重要农产品种子受制于人。“坂田七寸”（俗称“十万粒”）知识产权属于日本企业，通过雄性不育技术实现果实无法留种，只能依赖日本进口。因为种植成品卖相好、产量高、易出口，在前期通过低价打开市场后，“坂田七寸”已成为我省胡萝卜主要种子品种，占闽南与莆田两个主产区种植面积七成，市场品种单一,国产种子无人问津。二是“坂田七寸”真品种子供应严重不足。权利人日本坂田种苗株式会社通过进口代理商授权划定地区独家经销公司(闽南地区为中夏公司),再委托授权种子店的方式供应正品,实行定价定量供给,借口生产能力有限长期实行“饥饿营销”,制造严重供不应求的缺货现象,我市翔安区甚至在种植季节出现因排队抢购堵塞交通现象。三是不法分子大肆造假。近年来,不法分子注册农业开发有限公司,从广东省汕头市等处经营部集中购入来历不明的假冒种子及真品空罐,在厦门秘密组织封装,再通过私营种子店或菜籽经营部等农资销售点,甚至部分农户个人,在没有农业部门颁发的种子销售许可证的情况下以略低于真品的价格直接向种植户销售,近年来发生数十件因种子质量引发的村民与种子经销者纠纷。思明法院受理的两起案件假种子产供销涉及广西、山东潍坊、河北承德、天津、内蒙古赤峰等地,系公安部挂牌督办案件,现仍有部分案犯在逃。四是政府部门在产供销等环节监管缺位。“坂田七寸”真品种子销售价格畸高,目前真品种子每罐售价已达 7000 余元仍供不应求,黑市价格更高达每罐上万元,高于国产胡萝卜种子每罐价格 6～10 倍,较 2002 年引入中国初期种子每罐价格增长 20 余倍。在市场供应不足的情况下,政府有关部门未能及时组织替代种子货源,没有对农户开展有效的辨别假货培训,对制假售假行为的查处力度不够,假种子销售商家在没有种子销售许可证、进口凭证的情况下,长期在农村销售,却未受查处。真品种子供应信息缺乏权威和充分的发布渠道,造成供货时间和供货量的谣言滋生和扩散。

我省是国家重要的冬春季胡萝卜生产及出口基地,胡萝种子品质和供应不仅关系农民生计,还可能影响国家农产品形象,建议:一是农林水利部门应加大对种子新品种的种植推广力度,与上级农业主管部门对接,加快推动自主知识产权优质替代品种的研发,依托农业产业化龙头企业扩大生产能力,发展“订单农业”,在我省胡萝卜主产区大规模试种推广,通过种植补贴和示范种植等形式带动农户广泛使用。二是价格主管部门要加大对重要农资市场的价格监控,重点对占据市场垄断地位,涉嫌哄抬价格的外资企业开展生产和运营成本调查,改变主要品种一家或两家独销、缺乏竞争的经销模式,综合运用价格法和部门规章等以及充分市场竞争引导企业合理定价。三是公安部门要牵头相关部门,严厉查处假种子生产、真品包装回收、成品种子运输以及中转仓储等环节的犯罪行为,跨地域开展集中专项行动,有效震慑制假售假者。四是工商行政管理部门要会同农业部门开展种子市场集中整治,查处垄断和价格欺诈行为,强化良种销售行政许可管理,奖励举报行为,集中销毁查获假种子,对销售假冒伪劣种子的商家加大处罚力度。农业部门还应依托基层农民自治组织在种植区广泛宣传正品销售渠道和辨别真伪技巧。

(思明法院 林鸿供稿,陈阿丽提供素材)

基层法院反映网络拍卖经营模式存隐患应予规范

备注：福建省高级人民政府《每日快讯》、市委《厦门特区快讯》第115期专刊、市政府《政务动态》(专报第70期)专刊采用。时任省委常委、厦门市委书记王蒙徽就此先后两次做出批示："请云峰、林锐等同志研究加强管理。""请市政府要抓紧研究相关监管办法和工作机制。"省委常委、厦门市委书记、时任市政府市长裴金佳对此做出批示："请金融办牵头研拟相关办法。"时任市委常委、市政府常务副市长郑云峰批示："办公厅协调。"市委常委、市政法委李伟华书记批示："纳入'电信诈骗犯罪'，'金融风险专项治理'工作予以关注。"市政府副市长林锐批示："呈王书记阅示。"市政府党组成员、秘书长廖华生批示："呈裴市长阅示，请五处商商务局研拟监管办法和工作机制。"思明区委常委、区政法委吴旗荣书记批示："区法院善于从案件审理中发现问题，并提出有效对策建议，推动政府有关监管工作规范完善。这一做法非常好！值得充分肯定。"

随着电子商务的发展，网上拍卖发展迅速，已经成为一种越来越普遍的交易机制。2015年8月份以来，厦门基层法院先后受理了多起网络拍卖纠纷案件，其中起诉厦门晏旺昕信息科技有限公司、厦门晏旺昕拍卖有限公司的电子商务纠纷案件107件，标的额695万元。被告经营爱网拍(www.iwpai.com)专业网络拍卖平台类电子商务网站，涉案原告在该网站注册会员账户，并存入几千至几十万元不等的拍卖保证金。初期，网站会员可以通过该网站竞拍到实惠的商品，并可以随时提现保证金。2015年2月起该网站提现功能关闭，拍卖保证金无法按照协议正常提现，遂引发大量纠纷诉至法院。

一、当前网络拍卖存在的问题

一是主体运营门槛低。有别于传统拍卖活动对拍卖人有严格的资质、注册资本等限制条件，网络拍卖主体一般仅以信息科技有限公司运营，注册资本门槛远低于正规拍卖企业，如晏旺昕信息科技有限公司注册资金仅100万元，福旺达信息科技股份有限公司注册资金虽然较高，但却同时涉足科技、贸易、地产、装潢、建材等多个行业。企业因缺乏资金限制提取保证金后触发恐慌性挤兑。

二是缺乏合理盈利模式。网络拍卖类电商主要的业务模式为商品网络竞拍，为了吸引消费者，涉案竞拍平台有的定期开展"一元洗车""一元洗发"等大型促销活动，有的选择价格透明度高的商品，比如中石油的油卡或者商场购物卡，通过补贴差价，让消费者享受远低于市场的价格，甚至直接在京东商城代购商品后由京东向消费者发货，始终处于赔钱赚吆喝状态。

三是涉案现金流巨大。涉案平台通过银联系统,在线收取拍卖保证金,为了让消费者打消顾虑,选择的拍卖商品售价一般不超过1000元,并仅收取低比例的保证金,比如1000元油卡以200元作为保证金和起拍价,以此获取巨额资金沉淀,晏旺昕公司在倒闭前每月现金流已经突破3000万元,在平台上沉淀下来的资金也已超过1500万元。福旺达公司已发展会员近100万人,合作商家多达4000家,遍及厦门,并在无锡、泉州、苏州等地开设分公司。

四是后台运作监管缺位。由于网络拍卖的虚拟性和隐蔽性,工商部门难以实现对拍卖现场的监督,买家和卖家彼此互不相识,甚至可能不在同一地区,为监管及受理投诉带来难度,无照经营、程序作弊、虚假宣传、假冒伪劣等问题广泛存在,福旺达公司还违规从事金融业务,分割拍卖"产权份额",倒闭前已招募1000余名"产权"人,非法吸收公众存款3000万元,并违法挪用2000余万元拍卖保证金用于公司经营。该公司账务混乱,许多资金不能说明去向,法定代表人李某某因受害人举报非法集资被警方刑事拘留。

二、对策建议

一是建立第三方资金托管制度,严格规范网拍从业网站的财务管理制度,拍卖保证金收取必须在具备相关金融牌照的商业银行开设专门账户,实行收支两条线,规范提取流程和资金监管,定期向工商部门和金融监管部门提交有资质的会计师事务所出具的专业审计报告。

二是提高行业准入门槛,鉴于网络拍卖具有较强的金融属性,可参照实体拍卖企业和第三方支付平台的监管经验,推行行业准入制度,为网络拍卖平台企业的管理、金融专业水平和风控能力设定一定的门槛,严格限定公司关键岗位人员的从业经验和工作资质。

三是完善行政监管措施。在科学调研的基础上尽快出台我省地方监管细则,明确各级行政区归口监管部门,对网拍产品设计方案报备、风险管控、合同条款、风险提示、资金监管、信息披露、资产审计等实践中发现问题的项目做统一规定。

四是强化公众风险教育。消费者保护委员会、公检法及金融监管机关,公布典型案例,开展集中宣传,对接上级网监部门整顿网络搜索引擎广告市场,严厉打击虚假宣传。推行网络平台信用等级评定认证制度与黑名单制度,在政务网站提供方便快捷的公众查询渠道,对违规经营责任人员实施终身行业禁入,禁止有前科劣迹人员再从业。

(思明法院 陈远治、林鸿供稿)

思明法院反映城市建设中
征地补偿行政协议纠纷频发亟待重视

备注：省法院《每日快讯》、市委《厦门特区快讯》、市政府《政务动态》专报（第103期）专刊采用。厦门市委副书记、市长庄稼汉批示："所提'建议'针对性强，请部门和单位研究吸纳。"市政府办公厅作为督办件下发市法制局、市建设局及相关区政府等单位，相关市级行政机关先后来思明法院调研，征求法院对政府机关相关工作的建议，推动我市征地拆迁领域依法行政相关改革。

自2014年行政诉讼法首次明确将行政协议纳入法院行政诉讼受案范围以来，相关案件逐年大幅增加，2017年上半年，思明法院已陆续受理行政协议诉讼案件20件，环比2015年全年激增400％，涉及标的额2360671元，呈现如下特点：

一是受案范围相对集中。受厦门"岛外新城"建设和地铁、高铁等省市重点基建工程全面推进的影响，相关案件全部集中在征地拆迁及补偿安置领域，涉及行政协议的订立、履行、变更及解除等各个环节，影响岛外新城、福厦高铁、武汉理工大学厦门学院等重点工程建设。

二是当事人双方特点鲜明。一方面，原告多为省、市重点工程途经占用集体土地的村民，部分土地房屋产权状况复杂，行政机关虽然将全部产权人列为被拆迁人，但却按照民俗仅与户主签订协议，存在其他产权人异议隐患；另一方面，被告多为土地所在地镇政府或区交通局。虽然征地拆迁的征收主体是中铁、路桥集团等施工企业，但在实践中通常多以企业委托的方式，由区政府组成部门或基层镇政府包干负责拆迁工作。此类协议诉讼双方地位不平等、信息不对称，且法律意识均较欠缺，相关村民在协议履行出现问题后委托律师将行政机关诉至法院。

三是诉求类型表现多样。围绕行政协议内容，相对人提起的诉讼请求趋于多样，包括请求履行协议约定的义务（11件）、请求确认协议违法乃至无效（4件）、请求撤销行政协议（3件）及请求采取补救、补偿或赔偿责任（2件）。超过60％案件的行政相对人要求继续履行协议。部分行政机关不能正确对待当事人诉求，如张某某诉集美区交通局一案，原告要求被告政府按照行政协议支付逾期交付安置房的双倍安置费，该局竟扒辩称原告应找企业主张。

四是行政协议约定不明。讼争行政协议均由被告行政机关提供，相关拆迁区域群众统一签订。但协议内容极不规范，仅仅停留在对双方主要权利义务的约定层面，对违约认定、争议解决、法律后果、安置房质量标准等协议条款既不具体，也不明确，容易产生歧义。无论是对群众，还是对政府，许多义务均未约定违约责任。征地拆迁涉及补偿利益大，矛盾本身就相对激烈，加之征拆工作往往不够细致和规范，协议的不完善存在较大的纠纷隐患。

五是行政机关败诉率高。相对于其他行政诉讼而言,此类案件的行政机关败诉率明显较高,集中反映了部分行政机关相关法律意识薄弱,对于行政协议的签订不够重视,对于缔约及违约责任的法律后果不甚了解,对本身的履约能力及外界各种因素的影响估计不足,造成违约,不但削弱了行政机关公信力,对今后包括征拆在内相关工作的开展亦有不利影响。

当前,相关工程正在全面成片推进,预计未来一段时间此类案件将持续增加。为此建议:

一是市政府指导四个岛外新城建设指挥部设置专门的法制审查部门,配备专门法务工作人员或者聘请执业律师担任政府法律顾问,统一负责行政协议签订、备案相关工作。同时,强化专项考核,将涉诉情况及败诉情况纳入相关行政部门的个人履职档案和绩效考核。

二是市政府法制局会同市司法局、市中级人民法院等部门,开展专项调研,针对征地拆迁和诉讼中发现的问题,重新拟定并全面完善征地拆迁行政协议。比如对安置房建设等受外界因素影响较大的行政协议事项,明确约定过渡期的计算方法,并与施工企业另行做责任承担约定。

三是市建设局等行政机关牵头,梳理总结城市建设相关法律法规,针对我市实际编印《城市建设实用法律法规手册》及规范工作流程,严格规范政府行为,指导党政部门依法行政。

四是市中级人民法院牵头,全面整理外地发达地区和我市既有的生效法律判决,编辑印制城市建设行政诉讼典型案例汇编,深入剖析政府部门败诉原因,梳理常见违法行政行为,查找制度漏洞和执法行为短板,印发相关行政部门。

五是强化法制宣传。宣传部门会同有关方面,针对重点工程建设过程中发现的群众(村民)法律知识欠缺,容易采取串联陈情、破坏设施、围堵上访等过激行为状况开展针对性普法,通过以案说法引导群众理性维权,以法治思维和法治方式保障重点工程的施工进度。

(思明法院 简振环、林鸿供稿)

思明法院反映民营金融企业
在我省大中院校开展“校园贷”业务亟待规范

备注:省委办公厅《八闽快讯》专报件、市委《特区快讯》、市政府《政务动态》专报第95期专刊采用。省委常委、厦门市委书记、时任市政府市长裴金佳批示,“请黄强、桂芊、林锐同志阅处”。

2015年以来,思明法院受理了103件以在校大学生为被告的贷款融资租赁案件,其中,2016年受理66件,呈持续增加趋势。该类案件呈以下特点:一是被告为大中专院校在校学生，除汉族外还有新疆籍维吾尔族学生等敏感人群，学生社会经验不足，自制力差，对电子产品需求大而一次性支付能力有限，易于接受新型消费方式；二是借贷形式多样，放贷融资租赁企业通过与3C电子产品经销商合作，或通过网站或手机APP软件等推出手机、电脑、相机等电子消费品购物优惠，采取赠送礼品、话费、现金返利等方式，吸引大学生借款透支消费；三是通过多种形式渗入校园，有的公司在厦门理工学院、厦门工学院等高校招募学生担任"学生贷款校园经理"，层层收取贷款提成，有的公司与校内外驻点商家合作，通过在校园内迎新摆摊、网络发帖、张贴宣传单等形式发布虚假宣传，诱惑学生办理大额消费贷款购买电子产品；四是融资借贷形式涉嫌违规经营，贷款合同多隐瞒实际资费标准，没有充分告知利率和违约责任，融资租赁企业贷款发放手续简单、门槛极低，刺激学生超能力消费，有的一人可凭数本学生证获取数笔贷款，或以他人名义签订融资返租合同后，一人领取多部价格高昂电子产品，有的企业允许学生借新还旧，甚至有不法分子骗取学生个人信息获取消费贷款商品，涉嫌构成刑事犯罪；五是对学生产生不良影响，借款学生违约或受骗后往往采取回避、放任态度，消极参与诉讼活动，法院只能依据现有证据判决，造成学生个人不良信用记录，有的学生因学生证件被同学借用办理借贷而被迫承担还款责任，有的学生及其家庭遭受威胁和暴力催款，严重影响生活学习，个别学生为躲避债务被迫辍学，甚至出现自杀倾向。

建议：一是金融监管部门会同教育主管部门，对在我省大中院校开展相关业务的金融机构进行全面排查，调研"校园贷"业务规模、产品设计、合同条款、委托代办、资金监管、风险提示等情况，进行专项整改；二是公安机关针对不法分子窃取学生个人信息、盗用他人身份信息实施贷款诈骗、针对学生暴力讨债等问题开展专项整治，严厉打击校园涉金融不法犯罪行为；三是加强对校园周边场所金融企业、与金融机构开展业务合作的商家检查，加大对违反特许经营范围开展业务的企业查处力度；四是相关行政部门与高校合作，加强学生金融消费教育，普及金融、法律和反诈骗、防风险专门知识，培养大学生的信用意识以及量入为出的正确消费理念，畅通心理辅导渠道，从源头上防止高校借贷现象泛滥。

（思明法院 陈远治、林鸿供稿）

厦门市思明区人民法院反映司法专邮存在六种不规范现象

备注:2013 年 11 月 17 日,省法院党组成员审委会专职委员王穗丰同志在省法院信息刊物《每日快讯》中思明法院报送的信息《思明法院反映司法专邮存在六种不规范现象》上做出批示:"请办公室与邮政主管部门反映、协商完善规范投递工作,确保专邮的效率与质量。"省法院及时归纳整理了全省法院司法专递工作发现的问题,与省邮政速递物流有限公司及福州市分公司有关人员座谈,并提出六条建议。省邮政速递物流有限公司第一时间做出整改,采取四项措施改进司法专邮工作:一是把法院反映的情况向总公司反映,争取以总公司名义发文,进一步规范全国法律文书特别是专递项目运作流程;二是根据法院反映的情况和提出的建议,向各地市分公司发文,有针对性改进工作;三是进一步加强与各级法院沟通,把各地市具体负责司法专递的人员名单、电话告知法院,便于日常工作联系;四是健全完善有关制度,加强对邮递员业务培训,提升司法专递工作质效。

2013 年 1—10 月,思明法院受理案件 25273 件,约 90%的案件需通过司法专邮送达,实践中有六种不规范现象影响审判工作顺利开展。一是投递员未实际上门送达。投递员通过电话联系收件人,若提示空号、关机、无法接通,就以"无法联系"为由退回。若收件人拒收或自取,便将邮件退至投递部,逾期未取便退回法院。二是邮递员对投递对象审查随意。收件人不在投递地址时,投递员常将邮件留在保安处或由邻居代收,甚至出现通过"鸟箱"中转保管快递件现象,这些均属无效送达。三是签收人回执填写不规范。有的签收人名字不完整,有的字迹潦草无法识别,有的未写签收日期,有的未注明与收件人关系,未写明身份证号码。四是邮局退改批条设置及填写不准确。按规定邮政部门改退批条设置的退回原因中,迁移新址不明、原书地址不详和拒收三种原因方可视为有效送达,但实践中邮政部门退改批条常填写原址查无此人,多投无人,逾期未取等原因,影响二次送达。五是送达回执丢失现象严重。2013 年以来,回执丢失现象频发,外埠丢失率达 25%,特别是投递至偏远乡镇的邮件,回执基本上无法送回,本埠丢失率也近 12%,严重影响送达有效性。六是司法专邮回执迟延。约 65%案件司法专邮回执无法在传票规定的开庭时间之前送回法院。送达人员一般通过邮政客户服务电话及传真查询单确认送达情况,但这样既无法具体查询实际签收人与收件人的身份关系,又常发生查询单与实际送达回单不一致的情况,影响审判进程。

建议省法院与邮政主管部门协商,规范司法专邮送达工作:一是明确投递程序。无论电联结果如何,投递员均应至邮寄地址进行现场投递,并对邮寄地址是否有收件人、是否有该地址等实际情况进行如实记录。二是规范签收格式。司法专邮收件人(代收人)应当注明签收日期。收件人本人签收的,自然人应持本人有效身份证件,正楷书写姓名并注明身份证号码,法人应由法定代表人或公章、收发章签收;他人代为签收的,除代收人正楷签写姓名外,须注明与收件人关系和收件人身份证号码。三是严格退改批条填写。凡无法投递而退件的，均应在改退批条处注明送达地址情况和投递情况，明确是否存在所邮地址、是否迁移新址、拒收人为收件人还是邮寄地址实际居住人等，不能仅简单注明“拒收”“电联关机”“电联自取，逾期退回”。四是限定退回凭证期限。邮政部门应该针对司法专邮回单管理规定一定的奖惩措施，确保妥投回单及未能投递邮件应妥善保存并及时退回，对丢失回单或者送回不及时的，应采取补救措施送回法院，以便送达人员及时入卷并采取其他方式继续送达。五是开通司法专邮专门查询渠道。司法专邮属于邮政速递公司的大客户业务，建议借鉴成熟大客户专门服务方式，设置司法专邮专门服务部门，开通统一服务号码的送达情况查询电话和网站，上级法院还可与邮政部门合作开发司法专邮回单查询系统，由业务员在每个工作日盘点时第一时间通过扫描录入方式输入系统，通过网络专线接入各级法院，法院可以在办公电脑上直接打印送达回单，杜绝回执乱象。

（思明法院 杨绿芳供稿）

思明法院反映近期涉商品交易中心纠纷多发存隐患亟待重视

备注：福建省高级人民法院《每日快讯》、厦门市政府《政务动态》专报第 110 期采用。

近期，厦门两级法院接待了我省以及来自北京、浙江、陕西、广东、江苏、湖北等 22 个省级区域群众有关中经商品交易中心、厦门石油交易中心等商品交易中心的纠纷信访投诉和立案咨询：一是商事纠纷。当事人以涉案交易中心的交易活动实质上是“期货交易”，却未经证监会批准为由，主张相关石油买卖交易因违法而自始无效，要求交易中心赔偿其在交易平台上的亏损。近期仅以中经商品交易中心为被告的案件就已正式立案 62 件，咨询近百件。而此前八年全市法院仅受理 2 件。二是行政纠纷。交易者以怀疑市场监管行政部门、金融管理办公室等行政管理部门违法审批，为没有期货交易资质的涉案交易中心发放经营许可为由，向相关单位申请信息公开并提起多个行政诉讼立案申请，以明晰涉案商品交易中心上线交易的审批文件及依据。三是刑事自诉案件。数十名交易者以诈骗罪、非法集资罪等为由向公安机关报案并请求法院予以刑事立案，认为交易中心及其经营者以非法占有为目的，虚构高额盈利和资金“第三方托管”的事实并广为宣传，隐瞒交易风险和真相，造成巨额损失，依法应追究刑事责任。

中经商品交易中心有限公司和厦门石油交易中心有限公司均在市场监督管理部门注册设立，主要从事石油交易，短时间内在全国发展会员单位上百家，然后通过会员单位发展的终端交易者提供石油“现货”交易的集中竞价平台，实践中存在以下问题：一是设立合法性存疑。根据《福建省交易场所管理办法实施细则（试行）》的规定，从事大宗商品类交易的交易场所应具备如注册资本不低于5000万元、第一大股东净资产不低于1亿元且资产负债率不超过70%等条件,并须报省政府批准。而涉案石油交易中心认缴出资额仅达最低门槛,中经商品交易中心实缴出资额为0,引起交易者质疑。二是交易模式违规。两个交易中心的工商登记经营范围分别为矿产、化工产品以及其他大宗商品的现货交易和石油、化工、煤炭等能源类产品的现货交易服务,明确不含证券、期货交易。但实践中涉案石油交易均以标准化合约的形式通过集中竞价、低买高卖赚取差价,既未进行实物交割,也无须仓单、提单等提货凭证,而且还可以每天22小时"T+0"交易,基本符合期货交易的特征。而期货交易属于特许经营业务,依法应由证监会批准。三是交易主体不当。根据商务部《原油市场管理办法》和《福建省原油市场管理规定》,原油销售、仓储等经营活动实行许可制度。交易中心目前的原油交易方,无论是会员单位还是终端交易者,大多均不具备相应经营资质,交易中心对此并未进行审核。四是交易监管缺位。大宗商品交易市场属于传统贸易和金融行业交叉领域,性质难以定性,监管单位、监管职责尚未明确。同时,交易中心对会员单位诱导开户、代客交易、喊单重仓操作等不规范行为也缺乏约束和管理。据群众反映,部分业务员为赚取高额手续费,甚至骗取客户账户密码后直接实施交易,导致交易者蒙受巨额损失。

2017年7月14日,商务部发布《关于申请公开部分企业原油、成品油仓储、批发、销售经营资质信息的统一答复》,公布全国137家"不具有原油、成品油仓储、批发、销售经营资质的企业名单",全省共有14家上榜。建议:一是明确监管机构及职责,基于相关交易的金融属性,明确行业监管部门,加强对市场经营活动的审查,维护市场经营秩序,保障市场主体的合法权益。二是依据国发〔2011〕38号《国务院关于清理整顿各类交易场所切实防范金融风险的决定》、国办发〔2012〕37号《国务院办公厅关于清理整顿各类交易场所的实施意见》等文件的规定,对我市范围内从事相关业务的商品交易中心进行排查,查清业务规模,进行集中整顿清理。三是畅通交易者救济渠道,公安机关会同行业主管部门,积极沟通安抚情绪,指导交易人依法维权,避免群体性上访案件的发生。

(思明法院 王昕、林鸿供稿)

五、简报

福建省厦门市思明区法院与公证机构探索共建协同合作新机制

备注：最高人民法院《最高人民法院简报》信息专刊(2016年第37期)经验交流专刊采用。

福建省厦门市思明区法院在全国率先与公证机构探索开展诉讼与公正协同合作新机制,提供法院与公证机构合作的新经验。

一是探索案件多元化解机制,实现纠纷诉前分流。

在离婚案件中,聘请具有法律、心理专业背景的公证人员担任特邀调解员,提供心理咨询等服务,营造温馨调解氛围。在继承析产案件中,公证人员运用业务经验,制定调解流程及宣传材料,引导当事人通过公证途径解决纠纷。在抚养权案件中,公证人员运用与民政部门既有的合作渠道,开展家室调查,全面查清双方当事人抚养能力及抚养意愿,帮助未成年人争取最优成长环境。在民间借贷案件中,支持公证机构设立民间借贷公证服务中心,引导民众规范合同条款。

二是公证机构承接司法辅助业务,确保法院专注审执主业。

公证机构派员进驻诉讼服务中心,通过现场、邮寄、公告等方式,集约高效开展送达业务。发挥公证机构在婚姻状况、亲属关系以及财产调查方面的业务优势,探索公证人员办理案件调查取证业务。探索通过任命公证人员为法院审判辅助人员的方式,将法院财产保全事务性工作交由公证人员处理。与公证机构建立执行工作联动机制,公证人员对执行现场进行公证,从源头上减少争议;任命公证人员担任执行法官助理,协助执行相关事务性工作。

三是突破信息化瓶颈,促进智慧法院建设。

与公证机构相关科技企业对接,构建法官与技术人员合作平台,根据法院实际需求,开发庭审自动排期、送达进度追踪、劳动与交通赔偿金计算等审判辅助平台。通过信息化应用,促进审判辅助业务便捷性与规范化管理,有效增强法院信息化建设,使法官专注审判执行核心工作,提升审执效率。

(据福建高级人民法院信息材料 林鸿供稿)

福建省厦门市思明区法院
采取“2+4”模式推进与行政机关的良性互动

备注:《最高人民法院简报》信息专刊第74期、《福建省高级人民法院工作简报》第77期、市委信息刊物《厦门特区快讯》(工作情况交流)专刊采用,省法院马新岚院长、周瑞春副院长;时任市中级人民法院陈国猛院长、黄小民副院长;区委游文昌书记、时任区政府黄乔生区长、区人大许跃生主任、区政协陈炳良主席、区政法委陈高润书记、时任区委办林起核主任等领导先后就该简报做出批示。

2016年以来,厦门市思明区法院在行政审判中构建“2+4”(两个平台、四项机制)模式,实现了法律效果和社会效果的有机统一。今年1—10月,审结行政案件102件,协调化解率24.5%,同比增长3.9个百分点,生效裁判服判息诉率96.1%,同比增长2.5%。

两个平台——保障互动交流持续高效

建立联席会议平台。与政府法制部门定期轮值主持召开工作联席会议,交流依法行政事宜,研究行政执法难题。推动出台《思明区依法行政与行政审判良性互动机制工作方案》,与市法制局、国土局、建设局、规划局等部门讨论实务难题,共商解决对策,定期出版会议纪要,统一规范行政尺度,并逐案跟进反馈,确保府院联席会议议定事项落实和执行。

建立点对点直通平台。与涉讼21个市区两级行政机关搭建点对点联络平台,双方指定联络员,在日常电话和书面函件联系基础上,建立联络员微信群、QQ群,畅通联络方式,保障重要敏感情况通报及时到位,加强法院与涉讼行政机关之间信息共享、全程沟通和个案协调。

四项机制——促进行政机关依法行政

建立重大决策征询意见机制。政府部门在出台涉及重大项目建设、重大民生问题等方面决策前,征询法院意见,法院从政策可行性、法律依据、风险评估等各方面提供意见建议,指导政府起草协议文本,规范处理流程,从源头上预防、减少行政纠纷。今年以来,法院就非法营运行政处罚案件法律适用、二手车交易市场规范等问题提供专业意见16次。

建立行政首长出庭应诉机制。制定《行政案件行政首长出庭应诉规定》,明确行政首长必须出庭的案件范围,规范申请行政首长出庭的工作流程,建立备案及考核制度。推行行政首长出庭应诉“1+N”模式,邀请行政执法人员旁听行政案件庭审,借力媒体多方宣传,营造良好社会氛围。定期向市、区政府通报行政部门涉诉情况,促进政府法制部门机关效能考评,强化行政机关依法行政意识。今年以来,出庭应诉行政首长20位,出庭人数同比上升1倍。

建立司法建议建言献策机制。出台《关于加强和规范司法建议工作的实施意见》,从适用原则、范围、内容格式等方面严格规范司法建议工作。定期分析总结行政机关败诉原因,对审判中发现的职业病监管制度缺失等问题提出司法建议，促使行政机关规范执法。今年以来，共发出书面司法建议5份，采纳反馈率100%。其中，就法院提出加强城市管理执法的司法建议，思明区政府主要领导专门召集多部门联席会议，督促有关行政部门规范城市管理执法。

建立非诉案件执行联动机制。针对非诉案件主要类型，按照辖区街道划分10个执行片区，通过点对点直通平台与案件关联部门沟通执行方案，实行"分类型、划片区、跨部门"的工作模式。建立征收补偿安置协议司法确认、邀请人大代表、政协委员参与化解行政争议制度，借助社会多方力量提高执行效率。今年以来执结非诉案件852件，收到良好效果。

（据福建高级人民法院信息材料 胡婷婷供稿）

"有困难，找义工！"

——思明法院首创"法庭义工"便民品牌

备注：福建省高级人民政府《每日快讯》"司法公开、诉讼公平、裁判公正"机制创新增刊·第8期(诉讼公平机制)专刊采用。

厦门市思明区法院结合辖区市民社会成熟、志愿活动发达的特点，创设了全国首个法庭公益志愿服务项目——法庭义工。2013年9月开始，该院在法院窗口引入志愿者组织，为前来法院办事的群众提供无偿的温馨便民服务，受到了群众欢迎和好评。

自主管理，自我发展

该院主动对接曾荣获"2013感动厦门特别奖"的思明区城市义工协会，在思明区文明办的指导下，参照志愿者协会规范，合作组建了"思明区法庭义工协会"。协会在法院及城市义工协会的业务指导下，实行社团自治、自我管理、无偿服务。法庭义工自发组建"义工小队"，前期指定表现突出的义工担任临时召集人，之后通过民主选举投票产生"义工小队"的队长、副队长、小组长等组织骨干，以及排班员、宣传员等职能人员，负责人员招募、服务规范、日常管理、学习联络、工作保障等，形成自主化运行模式。法院不介入协会具体事务，引导义工自主讨论制定工作职责、行为准则、试用期考验以及劝退机制。义工统一着红马甲上岗，自我承诺保守审判秘密，不利用义工身份谋取不当利益，并上墙公示。

"法庭义工协会"注重构建多元平台，打造自我发展的成长型团队。依托互联网发布"法庭义工招募令"，并启在线常态性招募模式，方便市民随时随地报名。目前登记在册的法庭义工已达300余人，"中国好人""全国孝亲敬老之星"等道德模范纷纷加入。老义工还发动身边的亲友加入义工队伍，涌现出"义工"母女档、姐妹淘和"法庭义工"家庭。法庭义工实行交流轮岗制度，到不同的工作站提供志愿服务，形成良性的人员流动模式。在法院官方网站、微博以及微信公众平台开设"法庭义工"专栏,传播志愿服务理念,讲述义工故事,展现义工风采。法庭义工协会创设春夏秋冬"四季义工沙龙",开展丰富多彩的活动,法庭义工们自发组建了"中国法庭义工""立案服务义工总队""聚义厅""相聚星期三"等近 30 个工作交流微信群和 QQ 群,不断提升义工团队的凝聚力和向心力。

立足窗口,各具特色

结合法院各窗口的职能,将法庭义工划分为 7 个工作站。(1)莲前法庭作为"法庭义工"机制的起源地和首个试点,重点突出人才培养和机制创新两大职能,发挥老义工示范带头作用,引领带动其他 6 个工作站走上轨道、加强探索。(2)鼓浪屿法庭立足家事法庭定位,发挥法庭义工自身年长和有丰富家庭生活经验的优势,在为当事人端茶送水的同时,积极开导、化解纠纷。(3)滨海法庭的法庭义工立足法庭毗邻高校的特点,紧密对接厦大学子开展志愿服务活动。(4)诉讼服务中心义工创设民意"留言板",开展民意问卷调查,整理形成常见问题百问百答,不断优化义工服务内容。(5)审判大楼等候区的义工在厦门全市法庭率先提供复印、传真、手机充电等便民服务。(6)执行大厅义工主动疏导当事人的不良情绪,有效维护大厅秩序。(7)安检通道的义工对来访群众进行快速指引分流,提供真诚热情服务。

7 个工作站通过互学互比、义工"星级"评选、各小队评选"每月之星"等,努力营造比学赶超、奋勇争先的良好氛围。经调查,接受服务的群众中 93.10%的人认为"法庭义工"有帮助,96.56%的人对"法庭义工"评价良好。

与爱牵手,与法同行

该院把法庭义工机制作为加强法院司法公开的一项重要举措,通过义工旁听案件庭审、了解法院工作、学习法律知识等,增进义工对法院工作的理解和支持。该院还组建了"法庭义工导师库",安排资深法官和调解、心理等领域的专家、学者担任义工导师,开展"法庭义工素质提升系列培训"。将法庭义工作为沟通法院和群众的桥梁、纽带,充分发挥法庭义工来自群众、熟悉群众思维、熟练掌握群众语言等优势,为群众答疑解惑。法庭义工自发创作了工作流程漫画、卡通版路线指引等创意设施,方便群众参与诉讼。

经过半年多的实践,"法庭义工"机制的社会影响力不断扩大,到法庭做义工成为厦门城市生活新风尚,成为"美丽厦门"和"幸福思明"的一道亮丽风景。协会经过自主公开征集,确定"与爱牵手,与法同行!"作为"法庭义工"服务口号,并设计专属 logo 和服务台。义工自发将个人新媒体工具加上统一的"@法庭义工"标识,建立"法庭义工"微博和微信阵列,通过讲述义工服务故事、分享点滴心得等,倡导"让奉献成为一种生活方式"的爱心服务理念。通过口口相传,吸引了一些爱心企业积极参与,主动向义工捐赠雨伞、纸杯、茶叶、茶具、公文包、环保袋等便民工具,支持义工工作。法庭义工还与无讼社区机制深度对接,不断丰富服务内容。义工自发捐款捐物设立"法庭义工爱心基金",深入社区扶老助困,与社区鳏寡孤独结对帮扶,拓展爱心服务范围。

(思明法院 林鸿供稿)

为创新撑起司法保护伞

——思明法院积极推动知识产权司法体制改革成全国标杆

备注：厦门市委《厦门特区快讯》(交流版)和思明区委、区政府《思明简讯》(工作情况交流)专刊采用。市委常委、市委政法委李伟华书记批示："再接再厉，积极探索，持续创新，加强知识产权审判工作，为建设创新型城市和知识产权工作示范城市多做贡献！"市委政法委姚新民副书记批示："思明区法院2010年9月成立知识产权审判庭以来，充分发挥审判职能，实行'三审合一'取得'两高两低四无'的良好态势，为落实我市发展创新做出较好业绩，并在全国会议上形成经验。呈伟华书记阅。"中级人民法院党组书记、院长王成全批示："很好，望思明法院持续推进知识产权审判工作，为营造一流的营商环境做出新贡献！中院要加强经验总结，推进工作再上新台阶，并适当宣传。"思明区委游文昌书记批示："值得肯定。思明法院应有创先争优精神，多做全国的典范。"

思明区人民法院知识产权审判庭是我省基层法院首个专业知识产权审判庭。近年来，思明法院充分发挥审判职能，积极落实国家创新驱动发展战略，积极推动司法体制改革，在经济社会快速发展中努力加强知识产权保护，助推城市创新创业水平提升，成为全国法院知识产权保护的先锋和标杆，在今年全国法院知识产权审判工作座谈会暨知识产权审判"三合一"推进会上代表全国基层法院做先进经验发言。《人民法院报》专版刊发"全国法院知识产权审判工作经验聚焦"专栏，全面介绍思明法院知识产权审判工作的改革举措和经验，肯定该院知识产权审判庭在全国104个基层法院试点单位中，在纠纷多元解决、司法延伸服务方面取得诸多创新成果，多元纠纷解决机制创新走在全国前沿。

1. 充分发挥"三合一"优势，审判工作优质高效。一是"三向"着力，审判效率高。探索刑事、民事、行政"三向"协调、集中审理的工作模式，截至8月，累计受理各类知识产权案件2159件，审结案件2017件，结案率93.42%，民事案件调撤率达63.15%，调撤案件自动履行率100%，呈现高结案率、高调撤率、低上诉率、低发改率、无超审限案件，无重大发改案件、无信访投诉、无再审审查的"两高两低四无"良好态势。2014年，思明法院知识产权审判"三合一"被省高级人民法院确定为福建省法院首批司法品牌。二是"三向"提升，审案质量好。在庭室内部就KTV版权、图片侵权、假烟、假酒、假约等常见类型案件统一量刑和处罚标准，逐步实现几大类典型案件审判标准的统一、稳定。针对案件呈现行业化特点，提前对接相应行业协会、机构，通过召开行业见面会、发送司法建议等形式，规范行业经营行为，合力促进纠纷化解。面对大案、难案，整合全庭最优力量，精心组织庭审，成功审结全省最大网络销售假鞋案、特大系列假种子案等，取得良好法律效果和社会效果。三是"三向"共进，社会效果好。妥善解决GPX公司诉中策橡胶公司、林德叉车公司跨国商标权纠纷，原被告双方均向思明区法院送来锦旗、感谢信。中国音像著作权集体管理协会以及欧洲最大洋酒公司保乐利加集团、耐克体育(中国)有限公司等国际知名企业对思明法院在打击犯罪、保护国际品牌等方面所做的工作表示赞许。“厦门丸酷斯商贸有限公司、骆立新等假冒注册商标罪案”一案获评“2014—2015年度全国知识产权保护最佳案例”。

2. 始终保持开拓进取精神,创新工作百花齐放。一是多元纠纷解决机制探索走前沿。与市知识产权局、文化市场执法大队等对接,在软件园二期设立全国首个知识产权法律法规服务站,整合行政、执法、司法资源,为园内企业纠纷调解提供一站式综合服务。知识产权法庭以此为依托成功召开多场行业见面会、咨询会,成功化解广受瞩目的“喜羊羊”动漫形象游戏侵权纠纷等案件,实现诉前纠纷化解、诉中矛盾调解、诉后行业规范结合;对接市文化执法支队,共建全省首个“知识产权诉调对接机制”,将知识产权纠纷行政调解与法院司法诉讼机制相衔接,今年1月出具首份知识产权司法确认裁定书,提升了知识产权纠纷处理质量和效率。二是法制宣传形式不断推陈出新。与《厦门日报》合办知识产权保护普法专栏“智慧视线”,与“思鸣法槌”博客、微博互动,举办多场知识产权主题“公众开放日”活动,向媒体公众发布《知识产权司法保护白皮书》,积极培育社会大众的知识产权保护意识。大力推进裁判文书改革,制作全国首份附当事人诉讼意见的法律文书,提高信息公开度,实现知识产权审判文书上网率100%;与台湾大陆通商专业事务所等单位和两岸知识产权法律界人士开展合作交流。三是司法为民举措不断深化拓展。与中华街道共建“社区法律工作室”,在中山路商业街设立知识产权“法律驿站”,定期开展“思法校园行”活动,建立基层联动全方位保护机制。创立并积极推动知识产权“调查令”运用,规定涉外商标侵权案件当事人在证据缺失时可向法院申请,持令向有关单位、个人或政府部门调取相应侵权证据,破解当事人“调查取证难”,至今已向境内外企业签发调查令16份。

3. 不断创新人才培养模式,队伍建设屡创佳绩。一是激发队伍活力。严格按照“三合一”审判模式,从刑、民、行政法庭抽调学历高、专业强、经验优的优秀法官,充分发挥庭室年轻干警多、干劲足优势,将知识产权审判工作、队伍建设与争创“全国青年文明号”结合起来,积极开展一系列主题突出、形式多样的创建活动,队伍呈现高起点、高素质、高融合的特征,干警的凝聚力、战斗力得以激发。二是提升队伍素质。与厦门大学知识产权研究院共建全省首个“国家知识产权培训(福建)基地思明法院实践中心暨厦门大学知识产权研究院理论与实践创新基地”,共同开展课题研究,促进知识产权领域法官队伍素质、审判水平的不断提升,共有3个案件分别入选“2015年度福建法院十大典型案例”“最高检打击侵犯知识产权犯罪十大典型案例”。三是加强队伍作风。认真开展崇廉崇德崇业、创新创优创先的“三崇三创”主题教育实践活动,全面升级队伍能力素质。荣获“福建省级青年文明号”“福建青年五四奖章集体”“厦门市法院系统先进集体”等荣誉称号。2015年思明法院知识产权庭被评为省政法系统“百优”优秀基层单位。

(思明法院 李缘缘、林鸿供稿)

专业高效　公信为民

——思明法院全国首推“专业法庭”集群建设

备注：福建省高级人民政府《每日快讯》、市委《厦门特区快讯》（交流版）、厦门市中级人民法院《厦门法院信息》（工作交流）和思明区区委、区政府《思明简讯》（工作情况交流）专刊采用。集中介绍我院自2014年7月启动改革以来，紧扣民生需求，打造房地产、交通、劳动和家事等“专业法庭”集群的创新举措和工作经验，肯定我院的探索和实践满足了群众的司法需求，为全国法院专业审判工作积累了宝贵的经验，展现出特区法院应有的担当。

2014年7月以来，思明法院以中央司法改革为契机，在民事审判部门推行审判团队改革试点工作，紧扣民生需求，打造房地产、交通、劳动和家事四个专业法庭，形成既提高审判工作效率，又满足群众司法需求的特色司法品牌集群。一年来，消化各类案件近11000件，位居全省首位。《人民日报》《福建日报》等主流媒体先后在重要版面专题报道。最高人民法院专门在该院召开全国民事审判会议座谈会，实地调研相关工作经验，最高人民法院审判委员会委员、民一庭庭长杨临萍高度评价思明法院专业法庭建设符合中央司法改革的要求，代表了基层法庭的发展方向，为全国法院专业审判工作积累了宝贵的经验。

一、精细化管理，打造专业化高效人才梯队

司法为民、公正司法，关键在队伍。思明法院紧扣辖区群众需求，依托民一庭、莲前人民法庭、滨海人民法庭和鼓浪屿人民法庭四个庭室分别建设房地产、交通、劳动和家事专业法庭，以法官为中心，充分发挥法官的主体作用，全面提升团队的司法能力：一是组建专业审判团队。以全国法院办案标兵、全省先进工作者林晞吟法官为核心，集中骨干力量，优化审判资源配置，采取“案件类型+审判团队”的管理模式，将29名法官和30名审判辅助人员分别归入15个专业审判合议庭。实施审判团队带头人负总责的扁平化管理制度，减少管理层级，取消行政审批，确保独立审判，有效提升了团队的工作效率。二是制定案件审判规范。编印指导意见，规范裁判尺度，提高工作效率。房地产法庭法官合力编撰《房地产审判规范指引与观点集成》和《审判程序操作指引》两本专著，集中梳理最高人民法院、省法院有关制度标准，在统一裁判尺度，规范审判工作流程上明确要求，体现了房地产审判的专业水平。交通法庭在全省率先编印《交通事故案件审判规范要览》和《交通审判白皮书》，总结和归纳了交通事故案件审理中常见的法律问题审理规范，家事法庭编印案件流程及庭务管理备忘录，推行家庭状况社会调查员和离婚家庭经济情况调查令制度，确保同类案件法律适用基本统一，处理结果基本一致。三是提升专业审判能力。定期召开专题业务研讨会和案件评析会，通过“好书大家谈，笔耕勤不辍”干警读书会以及法庭“咖啡书情”学习沙龙营造浓厚的学

习氛围,以一堂两报(“审判长讲堂”、《专业审判工作简报》、《发改案件分析简报》)工作机制为载体,借助新媒体工具,分享工作经验,传授工作方法,提升工作理念,全力提升法庭专业化水平,培养专家型法官队伍,不断提升法官庭审驾驭、法律适用和裁判文书写作能力。

二、快捷化服务,畅通为民服务最后一公里

思明法院发挥人民法庭贴近群众的特点,通过增加巡回审判点、开展远程庭审等创新工作方式,不断完善便民工作机制,及时就地解决群众正当诉求,努力把法庭建设成为密切联系群众,真诚服务群众的窗口、桥梁和纽带。一是创新便民机制。交通法庭推行交通案件透明调解,将交通事故处理流程、赔偿项目、计算方式、统计数据等赔偿标准绘制成简洁易懂的图表,统一上墙公示,促使双方当事人依法调整心理预期,提高调解效率和成功率。率先推行“两险合一”审理法,让受害方在一个案件中同时解决交强险和商业险的赔偿问题,减轻群众负担。家事法庭为提升审判效率,借鉴台湾地区法院的“同一家庭原则”,创新实施“案件连贯审理机制”,对两年内同一家庭内衍生的所有婚姻家庭、继承纠纷案件均由同一法官承办,确保法官熟悉情况,判决前后一致。二是拓宽普法平台。贯彻十八大“谁执法、谁普法”的工作要求,创设鼓浪屿“公民司法体验基地”和“法庭大课堂”两大司法品牌。“公民司法体验基地”立足青少年普法,累计接待中小学生2900多人,被评为“全国法院新闻宣传优秀作品”,成为厦门经济特区普法宣传的亮丽名片。“法庭大课堂”深入工会、高校和社区举办20余场,通过真实庭审、专家讲解、公众提问以及法官点评等环节,融巡回审判、法学教育、法治宣传、实务探讨多种功能于一体,开创了巡回审判和普法宣传的新模式。受益群众超过3000人次。三是引入志愿服务。针对辖区家庭旅馆集中,相关纠纷多发的特点,引入家庭行业协会志愿者力量,关口靠前在鼓浪屿岛建立“司法馆家”工作室,就近为游客和周边业者提供快速纠纷化解和司法确认服务,助力“无讼景区”建设。该院还在全国首创“法庭义工”公益志愿服务项目,在法院窗口单位引入社会志愿者,为来法院办事的当事人提供便民服务。目前已推广到厦门两级法院,有力提升了司法亲和力。

三、立体化网络,做好延伸司法服务大文章

思明法院充分利用专业法庭深化司法服务,积极贯彻“共同缔造”的工作理念,主动对接政府部门和社会各界,建立起各方协作的立体联动调解机制,形成了社会保障和化解纠纷的合力。一是合力提升效率。交通法庭联手交警部门整合各方资源打造交通纠纷调处中心,一站式解决交通纠纷;针对重大事故中受害方急需高额抢救费,主动对接厦门市保险业协会,探索保险公司先行赔付制度,即由交警对预判责任后,保险公司根据当事人申请先行从商业险中预付抢救费用,待判决后从理赔款中予以抵扣。今年以来,仅厦门人保公司就完成8笔商业险前置垫付工作,向困难当事人预支抢救费56万元,解经济困难群众的燃眉之急。二是合作调解纠纷。劳动法庭利用“无讼社区”平台,与市工会组织深度合作,建立工会劳动法律人才培训基地,构筑“诉调裁一体化”的农民工讨薪快速反应机制,创建“信和调解室”。建立涵盖社区、工会、仲裁和司法调解以及司法确认,全流程无缝衔接的一站式劳动争议快

速处理模式。法庭还在劳动仲裁院支持下引入劳动案件文本交换与电子签章系统，引入手机视频“网络调解机制”，让工人省时、省心解决纠纷。三是共筑和谐社会。家事法庭与市妇联共建“和合之家”心理工作室，通过购买社会服务的方式引入职业心理咨询师团队，为家事案件当事人提供婚姻辅导、心理咨询、心理评估等一条龙专业服务，更好地疏导当事人情绪、妥善化解家事纠纷。劳动法庭、家事法庭与高校强化理论实践双向合作，建立“厦门大学劳动法与婚姻法研究实践基地”，共同开展调研课题，实现“产学研”深度融合，谱写延伸服务新乐章。

（思明法院 林鸿供稿）

福建省厦门市思明区法院
积极探索完善规范量刑工作机制

备注：最高人民法院《量刑规范化工作动态》2014 年第 14 期、福建省高级人民法院《每日快讯》“三机制”增刊第 18 期先后专刊采用。

作为全国较早开展量刑规范化工作的法院，福建省厦门市思明区法院始终立足审判实际，加强探索创新，在十五种常见犯罪的基础上，积极拓展规范化罪名与刑罚的种类，细化完善量刑程序，创立了“15＋N”量刑规范化工作机制。

细化“量刑规范表”，拓宽《意见》适用范围。在最高人民法院《量刑指导意见》和福建《实施细则》的基础上，结合辖区实际，以表格形式明确 15 种犯罪的具体量刑起点，规定不同的基准刑增减比例和详细操作规程，使量化情节、结果一目了然，实现当庭准确确定量刑结果、回溯量刑过程，有利于判后释法说理。在规范 15 种犯罪量刑的基础上，对近年来多发的新型犯罪认真归纳总结，制定了组织卖淫、协助组织卖淫、信用卡诈骗、危险驾驶等五种犯罪的量刑规范表，明确量刑分级定档、刑罚适用条件以及特殊情节的适用标准，推动新型案件量刑标准公开透明，新规范的五种犯罪上诉、抗诉案件数较规范化前减少一半。

推行“量刑庭审模本”，促进量刑公开透明。会同检察机关开展量刑规范化“示范庭审”活动，研究制定量刑规范化案件庭审程序，进一步凸显相对独立的量刑程序。在法庭调查、辩论等阶段，针对不认罪与认罪两种情况区别处理，不认罪的案件重在犯罪事实的调查与辩论，辅之以量刑事实的调查与量刑意见的辩论；认罪的案件则简化犯罪事实的调查与辩论，重在量刑事实的调查与量刑意见的辩论。通过量刑程序展示量刑过程，强化量刑说理，提高控辩双方对量刑结果的认同度，截至 2014 年 8 月，该院相关案件一审服判息诉率比规范化前上升了近 6％，发改率仅 0.29％。

探索“办案辅助系统”，提升办案质量效率。建立刑事判决文书数据库，整理汇总和分析文书识别要素，制作量刑规范化查询表，对近百种量刑事实、情节进行量化处理，建成对应裁判文书的"量刑规范化办案辅助系统"。法官可通过输入被告人所犯罪名、犯罪事实、相关量刑情节等关键词检索到类似案件以及相关的法律法规,以做量刑参考,有助于量刑均衡,并提高办案效率。办案系统运用以来,该院量刑规范化罪名案件的平均审理周期减少了5.8天。

设立"分歧案件台账",增强量刑结果权威。针对指控罪名、量刑建议与裁判结果差距较大等情况,建立"控审"分歧案件台账,详细记录控审双方在案件定性、情节认定、证据规格等方面的不同意见,重点对量刑建议情况进行全面总结分析,并及时反馈公诉机关,充分发挥审判对侦诉的制约、引导作用,促进侦查机关全面收集量刑证据,公诉机关同案同诉。台账建立后,公诉机关量刑建议的采纳率从2011年的81.2%提高到目前的95.1%;被告人当庭翻供率也由2011年的21.1%下降为目前的7.4%。

建立"被害方征询机制",促进案件矛盾化解。积极构建量刑规范化工作的配套机制,更加重视被害人的诉讼地位,将被害方的感受、诉求作为评价具体犯罪行为社会危害性的重要因素,认真听取被害方对案件事实、定罪量刑、民事赔偿等方面的意见。庭前告知被害人诉讼权利,庭中询问被害人的意见,并在量刑时给予充分考虑,庭后充分阐释量刑理由与依据,促进矛盾化解,实现法律效果与社会效果的统一。

(思明法院 方晋晔、林鸿供稿)

"公生明"

——思明区人民法院打造"司法公信"工程

备注:省委办公厅《八闽快讯》第13期增刊(2014闽简报001号)专刊采用。

近年来,厦门市思明区人民法院坚持把促进社会公平正义作为法院工作的核心价值追求,深入推进司法体制改革,全力打造"司法公信"工程,不断提升司法公信力,为人民群众安居乐业提供有力保障,得到了社会广泛称赞。

狠抓案件质量　守公正

思明法院紧扣案件质量管理标准,通过构建"点、线、面"、全方位的案件质量立体管控体系,全面夯实"司法公信"工程基础。在"点"上集中调配人力,加强重点岗位、案件和判项,2013年干警人均结案数292.4件,创历年之最;在"线"上着重抓好审判流程和环节,成立审判管理办公室,强化审判管理,每月下达各部门审判任务目标,每周通报部门收结案情况,并通过周巡查和审务督查确保任务完成;在"面"上重点把握好审判工作的基本态势和发展趋势,建立诉讼案件中立评估机制,采用一案一评议、一案一反馈、一案一总结的方式进行案件质量评查,深入剖析审判工作态势。

2013年,思明法院审结案件22031件,同比上升4.92%,案件受理数、审执结数和法官人均结案数连续4年位居全省基层法院首位;多项重点指标名列厦门市基层法院第一。同年,思明法院获得全国法院"两评查"活动优胜单位。

力推司法民主 保公正

思明法院注重发挥人民陪审员参审、陪审作用,让来自各行各业的人民陪审员融入司法工作,以此提升司法公信。实施人民陪审员倍增计划,在现有70名陪审员的基础上,2014年计划增补陪审员90余人,建立金融、知识产权等领域专家陪审员队伍,实现基层群众占比不低于2/3。举办专题培训班,邀请长期从事审判工作、具有丰富理论和庭审实务经验的审判长对陪审员进行授课,提高陪审员的法律理论水平和庭审实务经验。组织陪审员现场观摩庭审,加快培养公正意识,同时在审判实践中充分发挥陪审员的个人特长,更好地服务审判工作,推动审判民主。

2013年,思明法院累计增补来自基层社区和企事业单位员工近30人进入陪审员队伍,并组织参加省高级人民法院、市中级人民法院等各类培训活动,着力提高陪审员素养,提升工作质量和司法公信力。

培育阳光司法 促公正

思明法院坚持从源头推进"阳光司法"工程,扎根审判执行实践的沃土不断深入推进司法公开制度改革。公开的范围从当事人到全社会,公开的平台从传统到现代,公开的程度从浅表到纵深,通过一个个活生生的例子给群众带去公平和正义。思明院依托自身司法资源和鼓浪屿人文优势,在鼓浪屿景区打造集司法体验、法制宣传和廉政教育等功能为一体的全国首个"公民司法体验基地"。基地通过大量运用声、光、电等高科技手段,设置了丰富的司法互动体验项目,让民众通过体验、参观来增进对法院工作的了解。思明法院还在全国首创"小法官夏令营",每年暑假组织辖区中小学生,开展知识抢答、法律竞赛、法制情景剧等形式多样的活动,寓教于乐开展法制教育;还开展11期"法制之旅"和数十期公众开放日活动,按照不同主题邀请社会各界人士走进法院,让知法、懂法、守法、用法的理念深入人心。

截至2013年,思明法院已连续12年举办"小法官夏令营",其做法已推广到厦门全市法院;"法制之旅"也已成为鼓浪屿景区的一个特色景点和青少年普法教育的重要品牌;"公民司法体验基地"去年7月建成后,已举办40余场活动迎来近千名观众,为广大市民和游客开启了一扇了解司法的窗口。

坚持创新利民 树公正

思明法院以便民利民为宗旨,大胆引入最新科技,推进司法创新。2012年5月,该院利用网络"微博"手段,在全国法院系统首创"老赖微博曝光台",成为社会监督、参与法院执行工作的一大司法品牌。法院通过官方微博,公布失信名单,在邀请广大网友一起围观“老赖”的不诚信的同时,引入社会监督力量“追缉”老赖,发动网络搜索拒不执行生效判决当事人的财产线索,让“老赖”无处藏身,取得良好效果。2013 年,该院首次通过网络平台成功拍卖执行房产,举行全省首场司法鉴定网络视频听证会,避免了当事人奔波两地寻求鉴定的辛苦,既提升了执行鉴定效率,又拉近了民众与司法的距离。“怎么方便群众怎么做,一切着眼于纠纷的解决。”思明法院秉持这一理念,联合交警、保险等部门在全国首创“道路事故现场司法确认制度”和“轻微伤人事故快速处理机制”,通过“马路上的司法确认”,辖区内因交通事故引发的车损或者轻微人身伤害,只要当事人双方同意,法院就现场提供司法确认服务,赋予交警部门开具《事故认定(司法确认)书》,并具备司法强制力。此举免去了当事人往返诉讼的劳累,节省了大量的社会成本。

2013 年 5 月,思明法院将“微博曝光台”升级为新浪和腾讯双平台,目前已公开曝光“老赖”被执行人逾 2000 人次,法院执行案件的自动履行率、执行和解率显著提升。道路事故快速确认机制运行 3 年来,累计处理交通事故 117326 起,调结 117201 起,涉案金额 5170.55 万元,调解结案率 99.89%,得到了群众普遍好评。

(思明法院 林鸿供稿)

思明区创建全国首个“公民司法体验基地”

备注:省委办公厅《福建信息》第 1707 期专刊采用,并报送中共中央办公厅。

2013 年 7 月,思明法院发挥鼓浪屿文化底蕴,立足五“新”定位,在鼓浪屿法庭打造全国首个以“司法体验”为定位的融司法体验、法治宣传和廉政教育于一体的大型公益普法项目——“公民司法体验基地”,至今接待社会各界嘉宾 96 批 2740 人次参观,得到新华社、福建日报等主流媒体广泛报道。

一、亲和司法“新”窗口

思明法院参考香港、台湾等地区“公民司法体验”概念,将位于国家 5A 级景区厦门鼓浪屿岛上的法庭全面改造,打造成市民与游客“零距离”司法体验的基地,设置生动有趣、寓教于乐的司法体验项目,精心设计“屿法源”印章、鼓浪屿手绘地图、水晶法槌以及“法槌”造型铅笔等伴手礼,定期举办“法制之旅”“小法官夏令营”等主题活动,不仅成为厦门全市两级法院“小法官夏令营”的主场和厦门市未成年人道德实践基地,更成为展示人民法院“司法亲和力”,成为吸引广大公众亲近司法、感受司法、认同司法的新窗口。

二、互动科技“新”体验

基地摒弃了传统的静态普法宣教方式，综合运用声、光、电等高科技方式打造生动酷炫的体验项目：如各个项目均辅以二维码，参观者可通过自主扫描获取更多内容并参与互动；在大厅设置了虚拟法槌装置，以“全息成像”技术全方位展示思明法院首创的“大陆第一槌”；在“品读思法”展区设置触控设备，参观者通过点触屏幕探究详情；在大法庭设置可升降的巨幕，播放自主摄制的法文化纪录片；通过脸部识别、三维虚拟等技术独创审判场景互动体验项目，让参观者身临其境般体验古今中外多个著名案件现场，感受审判权的神圣。一年来，累计接待中小学生1221人，拍摄“拍立得”和“大头贴”上千张，留下了数百个孩子稚嫩笔触写下的参观感想，给这些未来的“公民”以法治的启蒙。

三、传统文化“新”传承

基地秉持“品法”的理念，植根于博大精深、源远流长的“中华法系”传统，精心设置十大景观，广泛征集确定意蕴丰富的景观名称，全方位传承和营造浓厚的法治文化氛围：如以古代中国象征司法公正的神兽为蓝本设计卡通形象“獬豸指路”，作为基地导览的“导路人”；“擎天法柱”以图文并茂的形式展现中国古代流传下来的法律成语及法律故事；“天平之光”以水晶灯手工拼成具象的天平，通过内设的灿烂灯光寓意中国法制传统在当代得到发扬光大；“百法全书”以中西方法制史上的重要文献和法律典籍堆积如山为背景，象征着人类法治文明薪火传承和法院干警书山有路勤为径的追求；“法治先贤”以木雕和墙绘展现古代司法史上代表性的先驱人物，通过神态各异、栩栩如生的人像寄托对历代杰出人物的敬仰；“法的器物”以实物展示了中国古代的法鼎、束矢钧金、契约、登闻鼓、惊堂木等法文化的标志物；后花园以石刻展示中国历代名家“法”字书法，让参观者徜徉于司法演变史的长河中，鉴古思今，品读中华法文化的新传承。

四、地域特色“新”展现

基地利用地处鼓浪屿的景区优势，充分挖掘地方元素及文化底蕴，展现地域特色。如大厅形象墙“渐入法境”正中勾勒法庭管辖的鼓浪屿岛轮廓，两侧以浮雕形式呈现出古代中国的衙门、近代史上的鼓浪屿会审公堂以及当代法院大楼等三幅影像，简笔勾勒出鼓浪屿司法机构的演变史；“西法东渐”则以鼓浪屿万国建筑元素设计轮廓，陈列鼓浪屿会审公堂的珍贵史料，介绍近代史上所独有的租界会审公堂情况；法槌园的“思法首槌”雕塑、全息成像的虚拟法槌、新旧法槌的实物对比以及全新设计的“法槌铅笔”纪念伴手礼共同凸显了思明敲响“中国大陆第一槌”这一核心法制文化元素；而以鼓浪屿“日光岩”形象为主题设计的访客留言板、以《鼓浪屿之波》五线谱形状设计的楼梯和围栏、以“鼓浪颂法”为主题的“干警之声”平台全方位展现了琴岛鼓浪屿的地域特色。

五、廉政教育"新"平台

基地在接待公众的同时,着力打造政法干警廉政教育平台:"法史春秋"展示了中华苏维埃共和国最高法院成立、马锡五审判方式、溥仪等战犯改造、新中国第一部法律诞生、五四与八二宪法、李鹏委员长到厦门旁听庭审等重大法制事件;"琴岛观廉"的廉政文化走廊以法院干警原创警句格言反映新时期法院干警对法治的追求,向公众作出郑重承诺;而"警钟长鸣"则展示了厦门法院所审理的大案要案,并以此敲响警钟、弘扬遵纪守法的司法正能量。基地还特别设置厦门法院"精品案之窗",列明 2009 年以来历年全市精品案简介和亮点,感兴趣的游客可以通过专门的二维码链接基地官方微博中的案件判决书,感受人民法院专业审判的魅力。最高人民法院党组成员,纪检组长张建南来闽期间,对基地互动式的展览方式和新颖的参观体验予以了高度的评价。

(思明法院 林鸿、吴宇昌供稿)

坚持三个导向 服务中心工作

——思明法院积极构建"调研信息宣传"大格局

备注:厦门市委政法委《政法综治简报》(2016 年第 3 期)专刊采用。市委政法委刘炳泉副书记在《内抓培训、外树品牌,思明法院全员参与构建调研、信息、宣传大格局》上做出批示:"近年来,思明法院信息、调研、宣传工作成果丰硕,有较强的前瞻性和指导性,既有力地服务了大局,又有效地促进了审判工作,希望能进一步总结提升,推广经验,再创佳绩。"市中级人民法院党组书记、院长王成全批示:"思明法院在办案任务十分繁重的情况下,调研、信息、宣传持续加强,同步提升,实属不易。市委政法委刘炳泉副书记批示肯定,并提出明确要求,希望思明法院再接再厉,认真落实。此件请发全市法院,以便学习借鉴。"

近年来,思明法院以建设"学习型"法院为抓手,坚持三个导向,构建调研、信息、宣传三位一体的工作格局。三项工作连年位居全省基层法院首位,2015 年该院信息、宣传工作省级考核得分占全市六个基层法院总分的 58.3%和 41.4%,调研工作在全国法院年度学术研讨会获奖篇次占全市两级法院的 55.5%。

一、突出问题导向,服务领导科学决策

作为全省案件量最大的法院,该院不断强化党对司法工作的领导,突出问题导向,紧扣民生需求,主动作为,从案件中发掘工作线索,积极建言献策。3 年来,该院被省法院以上单

位采用信息篇次始终保持在全市六个基层法院总数的55%以上。一是广度与深度结合，及时发现信息点。定期分类整理审判、执行法律文书，梳理共同点，分析案件背后指向的社会问题和舆情热点，为党委政府提供法律专业的形势预判。2015年该院在案件审理中发现大型电商平台售假和城市教育培训机构倒闭等社会现象高发，据此撰写的信息被省领导郑栅洁、李红批示。针对中介案件异常增长这一社会现象背后的城市房地产中介不规范经营问题，撰写的信息被时任市长刘可清、常务副市长林国耀批示，促进相关行业开展整顿，保障了群众权益。二是点与面结合，深入开展调查研究。立足审判实践数据和实证样本，多方对接相关行政管理部门，广泛钻研专业资料，由点及面形成问题导向的调查研究工作机制。如该院在案件审理中发现不法分子在我省胡萝卜主产区销售仿冒进口品牌“坂田七寸”的假种子，就此深入开展调研，走访农业、工商和公安部门，查阅育种业相关专业论文，形成内容翔实，对策可行的调研信息，受到省领导郑晓松的批示。又比如该院针对司法专邮存在的不规范现象以及未成年女性犯罪问题，联合EMS与妇联深入调研形成的分析报告，被省法院《每日快讯》和省政法委《福建政法》采用，受到省院党组成员王穗丰专委和区委常委、政法委陈高润书记的批示。三是内力与外力结合，积极推广增长点。扎根基层，积极探索一线原创经验，在广泛推行“无讼社区”实践的基础上，在最高人民法院机关刊《中国审判》杂志刊发主题文章，借力中央媒体合办“司法的社会责任”全国理论研讨会，传播经验做法；基于维军工作经验撰写的“1135”司法拥军新模式工作简报被省委政法委专刊采用；就“物业纠纷诉调衔接机制”提炼的调研报告，被“中国调解高峰论坛”评为全国最佳典型事例；就劳动法庭“一二五”工作机制和“法庭义工”原创做法提炼的简报促使省总工会和厦门中级人民法院在厦门全市推广，受到最高人民法院和省政法委领导的高度评价。

二、突出目标导向，服务审判执行主业

2009年以来，思明法院连续7年收案超过2万件，2015年更是在全省首度突破3万件大关，面对案件超常增长的“新常态”，该院加强调研努力破解审判难题：一是狠抓破解难题。落实目标导向，强化调研选题工作，从2015年的33034件案件中发现司法实践“难点”，组织精干力量开展研究，提出应对之策，反哺指导审判工作，锻造出独具思明法院特色的“产销对接”闭合链条。比如《论抵押房产强制拍卖“除去”租赁权的法律适用》立足带长期租约房产“执行难”这一司法实践难点，借鉴域外先进经验，总结提炼应对之策，提出切实可行的制度建议，荣获全国法院学术讨论会一等奖。二是狠抓经验交流。在法院内网和信息刊物中开辟“他山之石”专栏，精心挑选、集中刊登兄弟法院和其他政法机关可资借鉴的好做法；开辟“审判大家谈”和“身边思法人”专栏，通过约稿与投稿相结合的方式，鼓励法官提起笔来，总结工作经验，分享工作技巧和生活感悟，弘扬钻研务实、崇尚学习的良好风气；开辟“院长友约”专栏，以最鲜活的方式刊载干警心声、实际困难和问题反映，畅通决策者与干警职工的沟通渠道，及时加以解决。三是狠抓氛围营造。各级领导带头撰写高质量的调研、信息、案例；在法院官方微信平台和《厦门晚报》开辟“法官风采”栏目，在厦门网和法院官方微博开展“法官的一天”系列图文直播，通过发生在法官身边的真实点滴故事，揭示基层法官不为人知的感人事迹和喜怒哀乐，播撒爱岗敬业、乐于奉献的正能量，增进社会对法官群体的理解和支

持,架设起法院与群众直接沟通交流的桥梁。2015 年,该院一线法官人均结案 324 件,生效裁判服判息诉率 99.79%,分居全省、全市首位,以全市法院 22.05%的干警办结了 34.23%的案件。

三、突出专业导向,打造过硬人才队伍

该院以审判工作为中心,深挖人才潜力,充分发挥法官,特别是青年法官的主体作用,狠抓写作队伍建设,全面提升干警司法能力、夯实信调宣工作的基础:一是专业化搭建写作队伍。主要领导主抓调研、信息和宣传工作,以常态性的信息批示来推动全院工作;政治处主任抓写作信息联络员、调研骨干和业务庭宣传员三支队伍管理,从全院 18 个庭室内部遴选青年骨干,组建专业写作队伍,实行 AB 岗补位制度,确保案例素材不断档。职能部门整合三项职能,形成独具特色的重大任务"点将"工作制度,严格落实工作纪律,实行上下"单线"联系、逐级报送,统一审稿,确保报送交接顺畅,内容不出纰漏。二是多元化拓宽培训形式。聘请高校教授与资深法官组成写作"导师团",资深法官担纲青年导师与青年干警"结对子"共同撰写调研、信息文章。将普惠制全员培训与骨干重点培训相结合,不定期举办"思法智慧课堂"系列讲座和专业读书会,在内网发布培训音视频和课件,搭建每月信息工作例会和信息联络员"飞秋软件网上交流群"线上线下(O2O)两大选题论证与写作交流平台,开辟"简报撷英"等网站专栏,出版信息指导专刊,聚焦工作热点,交流心得体会,营造写作氛围。三是多层次强化正面引领。将信息、调研纳入部门四状考核和法官选任考试的范畴,记入部门和个人履职档案,定期分析工作态势,做到"双挂钩"(即信调宣工作与中层岗位考核相挂钩,成果获奖与法官、书记员考核晋升相挂钩),实行物质、精神双重奖励,督促落后庭室,引导均衡发展。2013 年至今,该院连续三年获全国法院学术讨论会"组织工作先进奖",囊括全国基层法院调研总分第一名和全国法院案例工作先进单位等荣誉,干警个人包揽全国法院学术讨论会一、二、三等奖,全国法院信息工作先进个人和《人民法院报》十佳通讯员等荣誉。实践证明,三项工作有利于发现人才和磨炼人才,对增强队伍素质,提升司法能力作用显著,多名干警脱颖而出被评为全国、全省劳模、"审判专家"、全国办案标兵和厦大等高校兼职导师。

(思明法院 林鸿供稿)

做劳动者的“贴心人”和“守护神”

——思明法院创立“一二三”工作机制推进劳动法庭建设

备注：厦门市委《厦门特区快讯》（交流版）、市政府《政务动态》专报省政府办公厅第44期）和思明区委、区政府《思明简讯》（工作情况交流）专刊采用。

思明法院针对辖内劳动纠纷多、审理周期长、工人维权难等现实情况，整合多方资源，创新工作机制，于2015年1月成立全国首个劳动案件司法“专科医院”——劳动法庭，探索建立“一二三”工作机制，有效提升劳动争议审理效率，让劳动者感受到公平正义，受到最高人民法院杨临萍庭长的肯定，并于2015年8月3日被《人民日报》刊文报道。

一、打造一支“专业审判团队”

一是模范引领。以全国法院办案标兵、省劳模林晞吟审判长为核心设立“劳模创新工作室”，抽调全院民事口24名中青年骨干组成带教团队，总结推广“劳模法官”在案件审理、纠纷化解和延伸服务上的新理念、新方法，逐步形成系统规范的劳动争议案件处理模式，被评为“示范性劳模创新工作室”。二是人才引导。选派资深法官担任“青年干警导师”，构建“传、帮、带”人才培养机制，定期召开专题业务研讨会和发改案件评析会，依托“滨海书苑”“午间沙龙”及“审判长讲堂”等媒介，营造浓厚的学习氛围，培养劳动法专门人才，搭建专业人才梯队，被授予“工人先锋号”称号。三是巧借外力。与厦门市总工会共建“信和调解室”，聘请10名市、区工会和社区工作者作为特邀调解员，参与重大劳动案件化解工作；强化法院与高校理论实践双向合作，建立“厦门大学劳动法研究实践基地”，精心规划合作项目，共同开展课题调研，促进“产学研”深度融合。

二、创新两项便民工作机制

一是推行“法庭义工”服务制度。将志愿服务理念引入“劳动法庭”建设，向社会各界广泛招募社会阅历丰富的爱心人士组成“劳动义工”团队，进驻“法庭义工服务站”，为办事群众提供引导、递水、劝慰等人性化服务，让劳动者感受到便利和温暖。该制度建立以来，法庭义工共接待群众3000余人次，无偿提供志愿服务1100多个小时，协助法官化解纠纷200余件。二是推出“方言服务团”服务制度。针对维权人员多为外来务工人员、方言交流不变的实际情况，组建法庭干警和义工方言服务团队，借力担任“义工”的厦大学子和来厦“新市民”提供覆盖全国31个省级地区方言的庭审与调解双向翻译服务，通过乡音乡情的力量化解初到法院办事群众的紧张和不适情绪，进一步提升司法亲和力。

三、搭建三类延伸服务平台

一是多形式扩展法制宣传教育。开展“法庭大课堂”,将劳动案件庭审现场延伸到大学校园、街道社区、工会组织、产业园区,先后举办巡回审判20余场,受众超3000人次。同时,依托工会组织和各行业协会,组织工会维权人员和企业管理人员旁听庭审,接受法治教育,规范企业用工行为。二是多手段便捷纠纷诉讼处理。推出劳动纠纷处置标准文本,实行社区、工会、仲裁、司法四种调解集中司法确认的一站式劳动争议诉调对接快速处理模式,引入劳动纠纷联合处置单位文本交换与电子签章系统,让劳动者省时、省心解决纠纷。在市、区两级工会设立劳动法庭巡回办案点,根据劳资双方请求灵活选定时间,开设夜间法庭与假日法庭,提供巡回审判与纠纷调解。开设视“网络调解室”,为外地农民工提供便捷的互联网诉讼服务,节约群众诉讼成本。三是多渠道实现源头预警治理。定期与市、区两级工会、劳动行政主管部门和劳动争议仲裁院举办案例研讨会,针对审判中发现的苗头性现象和问题,及时组织专项调研,建立重大案情预警和信息通报机制,服务领导科学决策,促使行政主管部门加强行业监督管理。组织劳资双方订立文明劳动与用工公约,倡导双方平和、理性地解决纠纷,营造和谐劳动关系。

(思明法院 林鸿供稿)

六、散文

思明法官铭

龙辉[①]

法者，国民之仪表，行为之准则。法官者，治人也。有治法，须治人。是故法官坐堂问案，以示公正；诉听双方，以求明达；合议定案，以谋计长；奔走执行，以维法一。昭法文，释法疑，法官之职也；断刑狱，辨是非，法官之责也。谨谋其职，慎履其责，古人谓之青天也。

所谓思明，在鹭一方。承闽南泱泱之风范，展海西澹澹之胸襟。斯是胜地，有吾法官。

彰善祛恶，不易兮憧憬；激浊扬清，不懈兮奋斗。执法如山，自有一身正气；心平似水，只求两袖清风。身是法官，心系百姓。巡回办案，化干戈为玉帛；社区宣法，铸破镜于重圆。公正司法，行便民之举；改革创新，得风气之先。是故首敲法槌，开全国之先河；判后寄语，寓感化于诉讼。

勤哉廉哉，仰吾法官；念兹在兹，唯吾心志。得称思明法官，实胜华衮于身。余何幸哉，与子共事！

想说爱你不容易

赵国军[②]

华灯初上，X市心田区法院执行局大厅和往常一样，结束了一天的噪杂和喧闹，归于平静。此刻，大厅正面墙上几个红艳艳的大字“执着于行”在国徽的衬托下，显得格外引人注目。

211办公室的灯照例亮着。老木斜靠在椅背上，用那已经被烟草熏得泛黄的中指和食指夹着一支电子香烟，吸，呼，并不时习惯性地用食指敲击香烟头，重复着将近20年的吸烟“POSE”，空气中似乎弥漫着带有“O”形的烟圈。自打得了慢性气管炎，他就基本告别香烟

① 龙辉，原思明法院研究室主任，现厦门中级人民法院法官。

② 赵国军，思明法院法官。

了。同事开玩笑地说，“老木得的不是气管炎，是妻管严”。老木回应道，“不管哪个严，没有烟不行啊”。老婆明白，老木抽的不是烟，是寄托，一吸一呼天地宽。无奈，就给他买了电子香烟解“瘾”。老木只好心甘情愿地接受了，还自我宽慰道，“这可省下不少私房钱”。

“师傅，我先回去了，您也早点回家吧？”书记员小丁边说边整理桌子上的卷宗。老木从一吸一呼的气定神闲中抽离出来，应了一句：“嗯。你赶快回家吧，留点时间去谈谈恋爱。”“师傅，谢谢关心，哈哈哈”，笑声和脚步声紧随小丁的背影远去了，只留下陷入沉思的老木。半年来，看着曾经并肩战斗的几位同事陆续离开法院，另起炉灶，他在每一次的散伙饭上，不是以泪洗面就是一言不发，甚至几个夜晚彻夜难眠。

“今日痛饮庆功酒，壮志未酬……”一阵老生于魁智的京剧唱段铃声将老木拉回了现实中。

“老木，还没忙完？你是在鼓捣你那个辞职信吧？”

“知夫莫如我妻啊。”

“这又不是写情书，写明白就好了嘛。”

“老婆子，你真逗”。

挂了电话，老木正坐起来，腰板挺得直直的，俨然一副军人模样。他从电脑的“D盘—执行局文档—执行随记—心路历程”目录中，熟练地找出辞职信所在的电子文档，上面除了“辞职信”三个字外，就只有光标在屏幕上不安地闪动。每写一字，心中都无限感慨，往昔的光荣岁月，抑或心酸痛楚，齐涌心头，着实让人感到五味杂陈。

尊敬的院领导：

不管外面的世界大不大，我想去外面看看。近20年来……

“今日痛饮庆功酒，壮志未酬誓不休……”电话铃声打断了老木的思路。

“这个老婆子，又被你打断了”，老木抱怨道。

“木法官，我是玲玲妈妈。”

“哦，哦，哦，玲玲最近怎样？”

老木的思绪突然被带回了一年前，那是一个再普通不过的早晨。211办公室传出一阵声嘶力竭的女子哭叫声“我的玲玲啊”。

“法官，你要是不把我的外孙女找回来，我就去北京拍卖判决书”，一位老头用结满老茧的手指头指着老木叫嚷着，唾沫星子不时喷溅出来。

“您老放心，我会依法执行，尽力去做好的”，老木平静地安慰道。可他心里清楚，孩子抚养权可不好执行啊。

玲玲父母离异后，爸爸就把2岁多的玲玲从妈妈那里抢走，然后就玩起了失踪。老木法官跑公安，查户籍；跑居委会、派出所，挖线索，遍寻不着。书记员小丁有时还打趣道：“木警官，有线索吗？”老木一本正经地回道：“小丁，等你有了小孩就能理解思子之痛了。”那段时间，为了这个案件，老木消瘦了不少，可丝毫无进展。玲玲妈妈和外公三天两头到法院，有时还会对木法官说些过激的话。但老木能理解，他们说到底都是为了爱，只是这爱不容易。

一年后的一天，一个陌生男人的来电，让老木总算心里踏实了。原来，玲玲爸爸被纳入失信被执行人名单后，处处受限，只好自动履行，向法院交出玲玲。

还是一个极为普通的早晨。不同的是，211 办公室的叫嚷、谩骂变成了感激和理解。老木平静地倾听着。

耳边继续回响着玲玲妈妈的话语。“玲玲现在挺好，还让我打电话谢谢木法官呢。”

“哦，哦，哦，那就好，那就好。”

“我们母女谢谢您的大恩大德啊。”

“不要这么说，这是我应该做的。希望你们越过越好。”

挂电话后，老木麻利地摁下了 Delete 键，辞职信文档于是空空荡荡，只留下神采奕奕的光标在闪动，空白处隐隐闪出“想说爱你不容易”七个字。

法之魂

魏松彬[①]

是那一股力量
燃烧在我们的胸膛
从仰望国徽的那一瞬
法治之舟扬帆远航

是那一份痴情
在我们的心河流淌
从踏入法庭的那一步
让公平重沐阳光

是那一种信仰
在我们的血脉中激荡
从法槌敲响的那一声
正义喷薄出无畏的辉煌

是那一腔期待
在我们的灵魂深处飞翔
从判决书掀开的那一页
自由绽放她醉人的芳香

---

① 魏松彬，原思明法院干警。

是那一个使命
横亘于我们的生命之洋
当法袍卸下的那一刻
抚平人世的忧伤

思法颂

——致筹建中的院史展览馆

郑腾川[①]

时光研墨,东风作笔。书一卷沧桑巨变,吟一曲壮怀激烈。

1957年的今天,三条金色的支流在这方土地上静静奔涌,等待着汇聚成浩瀚澎湃的汪洋;

1957年的今天,三条金色的旋律在这本乐谱上缓缓演奏,等待着组合成气势磅礴的交响。

鼓浪屿惊涛拍岸,把我们的思绪带回1957年11月1日。这一天,思明、开元人民法院正式成立,揭开了厦门法院历史新的一页。五十三个春秋,从当初的三院并立到今天的三院合一,我们经历过风雨的历练,冬日的严寒,也迎接过春风的朗润,夏阳的温暖。乘着特区先行的春风,沿着"五型"法院的道路,我们再次站在时代的潮头,感受国徽和天平的荣光;五十三个春秋,从当初的筚路蓝缕到今天的高楼巍峨,改变的是道路、建筑和门牌号,不变的是对公正和谐的守望;五十三个春秋,从当初的同学少年到今天的白发耄耋,数不清的法律人在这里奉献自己的青春,燃烧共同的理想。明法律之真谛,持天平之公正,思明法官的故事在民间久久传唱。

岁月如霜,带走了老照片上鲜艳的色彩,带走了奖状奖杯上激动的温度,但带不走一代又一代思明法院人对于法律的执着和信仰。思法先行,建一流法院;公信为民,创一流业绩。这种精神镌刻在三区法院发展的每一个章节中,凝固在如版画般坚硬的历史记录中,流淌在每一个思明法院法官的血液中,如薪火相传,生生不息。思明法院,由此获得了永不枯竭的力量。

看!办公大楼里灯火通明,余温未退,那是思明法官在挥洒汗水,加班工作,是这种力量,点燃了火红的光荣榜,让你的名字在特区基层法院的行列里绽放光芒;

听!审判法庭里法槌声声,尘埃落定,那是思明法官在运用智慧,定分止争,是这种力量,扬起了创新的旗帜,让你的脚步在司法改革的道路上坦坦荡荡。

然而,从历史的一叶标本中,从当年的一纸审判文书中,从一串串枯燥的统计数字中,从

① 郑腾川,原思明法院干警,本文作于2010年思明法院院史展览馆筹建之际。

老院长悠远的记忆中，我们又能体会到前人的多少辛酸，多少感慨，多少冀望？侧耳倾听，我们是否能听到旧日屋檐下的滴水声，听到法院重建后礼堂里的掌声，听到“全国第一槌”敲下时的余响？回首向来萧瑟处，也无风雨也无晴。时间剥离了太多往事的皮肉，过滤掉太多感人的细节，只留下一种气质，一种理念，一种灵魂。而只有怀着对这种灵魂的敬畏，我们才能更坚定地相信未来，我们才能更勇敢地走向未来。

2010年，我们站在一个继往开来的节点上。在经历了收结案双双井喷的磨砺后，中央政法委提出的“三项重点工作”对我们发出了新的召唤。潮平两岸阔，风正一帆悬。新世纪的号角已经吹响，面对更加繁重的审判任务，更加艰巨的维稳形势，思明法院人正信心百倍，斗志昂扬，以扎实的工作、出色的业绩，把握时代机遇，迎接新的挑战，为思明更加安定、和谐、美好的明天而努力奋斗。今天，我们面朝光荣和梦想迈出了一大步；明天，我们将托起新一轮鲜红夺目的太阳！

天平守护下的流金岁月

——学习思明法院院史心得体会

张颖[①]

历史的风，吹翻起五十多年前的那一页。当一个年逾古稀的老人，坐在那里，回想过往，我能想到的，只是岁月的打捞和沉淀。

时光来到了1957年。思明法院正式改建，“危楼高三尺，头可撞屋檐”，这是当时法院办公条件的真实写照。在这些简陋的房子里，记录着思明法律人对法治的热情和追求，记录着他们在法律的世界自由搏击的闯劲。时过境迁，这份陋室初逢的记忆，早已嵌入他们的心底。

时光来到了1966年。“文化大革命”的爆发使得审判工作一度中断。思明法律人历经风雨、饱尝艰辛，尽管太多的苦涩融进了昨日的犁铧，太多的无奈写在他们脸上，思明法律人还是选择了雄心勃勃、矢志不移。

时光来到了1972年。法院各项工作开始恢复，信访接待室、审判监督庭、立案庭等开始建立，审判工作逐步走向正轨。思明法律人精心磨砺，摆脱往日的阴影，仿若出鞘的宝剑，重新踏上了法治的征程。

时光来到了1999年。“优秀青少年维权岗”“党员电教播放先进单位”“公正文明窗口”，各项荣誉纷至沓来，却没有阻止思明法律人前进的步伐。法袍、徽章、法槌，积淀了思明法律人的智慧和创新；电子法庭、维军合议庭、青少年维权岗，记录了思明法律人的改革和磨砺。

时光来到了2003年。三区合并，新办公楼开始建设，思明法律人顶着“全国模范法院”

---

① 张颖，思明法院法官。

的头衔，踏上了新的征程。领导视察，同行交流，思明法律人接受一次又一次的检阅，立志用一颗不断改革创新的心，成为法治进程中搏击风浪的勇士。

时光来到了 2010 年。窗明几净的办公环境，干警接待群众的真诚笑容、一项项便民为民的司法活动，在这里，人民群众感受到快捷的法律服务和公正的司法形象。德正而能载誉，誉盛则事业兴。如今的思明法院，有“人民满意的好法官”、有“全国先进工作者”、有“劳动模范”、有各个审判领域的先进集体。思明法律人在法治的征程中，迎着阳光，勇敢的追求心中的梦想。

时光淌过岁月的河。几经迁址、几经沉浮，在 50 多年的时光中只是沧海一粟。这 50 多年风雨走过的路，斩过的荆棘，已不计其数。在一次次困难和挫折面前，思明法律人选择了坚强和忍耐，用奋斗和执着交上了一份满意的答卷。从这位老人口中，我们感受到了法治进程的坎坷和艰辛，也感受到了成长的喜悦和破茧成蝶的美丽。无数人的名字，无数个难忘的影像，都将成为我们心底不朽的珍藏，他们每个人的名字，都将和思明一同闪光。

在思明法院这个集体，我只走过短短一年的历程，可我常常会心生自豪。后来我才明白，在每个思明法律人的心中，都深藏一个有关天平的梦想。天平的支点永远是正义，是忠诚，是为人民服务。

夜寒不减元始意，薪薄毋敢法外情。很多年后，当我们都已白发苍苍，遥想这段岁月，想到的，不是惊天动地、轰轰烈烈之壮举，不是信誓旦旦、口若悬河之豪言，而是法治信念的执着和追求下，百姓的笑脸，群众的口碑。

只为那一抹绚丽

林鸿[①]

曾经，我习惯于流连在美丽的大学课堂，侧耳聆听法学大家们的真知灼见。大师们娓娓道来的法的精髓，让我陶醉其中；法律大厦的神圣和荣光，让我悠然神往。从那时起，成为一名令人骄傲的“法律帝国的王侯”已默默地在我心底烙下了痕迹。

时光转逝如流水，告别了萌发青春梦想和憧憬的大学生活，我如愿以偿地来到了思明法院，成为一名书记员。没有妙语连珠、针尖麦芒的控辩双方的巅峰对决，没有一笔断生死、一字定输赢的壮志豪情，有的只是高过人头的卷宗、总是开不完的庭审，还有当事人喋喋不休的诉说。曾经以为自己满腹经纶，引经据典明断是非易如反掌；曾经以为自己胸有成竹，谈笑间便可化干戈为玉帛。面对如山的卷宗，面对连轴开庭，一时间，多少激情无由熄灭，多少雄心扼腕而折，留下的只是些许无奈、些许迷惘、些许失落、些许不甘。

偶有闲暇，总爱推开老法院办公室的窗，倾听海浪鼓涛的闽南神韵，遥望郁郁葱葱的万石山麓，寄情山水，心里便莫名地轻松下来。也许，山仍是那座山，水仍是那些水，变化的只

① 林鸿，思明法院法官。

是我们的心境，浮躁的只是我们的心欲。

告别了滨海幽静的民族路办公楼，来到了车水马龙的湖滨南。一静一动之间，让我有种难以适应的落差。

总爱漫步在斜阳里，看日出日落，看云卷云舒。一日，不经意间，看到斜阳夕晖照射在雄伟壮观的法院大楼，仿佛给大楼抹上了一层绚丽而神圣的金光！我不由地呆住了，看着脉脉斜阳，看着闪闪国徽，看着红旗招展，看着大楼巍巍，心里升起由衷的自豪！这就是思明法院，这就是我的家！这里是裁判是非、分清黑白的司法审判所，这里是定分止争、化解民怨的法律防线，这里还是群众安居乐业、和谐稳定的司法服务站，这里更是弘扬法治文明的神圣课堂！

看着审判长在法庭上庄严宣读法律文书，看着台下当事人如释重负的解脱和满意；看着一对对怨偶在法官的调解下破镜重圆，重归于好；看着一个个曾经的亲密朋友、今天的原被告一笑泯恩仇……我明白了：法律，也许并不仅仅是高高在上、空洞无味的条文，它更是根植在群众之间的需求和评判。也许，这只是一句小小口角引发的争斗，也许这只是邻居空调排水的家庭琐事，也许这只是一张几百元的借据，但同样需要我们以十二分的耐心倾听、十二分的用心劝说、十二分的细心讲理。群众之事无小事，司法的最高境界便是“无讼”。在运用法律、服务群众的过程中，就是我们青春绽放热情、体现自我的过程。

原来，法律如此简单——只为那一抹绚丽永不褪色！

思法心路

简振环[①]

幼时疯狂盼望长大后能成为一名将军，横刀立马，威风凛凛，除暴安良，保家卫国，估摸这也是那个年代里大多数男孩子们的梦想。那时如果身边有人说自己长大想成为法官，应该会被当作火星人的。绿色军营梦一直陪伴我成长，直到戴上那一方重重的眼镜，梦才无奈碎了一地。大学本科攻读经济类专业，在挥霍青春的间隙，亦曾幻想毕业后在风险重重的商战场上，纵横开阖，进退自如，谈笑间，千金散尽还复来。毕业季，怀揣对无知的恐惧，对未来的迷茫，懵懵懂懂，半推半就，投身浩浩荡荡的考研大军，又在那令人眼花缭乱的专业目录中，鬼使神差地选择了法学。多年以后，每念及此，不免感叹，如此兜兜转转，乱花渐欲迷人眼时，却豁然开朗，得以缘法而行，虽是偶然，却也必然。

读研首课，授课老师援引《旧唐书》记载的一句话“南山或可改移，此判终无摇动”来描述法律之尊严。短短十二字，字里行间却铿锵有力，震撼人心。那时每念及此，总是让书生意气的我热血沸腾，豪情满怀，更让我对法律产生了一种足以撼动灵魂的敬畏和尊崇，一种近乎顶礼膜拜的向往和追求。现在回头想想，缘法之路，或始于此。

① 简振环，思明法院法官。

彼时在我眼里,法官头顶星空,脚踏实地,品行高洁,襟怀坦荡,如皓月皎洁,似星辰浩瀚;法官学识渊博,思维敏锐,察言观色,见微知著,析万物之理,判天地之美;法官傲骨铮铮,铁面无私,不畏强权,惩恶扬善,千头万绪间,理家长里短,众说纷纭里,评是非曲直;法官手持法槌,不怒而威,以公平为盾,让黑暗和罪恶望而却步,以正义为矛,让阴谋与谎言无所遁形……那时,我总在想,如果能成为一名法官,那该多好。

都说理想丰满,现实骨感,待真正进入思明法院,始知如是。我慢慢开始真正了解,进而理解这个职业和岗位。做一名法官难,做一名基层法院的法官更难,做一名合格的思明法院的法官尤为不易。酸甜苦辣个中滋味,只有为法官者自己才能体会。

很多时候,人们只看到一份份裁判文书,文采斐然,字字珠玑,法理兼备,掷地有声,让人心悦诚服,却不知道字里行间经过多少遍的思索、推敲、探和淬炼;人们只看到调解室矛盾双方深锁的眉头渐渐放宽,干戈成玉帛,却不知道那一句"我同意"背后,法官如何晓理动情,煞费苦心;人们只看到申请人在领取执行款时的欣喜欲狂,却没有看到法官如释重负的神情背后藏着怎样的疲惫,事了拂衣去,深藏功与名;人们只看到法官庭上身着法袍,挥舞法槌,居中裁判,超然物外,却没有看到他们下班回家依旧要面对为人父母、子女沉重的家庭责任,是与普通人一样的生活压力……

也是真正进入思明法院之后,我更能深刻体会一名精英法官应有之义。在这里,每一名思法人都无一例外地用他们的言行举止、人格魅力以及精神力量,诠释着法官本色。思法人心间充满昂扬之气,眼中无视特权,臂膀扶弱助危,两袖一片清风。思法人架起法律的天平,挥舞道德的圣器,让公平与正义镌刻在公众心间,让良知和美德传遍社会角落;思法人巧理千家事,温暖万人心,从细微处显正义,于点滴间见公平;思法人以智慧为笔,描绘了一幅幅波澜壮阔的法治画卷,思想的火花在思法论坛碰撞,无讼的种子在辖区生根发芽,法制历史长河在体验基地内流淌……众多亮点,交相辉映,共筑五型法院新辉煌。能成为这个集体中的一员,何其有幸,与有荣焉。

我们是法官,也是凡人。我们有血有肉,有情有义,有喜怒哀乐,我们会因为当事人的不幸而悲悯,会因为当事人的狡诈而愤懑,会为案件皆大欢喜的最终调解而欣慰,会因为当事人莫名的误解和辱骂而委屈。我们会为工资卡里突然多了几百块钱而欢呼雀跃,也会为每个月还完房贷时的拮据而垂头丧气,会为家里的柴米油盐零碎琐事而心烦意乱,会因同学聚会上感受的落差而彷徨和迷惘……但是,只要走进这庄严的审判大楼,只要着上这袭制服与法袍,我们始终勤勉尽责,从未懈怠,因为我们深知,我们的每一分努力,于社会法治的进程而言,可能如水滴于大海般不足道,但是没有不计其数的水滴,哪得奔流之水。我们努力使所对待的每一位公民获得公平和正义,将是整个社会公平和正义的每一寸基石。

在源法而行的路途上,也许认真太累,孤独太苦,既没激扬文字,指点江山的那一份洒脱,也没有心游万仞,悠然南山的那一份飘逸,既没有谈笑有鸿儒,往来无白丁的那一份雅致,也没有大展宏图,闻达于诸侯的那一份尊荣……即便是这样,我们依然无怨无悔,心甘情愿成为漫漫法律路上一名卑微的朝圣者,远离繁华世界的喧嚣和浮躁,矢志一生,与法同行,手握规矩,心存方圆,安贫乐道,痴心不改。

最后,借用一位资深法官的文字作为结语以明志:

为了提笔之间,心平如水,一份判词似流水般顺畅透明;

为了结案之时,如释重负,一种心情似行云般舒展坦荡;

为了宣判之际,胸间正气浩然,掷地有声的分量落在当事人心头,暮鼓晨钟的悠远留给旁听者思索。[①]

我愿意,乐意,也执意成为一名普通的法官。

① 周瑞春:《判重南山——法官思维札记》,法律出版社2009年版,第128页。

思明法院

历年理论成果名录

（部分）

1994年

徐美玲:《建立专门适用于未成年犯的非监禁性处罚制度的思考》,1994年6月获福建省法院系统第六届学术讨论会二等奖,1994年9月获全国法院系统第六届学术讨论会三等奖。

1995年

徐美玲:《完善未成年人刑法保护体系构想》,1995年11月获全国法院系统第七届学术讨论会三等奖。

1996年

江玉华:《刑事诉讼证据制度探析》,载《福建审判》1996年第5、6期。

1997年

徐美玲:《浅议"混合型"刑事审判模式中法官角色塑造与能力的培养》,1997年8月获全省法院系统第九届学术讨论会二等奖。

江玉华:《刑事公诉案件被害人参加诉讼的立法及实务》,1997年8月获全国法院系统第九届学术研讨会二等奖,入选人民法院出版社《贯彻刑法、刑事诉讼法难点研究》一书。

2000年

徐美玲:《〔1999〕开刑初字第484号陈良平盗窃案一审刑事判决书》,于2000年6月获福建省法院系统刑事裁判文书评比一等奖,于2001年6月被评为全国法院优秀刑事裁判文书。

2002年

江玉华:《该案,法院应否受理》,载《福建审判》2002年第5期,同时收录《厦门审判研讨》2002年第5期。

2004年

江玉华:《被告人钟莺锋伪造印章案》,载《刑法案例精解》2004年11月。

江玉华:《被告人王义等人组织卖淫、协助组织卖淫、非法买卖、持有枪支案》,载《刑法案例精解》2004年11月。

2005 年

陈穆峰:《关于建立公平合理的法院绩效考评机制的调研报告》,载最高人民法院《法院调研与司法统计》2005 年第 17 期。

2006 年

徐美玲:《提高法官素质确保司法公正》,该文于 2006 年 10 月获全市法院社会主义法治理念研讨论文二等奖;于 2007 年 1 月获厦门市"社会主义法治理念"征文三等奖。

2007 年

民一庭、研究室课题组(张嵘、赖华平、陈永华):《医疗纠纷法律适用若干问题的调研》,2007 年省法院重点课题。

白良德:《怡和大厦业主委员会诉海谊楼宇公司物业合同案》,载《中国审判案例要览》2007 年卷。

戴卫真:《厦门美奂公司诉欲望都市餐饮公司案》,载《中国审判案例要览》2007 年卷。

李辉东、林伟斌:《林群英诉厦门大学博士生招录案》,载《中国审判案例要览》2007 年卷。

彭朝辉:《戴真真诉陈志坚、证券公司代理权案》,载《中国审判案例要览》2007 年卷。

李莹:《夫妻债务法律问题研究》,载《法制与社会》2007 年第 12 期。

李辉东:《我国行政审判体制的反思与重构》,载《司法改革论评》第 8 辑。

刘德芬:《关于多元化调解纠纷的调研与思考》,载《省院法院调研》。

刘德芬:《王林与光极光电公司等解散公司纠纷》,载《省院法院审判案例》。

刘丽碧:《车辆转让之后,批改之前发生保险事故,保险公司是否应当理赔——李金水与大众保险股份有限公司福州分公司厦门营销服务部保险合同纠纷案》,载《保险法典型案例精解》2007 年。

2008 年

郑文雅:《未成年人侵权相关问题探析》,载《福建审判》2008 年第 6 期。

赖华平:《论"三元结构模式"视野下的刑事被害人地位的反思与重构》,载《东南司法评论》2008 年卷。

刘德芬:《谈我国司法公信力的提升》,载《福建审判》2008 年第 6 期。

戴卫真:《叶思源诉厦门华龙兴业房地产开发有限公司盈余分配权纠纷案》,载《中国审判案例要览》2008 年卷。

李辉东、林伟斌:《林群英诉厦门大学博士生招录案》,载《人民法院案例选》2008 年卷。

董琪璞、刘静媛:《林通武盗窃案》,载《中国审判案例要览》2008 年卷。

江玉华:《自始的中立——论预断排除规则》,法院系统第二十届学术讨论会省级二等奖,并收录于《厦门审判研讨》2008 年增刊。

2009 年

刘丽碧:《如何妥善处理非婚生子女与父母、祖父母的抚养争议——张小与张某某等人抚养纠纷案》,载《婚姻家庭法:案例评析与问题研究》。

刘丽碧:《如何确认子女直接抚养权和探望权的归属——刘某与黄某离婚案》,载《婚姻家庭法:案例评析与问题研究》。

李辉东:《陈某诉思明区工商局行政处罚案评析——经验性不确定法律概念的理解与判断》,载《东南司法评论》2009 年卷。

刘德芬:《厦门王者机械有限公司诉黄文庆等公司知情权纠纷案》,载《福建审判》2009 年第 1 期。

刘德芬:《多元化调解机制的再思考》,载《福建法学》2009 年第 2 期。

董琪璞:《林通武盗窃案》,载《人民法院案例选(月版)》2009 年第 7 辑。

彭朝辉:《同一劳动者与不同用人单位劳动法律关系与责任的认定》,载《人民法院案例选(月版)》2009 年第 8 辑。

戴建平:《刘艳等诉郑文辉人身损害赔偿纠纷案》,载《人民法院案例选》2009 年卷。

黄志雄、李缘缘:《王亦强与厦门新为天食品工业有限公司房屋买卖案》,载《人民法院案例选》2009 年卷。

李莹:《杨晓燕诉厦门市银鼎岩物业管理有限公司损害赔偿纠纷案》,载《人民法院案例选》2009 年第 3 辑。

彭朝辉:《张燕诉中国人民解放军南京军区厦门招待所劳动争议案》,载《人民法院案例选》2009 年第 3 辑。

李莹:《郑建兵诉台湾春桥田股份有限公司、台湾春桥田股份有限公司驻厦门代表处劳动争议案》,载《人民法院案例选》2009 年第 3 辑。

阎彤:《林玉暖诉张建保等人身损害赔偿纠纷案》,载《人民法院案例选》2009 年第 4 辑。

黄素萍:《厦门日报社诉厦门市音乐风文化休闲有限公司、厦门大鼎餐饮有限公司、厦门海谊楼宇经营管理有限公司返还代垫款纠纷案》,载《人民法院案例选》2009 年第 4 辑。

彭朝辉:《陈显希诉陈桂虹、厦门新强贸易有限公司不当得利纠纷案》,载《人民法院案例选》2009 年第 4 辑。

林芳:《厦门特贸有限公司诉苏山良公司清算纠纷案》,载《人民法院案例选》2009 年第 4 辑。

章水仙:《王明火诉中国平安财产保险股份有限公司厦门分公司保险合同纠纷案》,载《人民法院案例选》2009 年第 4 辑。

蔡跃堂:《劳动合同法背景下用人单位对策及其评价》,载《亚洲(澳门)国际公开大学学报》2009 年第 2 期。

2010 年

戴建平:《成年子女不得强迫父母接受探望》,载《人民司法》(案例)2010 年第 24 期。

李辉东:《论我国行政诉讼和解制度之构建》,载《司法改革评论》第 12 辑。

彭朝辉:《郑红英诉林秀琴等人身损害赔偿案》,载《人民法院案例选》2010 年第 1 辑。

王及:《厦门市商业银行股份有限公司诉中华联合财产保险公司厦门中心支公司保证保险合同纠纷案》,载《人民法院案例选》2010 年第 1 辑。

赖华平:《王齐双诉厦门市社会保险管理中心履行法定职责案》,载《人民法院案例选》2010 年第 1 辑。

王及:《厦门兴宁土包装设备有限公司诉厦门蒙特实业有限公司及东亚银行(中国)有限公司厦门分行票据追索权纠纷案》,载《人民法院案例选》2010 年第 2 辑。

王及:《厦门市商业银行股份有限公司诉中华联合财产保险公司厦门中心支公司保证保险合同纠纷案》,载《人民法院案例选》2010 年第 2 辑。

林芳:《曾文泉、曾建华诉厦门市信诺立电子有限公司、李淑英、曾庆荣等股权转让纠纷案》,载《人民法院案例选》2010 年第 2 辑。

许晓琳:《厦门海斯达医院投资管理有限公司诉陈红莲股东出资案》,载《人民法院案例选》2010 年第 4 辑。

江玉华、许友滨:《肖智敏犯信用卡诈骗罪》,载《人民法院案例选》2010 年第 4 辑。

王叶萍:《嘉诚(厦门)工业公司不服厦门市劳动和社会保障局社会保障行政确认》,载《人民法院案例选》2010 年第 3 辑。

彭朝辉:《陈小菲诉象屿集团房屋买卖合同案》,载《人民法院案例选》2010 年第 3 辑。

林月蓉:《杨颖与杨东方委托理财合同纠纷》,载《人民法院案例选》2010 年第 3 辑。

郑志勇、方晋晔:《林瑞太合同诈骗案》,载《中国审判案例要览》2010 年刑事卷。

陈静颖、陈锦璇:《"一元消费餐具"是可忍,孰不可忍?》,载《中国审判》2010 年第 4 期。

刘德芬:《海峡两岸民商事司法协助研究》,载《福建审判》2010 年第 1 期。

蔡晓文、赖华平:《试论物业服务纠纷中物业服务瑕疵认定与责任承担》,载《福建审判》2010 年第 3 期。

洪志坚:《思明区人民法院能动司法的实践与探索》,载《中国审判》2010 年第 8 期。

江玉华:《肖智敏信用卡诈骗案》,载《福建审判参阅案例》2010 年第 1 期。

刘德芬:《北京天下纵横广告有限公司诉厦门广播电视集团侵犯著作财产权纠纷案》,载《福建审判参阅案例》2010 年第 10 期。

刘丽碧:《李金水诉大众保险股份有限公司福州分公司厦门营销服部车辆保险合同纠纷案》,载《福建审判参阅案例》2010 年第 13 期。

杨邑新:《李文娟诉张东明、中国人民财产保险股份有限公司泉州市分公司道路交通事故人身损害赔偿纠纷案》,载《福建审判参阅案例》2010 年第 14 期。

谌福荣等二人:《逮捕证明标准及审查逮捕环节证据的审查判断》,载《福建监察》2010 年第 6 期。

2011 年

陈静颖:《责己型诉讼的可受理性及裁判问题探讨》,载《人民司法》(应用)2011 年第15 期。

谢露茵、李云:《论“诉权型再审”视野下民事再审程序的反思和重构》,该文获“中国审判理论研究会审判监督理论专业委员会第二届年会三等奖”。

刘德芬、吴夏青:《海峡两岸影视作品著作权协作保护探析》,载《海峡两岸司法实务研讨会论文汇编(下)》。

曾臻等二人:《海峡两岸司法互助的现状与建议——以厦门法院的互助实践为例》,载《海峡两岸司法实务研讨会论文汇编(下)》。

黄南清:《简论诉讼调解中的“事实”问题——以诉讼调解和裁判的比较为基线》,法院系统第二十三界学术讨论会国家级三等奖。

王叶萍:《庄惠珍诉厦门市人事局人事行政确认案》,载《人民法院案例选》2011 年第1 辑。

王叶萍、谢露茵:《厦门朝日教育培训中心不服市公安局思明分局行政处罚决定案》,载《人民法院案例选》2011 年第 4 辑。

朱晨、陈静颖:《沈早水与福建省烟草公司厦门市公司财产损害赔偿纠纷案》,载《人民法院案例选》2011 年第 3 辑。

林美:《志逸四海诉厦门市思明区国家税务局税务行政处罚案》,载《人民法院案例选》2011 年第 2 辑。

赖华平、林鸿:《司法给力,助推海西经济发展》,载《中国审判》2011 年第 1 期。

林伟斌、刘亚乐:《原告陈辉煌与被告厦门市国土资源与房产管理局信息公开案》,载《法院调研内参・参阅案例专刊》2011 年第 10 期。

王及:《雇员忠诚保险的范围与期间》,载《人民司法》(案例)2011 年第 2 期。

戴建平:《见死不救违反先合同义务的责任承担》,载《人民司法》(案例)2011 年第 22 期。

戴建平:《王宝珍等与厦门公交集团开元公交公司城市公交运输合同纠纷案》,载《福建审判》2011 年第 6 期。

江玉华、许友滨:《肖智敏信用开诈骗案》,载《中国审判案例要览》2011 年刑事卷。

刘德芬:《上海激动网络有限公司诉厦门市海阔天空科技有限公司著作权案》,载《中国审判案例要览》2011 年卷。

李尘,《林良才诉杨军等人道路交通事故人身损害赔偿案》,载《中国审判案例要览》2011年卷。

戴建平:《王宝珍诉厦门公交集团开元公共交通有限公司城市公交运输合同案》,载《中国审判案例要览》2011 年卷。

彭朝辉、黄素梅陈冬春诉吴志刚房屋买卖合同案》,载《中国审判案例要览》2011 年卷。

张卫华:《纪玉美诉厦门翔安新城投资开发有限公司房屋买卖合同案》,载《中国审判案例要览》2011 年卷。

谢露茵、王叶萍:《厦门朝日教育培训中心不服厦门市公安局思明分局行政处罚决定案》,载《中国审判案例要览》2011 年卷。

郑志勇、方晋晔:《丁柏浪放火案》,载《中国审判案例要览》2011 年卷。

郑志勇、方晋晔:《薛京京等盗窃案》,载《中国审判案例要览》2011 年卷。

王叶萍:《庄惠珍不服厦门市人事局人事行政确认案》,载《中国审判案例要览》2011 年卷。

2012 年

朱晨:《米桂芝等诉厦门市第一医院医疗损害赔偿纠纷案》,载《人民法院案例选》2012 年第 2 辑。

章水仙、陈静颖:《宗德锋诉厦门成世网络有限公司、厦门万商盛世网络有限公司》,载《法院调研内参·参阅案例专刊》2012 年第 9 期。

李云:《郑庆全诉王文虎等民间借贷案——讼争借款和豪德石材公司与融泰担保公司的债权债务是否具有关联性》,载《中国法院年度案例》2012 年卷。

李云:《李树新诉林火生等民间借贷案——民办私立学校的主体资格及其提供的担保效力问题》,载《中国法院年度案例》2012 年卷。

吴宇昌:《"社区治理软法化"趋势中的能动司法及其路径探析—以厦门法院"无讼社区"为例》,该文获"联合基层组织预防化解涉诉矛盾纠纷机制的探索和实践"研讨会征文优秀奖。

薛琳菁:《司法裁判吸纳公众意见的路径规制》,该文获"联合基层组织预防化解涉诉矛盾纠纷机制的探索和实践"研讨会征文优秀奖。

李吟:《刑诉法修正后未成年人犯罪记录封存制度构建问题研究》,法院系统第二十四届学术讨论会国家级三等奖。

刘远萍:《"无讼社区":纠纷解决的新方向》,2012 年《中国审判》"司法的社会责任"理论研讨会优秀论文。

洪志坚:《坚持文化兴院,积极打造"五个一"为核心的思明法院文化体系》,载《福建审判》2012 年第 5 期。

张晴:《管窥知识产权刑事案件"先行和解"的制度构建》,该文获"第七届中国法学青年论坛"三等奖。

张希华:《"大调解"格局中的衔接机制探析》,该文获"第七届中国法学青年论坛"三等奖。

洪志坚:《海峡两岸金融司法合作的基点与路径选择》,该文获"第七届中国·泛珠三角合作与发展法治论坛"优秀奖。

戴卫真:《原告吴宪与被告厦门旅游集团国际旅行社有限公司、第三人太平财产保险有限公司厦门分公司旅游合同纠纷》,获"全国法院两评查活动先进单位和优秀庭审、优秀裁判文书评选"优秀裁判文书。

赖华平:《厦门市瑞隆建材有限公司与泉州祥恒建筑工程有限公司、黄健》,载《人民法院案例选》2012 年第 3 辑。

张晴:《诉与非诉的灵动——以 Logit 二元选择模型的主动引导为视角》,载《司法研究》2012 年第 3 卷。

林月蓉:《洪细妹诉庞中泰保证合同案》,载《中国法院年度案例》2012 年卷。

戴卫真:《敖占柱诉厦门泰成集团有限公司等买卖合同案》,载《中国法院年度案例》2012 年卷。

刘丽碧:《黄聿春诉厦门市宝奇进出口有限公司股东资格》,载《中国法院年度案例》2012 年卷。

刘丽碧:《杨宝穗诉张金山股权转让案》,载《中国法院年度案例》2012 年卷。

许晓琳:《厦门市理扬消防公司诉南京消防公司买卖合同》,载《中国法院年度案例》2012 年卷。

刘德芬:《林向荣等销售假冒注册商标的商品案》,该案例入选最高人民检察院发布的 2012 年打击侵犯知识产权犯罪十大典型案例。

李云:《"诉权型再审"视野下民事再审程序的反思与重构》,载《审判研究》2012 年第 1 期。

2013 年

傅远平:《论涉台民事诉讼文书送达制度之完善》(合著),载《2013 海峡两岸司法实务研讨会论文汇编(上)》。

王昕:《公益诉讼视角下证券民事赔偿诉讼制度的完善》,载《福建省法学会诉讼法学研究会年会暨"诉讼法修改与程序正义"研讨会论文汇编》2013 年 3 月。

洪志坚:《协同治理视域下法院的社会管理创新范式》,载《司法改革论评》2013 年第 16 辑。

张嵘:《通往和谐之路——"无讼社区"的三重解读》,载《司法改革论评》2013 年第 16 辑。

郭国超:《一个基层法官的"无讼社区"实践事例》,载《司法改革论评》2013 年第 16 辑。

何锋:《关于最低刑事责任年龄的反思与重构》,载《法院调研内参》2013 年 5 月 26 日总第 190 期。

赵国军:《当事人意思自治视域下民事执行和解制度探究》,载《法院调研内参》2013 年 5 月。

刘远萍:《法治进程中法院的角色定位》,载《司法改革论评》2013 年第 16 辑。

张颖:《浅谈司法公信视角下"虚假调解"规制机制的构建》,该文获"第八届中国法学青年论坛"优秀奖。

张晴:《司法公正的测度和提升路径探究——以某法院为样本的实证分析第二届执法公信力论坛》,该文获"司法权的监督制约机制"主题征文优秀奖,2013 年 7 月。

张晴、冯冰洁:《关于均衡结案问题的调研报告——以厦门市两级法院为样本的实证分析》,载《福建审判》2013 年第 2 期。

张晴、冯冰洁:《厦门市思明区人民法院 2009—2012 年旅游案件统计分析》,载《法院调研内参》2013 年 8 月 31 日。

李少锋:《专利申请中遗传资源来源披露制度的内涵》,载《南华大学学报》2013 年第 2 期。

立案庭、民二庭(执笔人:邱福香、李吟,成员:黄素萍、戴卫真):《民事送达问题及对策的研究》,载《司法改革论评》2013 年 3 月。

彭朝辉:《郭志坚诉厦门福达地产投资有限公司买卖合同纠纷案》,载《人民法院案例选》2013 年第 1 辑。

郭泽喆:《文化、成本、自治:三种传统下"无讼社区"的创建路径》,载《东南司法评论》2013 年卷。

李吟:《未成年人犯罪记录封存制度之探讨》,载《东南司法评论》2013 年卷。

刘远萍:《论司法公正与司法资源配置——以诉讼当事人为视角》,该文获 2013 年"第八届中国法学青年论坛"三等奖。

张嵘、李少锋:《从程序的功能定位审视民事二审的审查范围》,载《东南司法评论》2013 年卷。

刘丽碧:《非上市股份公司股权专人是否要在特定的场所进行?——杨宝穗诉张金山、第三人黄丽君股权转让纠纷案》,载《公司诉讼指导案例评选》。

刘丽碧:《股权确定能否依据其签订的"投资分红协议"认定?——黄聿春诉厦门宝奇出口有限公司、第三人黄式城股东资格确认纠纷案》,载《公司诉讼指导案例评选》。

李云:《苏燕芬诉李明星股东出资纠纷案——股东瑕疵出资责任承担要件的认定》,载《人民法院案例选》2013 年第 2 辑。

立案庭(蔡晓文、黄素萍、李云、曾臻、方晋晔、李吟):《民事小额诉讼程序的适用于完善——以思明法院小额诉裁试点工作为研究样本》,载《福建法学》2013 年第 2 期。

邱瑛:《房屋公共维修金诉求不适用诉讼时效——福建厦门中院判决厦门佰仕达物业公司诉王小华物业服务合同案》,载《人民法院报》2013 年 2 月 28 日第 6 版。

刘德芬:《林向荣等人销售假冒注册商标的商品罪》,载《法院调研内参(参阅案例专刊)》2013 年第 10 期。

黄南清:《流动人口缓刑适用的困境与对策》,载《南华大学学报》2013 年 3 月。

李云、方晋晔:《徘徊在监督与救济之间:司法公正与既判力之衡平——以完善案外人再审制度为视角》,载《司法研究》2013 年第 3 卷。

刘建发:《论抵押房产强制拍卖"除去"租赁权的法律适用》,法院系统第二十五届学术讨论会国家级一等奖。

欧阳群力、李少锋:《民事二审程序禁止不利益变更原则的司法适用——新〈民事诉讼法〉第 168 条的功能定位及内涵解读》,法院系统第二十五届学术讨论会国家级优秀奖。

魏松彬:《"权利互搏问题"裁判论纲——基于案外人执行异议案件的研究》,法院系统第二十五届学术讨论会国家级优秀奖。

张晴:《重构诉前实质调解的价值定位——以公正价值量为切入点》,该文获第八届中国法学家论坛"中国特色社会主义法治文化"主题征文活动优秀奖。

徐美玲、赵国军:《当事人意思自治视角下民事执行和解制度刍议》,该文获"第四届中国执行论坛”三等奖。

赵国军:《试析拒执罪“适用难”的困境与出路——以破解“执行难”为视角》,该文获“第四届中国执行论坛”三等奖。

刘建发、罗彬:《论抵押房产强制拍卖“除去”租赁权的法律适用》,该文获第“第四届中国执行论坛”优秀奖。

谢露茵:《没有赢家的博弈:浅析探视权纠纷处理》,载《华章》2014 年第 1 期。

陈靖:《陪审员选任制度的变异与矫正——以提升司法公信力为视角》,载《2013 海峡两岸司法实务研讨会论文汇编(上)》。

郭泽喆:《“无讼社区”:司法社会化的新尝试——以厦门市思明区的实践为例》,载《2013 海峡两岸司法实务研讨会论文汇编(上)》。

薛琳菁:《论先行调解制度的构建与完善研究》,载《2013 海峡两岸司法实务研讨会论文汇编(上)》。

方晋晔、李吟:《基层人民法院司法公信力缺失的原因及对策——以思明法院群众来电来访反映的问题为研究样本》,载《2013 海峡两岸司法实务研讨会论文汇编(下)》。

李少锋:《文化培植公信:海峡两岸构建公信型法治文化的目标与路径》,载《2013 海峡两岸司法实务研讨会论文汇编(下)》。

李云:《博弈、平衡与融合:行政侵权的国家赔偿与民事赔偿之责任竞合》,载《2013 海峡两岸司法实务研讨会论文汇编(下)》。

林鸿、赵国军:《教育公平视域下民办学校发展困境的法律思考——以义务教育阶段民办学校为分析中心》,载《福建省法学会民商法学研究会 2013 年年会暨未成年人权益民法保护研讨会论文集》。

王昕:《我国诉前调解存在问题及完善》,载《福建审判》2013 年第 6 期。

赵国军:《不敢为到不愿为:青少年学校法制教育应回归生命教育——以预防青少年犯罪为侧重点》,载《福建省法学会民商法学研究会 2013 年年会暨未成年人权益民法保护研讨会论文集》。

张颖:《浅谈司法公信视角下“虚假调解”规制机制构建》,2013 年第八届中国法学青年论坛优秀奖。

彭朝辉:《李丽卿与马晓虹房屋买卖合同纠纷案》,载《中国审判案例要览》2013 年卷。

陈彤、孙蕾:《曾毅贤、何文伟诉曾立伟房屋买卖合同案》,载《中国审判案例要览》2013 年卷。

王俭、孙旭东:《熊艳丽诉谢富等房产过户案》,载《中国审判案例要览》2013 年卷。

林鸿:《新形势下福建省涉台地方立法模式研究》,福建省法学会 2013 年度法学研究课题。

林鸿:《我省促进科技成果转化立法完善研究》,福建省软科学 2013 年度研究课题。

2014 年

傅远平:《一衣带水的司法互助与信任——以〈两岸共同打击犯罪及司法互助协议〉为视

角探析两岸人员遣返与罪犯移管问题》,载《2014年海峡两岸司法实务研讨会论文汇编》。

洪志坚:《以公开促进公正赢公正》,载《当代中国司法公开体系构建》2014年4月。

李云、方晋晔:《司法公正与既判力之平衡——以完善案外人申请再审制度为视角》,载《司法改革论评(17辑)》2014年4月。

林蕾:《博饼民俗商业化运作中的法律规制——解读一起博饼合同纠纷案》,载《司法改革论评(18辑)》2014年4月。

行政庭课题组:《关于行政诉讼简易程序试点运行情况的调研报告》,载《司法改革论评(19辑)》2014年4月。

林鸿:《海峡两岸第三人撤销之诉制度比较研究》,载《台湾法研究参考资料》2014年第2期。

李云:《股东瑕疵出资责任承担要件的认定》,载《审判监督指导》2013年第3期(总第45辑)。

刘亚乐:《厦门市思明区法院2012—2013年行政诉讼简易程序适用统计》,载《福建审判》2014年第2期。

林芳:《王全福、王桂英诉中国人民财产保险股份有限公司厦门市分公司保险合同案》,载《中国法院年度案例》2014年卷。

戴卫真、刘远萍:《林惠玉等诉中国人民财产保险股份有限公司厦门市分公司等保险合同案》,载《中国法院年度案例》2014年卷。

曾燕珍:《厦门松翔物流有限责任公司诉中国平安财产保险股份有限公司厦门分公司保险合同案》,载《中国法院年度案例》2014年卷。

曾燕珍:《厦门市亚马迅餐饮有限公司厦禾分店诉平安保险厦门分公司保险合同案》,载《中国法院年度案例》2014年卷。

王俭、孙旭东:《熊艳丽诉谢富、熊艳君房屋买卖合同案》,载《中国法院年度案例》2014年卷。

戴卫真、刘宪昌:《陈臻诉厦门市国记餐饮管理有限公司、厦门市国记大酒店有限公司国记酒家房屋买卖合同案》,载《中国法院年度案例》2014年卷。

林月蓉:《中大乐食品(厦门)有限公司诉杨铁鑓损害公司利益责任案》,载《中国法院年度案例》2014年卷。

李莹:《李素华诉吴霜威等清算责任案》,载《中国法院年度案例》2014年卷。

李莹、杨绿芳:《金杨旭诉厦门维奕网络技术有限公司等与公司有关的纠纷案》,载《中国法院年度案例》2014年卷。

王叶萍:《王亮诉厦门市人力资源和社会保障局社会保障行政确认案》,载《中国法院年度案例》2014年卷。

王叶萍:《吴金玉诉厦门市人力资源和社会保障局社会保障行政决定案》,载《中国法院年度案例》2014年卷。

王叶萍、胡婷婷:《厦门海新锡工贸有限公司诉厦门市人力资源和社会保障局社会保障行政确认案》,载《中国法院年度案例》2014年卷。

谌福荣:《蒋树诉厦门市公安局思明分局行政赔偿案》,载《中国法院年度案例》2014

年卷。

彭朝辉、黄素梅:《颜建军诉厦门市公房管理中心租赁合同案》,载《中国法院年度案例》2014年卷。

曾臻:《厦门欧鹭物业管理有限公司诉厦门市建筑装饰公司物业服务合同案》,载《中国法院年度案例》2014年卷。

戴卫真、刘远萍:《吴宪诉厦门旅游集团国际旅行社有限公司旅游合同案》,载《中国法院年度案例》2014年卷。

刘宪昌:《黄某某诉楼某离婚案》,载《中国法院年度案例》2014年卷。

甘小明、张倩:《陈甲、刘乙诉武丁婚姻家庭案》,载《中国法院年度案例》2014年卷。

李云:《林雄诉刘存茂民间借贷案》,载《中国法院年度案例》2014年卷。

邱瑛、陈远治:《林秀贵诉招商银行股份有限公司厦门分行信用卡案》,载《中国法院年度案例》2014年卷。

朱晨:《厦门市思明区才久旺记炖品食府诉劳星会劳动争议案》,载《中国法院年度案例》2014年卷。

李莹:《厦门市辉远达工贸有限公司诉厦门峰石进出口有限公司、厦门市鼎森工贸有限公司买卖合同案》,载《中国法院年度案例》2014年卷。

李云、方晋晔:《池良星诉郑达军、林碧燕民间借贷案》,载《中国法院年度案例》2014年卷。

黄南清:《蔡清杰诉岳向阳、黄宝旗民间借贷案》,载《中国法院年度案例》2014年卷。

朱晨:《冯军诉厦门市聚德堂药业有限公司产品销售者责任案》,载《中国法院年度案例》2014年卷。

戴建平、刘宪昌:《陈某某诉厦门科技馆管理有限公司等教育机构责任案》,载《中国法院年度案例》2014年卷。

杨丽芬:《厦门市思明区教育局诉厦门育青旅行社追偿权案》,载《中国法院年度案例》2014年卷。

戴建平、刘宪昌:《张玉曲诉中国电信股份有限公司厦门分公司物件损害责任案》,载《中国法院年度案例》2014年卷。

吕云平、刘远萍:《王某诉颜某侵权责任案》,载《中国法院年度案例》2014年卷。

张朝禧、曹玲:《林某某诉陈明雪物权保护案》,载《中国法院年度案例》2014年卷。

李少锋:《专利申请中遗传资源来源披露要求的性质:形式要件或实质要件》,载《黑河学刊》2014年2月。

李缘缘:《试论我国大陆地区知识产权法院的设立——与台湾"智慧财产法院"之比较》,载《2014海峡两岸司法实务研讨会》2014年7月。

林鸿:《两岸执行救济的差异化探究》,载《台湾法研究参考资料》2014年第3期。

张晴:《诉与非诉的灵动——以logit二元选择模型的主动引导为视角》,载《司法研究》2012年第3卷。

曹玲:《实质合法性审查:行政司法审查必由之路——以行政合同为样本》,该文获2014年第九届中国法学青年论坛"国家治理现代化与行政诉讼"主题征文活动优秀奖。

许友滨、方晋晔:《基层人民法院刑事和解的实践与完善——以东南沿海 S 区人民法院近三年“刑事和解”工作为分析视角》,“中国调解高峰论坛”主题征文及典型事例,2014 年 10 月。

张晴:《诉前调解中评估和综合觉得的创设行引入》,“中国调解高峰论坛”主题征文及典型事例,2014 年 10 月。

张颖:《浅谈司法公信视角下“虚假调解”规制机制的构建》,“中国调解高峰论坛”主题征文及典型事例,2014 年 10 月。

曹玲:《在“尴尬”中寻求“出路”——浅析婚内侵权赔偿机制的构建》,福建省 2014 年“家庭建设与妇女发展”论文评选,2014 年 11 月。

林晞吟、王丽娟:《农村小产权买卖应恪守诚实信用原则》,载《人民司法》2014 年第 18 期。

林鸿:《浅议网络舆论与司法公正的冲突与平衡》,载《严格执法 公正司法 推进清廉中国建设理论研究》,经济出版社 2014 年版。

杨长平:《意见领袖:“无讼”的公关之钥》,载《严格执法 公正司法 推进清廉中国建设理论研究》,经济出版社 2014 年版。

杨长平:《调解工作中的“冲突管理”》,载《严格执法 公正司法 推进清廉中国建设理论研究》,经济出版社 2014 年版。

郭泽喆:《“无讼社区”:从纠纷多元化解》,载《严格执法 公正司法 推进清廉中国建设理论研究》,经济出版社 2015 年版。

陈静颖:《当事人之人民陪审程序选择权的价值透视与制度设计》,载《法治论坛》2014 年第 4 辑。

邱峰:《破坏生态文明建设刑事犯罪调查分析——以厦门市破坏环境资源保护刑事犯罪情况为视角》,载《福建省法学会刑法学研究会 2014 年学术年会论文》2014 年。

林鸿:《两岸执行救济的差异化探究》,载《福建省法学会涉台法律研究会 2014 年年会两岸关系发展的法治保障研究论文集》2014 年 12 月。

刘远萍:《实体与程序:遗漏当事人发回重审制度的重构——共同诉讼理论和实践再出发》,法院系统第二十六届学术讨论会国家级二等奖。

欧阳群力、李少锋:《必要限定与合理适用:保险人说明义务的效力认定与规则构造——〈保险法〉第 17 条在司法实务中的理解、适用与完善》,法院系统第二十六届学术讨论会国家级二等奖。

李云、方晋晔:《互补抑或相悖:案外人权利救济路径之厘清——第三人撤销之诉与再审制度的整合与重构》,法院系统第二十六届学术讨论会国家级二等奖。

罗彬、罗建发:《执行分配方案异议之诉中的虚假债权参与分配问题研究——以新民事诉讼法第三人撤销之诉为视角展开》,法院系统第二十六届学术讨论会国家级二等奖。

李云:《“终结本次执行程序”的困惑与出路:无财产执行积案退出机制之基层实践探索》,法院系统第二十六届学术讨论会国家级二等奖。

张晴:《前移、精细、评估:民事争点整理程序的三重路径》,法院系统第二十六届学术讨论会国家级优秀奖。

徐美玲、赵国军:《新三板股票司法变价实务研究》,法院系统第二十六届学术讨论会国家级优秀奖。

黄素萍:《物业纠纷诉调衔接机制》,该文获"中国调解高峰论坛"主题征文及典型事例最佳事例奖。

林晓翔:《论处理海上货物运输无单放货案件的若干问题》,载《法制与社会》2014 年第 4 期。

吴夏青:《唯一住房执行难的原因分析》,载《职工法律天地》2014 年第 9 期。

李欣:《谈民事执行对民事审判的纠正机制》,载《职工法律天地》2014 年第 10 期。

曾仁东:《两岸劳务派遣制度比较分析》,载《经济与社会》2014 年第 12 期。

曹玲:《在尴尬中寻求出路——浅析婚内侵权损害赔偿机制的构建》,载《家庭和谐、社会进步与性别平等》,2014 年社会科学文献出版社。

曾仁东:《论财产保全债权人的优先受偿权》,载《法制博览》2014 年第 11 期。

李辉东、李少锋:《经济特区立法存在的问题与完善思路》,载《闽粤宪法学年会》2014 年 12 月。

李莹:《万森公司诉林万年案》,载《中国审判要览》2014 年卷。

吕云平、王瑛:《许雪真、曾丽洁诉陈燕物权保护》,载《中国审判案例要览》2014 年卷。

林晞吟、王丽娟:《陈栋良诉李春生相邻关系案——小产权房买卖相关法律问题》,载《中国审判案例要览》2014 年卷。

陈毅燕、许友滨:《宋建萍玩忽职守案》,载《中国审判案例要览》2014 年卷。

陈毅燕、许友滨:《李晓文受贿案》,载《中国审判案例要览》2014 年卷。

胡婷婷、魏江:《厦门市菡菁大厦业主委员会诉厦门市思明区城市管理行政执法局不履行法定职责案》,载《中国审判案例要览》2014 年卷。

许晓琳:《卢云娟等非法行医案》,载《中国审判案例要览》2014 年卷。

2015 年

李欣:《关于超标执行的思考》,载《法治与社会》2015 年第 1 期。

吴夏青:《唯一住房的执行思路与操作模式探讨》,载《法治与社会》2015 年第 1 期。

陈远治:《浅析第三人执行异议之诉主观过错的认定》,载《法治与社会》2015 年第 2 期。

李缘缘:《张志乞假冒注册商标案》,载《省高院发布 11 件消费者权益保护典型案例》2015 年。

陈静颖:《当事人之人民陪审程序选择权的价值透视与制度设计》,载《福建审判》2014 年第 5 期。

曾争志:《原告王凤志不服被告厦门市工商行政管理局行政处罚决定一案》,载《2014 福建法院知识产权司法保护十大案例》2015 年。

李缘缘:《被告人萧宗华、陈月蕉销售假冒注册商标的商品罪一案》,载《2014 福建法院知识产权司法保护十大案例》2015 年。

倪宗泽:《吴国林等 6 人假冒注册商标案》,载《最高检察院发布保护知识产权十大案例》

2015 年。

陈惠英:《浅谈法院查封公示问题》,载《法学教育》2015 年 3 月。

吴兆安:《杨军民间借贷虚假诉讼的法律识别》,载《福建法学》2015 年第 1 期。

许友滨:《王树彬诉林世乐名誉权纠纷案》,该文获"第二届中国青年法官优秀案例"优秀奖。

林蕾、朱晨:《实现担保物权程序之非讼路径初探析》,载《司法改革论评》2015 年 5 月(第 19 期)。

程万里:《关于改进当前交通法庭审判职能的几点思考》,载《法学教育》2015 年 4 月。

程万里:《浅谈关于在我国发达省份建立交通法院的构想》,载《法制与社会》2015 年 4 月。

杨长平:《依法治国理念下审判权独立的若干思考》,载《依法治国依宪执政百家谈》。

许于静:《高利转贷、骗取贷款、贷款诈骗三罪辨析》,载《智富时代》2015 年 6 月刊。

许于静:《民事诉讼法下行为行为保全制度适用探析》,载《法制博览》2015 年 5 月(上)。

吕逗秋:《封闭公司与公开公司的边界与规制——浅议〈公司法〉公司主题制度的完善》,载《今日湖北》2015 年第 9 期。

李少锋:《保险人说明义务的效力认定与规则构造》,载《东南司法评论》2015 年卷。

胡婷婷、张栎:《顺辉运输公司诉厦门市公安局交警支队不履行法定职责案》,载《东南司法评论》2015 年卷。

薛琳菁:《司法产品分类与纠纷解决机制——以规范法院裁判、调解和法律服务为进入》,载《法制博览》。

张晴:《民事争点整理程序研究》,载《司法评论》2015 年 10 月。

林鸿:《海峡两岸司法执行救济制度比较初探》,载《2015 海峡法学论坛》。

洪志坚:《理念"嵌入"式的多元化纠纷解决机制——"无讼社区"的解纷与治理价值》,该文获 2015 年中国审判论坛荣昌杯多元化纠纷解决机制衔接与构建征文一等奖。

黄素梅:《根植与续造:民商事纠纷中立评估机制的本土实践与完善——与域外早期中立评估制度的对比》,该文获 2015 年中国审判论坛荣昌杯多元化纠纷解决机制衔接与构建征文三等奖。

洪志坚:《落地·适应·成长:立案登记制改革的思考与实践——以思明法院立案登记制实施情况为例》,该文获 2015 年"和平杯"立案登记制改革与诉权保障征文二等奖。

洪志坚:《科技引领创新,公开树立公信——以厦门市思明区法院依托信息化建设推进司法公开为范本》,载《信息化时代司法公开的逻辑与进路》2015 年。

张晴、冯冰洁:《法官合理办案数量的统计分析——以思明法院 2012—2014 年的数据为样本》,载《法院调研内参》2015 年 12 月。

洪志坚:《审判权运行机制存在的问题及其解决路径》,该文获"中国审判论坛·'春城杯'·健全审判权力运行机制征文"二等奖,2015 年 6 月 28 日。

张晴:《未成年女性犯罪的二律背反现象剖析——以 2007—2013 年的数据为实证样本》,载《福建政法(调研专刊)第 7 期》2015 年 6 月 17 日。

吴丽雪、张晴、冯冰洁:《法官工作量的测算与司法保障——以台湾地区司法改革为借鉴》,载《海峡两岸司法实务热点问题研究(上)》2015 年。

张颖:《法官业绩考评视角下案件评查机制的反思与重构》,法院系统第二十七届学术讨论会国家级三等奖。

张晴、冯冰洁:《"司法产品"的阈值——法官合理办案数的实证测算》,法院系统第二十七届学术讨论会国家级三等奖。

2016 年

王叶萍、张栎:《代建明诉厦门市建设与管理局不履行法定职责案》,载《人民法院案例选》2016 年卷。

彭朝辉、杨建伟:《林文进诉陈素英共有纠纷案》,载《人民法院案例选》2016 年卷。

张晴:《"不完全变革"的修正路径——对新民诉法解释第 224 条至 229 条之审视》,载《福建审判》2016 年第 1 期。

林鸿:《海峡两岸第三人撤销之诉制度比较研究》,载《第 11 届海峡法学论坛文集》。

林鸿:《浅析台湾地区法官惩戒制度对大陆司法改革之启示》,载《第五届两岸和平发展法学论坛论文集(下)》。

张晴:《罚金易科于行贿犯罪规制的本土化适用》,载《福建审判》2016 年第 4 期。

林鸿:《司法体制改革语境下大陆法官惩戒制度之重构》,载《厦门特区党校学报》2016 年第 4 期。

张晴、冯冰洁:《"司法产品"的阈值——法官合理办案数的实证测算》,载《东南司法评论(2016 年卷)》。

刘远萍译:《语言与法律》,中国政法大学出版社 2017 年版。

庄慧林、陈远治:《厦门百仕达物业管理有限公司诉杜小铭物业服务合同纠纷案》,载《人民法院案例选》2015 年卷。

张颖:《繁简分流视角下独任制普通程序构建的制度思考》,法院系统第二十八届学术讨论会国家级优秀奖。

西藏米林法院达珍,厦门思明区法院刘建发、罗彬:《我国不动产司法强制拍卖买受人税费"替缴式"模式的实践与反思》,法院系统第二十八届学术讨论会国家级优秀奖。

方晋晔、林鸿:《曾某故意伤害案——未成年人犯罪主观故意的认定》,载《人民法院案例选》2016 年卷。

林鸿、方晋晔:《"司法孤儿"现象背后的刑罚执行困境与现实出路——以刑罚人道主义为视角展开》,2016 年第四届少年审判论坛三等奖。

赵国军:《理想与现实之间:离婚后子女探望权的强制执行对策研究》,载《第四届少年审判论坛》2016 年第四届少年审判论坛三等奖。

林鸿、方晋晔:《曾某故意伤害案——未成年人故意杀人主观故意的认定》,2016 年第四届少年审判论坛十大典型案例。

2017 年

胡婷婷:《加强司法所法律援助工作的探索与研究》,载《中国法律援助》2017 年第 4 期。

郭泽喆:《学科交叉视角下的法官员额测算》,载《司法改革论评》2017 年 6 月。

曾臻:《侵权人主体不明情况下车辆所有人责任的法律认定——李颖诉张温德机动车交通事故责任案》,载《中国法院年度案例》2017 年卷。

黄素萍、黄素梅:《处置绝当物的合法性判断——张明诉成志忠、李育霖房屋买卖合同案》,载《中国法院年度案例》2017 年卷。

李莹:《对工商登记的确认是否属民事诉讼受案范围——王佳城诉大德润化学有限公司等股东资格确认案》,载《中国法院年度案例》2017 年卷。

曾燕珍:《公司决议无效的认定——李至强等诉永福贵公司等公司决议效力确认案》,载《中国法院年度案例》2017 年卷。

李莹:《股权转让意思表示的解释——游颖娟诉叶勇生等股权转让案》,载《中国法院年度案例》2017 年卷。

王叶萍、林鸿:《行政机关应当按照申请人要求的内容提供政府信息——潘爱民诉厦门市国土资源与房产管理局政府信息公开案》,载《中国法院年度案例》2017 年卷。

彭朝辉、黄素梅:《"博饼"的效力及兑付主体——徐建民诉厦门海峡汽配城资产管理有限公司射幸合同案》,载《中国法院年度案例》2017 年卷。

李吟:《买卖合同纠纷案中如何认定表见代理的构成——厦门腾云塑胶有限公司诉厦门中联建设工程有限公司买卖合同案》,载《中国法院年度案例》2017 年卷。

欧阳群力:《职务代理行为的认定——厦门瑞康鑫贸有限公司诉东方开联建筑装饰(福建)股份有限公司等买卖合同案》,载《中国法院年度案例》2017 年卷。

李莹:《〈合同法〉第四百零二条规定的适用——厦门国贸集团股份有限公司诉厦门本钢钢铁销售有限公司买卖合同案》,载《中国法院年度案例》2017 年卷。

王瑛、李吟:《仅有借条的情侣间借款事实应如何认定——翁某某诉杨某某民间借贷案》,载《中国法院年度案例》2017 年卷。

邱瑛:《证明责任、债的清偿抵充以及公司内部行为的效力问题——林艾乔诉厦门杏林斯太尔重型汽车有限公司等民间借贷案》,载《中国法院年度案例》2017 年卷。

彭朝辉、黄素梅:《物业服务企业的安全保障义务范围——周某英诉裕景(厦门)物业管理有限公司违反安全保障义务责任案》,载《中国法院年度案例》2017 年卷。

朱晨:《侵权责任中的防卫过当、受害人过错如何认定——陈某某等诉吴某某等生命权案》,载《中国法院年度案例》2017 年卷。

朱晨:《盗用他人姓名设立、变更公司的侵权认定——高某某诉涂某某等姓名权案》,载《中国法院年度案例》2017 年卷。

曾臻:《游戏运营商"类执法行为"合法性的司法审查——何建家诉广州网易计算机系统有限公司财产损害赔偿案》,载《中国法院年度案例》2017 年卷。

朱晨:《对区分所有建筑物共有部分合理使用的认定——厦门市凤凰名都业主委员会诉

交通银行股份有限公司厦门分行建筑物区分所有权案》，载《中国法院年度案例》2017 年卷。

刘建发、罗彬：《债务人与第三人恶意串通无偿、低价转让财产规避执行的合同无效——郭秭杏诉王良英、陈月荣确认合同效力案》，载《中国法院年度案例》2017 年卷。

后 记

这是一本关于法院的文集。基层法院，既肩负审判执行重任，也坚持在一线工作中思索积累，在服务群众中探索创新，以基层智慧推动司法事业的全局发展，以基层经验为法治建设贡献力量。

这也是一本关于法官的文集。法言法语，虽然平淡朴素，但是一字一句皆从实处落笔，皆以解决实际问题作为目的，不做虚妄无谓之言，只求化解难题之效。

文集篇幅有限，不足以完全收录思明法院一代代干警的优秀作品。因此只能选择部分，不图面面俱到，但求能激励后来者，努力向前行。

六十年，对单个人来说很长。它已经足以包含青年时的热烈、中年时的理性、老年时的睿智。从个人的维度来看，六十年的奋斗已经足以沉淀人生，足以无悔青春。

六十年，从历史和国家的角度来看，只是华章一段。党的十九大胜利召开，中国特色社会主义进入新时代，全面建成小康社会进入决胜期，全面建设社会主义现代化国家的新征程正逐渐展开。六十年，正是国家和民族发展伟大历程的一个开端。

在思明法院的广场上，屹立着“中国大陆第一槌”的雕塑。实体雕塑记载了思明法院这项广为人所知的全国第一，象征着思明法院敢为人先、锐意创新的精神，也激励着思明法院人传承精神，继续开拓。

而这本文集的编撰，也力求在思明法院人的心中立起一座无形的雕塑，以它记录思明法院的发展足迹和前进轨迹，以它凝聚思明法院人的创新勇气和求索智慧，铭记过去，更展望未来。

我们相信，在下一个历史时期，思明法院必将坚定步伐，重新出发，继续围绕“努力让人民群众在每一个司法案件中感受到公平正义”的奋斗目标，一步一脚印，向党和人民交出一份更加优异的答卷！

编委会